2024

調理師読本

公益社団法人 日本栄養士会 編

受験対策に！

第一出版

序　文

　昭和25（1950）年，京都・兵庫・滋賀の3府県で，栄養行政の一環として相次いで調理師条例が制定されてから，73年経ちました。

　日本栄養士会は，各都道府県条例に基づく調理師制度の充実のため，昭和26（1951）年7月，初めて『調理師讀本』を刊行して，その円滑な促進に努めました。昭和32（1957）年には38都道府県において同条例が制定されています。

　昭和33（1958）年5月，調理師法の制定公布に伴い，『調理師読本』に改めるとともに，厚生省栄養課（当時）監修の下に法律に準拠して整理するなど内容の大改訂を行い，その後も時代の推移の中で進歩する学術や関係法規の改正をさしかえ，また，栄養・調理関係者の要望に応えながら改訂を重ねて今日に至っています。

　調理師法施行後半世紀を越え，調理師業界は大きな発展を遂げてきた中で，食生活の多様化，健康づくり推進の中でますます高い知識や技術が求められています。食生活に携わる者にとっては，食はその国の文化の指標であるとともに，食の安全・健康・味覚は永遠のテーマであり，また，常に取り組むべき重要課題であるといえます。

　本書は，調理師の資質の向上を目指して編集されたもので，特に，調理師養成に必要な教科目について，それぞれ専門の諸先生にご尽力いただき分かりやすく解説しています。従来から斬新な本書は高く評価され，養成施設における教本としてはもとより，調理師や調理師を志す者の座右の書として好評を博しています。

　今，調理師養成は知識・技術両面にわたり高度化が求められつつある折，令和4（2022）年からはB5判に改め一層読みやすくお役に立つようにしました。本書を読み，ときに応じて読み返すことによって知識は一時的ではなくさらに増え，安定し，持続可能な能力として定着することでしょう。広く関係者のご活用を願ってやみません。

　　　2024年2月

　　　　　　　　　　公益社団法人　日本栄養士会代表理事会長　中村　丁次

Contents

3 栄養学 105

4 食品衛生学 159

5 調理理論　　239

6 食文化概論

305

1

公衆衛生学

公衆衛生の概念

1 公衆衛生とは

❶ 公衆衛生の定義

　我々が社会生活を営んでいくためには，各個人はもとより社会全体が健康でなければならない。個人や集団，あるいは行政機関，民間団体などが協力して，誤った生活習慣や公害など種々の健康阻害要因を防ぎ，健康や衛生を守ることを公衆衛生という。

　アメリカのエール大学ウインスロー教授は，1949年に「公衆衛生とは，地域社会の組織的な努力により疾病を予防し，生命を延長し，肉体的・精神的健康と能率の増進をはかる科学であり，技術である」と定義づけている。

❷ 公衆衛生活動とは

　公衆衛生活動とは，人々の健康を基本的人権として，社会生活を営むすべての人々の健康の維持，増進，疾病予防を目的とする活動である。わが国の公衆衛生活動は，日本国憲法第25条の「すべて国民は，健康で文化的な最低限度の生活を営む権利を有する。国は，すべての生活部面について，社会福祉，社会保障および公衆衛生の向上および増進に努めなければならない」をもとに，国，都道府県，市町村などの公共団体や民間団体の組織的な活動によって行われているが，その中心的な役割を担うのが行政である。

❸ 公衆衛生活動の段階的活動

　公衆衛生活動は一般に，一次予防（健康増進・特異的予防），二次予防（早期発見・早期治療・重症化予防），三次予防（機能回復（リハビリテーション）・社会復帰）の3段階に分け，行われている（p.7，42〜43）。

❹ 公衆衛生の現状

　今日わが国では，一般の人々の公衆衛生への関心が高まり，公衆衛生水準は向上し，種々の感染症は急速に減少し，年齢調整死亡率もきわめて低下し，平均寿命も著しく改善されている。しかし一方で，生活習慣病（がん（悪性新生物），糖尿病，高血圧症等）は依然増加し，ごみや廃棄物処理などの環境衛生にかかわる課題も多くなっている。また，健康寿命（p.10）を延伸し，増大する社会保障費の抑制が求められている。

2 公衆衛生行政の組織（機構）体制

　国民の健康を保持・増進し，疾病を予防する行政を一括して衛生行政という。近年，疾病予防のための行政にとどまらず，健康を保持・増進する積極的行政が展開されている。

　わが国の衛生行政は4分野に大別され，公衆衛生行政は，主に厚生労働省が所管

図1　**衛生行政の構成図（組織体制例）**

```
                    ┌ 予防衛生・生活衛生行政(厚生労働省)
          ①公衆衛生行政 │  医事衛生行政(厚生労働省)
          (厚生労働省) ┤  薬事衛生行政(厚生労働省)
          (内閣府)    │  消費者行政(内閣府)
衛生行政 ┤             └ 子ども行政〔内閣府の一部(母子保健)〕
          ②学校保健行政(文部科学省)
          ③労働衛生行政(厚生労働省)
          ④環境衛生行政(環境省)
```

図2　**衛生行政の機構と流れ**

```
厚生労働省・内閣府      ┌ 都道府県衛生主管部(局)→保健所→市町村
    (公衆衛生行政) ─┤ 政令市衛生主管部(局)→保健所(保健センターを含む)
    (地方厚生局も含む)  └ 東京都特別区衛生主管部(局)→保健所(保健センターを含む)
厚生労働省(労働衛生行政)→ 都道府県労働基準局→地方労働基準監督署→事業所,工場
環境省(環境衛生行政)   → 都道府県公害主管部(局)→市町村
文部科学省(学校保健行政)→ 都道府県教育委員会→市区町村教育委員会→学校
内閣府(消費者庁) ┌ 国民生活センター
                └ 都道府県消費生活センター→市町村消費生活センター
```

する。

なお，衛生行政を大別すると次のようになる【図1】。

❶**公衆衛生行政**　家庭や地域社会の生活を対象とする（厚生労働省，内閣府）

❷**学校保健行政**　学校生活を対象とする（文部科学省）

❸**労働衛生行政**　職場の生活を対象とする（厚生労働省）

❹**環境衛生行政**　社会を取り巻く環境を対象とする（環境省）

公衆衛生行政には，集団の健康の保持・増進や疾病の予防を対象とした**予防衛生行政**と生活環境や社会全般の衛生を対象とした**生活衛生行政**のほかに，医事・薬事関連行政等が含まれる。

公衆衛生行政を行っている機関は，大きく分けると国と地方公共団体の2つである【図2】。基本的に国（厚生労働省，地方厚生局も含む）―都道府県等（衛生主管部（局））―保健所―市町村（衛生主管課）という一貫した体系が確立されている。また，都道府県等には公衆衛生行政関連機関として，衛生研究所，環境研究所等の試験研究機関や市町村保健センター，精神保健福祉センター等の保健衛生の第一線の執行機関が設置されている。

❸　公衆衛生行政の活動

❶　公衆衛生行政活動の目的

戦後のわが国の公衆衛生行政は，結核やコレラ等の伝染病の蔓延の防止を主要な課題として出発したものであり，こうした歴史的経緯を反映して，保健所を中心に

実施されてきた公衆衛生行政は，社会防衛的な視点に重点が置かれてきた。しかし，今日においては人口の高齢化や出生率の低下，慢性疾患を中心とする疾病構造の変化，地域住民のニーズの多様化など，公衆衛生行政を取り巻く状況が著しく変化し，サービスを受ける生活者（消費者）個人の視点を重視することが求められている。

なお，地域における生活者（消費者）主体の組織的活動を効率的に進めるには，地域の住民とのコミュニケーションを図り，科学的根拠に基づく事業等を展開することが重要である。

地域保健法（旧保健所法）では，保健衛生行政の第一線機関である保健所（全国468か所，令和5年4月1日現在，第5，6条）と市町村保健センター（全国2,419か所，令和5年4月1日現在，第18条）の設置と事業内容について規定している。

❷ 保健所の活動

保健所は，都道府県，政令市，特別区（東京23区）が設置することになっているが，平成6年に地域保健法が制定されて以降，保健所の集約化が急速に進み，減少している。保健所は，疾病予防・健康増進・環境衛生・危機管理に関する公衆衛生活動の中心として，地域住民の生活環境の向上と健康の保持・増進にきわめて重要な役割を果たしている。地域保健法（第6条）により保健所の事業内容は，以下のように規定されている。

- ●地域保健に関する思想の普及や向上に関する事項
- ●人口動態統計，その他地域保健に係る統計に関する事項
- ●栄養の改善と食品衛生に関する事項
- ●住宅，水道，下水道，廃棄物の処理，清掃，その他の環境の衛生に関する事項
- ●医事・薬事に関する事項
- ●保健師に関する事項
- ●公共医療事業の向上と増進に関する事項
- ●母性や乳幼児，老人の保健に関する事項
- ●歯科保健，精神保健に関する事項
- ●治療方法が確立していない疾病，その他の特殊の疾病により長期に療養を必要とする者の保健に関する事項
- ●感染症，その他の疾病の予防に関する事項
- ●衛生上の試験・検査に関する事項
- ●その他，地域住民の健康の保持・増進に関する事項

❸ 市町村の活動

市町村では，多様化・高度化しつつある対物保健分野（ごみ処理，火葬など）や対人保健分野（母子・高齢者保健事業，予防接種，一般的な栄養相談・指導など）について，市町村の保健衛生・清掃・消費者関連部局などで業務を行っている。特に，対人保健分野については，市町村保健センター，地域包括支援センター，母子健康包括支援センター（子育て世代包括支援センター）等が設置され，地域住民の保健衛生に対する直接サービスを行っている。

❹ 消費者庁と行政組織

平成21年には，より消費者の視点に立った消費者行政を進めるための消費者庁

（内閣府）が始動した。消費者庁の行政組織として，（独）国民生活センターおよび消費生活センター（都道府県：必置，市町村：設置努力義務）があり，これらの組織の具体的な業務は，消費者事故情報（苦情・相談も含む）の一元的な集約，調査・分析，結果の施策反映，消費者被害の防止措置（公表，措置要求，勧告・命令等）などである。

　消費者庁は，消費者基本法の消費者の権利の尊重およびその自立の支援等を基本理念に，消費者が安心できる消費生活の実現をめざしている。

4　公衆衛生の国際機関

❶ WHOの活動

　国際的な公衆衛生の中心機関として，WHO（世界保健機関）がある。これは第二次世界大戦直後に発足した国際連合（国連，UN）の一機関で，1948年に成立し，本部は，スイスのジュネーブにある。わが国は1951年に加盟している。各国の伝染病情報や防疫対策の通報などを含む国際協力事業と，各国に対する医療，公衆衛生面での援助，指導に関する事業を担当している。

　WHOには現在6つの地域事務局が各地にある。日本は，中国，韓国，ニュージーランドなどとともに西太平洋地域に含まれており，その事務局はフィリピンのマニラに設置されている。

❷ その他の国際機関の活動

　WHO以外の機関で，機構上，公衆衛生問題の一部またはこれに関係の深い活動を行っているものとして，FAO（国連食糧農業機関），ILO（国際労働機関），UNICEF（ユニセフ，国連児童基金），UNEP（国連環境計画）などがある。

世界の公衆衛生問題にかかわる国際機関

　国際連合（UN）の主な組織には，下記のものがある。
- 世界保健機関（WHO）…国際的な公衆衛生の中心機関
- 国連食糧農業機関（FAO）…食料および農産物，栄養水準などに関する問題を担当する機関。飢餓の撲滅などを念頭に，世界の食料生産と分配の改善を行っている
- 国際労働機関（ILO）…労働者の労働条件と生活水準の改善を担当する機関
- 国連児童基金（UNICEF）…開発途上国児童への福利厚生機関
- 国連世界食糧計画（WFP）…食料欠乏国への食料援助，天災などの被災国に対する緊急援助を行う機関
- 国連環境計画（UNEP）…地球規模の環境課題について，政策立案者を支援するなど，環境の保全に指導的役割を担う機関

健康の概念

❶ 健康の捉え方

　健康の捉え方は，社会の発達段階によって異なり，段階ごとに疾病や健康状態も変化している。現代においては，医学が飛躍的に発展し，疾病予防が可能となり，寿命も延長していることから，単に長生きすることが健康の証ではなく，生活の質（QOL）を高めることが健康問題を考える上で最も重要視されている。すなわち，健康に対する考え方は消極的健康から積極的健康をめざす方向へ向かっている。

❷ 健康の定義

　WHO（世界保健機関）憲章（1946年）では，健康の定義を「単に疾病や虚弱でないということではなく，肉体的・精神的並びに社会的に完全に良好な状態である」としている。しかも，差別なしに万人が有する基本的人権であり，平和と安全を達成するための基礎としている。

❸ 健康に影響を及ぼす要因

　一般に疾病の発生に影響を与える要因は，❶環境的要因（有害物質，大気汚染，ストレスなど），❷生活習慣（食習慣，運動習慣，飲酒習慣など），❸遺伝的要因（性，年齢，人種など）の３つに分けられる。それぞれの要素は単独で健康に影響を与えるものではなく，複雑に作用し合うことで健康障害を引き起こす。そのなかで，❷生活習慣は個人の努力により解決が可能であるが，その他の２つの要因は個人では解決が難しく，社会をもって対応しなければならない。

❹ プライマリー・ヘルス・ケア（PHC）（アルマ・アタ宣言，1978年）

　プライマリー・ヘルス・ケアとは「すべての人に健康を」を基本理念とした総合的な保健医療活動であり，疾病の治療や予防，健康の保持・増進のために最も必要不可欠な保健医療サービスをさす。WHOとUNICEFの呼びかけによる国際会議で提唱され，アルマ・アタ宣言と呼ばれる。この理念は，住民の主体性を重視するとともに，身近で，適切な健康支援を総合的に行うものである。そのための活動の5原則が以下のとおりである。あわせて，プライマリー・ヘルス・ケアの主な活動内容も示す。

プライマリー・ヘルス・ケア活動の5原則

　❶ニーズ指向性のある活動　　❷住民の主体的活動　　❸地域資源の有効利用
　❹関連領域の協力・連携　　　❺適正技術の使用

WHOが提唱するプライマリー・ヘルス・ケアの具体的業務

　❶予防対策に関する教育　　❷食料供給と適正な栄養摂取の推進
　❸安全な水の十分な供給　　❹母子保健サービス　　❺予防接種
　❻地方流行病の予防対策　　❼疾病と傷害の適切な処置　　❽必須医薬品の準備

❺ ヘルスプロモーション（オタワ憲章，1986年）

　ヘルスプロモーションは，WHOがオタワ憲章において提唱した新しい健康観である。「人々が自らの健康をコントロールし，改善することができるようにするプロセス」とし，生活の質の向上を最終的な目的として，より積極的な健康を求めるものである。そのためには，住民の自主的かつ主体的な活動を促し，個人や集団の「自己管理能力」（エンパワーメント）の向上をめざすことが求められる。

　ヘルスプロモーションは，今日の疾病構造の変化にともない，PHCの精神（すべての人に健康を），新しいライフスタイルやQOLを考慮に入れた健康づくりに適応させたもので，すべての人々があらゆる生活の場で健康を享受することができる公正な社会の創造を目標としている。

　わが国においても，この概念は昭和63年から開始された第2次国民健康づくり運動（アクティブ80ヘルスプラン）から導入され，現在の健康日本21にも引き続き反映されている（p.36，37）。

　なお，WHOではヘルスプロモーションの優先的な活動分野として以下の5つを提唱している。

❶健全（健康的）な公共政策づくり〈例：公共の場での分煙活動〉

❷健康を支援する環境づくり〈例：食品の栄養成分表示〉

❸地域活動の強化　〈例：地域住民への健康教育・栄養教育〉

❹個人的技術の向上・強化〈例：家庭で使用できる医療機器の開発〉

❺ヘルスサービス内容の刷新（方向転換）〈例：二次予防から一次予防〉

予防医学の概念

　疾病の予防と健康増進を図る医学の一分野に，予防医学がある。予防医学は公衆衛生活動分野であり，疾病の段階により，一次予防，二次予防，三次予防に分けられる（p.42〜43）。

●**一次予防**：病気にならないようにする。罹患率の低下をめざす
　①発生防止と健康増進…健康教育，栄養改善・指導，環境整備，レクリエーション
　②特異的予防…予防接種，感染経路対策，病原物質の除去，環境衛生の改善
●**二次予防**：疾病が顕在化・重症化する前に発見して，予防する。有病率の低下をめざす
　①早期発見・早期治療…スクリーニング検査，がん検診，人間ドック
　②重症化予防…疾病の進行抑制（患者への栄養指導），合併症の再発防止，特定健診・特定保健指導
●**三次予防**：固定した疾病に対して，健康を回復する。日常生活機能（動作）の維持
　①悪化防止・機能障害防止…社会教育・支援，難病患者への生活支援，合併症や後遺症の予防，がんの転移防止
　②リハビリテーション…理学療法，疾病軽症化に向けた介護
　③社会復帰…配置転換，職場の適正配置，人工透析，作業療法

3 健康と疾病に関する統計

公衆衛生にかかわる統計は，多数の人口集団について人口の増減やどのような病気にかかり，また，どのような病気で死亡するかなど，集団の健康状態や健康関連事象について調査したもので，公衆衛生活動推進上の重要な資料である。

厚生労働省における主な公衆衛生にかかわる統計をあげると，国民生活基礎調査，人口動態統計，感染症発生動向調査，食中毒統計，患者調査，国民健康・栄養調査，地域保健・健康増進事業報告などがある。

❶ 人口静態統計

特定の一時点における人口集団の特性（年齢別，労働力など）を把握する統計。時間に対して変化を示す指標ではないので「静態」という。この統計の代表的なものとして，5年ごとの国勢調査がある。なお，以下に示す統計（令和4年10月1日現在）は，国勢調査結果をもとに調査を実施しない4年間を，人口動態統計の結果を利用して人口推計として集計したものである。わが国では高齢化が進んでおり，令和4年の全人口に対する65歳以上の老年人口の割合（高齢化率）は29.0%である。高齢化率が7%を超えると「高齢化社会」，14%を超えると「高齢社会」，21%を超えると「超高齢社会」という。わが国の100歳以上高齢者は9万人を超え，約89%が女性である（令和5年9月1日時点住民基本台帳）。今後も出生率の低下による年少人口の減少，寿命の延長による老年人口の増加から高齢化は進むとみられる。

● 老年人口指数 $= \dfrac{\text{老年人口（65歳以上）}}{\text{生産年齢人口（15〜64歳）}} \times 100$

100人の労働者が支える高齢者の数で，昭和50年に11.7であったものが年々増加し，令和4年には48.8となっている。

● 老年化指数 $= \dfrac{\text{老年人口（65歳以上）}}{\text{年少人口（0〜14歳）}} \times 100$

労働力が期待できない年少者100人に対する高齢者の割合の動向を示すもので，昭和50年に32.6であったものが，令和4年には249.9と，高齢者人口が年少者人口より多いことがわかる。

● 従属人口指数 $= \dfrac{\text{年少人口＋老年人口}}{\text{生産年齢人口}} \times 100$

100人の労働者が支える子どもと高齢者の数で，令和4年は68.4と，3人で2人を支えることになる。

● 労働力人口比率 $= \dfrac{\text{労働力人口}}{\text{15歳以上人口}} \times 100$

15歳以上の人口に占める労働力人口の割合で，令和5年で63.1%である（労働力調査2023年（令和5年）7月の結果）。

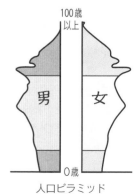

人口ピラミッド

❷ 人口動態統計

　人口動態統計は，戸籍法にもとづく出生届，死亡届，婚姻届，離婚届，死産の届出に関する規定にもとづく死産届をもとにしてつくられ，公衆衛生上の基礎資料として欠くことのできないものである。

　これにより，出生，死亡，死産，婚姻，離婚が常時集計され，地域における人口の動きが把握できる。このため，男女の出生数，原因別の死亡数，原因別の乳児死亡数，季節別の死亡数，原因別死亡の地域差などを知ることができる。

● 出生率 $= \dfrac{年間出生数}{その年の人口} \times 1,000$

　出生率とは，人口1,000に対する年間の出生数のことである。

　わが国の出生数は，戦後，増減を繰り返しつつ減少傾向を示し，現在約81万人である。このため出生率も減少傾向であり，令和4年には6.3となっている。

● 合計特殊出生率 $= \left\{ \dfrac{母の年齢別出生数}{年齢別女子人口} \right\} \left\{ \begin{array}{l} \text{左記の式を用いて算出された15〜49歳} \\ \text{までの各年齢別比率の合計} \end{array} \right\}$

　これは，1人の女性が一生の間に生む平均的な子どもの数であり，15〜49歳の女性の年齢別出生率を合計したものである。わが国では，これが2.08を下回ると人口が減少するといわれており，令和4年には1.26となっている。近年の出生率の低下は，主として20代を中心とした若年者の未婚率の上昇によるもので，人口の高齢化にますます拍車がかかっている。

● 乳児死亡率 $= \dfrac{年間乳児死亡数}{年間出生数} \times 1,000$

　生後1年未満の死亡を乳児死亡といい，年間の出生数1,000に対する乳児死亡数の割合を乳児死亡率という。乳児の生存は母体の健康状態，養育条件などの影響を強く受けることから，地域の衛生状態の良否などを知る指標の1つになっている。戦後急速に低下し，昭和35年には30.7，令和4年には1.8となるなど，現在では非常に低く，世界でもトップクラスの水準である。

● 周産期死亡率 $= \dfrac{妊娠満22週以後の死産数＋早期新生児死亡数}{出生数＋妊娠満22週以後の死産数} \times 1,000$

　死産の一部である妊娠満22週以後の死産と生後7日未満の早期新生児死亡を加えたものを周産期死亡と呼び，これが出産数1,000に対する割合を周産期死亡率という。母体の健康水準を表すため，国際比較によく用いられる。昭和55年には20.2，令和4年には3.3となるなど，非常に低く，世界でもトップクラスの水準である。

● 死亡率（粗死亡率）$= \dfrac{年間死亡数}{その年の人口} \times 1,000$

　死亡率（粗死亡率）とは，人口1,000に対する年間の死亡数のことである。戦前は人口1,000対16〜25を示していた。戦後の公衆衛生の発展，医療の進歩により急速に低下し，現在では国際的にも低く，令和4年には12.9となっているが，昭和58年ごろからは人口の高齢化にともない，死亡率はゆるやかな上昇傾向を示している。なお，基準人口を用いて年齢構成のひずみを補正して算出する年齢

表1 平均寿命の推移 　　　　　　　　　　　　　　　　　　　　　　　　　　　　　（単位　年）

作成年次（年）	男性	女性	作成年次（年）	男性	女性
1947（昭和22）	50.1	54.0	1995（平成7）	76.4	82.9
1955（昭和30）	63.6	67.8	2005（平成17）	78.6	85.5
1965（昭和40）	67.7	72.9	2015（平成27）	80.8	87.1
1975（昭和50）	71.7	76.9	2020（令和2）	81.6	87.7
1985（昭和60）	74.8	80.5	2022（令和4）	81.1	87.1

資料）厚生労働省：「簡易生命表」「完全生命表」より

表2 平均寿命・健康寿命の国際比較（2019年）（単位　年）

	平均寿命			健康寿命		
	平均	男性	女性	平均	男性	女性
日本	84.3	81.5	86.9	74.1	72.6	75.5
中国	77.4	74.7	80.5	68.5	67.2	70.0
インド	70.8	69.5	72.2	60.3	60.3	60.4
タイ	77.7	74.4	81.0	68.3	65.9	70.6
アメリカ	78.5	76.3	80.7	66.1	65.2	67.0
ブラジル	75.9	72.4	79.4	65.4	63.4	67.4
ロシア	73.2	68.2	78.0	64.2	60.7	67.5
イギリス	81.4	79.8	83.0	70.1	69.6	70.6
フランス	82.5	79.8	85.1	72.1	71.1	73.1
ドイツ	81.7	78.7	84.8	70.9	69.7	72.1

資料）世界保健機構：世界各国の保健・医療統計（Global Health Observatory Data Repository）

調整死亡率（p.11，43）はゆるやかな低下傾向を示し，令和4年では男性14.4，女性7.9である。

❸ 平均寿命と健康寿命

　生命表は，ある期間における死亡状況（年齢別死亡率）が今後変化しないと仮定したときに，各年齢の者が1年以内に死亡する確率や，平均してあと何年生きられるかという期待値などを，死亡率や平均余命などの指標（生命関数）によって表したものである。

　各年齢の生存者が平均してあと何年生きられるかを示した平均余命のうち，0歳の平均余命を平均寿命と呼び，衛生指標として利用されている。わが国の平均寿命は，医療，公衆衛生の発展とともに改善され，世界でもトップクラスとなっている【表1，2】。

　また最近，心身とも健康で活動できる年齢，すなわち，日常生活の動作を自分で行い，認知症や寝たきりでない年齢期間を健康寿命とする新しい指標が提言されている。厚生労働省が発表した健康寿命（2019年）は，男性72.68歳，女性75.38歳であった。なお，2019年に策定された「健康寿命延伸プラン」（厚生労働省）は，健康寿命の目標と，それを達成するための施策について定めているが，2040年までに健康寿命を男女ともに2016年に比べて3年以上延伸し，75歳以上とすることを目指している。

❹ 疾病統計

疾病統計とは，人々がどのような病気にどれだけかかっているか，疾病の発生や蔓延の実態を正しく把握するための統計である。わが国の疾病構造はp.43参照。

● 有訴者率 $= \dfrac{\text{調査日の有訴者数}}{\text{世帯人員}} \times 1{,}000$

有訴者率は，毎年実施されている国民生活基礎調査のうち，3年ごとに行われる大規模な調査により把握されており，世帯員（医療・介護保険施設の入院・入所者を除く）のうち，病気やけが等で自覚症状のある者の割合（人口1,000対）を表すものである。令和4年では276.5であり，国民3人に1人が有訴者である。

また，75歳以上では半数近くが有訴者である。全体では，症状別にみると，男女ともに，腰痛，肩こりの順に多くなっている。

● 通院者率 $= \dfrac{\text{通院者数}}{\text{世帯人員}} \times 1{,}000$

これも，国民生活基礎調査（大規模調査）により把握されており，世帯員のうち医療施設，施術所（あんま，はりなど）に通院・通所している者の割合（人口1,000対）を表すもので，令和4年では417.3であり，男女ともに高血圧症が最も多い。20歳以降は男女とも年齢が高くなるに従って上昇し，60歳以上では6割近くの者が通院者である。

調査日（3日間のうち医療施設ごとに指定した1日間）に

● 受療率 $= \dfrac{\text{医療施設で受療した推計患者数}}{\text{推計人口}} \times 100{,}000$

3年に一度実施される患者調査により把握されており，令和2年の全国の入院受療率は960（人口10万対），外来受療率は5,658（人口10万対）であった。

❺ その他の衛生統計

衛生統計はこのほか，食中毒統計（4章食品衛生学，p.170～175），国民健康・栄養調査などがある。

国民健康・栄養調査は，健康増進法に基づき，身体状況，栄養素等摂取状況，生活習慣状況について，毎年厚生労働省が実施している（令和元年の結果はp.31～32）。なお，令和2・3（2019・2020）年は，新型コロナの関係から中止された。

粗死亡率と年齢調整死亡率の違い

● 粗死亡率は，ある集団の1年間の死亡数をその年の人口で割り，人口千対で表す。人口は，その1年の初めと終わりで異なるので，年の中間の人口を用いる（死亡数/人口×1,000）。

● 年齢調整死亡率は，2つの集団の死亡率を比較する場合に用いる。一方の集団は高齢者が多く，他方は若年者が多ければ，前者の集団の死亡率は当然大きくなる。そこで，両集団の死亡率を比較するために，年齢構成を等しくして（基準人口にあてはめて）死亡率を計算する。わが国では，平成27年の基準人口の年齢構成を用いている。

4 環境と健康

　環境を大きく分けると，自然の環境（空気，気温，湿度，紫外線，水など）と人間のつくった人為的環境（町，住居，衣服，産業，交通，食品など）とがある。

　我々の生活を取り巻くこれらの環境を衛生上よりよいものとし，感染症その他の病気の予防など，健康の保持増進のために改善することが**環境衛生**である。

1 室内の空気環境（生活環境）

❶ 二酸化炭素（CO₂）

　我々は呼吸により酸素を取り入れ，体内でできた二酸化炭素を体外に排出して生きている。空気（大気）は，酸素（約21%），二酸化炭素（約0.03%），窒素（約78%）およびその他の少量の気体でできており，健康であるためには，呼吸する空気はできるだけ酸素が多く，不純物が含まれていない新鮮なものでなければならない。特に，室内は生活環境として多くの時間を過ごす場所であることから，室内空気は人の健康に影響を与える。このため，わが国では「事務所衛生基準規則」や「建築物環境衛生管理基準」，「建築物における衛生的環境の確保に関する法律」（建築物衛生法）により室内の空気環境の保全に努めている**【表3】**。

❷ 一酸化炭素（CO）

　無色，無味，無臭の猛毒の気体。頭痛，めまい，顔面紅潮，悪心，吐き気などをともなう。放置すれば呼吸が止まり死にいたる。死にいたらなくとも，記憶喪失，けいれん，運動失調など，中枢神経系に後遺症を残すことがある。家庭の燃料用ガス，自動車の排ガスなどの**不完全燃焼**が主な発生源である。

❸ 浮遊粒子状物質（SPM）

　大気中にただよう粒子状の物質のうち，粒径が10μm*以下の微小なものをいい，肺や気管などに沈着して呼吸器に悪影響を与える。発生源は，工場などの煤煙（ばいえん）中の

表3 室内の空気環境基準（建築物衛生法の空気調和設備を設けている場合）

項　　目	調整基準値
室内の気温（努力目標）	18℃以上28℃以下
相対湿度（努力目標）	40%以上70%以下
室内の気流	0.5m/秒以下
室内の浮遊粉じん量	0.15mg/m³以下
一酸化炭素含有率	6ppm以下
二酸化炭素含有率	1,000ppm以下
ホルムアルデヒドの量	0.1mg/m³以下（0.08ppm以下）

* 【μm】マイクロメートル，ミクロン。1μm＝1mmの1,000分の1

煤塵，ディーゼル自動車の排ガスの黒煙などである。環境中の濃度は，近年ゆるやかな改善傾向にある（PM2.5とは2.5μm以下の微小粒子状物質のこと。p.18参照）。

❹ ホルムアルデヒド

4章食品衛生学，p.184参照。

2　室内の温度・湿度・気流

　人間の行動の効率は，環境温度により大きく変化する。人間の温熱感覚を左右するのは気温の高低だけではない。

❶ 気温と湿度

　我々が快適に感じる温度（快感帯温度）は夏は25〜26℃，冬は18〜20℃とされている。室内の快適な気温を維持するには冷暖房が利用されるが，温度だけでなく，湿度と気流も重要である。湿度は，空気中に含まれる水蒸気の量であり，我々の最も気持ちのよい湿度は40〜70%である。調理場は，高温多湿になりやすく，換気などの空調管理が必要である。

❷ 不快指数と感覚温度

　人体が感じる温度は，気温，湿度，気流（風），太陽の放射熱（輻射熱）などが関係する。気温が高くても，湿度が低く風があれば涼しく感じ，気温が25℃くらいでも，湿度が高く風がないと暑く感じる。気温と湿度によって人間が感じる蒸し暑さの指標を，不快指数という。不快指数80以上になると，誰もが不快に感じる。

　　　不快指数＝0.72×（乾球温度℃＋湿球温度℃）＋40.6

　また，気温と湿度に気流を考慮して，人間の温熱感覚の尺度として用いられるのが感覚温度である。外気温が体温より高いと気流があるほうが感覚温度は上昇する。なお，建築物環境衛生管理基準では，温度17〜28℃，相対湿度40〜70%，気流が0.5m/秒以下と定められている。

3　室内の換気・採光・照明・健康障害物質

　住居は，生活の大部分を過ごす最も身近な環境である。このため，人は家屋の環境に影響を受けやすいことからも，これまでの住居環境のほかに室内の換気，採光，照明，健康障害物質（シックハウス，化学物質等）も考慮することが必要不可欠である。

❶ 換気

　室内の汚れた空気を新鮮な空気と入れ替える作業を換気といい，自然換気と人工換気とがある。自然換気は，室内と室外との温度の差などを利用して自然に窓やすき間から換気する方法で，通常これだけでは不十分である。一方，人工換気は，調理場の窓や天井に換気孔，換気筒をつけたり，動力により換気する方法である。

　住居内の空気の換気の尺度としては，二酸化炭素の濃度が指標となるが，常に濃度が0.1%以下になるよう，室内の換気を定期的に行う必要がある。

❷ 採光と照明

　太陽光を取り入れることを採光というが，できるだけ採光面積を広くしてこれを利用することが調理場の作業上，衛生上重要である。

建築基準法では，学校，病院等の居室の採光が床面積に対する窓面積の割合で定められている。教室などは1/5以上，病室や寄宿舎の寝室は1/7以上，それ以外は1/10以上と定められている。

また，電球などの人工光源によって室内を明るくすることを照明と呼ぶが，給食室，調理室の照度は，労働安全衛生規則に従い，全体照明を150ルクス以上に保つことが必要である。調理作業面は，平均的にみて300ルクス程度，盛りつけカウンターは500ルクス程度が理想である。60ワットの電球から1m離れた面は100ルクスである。

③ シックハウス症候群

家屋の新築，改築，補修などの際に，眼がちかちかする，また吐き気，頭痛，視野狭窄等の症状を訴える人がいる。これらは主に，建材等に含まれる化学物質（揮発性有機化合物）が室内に揮発した影響と考えられている。原因となる化学物質には，合成の接着剤として用いられているホルムアルデヒド，塗料に含まれるトルエン，防虫剤の成分であるパラジクロロベンゼンなどがある。なお，ホルムアルデヒドの建築物環境衛生管理基準は0.1mg/m³以下（0.08ppm以下）である。これら住宅建材や家具から発生する化学物質等によっておきる健康障害を総称して，シックハウス症候群という。

また，この症候群は，化学物質だけでなくダニやカビ，湿度，心理社会要因など，さまざまな要因が複雑に関係している。症状は一般に，易疲労感，手足の冷感，めまい，のどの痛み，吐き気，不定愁訴などである。

④ アスベスト（石綿）

アスベストは，5〜100μmの繊維状の粉塵で，大気中に広く分布している。特に，さまざまな建材に使用されているアスベストを吸引すると，塵肺症，悪性中皮腫，肺がんなどを発症し，呼吸困難を引き起こす。このため，平成16年より全面使用禁止となっている。主に，建設・解体作業にかかわった者がリスク群であるが，現在でも禁止以前に建てられた建築物内でアスベストが露出している場合があり，対策がとられている。

4 上下水道

水は，飲用や体，被服，住居などの清潔のために使用されるなど，我々の日常生活と深いかかわりがあり，水の安全性はきわめて重要である。このため，わが国では水質の基準として，水道法に基づく水道水質基準（飲料水），環境基本法に基づく環境基準（公共用水域と地下水），水質汚濁防止法に基づく排水基準（工場，事業場から公共用水域への排水）の3つが定められている。

① 上水道

水道は，水道法によって「水を人の飲用に適する水として供給する施設の総体」と定義されており，河川，湖，井戸などの水源を浄化し，衛生的に安全な水として家庭，事業所などに供給する総体である。また，水道は下水道と区別するために上水道ともいい，その事業の担い手は原則として市町村となっている。

上水道は，水道法第4条に基づく水質要件【表4】を踏まえ，省令において水道

表4　水道法に基づく水道水（飲料水）の水質要件

水道法 （第4条）	①病原生物に汚染され，または病原生物に汚染されたことを疑わせるような生物もしくは物質を含むものでないこと（大腸菌は検出されないこと。一般細菌は基準を超えないこと） ②シアン，水銀その他の有毒物質を含まないこと ③銅，鉄，ふっ素，フェノールその他の物質をその許容量をこえて含まないこと ④異常な酸性またはアルカリ性を呈しないこと ⑤異常な臭味がないこと。ただし，消毒による臭味を除く ⑥外観は，ほとんど無色透明であること

資料）水道法（昭和32年6月15日法律第177号，最終改正令和5年5月26日法律第36号）

水基準が設定されている。浄化は，沈殿，ろ過，消毒という段階を経て行われている。消毒には塩素やオゾン等を用いるが，水道法では塩素消毒（液体塩素，次亜塩素酸ナトリウムなどの塩素剤使用）のみが規定されており，その基準は，給水栓（蛇口）における水が遊離残留塩素0.1mg/L以上を保持することが定められている。なお，わが国の水道普及率は令和3年度末で98.2%である。

❷ 下水道

下水とは，生活または事業活動にともなう廃水と雨水の総称である。また下水道は下水道法に規定され，下水を排水するために設けられた排水管，下水処理施設などの施設の総称である。上水道と同様，市町村が事業を担っている。下水方式には，汚水と雨水を別々に処理する「分流方式」と，同じ下水道で処理する「合流方式」があり，最終的に汚水処理後，河川へ放流される。なお，わが国の下水道処理人口普及率は，令和4年度末で全人口の81.0%（福島県の一部を除く），令和4年度末の汚水処理人口普及率は92.9%であり，普及率は着実に上昇しているが，上水道に比べ，整備が遅れている。

5　廃棄物処理

❶ 廃棄物の種類と処理

廃棄物とは，日常生活のごみ，粗大ごみ，燃え殻，汚泥，ふん尿，廃油，廃酸，廃アルカリ，動物の死体などの汚物または不要物である。これらの処理については，環境基本法の理念のもと，循環型社会形成推進基本法に基づき循環型社会の形成に関する施策の一環として進められている。その基本は，廃棄物の排出抑制（Reduce），再利用（Reuse），再資源化（Recycle）を柱とするもので，3R政策といわれている。

具体的には，製品等が廃棄物等になることを抑制し，環境の保全のために，再利用できる資源は資源の有効な利用の促進に関する法律（資源有効利用促進法）等により循環的利用（リサイクル）を進め，循環的利用ができない資源については廃棄物の処理及び清掃に関する法律（廃棄物処理法）により適正に処理されている。

1　循環的利用が可能な資源の処理

わが国では，資源の再利用を促進するために，対象資源（特定の個別物品）に応

表5 特定の個別物品に応じた規制と対象資源

法律名	主な内容	対象資源
容器包装に係る分別収集及び再商品化の促進等に関する法律（容器包装リサイクル法）	容器包装の分別収集と再商品化の促進	ガラス製容器，ペットボトル，段ボール，プラスチック製品など
特定家庭用機器再商品化法（家電リサイクル法）	家電の有用部品や材料の再利用	テレビ，エアコン，洗濯機，冷蔵庫など
食品循環資源の再生利用等の促進に関する法律（食品リサイクル法）	食品廃棄物の発生抑制，減量化など	魚，肉，果物，野菜など
使用済小型電子機器等の再資源化の促進に関する法律（小型家電リサイクル法）	小型機器の再資源化	携帯電話，デジタルカメラ，ゲーム機など
資源の有効な利用の促進に関する法律（資源有効利用促進法）	パソコン，自動車などの回収・再利用	パソコン，小型二次電池，自動車など

注）（　）内は略称。

じた規制が【表5】のとおり設けられている。なお，家電リサイクル法と資源有効利用促進法に基づくパソコン等の資源は，家電メーカーあるいは家電メーカーが委託した業者が回収・リサイクルすることが義務付けられている。

2 循環的利用ができない資源の処理

　循環的利用ができない資源は，事業活動にともなって生じる産業廃棄物（燃え殻，汚泥，廃油等）と，家庭から排出される生活系ごみ（粗大ごみ，動物の死体も含む）を主とする一般廃棄物に大別される。これらの処理は，廃棄物処理法により規定されている。

　産業廃棄物には，汚泥，木くず等，20種が規定されているが，そのなかには，廃酸，廃アルカリのほか，感染性産業廃棄物（注射器，メス等）等の特別管理産業廃棄物も含まれている。産業廃棄物は排出事業者の責任で，自らまたは産業廃棄物処理業者に委託して処理しなければならない。

　一方，一般廃棄物は，産業廃棄物以外の廃棄物と規定されているが，そのなかには煤塵，ダイオキシン類含有物や，血液が付着したガーゼや脱脂綿等の感染性一般廃棄物等の特別管理一般廃棄物も含まれている。一般廃棄物は市町村の責任で処理することが規定されている。

　一般廃棄物のごみ焼却施設は令和3年度で1,028施設，ごみの総排出量は令和3年度で4,095万t（トン）/年，1人1日あたり890gと，ここ最近は減少傾向である（総人口に外国人人口を含む）。

❷ 食品ロスの削減の推進

　わが国では，食品が日常的に廃棄され，大量の食品ロスが発生している。このため，令和元年5月に「食品ロスの削減の推進に関する法律」（食品ロス削減推進法）が公布され，同年10月1日より施行された。

　この法律は，食品ロスの削減に関し，国，地方公共団体，事業者の責務などを明らかにするとともに，次の具体的な施策の基本が定められている。

●食品ロス削減推進会議の設置（内閣府）
●国の基本方針の策定と地方公共団体の食品ロス削減推進計画の策定努力義務
●食品ロス削減月間の設置（10月30日を食品ロス削減の日とすること）　など

6　ネズミ，衛生害虫の駆除

　ネズミ（そ族）や衛生害虫（ハエ，蚊，ノミ，シラミ，ゴキブリなど）は感染症を媒介するので，予防上これらの駆除は重要である【表6】。

　ネズミ，衛生害虫の駆除は，広範囲にわたって一斉に行うこと（なるべく発生初期に行う），目的の動物の生態，習性に応じて行うこと，発生源を除くことなどに重点を置くことが大切である。

　なお，ネズミや害虫などによる健康被害を防止するため，建築物環境衛生管理基準では防除に関する規定が設けられている。

7　公害

❶　公害とは

　環境基本法によると，公害とは，事業活動などの人の活動にともなって，相当範囲にわたる①大気汚染，②水質汚濁，③土壌汚染，④騒音，⑤振動，⑥地盤沈下，⑦悪臭によって人の健康，生活環境に被害を生じることとしている。公害の防止には国民全体の自発的な努力が必要である。

❷　大気汚染

　大気汚染とは，大気中に不純物が多くなる状態である。その結果，太陽の紫外線が少なくなったり，目，鼻，のどなどが刺激されて健康をそこなう。

　主な原因としては，工場，事業場からの煤煙，自動車の排ガスなどがあげられる。

　大気汚染物質の主なものには，一次汚染物質として窒素酸化物，硫黄酸化物，一

表6　そ族・衛生害虫の種類と関連疾患，駆除方法

そ族・衛生害虫の種類	関連疾患	駆除方法
ネズミ	ペスト（ノミが媒介），ワイル病（スピロヘータ），発疹熱などのリケッチアによる疾患，流行性出血熱などのウイルス性疾患	食物を与えない，巣をつくらせない，進入口や隠れ場所をなくす，ネズミ捕り器，毒えさ（アンツー，黄リン製剤，クマリン製剤，ワルファリン）
ハエ	消化器系感染症（赤痢，腸チフスなど），寄生虫卵の運搬	便所，ごみ捨て場等の清潔殺虫剤等による成虫等の駆除
ゴキブリ	消化器系感染症（赤痢，腸チフスなど）	殺虫剤，ゴキブリ捕り器，薬剤
ダニ	アレルギー，皮疹，つつが虫病	住居環境の清潔，殺虫剤
ノミ・シラミ	ペスト，発疹熱，回帰熱など	住居環境の清潔，殺虫剤
蚊	マラリア，フィラリア，日本脳炎，デング熱，ジカ熱など	下水だめ，下水溝の清潔，殺虫剤

酸化炭素，大気中の浮遊粉塵があり，二次汚染物質として光化学オキシダントがある。

二酸化硫黄（SO_2）は，硫黄酸化物の1つで無色で刺激臭がある。吸入すると，鼻粘膜，喉頭，気管支など上気道を刺激し，長時間吸い続けると慢性気管支炎やぜんそくを起こす。四日市ぜんそくなどのいわゆる公害病の原因物質であるほか，森林や湖沼などに影響を与える酸性雨の主成分としても知られている。

窒素酸化物（NOx）において毒性が問題となるのは，一酸化窒素と二酸化窒素である。大気汚染物質としての窒素酸化物は，工場のボイラーや自動車などから発生する。窒素酸化物は刺激性があり，吸入すると肺の深部まで到達し，慢性気管支炎や肺気腫を起こすほか，酸性雨や光化学オキシダントの原因物質ともなる。わが国では，排ガス規制の努力により窒素酸化物濃度（主に二酸化窒素と一酸化窒素）の環境基準を達成しており，ゆるやかな低下傾向を示している。

ダイオキシン類は，無色で刺激臭がある気体。発がん性や胎児に対する催奇形性（さいきけいせい）が指摘される猛毒物質で，ごみ焼却場でプラスチック類やポリ塩化ビフェニルなどの有機塩素系化合物が燃えるときや，タバコの煙，自動車の排気ガスなど，さまざまな発生源がある。環境中で分解されにくく，人間などの生物は大気や食物から摂取し，体内では特に脂肪組織に蓄積する。

光化学スモッグは，大気中の一次汚染物質である窒素酸化物や炭化水素（揮発性有機化合物）が太陽光の作用により反応し，オゾンなどのオキシダントが発生した状態をいい，目への刺激，のどの痛み，胸の苦しさなどの健康被害を起こす。

大気汚染対策としては，環境基本法により大気汚染にかかわる環境基準が設定されている。また，大気汚染防止法に基づき，煤煙等を排出する施設や自動車に対しては排出規制などが行われている。❶平成9年にはベンゼン，トリクロロエチレン，テトラクロロエチレンの3物質が，❷平成12年にはダイオキシン類が，❸平成13年にはジクロロメタンが，❹平成21年には微小粒子状物質が環境基準に設定されている。❶～❸は，化学工業製品の合成原料などであり，発がん性があるほか，肝臓・腎臓に障害を与える。

PM2.5は，大気中に浮遊している直径$2.5\mu m$以下の微小粒子状物質である（p.12, 13）。工場や自動車，船舶，航空機などから排出された煤煙や粉塵，硫黄酸化物など，大気汚染の原因となる粒子状の物質をさす。非常に小さいため，肺の奥深くまで入り，呼吸器系に影響を与えるほか，鼻水や目のかゆみ（アレルギー症状）も起こす場合がある。

❸ 水質汚濁

水質汚濁とは，下水や産業排水などが公共用水域に流入することで人の健康に障害を来したり生活環境を悪化させる現象である。

水質汚濁の原因には，❶水の富栄養化，❷浮遊物質のヘドロ化，❸温排水によるDO（溶存酸素量）の減少，❹化学物質による地下汚染がある。

昭和45年に水質汚濁防止法が制定され，工場，事業場などから排出される汚水，または廃液の規制を行い，水質の汚濁防止を図っている。その他，水道法や環境基本法により対策が講じられている。

表7 四大公害病

公害病	発生源	原因	症状
水俣病	工場排水	メチル（有機）水銀	手足の不自由，言語障害，神経系障害
イタイイタイ病	鉱山排水	カドミウム	腎障害，骨軟化症
四日市ぜんそく	石油コンビナート	二酸化硫黄（SO_2）	気管支ぜんそく，慢性気管支炎
新潟水俣病	工場排水	メチル（有機）水銀	手足の不自由，言語障害，難聴，神経系障害

水の汚染度を示す値として，pH，DO，BOD（生物化学的酸素要求量），COD（化学的酸素要求量），SS（浮遊物質量）などが用いられる。最近の水質汚濁の状況をみると，工場排水等の排水規制強化により，カドミウム等の人に有害な物質においてはほぼ環境基準を達成しているが，家庭排水等の生活雑排水対策の遅れにより，BOD，CODの項目は望ましい状況とはいえない。

❹ 主な環境汚染公害事件

戦後，経済の急成長とともに，工場が排出する煤煙や汚水などにより環境汚染が進み，公害による健康被害が大きな社会問題となった。これらの公害は，被害を受けた人々の救済をめぐり裁判となった。特に社会の注目を集めたものとして，四大公害病（水俣病，イタイイタイ病，四日市ぜんそく，新潟水俣病）がある【表7】。

❺ 地球規模の環境破壊

産業活動をはじめとする人間の活動によって地球全体の環境が変化しているとして，「地球環境問題」が論議されている。地球の温暖化，酸性雨，オゾン層の破壊，砂漠化，熱帯雨林の減少，化学物質による土壌や海洋の汚染，野生生物種の減少など，地球全体で考えなければならない問題である。環境変化による食料生産への影響が懸念される。

温暖化に関係する温室効果ガスとしてフロン類，メタン，二酸化炭素などがある。

8 衣服の衛生

衣服は，衛生上は体温調節の補助と皮膚の保護の役割が大切で，健康的で動きやすくなければならない。衣服の衛生的条件は次のとおりである。

●温度調節のよいもの。夏は外温を防ぎ，冬は体温の放熱を防ぐもの
●皮膚を清潔に保ち洗濯しやすいもの。化学物質による皮膚刺激性の少ないもの
●形や重量が活動に適し，危険に対し防護的なもの

9 感染症の発生と予防

❶ 感染とは

病原体となる微生物（細菌，ウイルスなど）が宿主となる生物に侵入・定着し，増殖すること。感染のために宿主が何らかの症状を呈する状態を感染症という。

なお，感染症の予防と流行への円滑な対応を可能とする法律が，感染症の予防及び感染症の患者に対する医療に関する法律（感染症法）である。感染症の定義，届

表8 感染症の病原体

病原体	感染症
ウイルス	日本脳炎，狂犬病，麻しん，インフルエンザ，急性灰白髄炎（ポリオ），デング熱，伝染性肝炎，伝染性下痢症，ラッサ熱，エボラ出血熱，クリミア・コンゴ出血熱，マールブルグ病，黄熱，ウイルス性肝炎，水痘，重症急性呼吸器症候群，後天性免疫不全症候群（エイズ），ジカ熱
細 菌	結核，コレラ，細菌性赤痢，腸チフス，パラチフス，腸管出血性大腸菌感染症，しょう紅熱，ジフテリア，百日せき，ペスト，髄膜炎菌性髄膜炎，破傷風，炭そ，りん病，レジオネラ症
クラミジア	オウム病，性器クラミジア感染症，そけいリンパ肉芽腫症，トラコーマ
リケッチア	発しんチフス，つつが虫病，発しん熱，Q熱
スピロヘータ	梅毒，ワイル病，回帰熱
真菌（かび）	ニューモシスチス肺炎，白癬（水虫），カンジダ症，アスペルギルス症
原 虫	マラリア，アメーバ赤痢，トキソプラズマ症，クリプトスポリジウム症
寄生虫	回虫症，十二指腸虫症（鉤虫症），日本住血吸虫症，エキノコックス症，クドア症，サルコシスティス症，アニサキス症
プリオン（異常たんぱく質）	クロイツフェルト・ヤコブ病，牛海綿状脳症

け出，入院勧告などについて規定されている（p.70）。

❷ 感染症の種類

　感染症は，固有の病原体が体のなかに入ることによって引き起こされる疾病であり，人から人へ直接または間接的に伝播する病気の場合には，伝染病ともいう。感染症の病原体には，ウイルス，細菌，クラミジア，リケッチア，スピロヘータ，真菌（かび），原虫などのほか，回虫などの寄生虫やプリオン（異常たんぱく質）によるものもあり，これらによる感染症の例は，【表8】のとおりである。

　近年，日本人の海外旅行の増加，国際化の進展などにより，輸入感染症が増加し，従来わが国には存在しないとされていた感染症も報告されている。さらに，エイズや性感染症，院内感染症などが注目されている。

❸ 感染症の発生条件

　感染症が発生するには，次の3つの条件が必要である。

❶感染源　病原体，または体のなかに病原体をもっている人，動物，物質
❷感染経路　病原体が体内に到達するまでの経路
❸感受性　外界の働き掛けを受け入れる仕組み

　❶は，病原体を排出する人間や動物がいると，それをもとにして感染症が流行する。❷は，それぞれの感染症には特有な感染経路が決まっており，それによって次の人間へと感染する。つまり，病原体と感受性をもつ人間が互いに接触する機会である。❸は，人間に感受性がなければ（人間に抵抗力があれば），感染源があり，感染経路があっても感染しない。したがって，生活環境が不衛生であったり，人口密度が高い場合などに感染症は広がりやすい。また，感染症の流行は，気候，季節，

地理などの環境によっても影響を受ける。

❹ 感染症の感染源

　感染症の発生には，固有の病原体が必要不可欠であり，感染源となるものは，患者，保菌者，接触者，病気にかかっている動物などである。

1　患者

　ほとんどの感染症の最も強力な感染源となっている。

2　無症状病原体保有者（いわゆる保菌者）

　病気の症状は示さないが，体のなかに病原体をもっていて，無自覚にそれを排出している者を無症状病原体保有者（以下，保菌者という）という。保菌者は，危険な感染源として疾病予防上重視され，以下のように分けられている。

❶健康（不顕性）保菌者　感染しても症状を現さないが，病原体の排菌が認められる者（HIV感染症，B型肝炎）

❷潜伏期保菌者　感染し，症状は示していないが，発病前の者（麻しん，風しん）

❸病後保菌者　発病し，症状が治まっても，なお保菌している者（腸チフス，赤痢）

3　接触者

　患者の家族，看護人，保菌者の同居人など，感染源と接触のあった者のことである。

4　病気にかかっている動物

　人と脊椎動物を共通の宿主とする人畜（獣）共通伝染病の場合が主なもので，野生動物や家畜，ときには魚，節足動物のこともある。

❺ 感染症の伝播様式と主な感染症

　感染源が直接または間接的にほかの人間に伝播していく経路を次に示す。

1　直接伝播

❶接触感染　患者や感染動物等から直接感染する（例：エイズ，梅毒，狂犬病など）

❷垂直感染　母親の胎盤や産道，あるいは授乳を通して子どもへ感染する（例：風しん，B型肝炎，エイズなど）

❸飛沫感染　せき，くしゃみなどで感染する（例：インフルエンザ，百日せき）

2　間接伝播

❶媒介物によるもの　汚染された食器，玩具，輸血，水・食物（例：赤痢，腸チフス，パラチフス，コレラ，急性灰白髄炎，細菌性食中毒，B型肝炎など）から，経口で感染する

❷媒介昆虫等によるもの　媒介者である昆虫等に，かまれたり刺されたりすることで感染する（例：ダニによるつつが虫病，蚊によるマラリア・デング熱・黄熱・日本脳炎・ジカ熱，シラミによる発しんチフス，ノミによるペスト，ハエによる消化器系感染症・赤痢など）

❸空気感染　飛沫ではあるが直接的ではなく，空中をただよっている患者の分泌物，病原体が付着した塵や埃（塵埃）などを口や鼻から吸引して感染する

＊

　直接伝播と間接伝播の❸の例としては，結核，麻しん，水痘などがあげられる。

　【表9】は，感染経路を垂直感染（母子感染）と水平感染（母子感染以外の人か

表9 感染経路の分類

	感染経路	感染の流れ	主な疾患		
水平感染	接触感染	●感染源（感染者）に直接接触することによって感染（直接接触感染），または医療機器などを介して接触することによって感染（間接接触感染）。	●炭疽（皮膚炭疽） ●性感染症（梅毒，B型肝炎，HIV感染症など） ●破傷風 ●狂犬病		
	飛沫感染	●感染源（感染者）の咳の飛沫などに含まれる病原体が体内に入ることによって感染。 ●感染源の1〜2m以内で起こるとされている。	●インフルエンザ ●百日咳 ●ジフテリア ●マイコプラズマ		
	空気感染	●感染源からの病原体を含む飛沫核が広く空気中を漂うことによって感染（飛沫核感染），または病原体がちり・ほこりと一体になり空気中を漂うことによって感染（塵埃感染ともいう）。	飛沫核	●麻しん ●水痘 ●結核	
			塵埃	●結核 ●オウム病 ●Q熱	
			その他	●レジオネラ症	
	媒介物感染	●病原体に汚染された媒介物（注射器など）に接触，または摂取することによって感染。	血液	●B・C型肝炎 ●HIV感染症	
			水	●コレラ ●赤痢	
			食物	●食中毒	
			その他	●眼感染症	
	媒介動物感染	●病原体がヒトとは異なる動物種（ベクター）を介し，動物から再度ヒトへ起こる感染。 ●病原体がベクターの体表に付着する機械的感染と，ベクターの体内に生活環を有する生物学的感染とに分けられる。	機械的	●腸チフス ●コレラ ●赤痢	
			生物学的	●マラリア ●つつが虫病 ●フィラリア症	
垂直感染（母子感染）	経胎盤感染（胎内感染）	●出産前に胎児が胎盤を通過した病原体によって感染。	●風しん（先天性風しん症候群） ●サイトメガロウイルス感染症 ●梅毒（先天性梅毒） ●トキソプラズマ症 ●単純ヘルペスウイルス感染症		
	経産道感染	●分娩時に胎児が産道や母体血液中に存在する病原体によって感染。	●B型肝炎 ●淋病 ●クラミジア感染症 ●HIV感染症		
	経母乳感染	●出産後に母乳中に分泌される病原体によって乳児が感染。	●成人T細胞白血病（HTLV-1感染症） ●HIV感染症		

資料）国試対策問題編集委員会編：レビューブック　公衆衛生　2021, p.296, メディックメディア（2020）

ら人，動物から人への感染）に分けて示したものである。

❻ 感染症の予防対策

感染症予防の原則は，**感染源対策，感染経路対策，感受性対策**（個人に対する対策）の3つに分けることができる。

1　感染源対策

- 国内には常在せず，病原体が国外からもち込まれた場合にのみ流行する感染症を**輸入感染症**と呼び，国内侵入を防ぐために，空港や海港などで検疫が行われている。

　わが国では検疫法により，**検疫感染症**が指定されている。検疫により，これらの疾病の患者または保菌者が発見されると，入国停止，隔離，消毒などの**早期措置**がとられる

- 国内で発生する主要な感染症については，法令に基づき患者の届出や入院等の防疫措置がとられる。感染源の**早期発見**のため，感染症と疑われる患者を診察した医師は，すみやかに保健所長を経由して，都道府県知事に届け出なければならない

- 患者や保菌者を感染症指定医療機関等に入院させるなどして，二次感染を防止する措置がとられている

2　感染経路対策

- 病原体で汚染されたものを徹底的に**消毒**すること
- マスクやうがい，手洗いなどで，病原体が口から入らないようにすること
- 患者の家では，医師や保健所の指示に従って便所等の消毒と**清潔保持**に努めること
- 井戸水，使用水，飲用水の消毒を厳重に行うこと
- 感染の媒介をするネズミ，ハエ，蚊，シラミなどを**駆除**すること

3　感受性対策（個人に対する対策）

個人的予防の上で最も大切な点は，各個人が疾病に対する感受性の低下（抵抗力の向上）を図ることである。これにはまず**予防接種**がある。

業務上，多数の人の口に入るものを扱う調理師としては，予防接種の実施に努めなければならない。

個人の栄養状態は，感染症に対する感受性を大きく左右する。したがって，日常の食事については，栄養素をバランスよくとり，よい健康状態を維持することが，種々の感染症に対する抵抗力を高め，また，症状が出た場合も軽く済ませることにつながる。その他，適度に運動することや休養をとることも重要である。

4　感染症の分類と対応・措置

感染症法（第6条）では，対象とする感染症の感染力や危険度の高さなどに基づいて，【**表10**】のように1～5類感染症に分類するとともに，新型インフルエンザ等感染症，指定感染症と新感染症の制度を設けている。

かかった疑いがあれば，その対応・措置には違いがあり，医師は，1類～4類の患者または無症状病原体保有者，厚生労働省令が定める5類の一部，新型インフルエンザ等感染症の患者および新感染症にかかっていると疑われる者を診断したとき

表10 感染症の分類と対応・措置

類型		感染症名	性格	対応・措置（強制できるもの）					
				入院	就業制限	対物措置	届出		
							基準	期間	届出先
1類(7疾患)		エボラ出血熱，痘そう（天然痘），クリミア・コンゴ出血熱，ペスト，南米出血熱，ラッサ熱，マールブルク病	感染性が極めて高い	○※	○	○	全数把握・医師が届出	診断後直ちに	最寄りの保健所長を経由して都道府県知事へ
2類(7疾患)		急性灰白髄炎（ポリオ），結核，ジフテリア，鳥インフルエンザ（H5N1，H7N9），重症急性呼吸器症候群（SARS），中東呼吸器症候群（MERS）	危険性が高い	○※	○	○			
3類(5疾患)		コレラ，細菌性赤痢，腸チフス，腸管出血性大腸菌感染症，パラチフス	集団発生を起こしうる	×	○	○			
4類(44疾患)		E型肝炎，A型肝炎，黄熱，Q熱，狂犬病，炭疽，ボツリヌス症，マラリア，鳥インフルエンザ（H5N1，H7N9を除く），野兎病，日本脳炎，ジカウイルス感染症 その他政令で指定	動物等から感染し，健康に影響を与える恐れあり	×	×	○			
5類(48疾患)	全数把握	クリプトスポリジウム症，破傷風，後天性免疫不全症候群（AIDS），梅毒，麻疹，百日せき 等 その他省令で指定	必要な情報を提供・公開することで，発生や拡大が防止できる	×	×	×		診断後7日以内（侵襲性髄膜炎菌感染症，風疹，麻疹は直ちに）	
	定点把握	インフルエンザ（鳥インフル，新型インフル等感染症は除く），性器クラミジア感染症，新型コロナウイルス感染症 その他		×	×	×	定点把握	翌月初日または次の月曜日まで	

※状況に応じる（都道府県が必要と認めるとき）　　　　令和5年9月7日現在

には，直ちに最寄りの保健所長を経由して都道府県知事に届け出なければならない（感染症法第12条）。また，医療体制では，各感染症に応じて良質かつ適切な医療を提供するため，国，都道府県による医療機関の指定が法定化されている。

❼ 感染症の現状，知識および予防

1　1類感染症

●エボラ出血熱　エボラウイルス属のウイルスを病原体とする急性ウイルス性感染症。出血熱の1つ。人にも感染し，50〜80％という死亡率をもつ種類も存在する。

患者の血液，分泌物，排泄物や唾液などの飛沫および死亡した患者からも感染する。エボラウイルスの感染力は強いものの，基本的に空気感染をせず，感染者の体液や血液に触れなければ感染しないと考えられている。わが国での届け出はない

2　2類感染症

◉**重症急性呼吸器症候群**　SARS（サーズ）とも呼ばれ，SARSコロナウイルスによって引き起こされる。主な症状は，38℃以上の発熱，せき，息切れ，呼吸困難などで，肺炎や呼吸窮迫症候群（こきゅうきゅうはく）の所見（胸部レントゲンで，すりガラスのような影）がみられる。わが国ではまだ発症例はない

◉**結核**　結核菌によって起こる慢性感染症の1つである。乾いたところでも死滅しない強い菌で，感染源は結核患者であり，そのたんから感染する。感染経路は飛沫感染が主で，接触感染や空気感染（塵埃感染（じんあい）ともいう）もある。

　　結核患者は，以前に比べると減少したが令和4年末現在の結核登録者数は24,555人で依然多く，令和4年の新登録結核患者数（り患数）は10,235人で，死亡者は1,664人（概数）に及んでいる。高齢者ほど高率になっている。

　　結核をなくすことは現状では困難なので，結核患者を早期に発見して，他人にうつる前に治療することが予防上大切である

◉**鳥インフルエンザ（H5N1）**　家禽類（かきん）にしか感染しなかった高病原性インフルエンザ（H5N1）の人への感染例が報告されている。これまで鳥インフルエンザによる人への明確な流行は示されていないが，A型インフルエンザ等のウイルスよりも人への感染力が強く，いったん感染すると，SARS（重症急性呼吸器症候群）よりも死亡率が高いと予想されている。このため，本疾患が流行する地域などの正確な情報確認，感染予防策が重要であり，各自治体では診断から治療までの医療体制整備を行っている。流行時に新型インフルエンザ感染が疑われる場合には，保健所などの指示に従って，正しく診療協力機関を受診する必要がある。

　　症状は，従来のインフルエンザと同様，突然の高熱，悪寒，筋肉痛や関節痛がみられるほか，せきや息切れといった呼吸器症状や下痢などの消化器症状がみられる。わが国ではまだ発症例はない

◉**鳥インフルエンザ（H7N9）**　平成25年3月に中国から発生が伝えられたA型インフルエンザの亜型の1つである。主に鳥類間で感染が広がっていた鳥インフルエンザが，ウイルスの増えやすさを決める特定の遺伝子において，人の細胞の表面に感染しやすく変異していることが確認されている。

　　これに感染すると，発症初期にインフルエンザ様症状を呈した後，発症後1週間以内に，重症肺炎およびARDS（急性呼吸窮迫症候群）へ進行し，死亡する。発症死亡率は20%前後であるが，軽症例および無症状病原体保有者（不顕性感染例）も報告されている。なお，人から人への明確な感染は現在のところ確認されていない

◉**中東呼吸器症候群（MERS）**　平成24年9月以降，サウジアラビアやアラブ首長国連邦など中東地域で広く発生している重症呼吸器感染症である。また，その地域を旅行などで訪問した人が，帰国してから発症する例も多数報告されている。

MERSコロナウイルスを保有するヒトコブラクダとの濃厚接触が感染リスクであると考えられている。一方，家族間，感染対策が不十分な医療機関などにおける限定的な人-人感染も報告されている。潜伏期間は2～14日で，無症状例から急性呼吸窮迫症候群（ARDS）を来す重症例まである。典型的な症状は，発熱，咳嗽等から始まり，急速に肺炎を発症し，しばしば呼吸管理が必要となる。わが国では現在のところ確認されていないが，高齢者および糖尿病，腎不全などの基礎疾患をもつ者での重症化傾向がより高い

3　3類感染症

● 腸チフス　腸チフス菌によって起こる病気で，便と尿から菌が検出される。感染してから1～3週間ほどで発病する。戦後激減した疾病の1つであり，令和3年は4人である（感染症発生動向調査（概数），以下同じ）。最近は海外からの輸入事例が増加し，また耐性菌の増加が問題となっている。

　初期症状は体のだるさ，吐き気，頭や手足，腰が痛み，寒気がして食欲がなく，風邪をひいたようになる。熱は毎日少しずつ上がって7～8日目に40℃以上になり，2～3週間くらい高熱が続くが，脈拍数は90程度と少ないのが特徴である

● コレラ　コレラ菌で起こる病気で，感染すると早ければ24～48時間，遅くとも6日ごろに発病する。腹痛，下痢が起こり，次第に米のとぎ汁のような便となり，脱水症状を引き起こす。嘔吐をともない，熱はないが脈拍数だけ多いのが特徴である。平成11年の食品衛生法施行規則の改正により，食中毒の病因物質に加えられている。ここ数年，毎年患者が発生しており，ほとんどが海外での感染例である。令和3年の患者数は0人である

● 細菌性赤痢　赤痢菌が口から入って起こる病気で，罹患してから1～7日のうちに発病する。症状は，発熱，腹痛，寒気，吐き気がし，下痢やしぶり腹などが起こり，下痢便には粘液と血液が混ざってくる。

　抗生物質の発見以来，致命率は低下したが，発生件数は依然として多く，令和3年の患者数は7人となっている

● パラチフス　パラチフス菌が口から入って起こる病気で，腸チフスに似た症状を起こすが，熱が急に出て早く下がるものが多い。人のみに感染する。発生は戦後激減し，令和3年には0人となっている

● 腸管出血性大腸菌感染症　腸管出血性大腸菌O157が産生するベロ毒素によって起こる。症状は軽い腹痛や下痢をともない，ときには激しい血便もみられる。なお，乳幼児や高齢者等の抵抗力が弱い者が感染した場合，重症化し，溶血性尿毒症症候群（HUS）を併発し死亡することがある。令和3年は3,243人が報告されており，夏季に流行し，幼年者に多い傾向がある

4　4類感染症

● 日本脳炎　日本脳炎ウイルスが，蚊（コガタアカイエカなど）によって人体に入り起こる病気で，感染してから4日～2週間経って発病する。急に38～39℃の熱が出て，しばしば頭痛や嘔吐を引き起こし，その後熱がさらに上がり，うわごとなど，脳炎の症状が出る。麻痺や精神障害が残ることが多い。予防としては，蚊の駆除と予防接種が行われる。令和3年の患者数は3人である

●つつが虫病　病原であるリケッチアを保有したつつが虫（ダニの一種）に刺されることにより感染する。潜伏期は約8〜11日で，主な症状は，発熱，発しん，刺し傷の痛み，リンパ節腫脹である。患者数は，昭和50年までは10人ほどであったが，昭和51年以降，急激に増加し，令和3年で544人となっている

●A型肝炎　主にウイルスに汚染された飲食物を介して口から感染する。令和3年の患者数は71人である

●E型肝炎　ほとんどが発展途上国など海外での感染例であったが，平成14年から国内での感染例が報告されている。わが国では，動物の臓器や肉の生食による経口感染事例がみられる。令和3年の患者数は460人である

●ジカウイルス感染症　ジカウイルスが，蚊（ネッタイシマカ，ヒトスジシマカ）によって人体に入り感染する。潜伏期は3〜12日で，症状の出ない人がほとんどである。ただし，免疫力が低下した人では死に至る危険性がある。予防としては，蚊に刺されないことで，ワクチンはない。令和3年の患者数は0人である

5　5類感染症

●エイズ　HIV（ヒト免疫不全ウイルス）の感染によって引き起こされ，HIV感染者との性的接触やウイルスの入った血液製剤の輸血で感染する。潜伏期間として，数ヵ月から数年経った後，細胞免疫不全に陥り，カポジ肉腫やカリニ肺炎などを発症する。治療法の進歩により，以前よりも死亡率は低下している。

　　わが国のHIV感染者（外国籍も含む）は，凝固因子製剤による感染例を除き，令和4年12月末現在で23,863人，エイズ患者は10,558人となっている。世界的に患者が急増しつつあり，国内においても正しい知識の普及・啓発，相談・検査体制，研究などの対策が講じられている。令和3年の患者数は1,053人である

●破傷風　破傷風菌芽胞が，創傷から体内に入ることにより発病する。直接的感染源は土壌，街路の塵埃（じんあい）および動物や人の糞便である。潜伏期間は，通常4日〜3週間である。主な症状は，疼痛性筋肉収縮（とうつう）で，はじめは下顎筋（かがく）に現れる。致命率が高い。ワクチンによる予防が大切である。令和3年の患者数は93人である

●百日せき　百日せき菌によって起こる急性呼吸器感染症である。感冒様症状で始まり，合併症がない限り熱はなく，次第にせきが強くなり，1〜2週間のうちに特有の痙咳（けいがい）（顔を真っ赤にしてコンコンたて続けにせき込むこと）になる。令和3年では707人が報告されている。平成30年1月から全数届出が義務化された

●インフルエンザ（鳥インフルエンザと新型インフルエンザ等感染症を除く）　インフルエンザウイルスには，A，B，Cの3つの型がある。感染力が強く，周期的に大きな抗原変異が起こり，散発的に発生する。

　　症状としては，発熱，悪寒，頭痛，筋肉痛，ときとして全身衰弱感などが突然現れる。鼻閉，咽頭痛（いんとう），せきなどではじまることが多い。予防法としては，ウイルスの型に合ったワクチンが有効である

　　なお，令和3年の特定定点での患者数は1,065人となっている

●性感染症　性交により感染する病気で，感染症法では梅毒，りん菌感染症（りん病），性器クラミジア，性器ヘルペスウイルス，尖圭コンジローマの5疾患が5類感染症に規定されている。令和3年の梅毒患者数は7,978人，令和3年の特定

定点からの報告数において，りん菌感染症 10,399 人，性器クラミジア感染症 30,003 人，性器ヘルペスウイルス感染症 8,981 人，尖圭コンジローマ 5,602 人となっている。

予防には，不潔な性交，感染者とのキスその他接触を避けることが大切である

●新型コロナウイルス感染症（COVID-19）　SARS コロナウイルス 2 によって引き起こされる。感染経路は，❶接触感染（唾液や気道分泌物から直接，またはウイルスに汚染された手すり，ドアノブ，スイッチ，便座，つり革などにさわり間接的に口・鼻・目に触れる），❷飛沫感染（せき，くしゃみなどに含まれるウイルスを口・鼻から吸い込む，また，目に入る。飛沫距離は 1〜2m とされる）

●潜伏期間：14 日（発症まで 4〜5 日）とされる

●感染可能期間：発症 2 日前から発症 7〜14 日程度（時間がたつにつれ感染力が弱まる）

●症状：感染者の 80％は無症状か軽症（あっても，せきやのどの痛み，嗅覚・味覚障害などが 1 週間程度続く），20％は呼吸困難・せき・痰などが 1 週間から 10 日程度続く。5％程度は肺炎症状が悪化して入院が必要になり（10 日以降），2〜3％が重症化し人工呼吸管理などが必要な致命的な症状になる場合がある

●高リスク者：免疫機能が低下している者，持病がある者（心血管疾患・糖尿病・慢性肺疾患・高血圧）

●診断：PCR（ポリメラーゼ連鎖反応）検査（ウイルスの特定の遺伝子を読み取ることによってウイルス感染をみつける検査）

●予防法：一人ひとりの感染予防。三密（密閉・密集・密接）の回避，手指の衛生，咳エチケットの徹底

6　新型インフルエンザ等感染症

新型インフルエンザは，新たに人から人に伝染する能力を有することとなったウイルスを病原体とするインフルエンザであって，一般に国民がこの感染症に対する免疫を獲得していないことから，全国的かつ急速なまん延により国民の生命・健康に重大な影響を与えるおそれがあるものである。インフルエンザには A，B，C の 3 つの型があり，大流行（パンデミック）を引き起こすのは A 型である。この A 型が人から人へ容易に，持続的に感染する能力をもったものが新型インフルエンザである。毎冬小流行するものは，季節性インフルエンザと呼ばれる。

7　指定感染症

既知の感染症のうち上記 1〜3 類，新型インフルエンザ等感染症に分類されない感染症であって，1〜3 類に準じた対応の必要性が生じた感染症である。

8　新感染症

人から人へ伝染すると認められる疾病であって，既知の感染症と症状などが明らかに異なり，罹患した場合の症状の程度が重篤であり，かつ，この疾病のまん延により国民の生命および健康に重大な影響を与えるおそれがあると認められるもの。

9　再興感染症

既知の感染症で，すでに公衆衛生上問題とならない程度まで患者数が減少していた感染症のうち，再び流行し始め患者数が増加した感染症である。主な疾患は，結

核，マラリア，デング熱，コレラ，狂犬病，ペスト，黄熱病，炭疽，百日せきなど。

❽ 寄生虫病の予防（4章食品衛生学，p.188〜189）

寄生虫の種類を大別すると，次のように区分される。

◉**吸虫類**　肝吸虫，肺吸虫，日本住血吸虫
◉**条虫類**　日本海裂頭条虫，無鉤条虫・有鉤条虫，小形条虫
◉**線虫類**　回虫，十二指腸虫，ぎょう虫，東洋毛様線虫，アニサキス

1　回虫症

　便とともに体外に排出された回虫の卵が，成熟卵となり口から入って小腸に寄生して起こる。卵は非常に抵抗力が強く，乾燥，寒さにも強く，塩漬けの漬け物のなかでも生きている。地面の野菜の上などで生きているため，野菜をよく洗わずに食べたり，土のついた手や地面にある卵が埃に混ざって風に飛ばされて口に入ったりして感染する。

2　十二指腸虫症（鉤虫症）

　便とともに排出された卵が成熟して子虫となり，地面にいることから，外をはだしで歩いたりすると皮膚から侵入する。また，野菜などについていて，食事のときに口から入ったりする。予防には，便の処理が大切だが，田畑をはだしで歩かず，ゴム靴などを使用することや，野菜を流水でよく洗うことが大切である。

3　アニサキス症

　第1宿主がオキアミ，第2宿主がサバ，アジなどの海産魚やイカ，最終的にイルカ，クジラに寄生する。これらを刺し身や酢の物で食べると，胃腸壁に入って腫瘤をつくる。最近は海外の生魚介類を食する機会が増えてきており，アニサキス症も増加している。

4　ぎょう虫病

　ぎょう虫が寄生して起こる病気である。人間の腸に寄生するが，夜になると肛門の外にはい出してきて産卵するので，肛門の周囲がかゆくなる。

　これにより，ぎょう虫の卵が下着や布団などにつくことがあるが，卵は直射日光に弱いので，予防には寝具はできるだけ日光にさらし，下着などは毎日新しいものと替えて，着替えたものは熱湯で消毒する。また，食事前に手をよく洗うことが大切である。

5　肺吸虫症

　肺ジストマ病ともいわれ，肺吸虫が寄生して起こる病気である。この虫は，卵から幼虫に発育する途中で宿主を2回変えるが，第1の宿主はカワニナで，第2の宿主は淡水産のカニである。そのため流行地方では，特にサワガニやモクズガニを生で食べたり，または不十分な加熱調理で食べると感染する危険がある。感染すると，人間の肺に寄生し，そこで卵を産み，それが気管に出て，たんと一緒に外に出る。

　予防には，中間宿主となる淡水産のカニ類は十分に加熱調理し，生食しないことが大切である。

6　肝吸虫症

　肝臓ジストマ病ともいわれ，肝吸虫が寄生して起こる病気である。わが国では宮城，新潟，滋賀，岡山，広島，熊本の各県などに多い。この虫も肺吸虫と同様に，

2つの中間宿主があって，第1の宿主はマメタニシ，第2の宿主はモロコ，タナゴ，フナ，コイ，ウグイ（ハヤともいう）などの淡水魚であり，その筋肉のなかに宿っている。

　この虫が，人間の肝臓，胆のうに寄生することにより，肝臓が大きくなり，黄だん，貧血，腹水などの症状を現す。予防には，中間宿主となる淡水魚などの生食を避ける。

7　日本住血吸虫病

　日本住血吸虫が寄生して起こる病気である。この虫の中間宿主は宮入貝で，この宿主から出た子虫が人間の皮膚から侵入する。感染すると肝臓が大きくなったり，下痢，腹水，貧血を起こし，患者は発育がおさえられて，特有の小さな体になる。

　予防には，この病気の流行地方の宮入貝のいる溝などに石灰を投入して子虫を殺し，また中間宿主になる宮入貝そのものの撲滅に努める。はだしで溝などに入らないことも大切である。

8　条虫病

　条虫類（さなだ虫）が寄生して起こる病気である。条虫には次のものがある。

❶日本海裂頭条虫　非常に長い虫で，普通は7〜8m，長いものは10m以上もある。感染源の中間宿主はマス，サケなどで，その筋肉のなかに子虫が存在する。これが寄生すると食欲がなくなり，腹痛，吐き気がして体がだるくなる

❷無鉤条虫　わが国のどこにでも存在し，牛が中間宿主である。その筋肉のなかに子虫が存在しており，その害は❶と大体同じである

❸有鉤条虫　中間宿主は豚である。その害は，❶や❷と大体同じである

❹小形条虫　非常に小さな条虫で，10〜25mmしかなく，長いものでも30mmくらいである。中間宿主はなく，これが寄生すると腹痛，下痢や頭痛，不眠などを起こす。条虫病を予防するには，それぞれの条虫の中間宿主の魚類，肉類を生食せず，完全に加熱調理することである。

9　クドア症

　ヒラメに寄生するクドア属の寄生虫（クドア・セプテンプンクタータ）の生食により感染する。嘔吐や下痢などを引き起こすが，症状は軽い。

10　サルコシスティス症

　胞子虫類の一種であるサルコシスティス・フェアリーが寄生した馬肉を生食することにより感染する。嘔吐や下痢などを引き起こすが，症状は軽い。

❾ 予防接種

　感受性対策として実施されているが，ねらいは感染症の流行予防（集団予防）と個人のり患予防（個人予防）である。平成6（1994）年の予防接種法改正により，接種は努力義務とされ，「義務接種」から「勧奨接種」に変更された。

　予防接種には，市町村が主体となって実施する❶定期接種と，希望者が各自で受ける❷任意接種がある。❶にはヒブ，ポリオ，ジフテリア・百日咳・破傷風の3種混合，麻疹，風疹，日本脳炎など，❷にはB型肝炎，高齢者対象のインフルエンザ，ロタウイルス，流行性耳下腺炎（おたふくかぜ）などがある。

食生活の現状と健康づくり対策

　がん，脳卒中，心臓病などの生活習慣病の発症は，生活習慣，とりわけ食生活との関連が深いことから，健康的な食生活の実践を通じた一次予防が重要となっている。このため，厚生労働省では，健康的な食生活の普及を図る観点から，1日の摂取目安となる食事摂取基準や食生活指針，食事バランスガイドなどを策定して，その普及に努めている。また，健康づくり対策には食生活だけでなく，運動やタバコおよびストレス等の面も考えた一次予防も欠かせないものである。このことから，以下には，❶食生活の現状と課題に加え，運動，タバコ，ストレス等を含めた❷健康づくり対策について示す。

1　食生活の現状と課題

　近年の日本人の栄養状態は平均的には良好であるが，個々の世帯，個々人でみた場合には，依然，食生活の乱れがみられ，運動不足等にともなう過剰摂取による肥満に対し，逆に高齢者の低栄養や若い女性のやせの問題がみられるなど，健康・栄養状態の二極化が進んでいる。また同時に，これら生活習慣の乱れから糖尿病やメタボリックシンドロームも増加しており，医療費の増大にもつながっている。

　以下には，国民健康・栄養調査結果（令和元年）をもとに，わが国の食生活の現状と課題について示す（新型コロナウイルス感染症の影響により，令和2年，3年には例外的に調査が行われていない）。

1　エネルギー摂取量の現状と推移

　1人1日当たりのエネルギー摂取量の推移はここ最近増減をくり返しているが，長期的にはわずかながら減少傾向を示しており，1日当たりのエネルギー摂取量については，1,903kcalである。なお，成人においては増減をくり返しつつも横ばい傾向である。

2　脂質のエネルギー比率等の現状と推移

　脂質のエネルギー比率は28.6%でここ最近わずかに増加傾向にある。なお，成人男性は27.4%，女性は29.2%と女性の方が脂質のエネルギー摂取比率は高い。

3　食塩摂取量の現状と推移

　食塩摂取量は1歳以上で9.7gと，減少傾向を示している。食塩摂取量は年齢とともに増加するが，成人男性が10.9g，成人女性が9.3g（20歳以上の平均値は10.1g）である。なお，成人の目標摂取量（日本人の食事摂取基準（2020年版））は男性7.5g未満，女性6.5g未満である。

4　食物繊維摂取量の現状と推移

　穀類摂取の減少により長期的には減少傾向を示している。成人男性は19.9g，女性は18.0gである。なお，成人の目標摂取量は，男性21g以上，女性18g以上である。

5　野菜摂取量の現状と推移

　目標摂取量が示されている野菜類の摂取量は成人で280.5g（目標350g），そのうち緑黄色野菜の摂取量は85.1g（目標100g）である。10年前からの推移をみると横ばい，もしくはやや減少傾向である。なお，成人において，野菜の摂取量が多いのは70代で323.1g，最も少ないのは20代で222.6gである。

6　乳類と豆類摂取量の現状と推移

　乳類と豆類はカルシウム摂取が期待できる食品である。成人の乳類摂取量は110.7gであり，10年前からの推移をみると，増加傾向である。成人の豆類摂取量については64.6gであり，10年前からの推移をみると，やや増加傾向である。

7　朝食の欠食率の現状と推移

　朝食の欠食率は成人男性で15.5%，女性で11.1%と横ばい傾向であるが，欠食率が高いのは，男性27.9%（20代），女性22.4%（30代）である。

8　肥満者の割合（BMI ≧ 25：20歳以上）と推移

　肥満者の割合は，成人男性で33.0%，成人女性で22.3%であり，ここ数年は横ばい傾向である。最も肥満が多いのは男性の40代39.7%，女性の60代28.1%である。

9　やせの者の割合（BMI < 18.5：20歳以上）と推移

　やせの者の割合は，成人男性で3.9%，成人女性で11.5%であり，横ばい傾向である。なお，年代別で最もやせが多いのは男女とも20代である。

10　高齢者の低栄養傾向（BMI ≦ 20：65歳以上）の割合と推移

　高齢者の低栄養傾向（BMI ≦ 20：65歳以上）の割合は，全体で16.8%と横ばい傾向である。男性は12.4%，女性は20.7%であり，この10年間でみると，男女とも横ばい傾向である。

11　糖尿病が強く疑われる者の割合と推移

　「糖尿病が強く疑われる者」の割合は，男性19.7%，女性10.8%である。この10年間でみると，男女とも有意な増減はみられない。

2　健康づくり対策

　わが国では少子高齢社会をむかえ，疾病の予防や治療対策にとどまらず，生涯を通じて積極的に健康を増進する，いわゆる健康づくり対策を推進する必要がある。このため，厚生省（現 厚生労働省）では昭和53年から，本格的な長寿社会の到来に備え，**第1次国民健康づくり対策**を，さらに10年後の昭和63年からは栄養，運動，休養の3要素を健康づくりの中心に据えた**第2次国民健康づくり対策（アクティブ80ヘルスプラン）**を開始し，健康的な生活習慣の確立を推進した。

　また，平成12年からは，早期発見や治療だけでなく，発病以前の対策に力を入れ，より高い生活の質（Quality of Life, QOL）と健康寿命の延伸をめざす**21世紀における国民健康づくり運動〔健康日本21（第一次）〕**を開始し，令和6年からは個人の行動と健康状態の改善や，社会環境の質の向上等に重点を置いた健康日本21（第三次）が展開される（p.39）。

❶ 健康とは

　健康とは，人間生活の基本であり，日本国憲法第25条では，国民の生存権と国

の社会的責任を明らかにしている（p.2）。

❷ 現代社会における健康阻害要因

　現在，我々の生活は豊かになりつつあるが，一方では，健康を阻害する要因として，運動不足，ストレスの増大，さらに過度な偏食，喫煙，飲酒などがある。したがって，健康を保持・増進するためには，栄養・運動・休養を基本に，各人が自覚をもって生活習慣を是正することが重要である。

1　運動不足

　近年，多くの日本人が運動不足の状態にあるといわれている。運動不足が続くと，身体の組織あるいは器官の活動が不活発になってくる。スポーツの実施状況等に関する世論調査（スポーツ庁，令和4年度）の意識調査では約8割が運動不足と感じている。適度な運動は心肺機能を保持増進させるとともに，高血圧，動脈硬化などの疾病リスクの減少や，糖尿病，高血圧症などの治療に効果があるとされている。

　運動に関しては，健康日本21（第三次）の開始にあわせて，厚生労働省ではライフステージに応じた健康づくりのための身体活動（生活活動・運動）を推進するため，「健康づくりのための身体活動基準2013」を改定し，「健康づくりのための身体活動指針（アクティブガイド）」および「**健康づくりのための身体活動・運動ガイド2023**」を策定した。

　この**アクティブガイド**では，「＋10（プラステン）：今より10分多く体を動かそう」を主なメッセージに，理解しやすくまとめられている。

　身体活動・運動ガイドでは，「歩行またはそれと同等以上の強度の身体活動を1日60分以上行うことを推奨する」などの定量的な推奨事項と，「個人差等を踏まえ，強度や量を調整し，可能なものから取り組む」といった定性的な推奨事項がある。高齢者・成人・こどもの推奨事項，身体活動・運動にかかる参考情報もまとめ，使いやすさが考慮されている【**表11**】。

　健康日本21（第三次）では，**運動習慣者の割合の増加（40%）**などの具体的な目標を掲げている。

　令和元年の国民健康・栄養調査結果によると，成人における運動習慣者（1回30分以上の運動を週2回以上実施し，1年以上継続している者）は，男性33.4%，女性25.1%であった。この10年間でみると，男女とも横ばい傾向である。また歩数の状況は男性で6,793歩，女性で5,832歩であり，横ばい傾向である。

2　ストレスの増大

　現代の社会は都市化が進み，大気汚染や騒音，交通渋滞，あるいは職場などにおける人間関係の複雑化などにより，ストレスが増えてきている。このようなストレスの増大は，うつや不眠症など心の健康が阻害される原因となる。

　ストレスを解消するには，疲労を解消し活力を取り戻す"休"の要素とともに，主体的にスポーツや社会活動などに参加して心身をさわやかにし，英気を養う"養"の要素が必要である。両者の機能を上手に組み合わせ，身体を休めるだけでなく，積極的に健康増進を図ることにより，休養が一層効果的になる。

　なお，厚生労働省は，平成15年に「健康づくりのための睡眠指針〜快適な睡眠のための7箇条〜」，平成26年に「健康づくりのための睡眠指針2014〜睡眠12箇

表11 身体活動・運動の推奨事項一覧

〈全体の方向性〉

・個人差等を踏まえ，強度や量を調整し，可能なものから取り組む

・今よりも少しでも多く身体を動かす

	身体活動	座位行動
高齢者	歩行またはそれと同等以上の（3メッツ以上の強度の）身体活動を1日40分以上（1日約6,000歩以上）（＝週15メッツ・時以上） 運動：有酸素運動・筋力トレーニング・バランス運動・柔軟運動など多要素な運動を週3日以上 【筋力トレーニング*¹を週2～3日】	座りっぱなしの時間が長くなりすぎないように注意する（立位困難な人も，じっとしている時間が長くなりすぎないように少しでも身体を動かす）
成人	歩行またはそれと同等以上の（3メッツ以上の強度の）身体活動を1日60分以上（1日約8,000歩以上）（＝週23メッツ・時以上） 運動：息が弾み汗をかく程度以上の（3メッツ以上の強度の）運動を週60分以上（＝週4メッツ・時以上） 【筋力トレーニングを週2～3日】	
こども （※身体を動かす時間が少ないこどもが対象）	（参考） ・中強度以上（3メッツ以上）の身体活動（主に有酸素性身体活動）を1日60分以上行う ・高強度の有酸素性身体活動や筋肉・骨を強化する身体活動を週3日以上行う ・身体を動かす時間の長短にかかわらず，座りっぱなしの時間を減らす。特に余暇のスクリーンタイム*²を減らす。	

注）*¹ 負荷をかけて筋力を向上させるための運動。筋トレマシンやダンベルなどを使用するウエイトトレーニングだけでなく，自重で行う腕立て伏せやスクワットなどの運動も含まれる。

　　*² テレビやDVDを観ることや，テレビゲーム，スマートフォンの利用など，スクリーンの前で過ごす時間のこと。

資料）厚生労働省：健康づくりのための身体活動・運動ガイド2023（2024）より抜粋

表12 健康づくりのための睡眠ガイド2023

〈全体の方向性〉

個人差等を踏まえつつ，日常的に質・量ともに十分な睡眠を確保し，心身の健康を保持する

高齢者	・長い床上時間が健康リスクとなるため，床上時間が8時間以上にならないことを目安に，必要な睡眠時間を確保する。 ・食生活や運動等の生活習慣や寝室の睡眠環境等を見直して，睡眠休養感を高める。 ・長い昼寝は夜間の良眠を妨げるため，日中は長時間の昼寝は避け，活動的に過ごす。
成人	・適正な睡眠時間には個人差があるが，6時間以上を目安として必要な睡眠時間を確保する。 ・食生活や運動等の生活習慣，寝室の睡眠環境等を見直して，睡眠休養感を高める。 ・睡眠の不調・睡眠休養感の低下がある場合は，生活習慣等の改善を図ることが重要であるが，病気が潜んでいる可能性にも留意する。
こども	・小学生は9～12時間，中学・高校生は8～10時間を参考に睡眠時間を確保する。 ・朝は太陽の光を浴びて，朝食をしっかり摂り，日中は運動をして夜ふかしの習慣化を避ける。

資料）厚生労働省：健康づくりのための睡眠ガイド2023（2024）より抜粋

条〜」をまとめ，さらに令和6年に向けて「健康づくりのための睡眠ガイド 2023」を策定した【表12】。新指針は，高齢者，成人，こどもに分けて書かれており，質・量ともに十分な睡眠の確保についてまとめられている。

また，平成27年には，労働安全衛生法に基づき（p.55），職場においてストレスチェックを実施するよう，義務化されている（第66条の10）。

さらに，健康日本21（第三次）では，以下のような具体的な目標を掲げている。

● 睡眠で休養がとれている者の割合の増加（80%目標）

● メンタルヘルス対策に取り組む事業場の割合の増加（80%目標，令和9年度）

3 喫煙

喫煙は，タバコに含まれる種々の有害物質が，体の正常な働きを阻害し，いろいろな病気の原因となることが指摘されている。タバコの煙にはさまざまな成分が含まれているが，健康上最も有害な成分は一酸化炭素，ニコチンおよびタールと考えられている。なお，ニコチン自体には発がん性はないが，依存性（中毒性）がある。一方，タールには発がん性があるが，依存性はない。健康への影響は，がん，高血圧，心疾患，脳血管疾患，気管支炎等，数多くの疾病とかかわりがある。特に肺がん，虚血性心疾患，慢性閉塞性肺疾患（COPD）との関係が大きく，周囲の非喫煙者への影響も大きい。また妊婦の場合，胎児への影響も大きく，喫煙（能動・受動）により乳幼児突然死，低出生体重児がみられる。

わが国の喫煙状況は，令和元年の国民健康・栄養調査では，男性27.1%，女性7.6%であり，男女ともに漸減傾向である。なお，諸外国と比べると，女性の喫煙者率は低い。

わが国のこれまでの対策は，未成年者喫煙禁止法，たばこ規制枠組条約（WHO）による規制に基づき，タバコと健康のかかわりについての正しい知識の普及啓発や禁煙指導に重点が置かれてきた。その後，健康増進法に受動喫煙の防止の規定が盛りこまれ，各関係機関や業界に対し，従来から行っている自主規制の徹底を要請するとともに，地域における健康づくりや学校教育等と連携し，青少年期の喫煙防止対策を推進するなど，総合的なタバコ対策が進められている。また，平成30年3月には，健康増進法において受動喫煙について改正が行われ，都道府県に受動喫煙の対策を打つよう，法改正されている。令和元年の国民健康・栄養調査では，受動喫煙があった者の割合は，飲食店，遊技場，路上の順に多い。

なお，健康日本21（第三次）では，以下のような具体的な目標を掲げている。

● 20歳以上の者の喫煙率の減少（喫煙をやめたい者がやめる）（12%目標）

● 20歳未満の者の喫煙をなくす（0%目標）

● 妊娠中の喫煙をなくす（第2次成育医療等基本方針に合わせて設定）

4 飲酒

アルコールそのものは身体に有害というわけではなく，飲み方，量等が問題となる。このため，適正飲酒という考え方が推奨されている。

アルコール中毒は，これまで主として精神衛生対策上の問題として取り扱われ，一般的に健康問題としてとらえられていなかった。しかし，近年のアルコール依存症の数（約5万2千人。令和2年患者調査）は減っておらず，これにともない，精

神疾患，アルコール性肝障害等，健康影響が指摘されている。

　令和元年国民健康・栄養調査では，飲酒習慣のある者は男性約34%（横ばい傾向），女性約9%（漸増傾向）である。わが国のこれまでの対策は，**未成年飲酒禁止法**に基づく規制のほか，平成25年12月には**アルコール健康障害対策基本法**が制定され，アルコール健康障害対策が総合的かつ計画的に推進されている。

　なお，飲酒に関して，健康日本21（第三次）では，以下のような目標を掲げている。

- ●生活習慣病のリスクを高める量を飲酒している者（1日当たりの純アルコール摂取量が男性40g以上，女性20g以上の者）の割合の減少（10%目標）。なお，令和元年の国民健康・栄養調査結果では男性14.9%，女性9.1%である
- ●**20歳未満の者の飲酒をなくす（0%目標）**

❸ 近年の健康づくり対策の沿革と現状

1　第1次国民健康づくり対策（昭和53〜62年度）

　第1次国民健康づくり運動は，疾病予防，診断，治療，リハビリテーションも含めた施策を推進するもので，戦後ばらばらに発展してきた公衆衛生の諸体系の統合や医療との連携を図った。早期発見・早期治療（二次予防）の考え方を重視していたが，その基本的な考え方は国，地方公共団体，地域，民間を通じての健康づくりシステムの再編・再出発をめざしたものである。

2　第2次国民健康づくり対策（昭和63〜平成11年度）

　第2次国民健康づくり運動は，第1次の施策の継続に加え，高齢化社会の進行を前にして，人生80年を生涯健康で活動的に送ることをめざし，運動習慣の普及による健康増進に重点を置いた健康づくり運動（**アクティブ80ヘルスプラン**）である。

　なお，わが国ではこの健康づくり対策からヘルスプロモーションの概念が取り入れられ，次項の健康日本21でもこの概念をふまえた事業が展開されている（p.7）。

　基本的施策を以下に示す。

- ●**一次予防に重点を置いた施策の推進**　疾病の早期発見，早期治療という「二次予防」から，疾病の発生予防，健康増進という「一次予防」に重点が移された。
    平成8年に成人病にかわって**生活習慣病**の概念も導入された
- ●**運動習慣の普及に重点を置いた健康推進事業の推進**　栄養・運動・休養のうち，遅れていた運動習慣の普及に重点を置いた健康推進事業が推進された
- ●**民間活力の積極的導入**　公的部門による健康づくり対策に加え，民間活力の積極的な導入が図られた

　具体的には，**健康運動指導士**，**健康運動実践指導者**の育成が始まり，同時に，健康づくりのための運動所要量，健康づくりのための運動指針の策定等が行われた。

3　健康日本21（21世紀における国民健康づくり運動）（平成12〜24年度）

　厚生省（現 厚生労働省）では，それまでの健康づくり対策をふまえ平成12年度から，めざすべき指標として，**壮年期死亡の減少，健康寿命の延伸，生活の質の向上**を掲げるとともに，国民の健康増進，疾病予防等のために保健医療上重要な課題となる対象分野（栄養・食生活，身体活動・運動，休養・こころの健康づくり，タバコ，糖尿病，循環器病，がんなど9分野）を設定し，**保健医療水準の指標となる**

具体的な数値目標を定め，達成するための諸施策を体系化した「21世紀における国民健康づくり運動（健康日本21）」を展開した。健康日本21は，健康増進法を根拠としたものである。

　なお，都道府県等においても健康増進法により健康増進計画（地方計画）を策定することが規定されており，都道府県版の健康日本21が推進されている。

● **健康日本21（第一次）の最終評価**　9分野59項目において「目標値に達した」項目は，メタボリックシンドロームの認知度，80歳以上の有歯数など10項目（16.9%）にとどまったが，「目標に達していないが改善傾向にある」項目とあわせると約60%になっていた。一方，「悪化している」項目は，日常生活における歩数の増加，糖尿病合併症の減少などの9項目（15.3%）であった

4　健康フロンティア戦略（平成17年），新健康フロンティア戦略（平成19年度〜）

　平成17年には，生活習慣病予防対策と介護予防対策に重点を置いた健康フロンティア戦略（10か年戦略）が開始され，平成19年には健康フロンティア戦略をさらに発展させるために，その分野を家庭・地域の子育て支援や食育の推進，女性の健康など，9つに拡大し，新健康フロンティア戦略（10か年戦略）として健康づくりが推進された。

5　特定健康診査・特定保健指導（平成20年度〜）

　平成20年4月から，老人保健法が改正された高齢者の医療の確保に関する法律に即して，医療保険者が実施主体となって40〜74歳の被保険者・被扶養者に対する特定健康診査（特定健診）・特定保健指導の実施が義務化された。新たな特定健診では，糖尿病等の生活習慣病，とりわけメタボリックシンドロームの有病者・予備群を減少させるため，保健指導を必要とする者を的確に抽出するための健診判断項目が示されている。まず，腹囲の測定が追加され，この結果に，血液検査結果等も考慮して，生活習慣病のリスクに応じて保健指導対象者の選定と階層化が行われる。階層化では，現在リスクのない者には情報提供を行い，リスクが少ない対象者には動機付け支援を，リスクの重複がある者には行動変容を促す積極的支援を実施することになっている。

　なお，生活習慣病有病者・予備群を減少させるためには，保険者が特定健診・特定保健指導の事業を適切に企画・評価し，医師等による特定保健指導を的確に実施することが求められている。

　平成30〜令和5年度における全国目標は下記のとおりである。

● **特定健康診査の実施率**　70%以上〔実施率は56.5%（令和3年）〕
● **特定保健指導の実施率**　45%以上〔実施率は24.6%（令和3年）〕
● **メタボリックシンドロームの該当者・予備群の減少率**　令和5年度までに平成20年度と比べて25%減少〔減少率は13.8%（令和3年）〕

6　健康日本21（第二次）（平成25〜令和5年度）(11年間)

　平成24年7月，健康日本21の進捗状況をふまえた健康日本21（第二次）の基本方針が公表された。なお，令和3（2021）年8月，基本方針等が一部改正され，期間が1年延長されて2013年度から2023年度までの11年間となった。

●健康日本21（第二次）の基本方針　以下のとおりである

　　●健康寿命の延伸と健康格差の縮小

　　●生活習慣病の発症予防と重症化予防の徹底

　　●社会生活を営むために必要な機能の維持および向上

　　●健康を支え，守るための社会環境の整備

　　●栄養・食生活，身体活動・運動，休養，飲酒，喫煙および歯・口腔の健康に関する生活習慣および社会環境の改善

●健康日本21（第二次）の最終評価　健康日本21（第二次）では53項目の目標が設定された。おおむね10年間（令和３年には11年間に延長）の取り組みについて，令和４年10月に最終評価の結果がまとめられた。「目標値に達した」15.1％，「現時点で目標値に達していないが，改善傾向にある」37.7％，「変わらない」26.4％，「悪化している」7.5％であった。

　最終評価において，具体的に「目標値に達した」項目（一部抜粋），「悪化した」項目を掲げると，以下のとおりである。

　　●**目標値に達した項目**　①健康寿命の延伸，②脳血管疾患・虚血性心疾患の年齢調整死亡率の減少，③血糖コントロール指標におけるコントロール不良者の割合の減少，④低栄養傾向（BMI20以下）の高齢者の割合の増加の抑制，⑤共食の増加（食事を１人で食べる子どもの割合の減少）

　　●**悪化している項目**　①メタボリックシンドロームの該当者および予備群の減少，②適正体重の子どもの増加，③睡眠による休養を十分とれていない者の割合の減少，④生活習慣病のリスクを高める量を飲酒している者の割合の減少

　厚生労働省では，これらの最終評価報告を，令和６年度以降の次期国民健康づくり運動プランに役立て，新たな施策に反映させることとなっている。

7　健康日本21（第三次）（令和6～17年度）

　健康日本21（第二次）の最終評価をふまえて，令和５年５月，健康日本21（第三次）の基本方針が公表された。具体的な健康・栄養関連の目標（抜粋）は**【表13】**のとおりである。

●健康日本21（第三次）の基本方針　以下のとおりである。

　　●健康寿命の延伸と健康格差の縮小

　　●個人の行動と健康状態の改善

　　●社会環境の質の向上

　　●ライフコースアプローチを踏まえた健康づくり

　目標の達成度については，6年後をめどにすべての目標の中間評価，10年後をめどに最終評価が行われる。

③　食育対策

　食育は，**食育基本法**（平成17年創設）に基づいて，国民が健全な心身をつちかい，豊かな食生活をはぐくむため，食育に関する施策を総合的かつ計画的に推進すること等を目的に実施されている。

　食育の円滑かつ幅広い展開を図るために，国は食育基本法に基づいて**食育推進基**

表13　健康日本21（第三次）の具体的な目標（一部を抜粋）と現状

目　標	現状値	目標値（令和14年度）
1.　健康寿命の延伸と健康格差の縮小に関する目標		
健康寿命の延伸	健康寿命： 男性72.68年，女性75.38年 平均寿命： 男性81.41年，女性87.45年 （令和元年度）	平均寿命の増加分を上回る健康寿命の増加 （令和14年度）
2.　個人の行動と健康状態の改善に関する目標		
適正体重を維持している者の増加	60.3%（令和元年度）	66%（令和14年度）
野菜摂取量の増加（20歳以上）	281g（令和元年度）	350g（令和14年度）
果物摂取量の改善（20歳以上）	99g（令和元年度）	200g（令和14年度）
食塩摂取量の減少（20歳以上）	10.1g（令和元年度）	7g（令和14年度）
日常生活における歩数の増加	6,278歩（令和元年度）	7,100歩（令和14年度） 20~64歳男女8,000歩 65歳以上男女6,000歩
睡眠で休養がとれている者の増加	78.3%（平成30年度） 20歳~59歳70.4% 60歳以上86.8%	80%（令和14年度） 20歳~59歳75% 60歳以上90%
生活習慣病（NCDs）のリスクを高める量を飲酒している者の減少	11.8%（令和元年度） 男性14.9%　女性9.1%	10%（令和14年度）
喫煙率の減少（20歳以上）	16.7%（令和元年度）	12%（令和14年度）
歯周病を有する者の減少（40歳以上）	57.2%（平成28年度）	40%（令和14年度）
がんの年齢調整死亡率（人口10万人当たり）の減少	110.1（令和3年） 男性46.1　女性82.2	減少（令和10年度）
高血圧の改善	131.1mmHg（令和元年度） 男性133.9mmHg 女性129.0mmHg	ベースライン値（令和6年度）から5mmHgの低下（令和14年度）
メタボリックシンドロームの該当者および予備群の減少	約1,619万人（令和3年度）	第4期医療費適正化計画に合わせて設定
糖尿病の合併症（糖尿病腎症）の減少	15,271人（令和3年度）	12,000人（令和14年度）
ロコモティブシンドロームの減少（人口千人当たり）（65歳以上）	232人（令和元年度）	210人（令和14年度）
3.　社会環境の質の向上に関する目標		
社会活動を行っている者の増加	なし	ベースライン値（令和6年度）から5%の増加（令和14年度）
地域等で共食している者の増加	なし	30%（令和14年度）
4.　ライフコースアプローチを踏まえた健康づくりに関する目標		
児童・生徒における肥満傾向児の減少	10歳（小学5年生）10.96%（令和3年度） 男子12.58%　女子9.26%	第2次成育医療等基本方針に合わせて設定
低栄養傾向（BMI20以下）の高齢者の減少	16.8%（令和元年度）	13%（令和14年度）
骨粗鬆症検診受診率の向上	5.3%（令和3年度）	15%（令和14年度）

資料）国民の健康の増進の総合的な推進を図るための基本的な方針の全部を改正する件（令和5年5月31日厚生労働省告示第207号），厚生労働省：健康日本21（第三次）推進のための説明資料（令和5年5月）

本計画（以下，基本計画という）を作成することが義務付けられており，食に関する組織活動の実施，伝統的な郷土食の継承，環境との調和等を考慮した食育の推進等が規定されている。

第1次基本計画（平成18～22年）では，国の基本推進計画に基づき，地方公共団体や関係団体，民間企業等が主体となって食育を推進し，一定の成果をあげたものの，メタボリックシンドロームの増加，家族とのコミュニケーションの希薄化など，食育をめぐる課題は依然として残っている。その要因は，国民のライフスタイルや価値観・ニーズの多様化など，食環境が急激に変わったことに起因している。

第2次基本計画（平成23～27年）では，具体的な内容として，食育推進のための基本計画，目標および促進方法等が示された。単なる周知にとどまらず，自ら食育を推進するための実践活動の構築をめざして，これまで以上に適切な食生活の再構築が，国民運動として推進された。

第3次基本計画（平成28～令和2年）では，実践の輪を広げることをコンセプトとして，重点課題と基本的な取り組み方針を定め，食育に関する施策が総合的かつ計画的に推進された。

令和3年度から開始された第4次基本計画の計画期間は，おおむね5年間である。国民の健康や食を取り巻く環境の変化，社会のデジタル化など，食育をめぐる状況を踏まえ，以下の3項目が重点事項とされている。

〈重点事項〉
❶生涯を通じた心身の健康を支える食育の推進（国民の健康の視点）
❷持続可能な食を支える食育の推進（社会・環境・文化の視点）
❸「新たな日常」やデジタル化に対応した食育の推進（横断的な視点）

また，上記の重点事項を総合的に推進するために以下の取り組み方針を示し，食育を国民運動として取り組むための目標を設定している【表14】。

〈基本的な取組方針〉
❶国民の心身の健康の増進と豊かな人間形成
❷食に関する感謝の念と理解
❸食育推進運動の展開
❹子供の食育における保護者，教育関係者等の役割
❺食に関する体験活動と食育推進活動の実践
❻わが国の伝統的な食文化，環境と調和した生産等への配慮および農山漁村の活性化と食料自給率の向上への貢献
❼食品の安全性の確保等における食育の役割

なお，食育対策は食育基本法が創設された際は内閣府が所管していたが，平成28年より農林水産省が所管している。

表14　**第4次食育推進基本計画における現状値と目標値（令和7年度までの目標値）**

	目　標	データベース（令和2年度）	目標値
1	食育に関心を持っている国民を増やす	83.2%	90%以上
2	朝食または夕食を家族と一緒に食べる「共食」の回数を増やす	週9.6回	週11回以上
3	地域等で共食したいと思う人が共食する割合を増やす	70.7%	75%以上
4	朝食を欠食する国民を減らす	子供　4.6%[*] 若い世代　21.5%	0% 15%以下
5	学校給食における地場産物を活用した取組等を増やす ・栄養教諭による指導 ・地場産物の使用割合[※] ・国産食材の使用割合[※]	月9.1回[*] ― ―	月12回以上 90%以上 90%以上
6	栄養バランスに配慮した食生活を実践する国民を増やす ・主食・主菜・副菜を組み合わせた食事を1日2回以上ほぼ毎日食べている国民の割合 ・1日あたりの食塩摂取量 ・1日あたりの野菜摂取量 ・1日あたりの果物摂取量100g未満の者	36.4% 若い世代　27.4% 10.1g[*] 280.5g[*] 61.6%[*]	50%以上 40%以上 8g以下 350g以上 30%以下
7	生活習慣病の予防や改善のために，ふだんから適正体重の維持や減塩等に気をつけた食生活を実践する国民を増やす	64.3%	75%以上
8	ゆっくりよく噛んで食べる国民を増やす	47.3%	55%以上
9	食育の推進に関わるボランティアの数を増やす	36.2万人[*]	37万人以上
10	農林漁業体験を経験した国民を増やす	65.7%	70%以上
11	産地や生産者を意識して農林水産物・食品を選ぶ国民を増やす	73.5%	80%以上
12	環境に配慮した農林水産物・食品を選ぶ国民を増やす	67.1%	75%以上
13	食品ロス削減のために何らかの行動をしている国民を増やす	76.5%[*]	80%以上
14	地域や家庭で受け継がれてきた伝統的な料理や作法等を継承し，伝えている国民を増やす ・郷土料理や伝統料理を月1回以上食べている国民の割合	50.4% 44.6%	55%以上 50%以上
15	食品の安全性について基礎的な知識をもち，自ら判断する国民を増やす	75.2%	80%以上
16	推進計画を作成・実施している市町村を増やす	87.5%[*]	100%

資料）農林水産省：第4次食育推進計画
※学校給食での使用割合（金額ベース）が令和元年度から維持・向上した都道府県の割合。令和元年度の全国平均は，地場産物52.7%，国産食材87%。
[*]令和元年度

6 主な疾患の現状と予防対策

1 疾病予防と健康管理

❶ 疾病の発生要因

一般に疾病の発生に影響を与える要因は，次の3つに分けられる。

● 遺伝要因　性，年齢，人種，血液型など，各個人のもつ特性
● 環境要因　病原体や有害物質，ストレスなどの外部環境要因

　　　　　　気象，大気，水，放射線，音などの物理的，化学的環境要因

　　　　　　節足動物，寄生虫，感染症などの生物環境要因

　　　　　　経済，文化，結婚，職業などの社会的環境要因
● 生活要因　食習慣，運動習慣，飲酒，喫煙

❷ 疾病の分類

疾病を原因別に分類すると，以下の5つに分類することができる。

● 遺伝によるもの　血友病，全色盲など
● 病原微生物によるもの　赤痢，結核，コレラ，エイズなど
● 食生活によるもの　高血圧，肥満，糖尿病など
● 公害によるもの　水俣病，四日市ぜんそく，イタイイタイ病など
● 原因不明なもの　難治性疾患（難病）など

❸ 疾病予防の段階

疾病の予防は，発病の阻止だけではなく，疾病の進行段階における予防活動全体も含めており，その疾病の進行段階は感受性期，発症前期，臨床的疾病期等に分けられる。それぞれに対応した予防活動は，一次予防，二次予防，三次予防と呼ばれ，それぞれにおいて，適したいくつかの予防手段が講じられている（p.2）。

❹ 疾病予防対策

1 一次予防

この段階は，宿主の免疫力（抵抗力）を高めたり，疾病の危険因子を軽減することにより，疾病の発生を未然に防ぐもので，その手段は以下の2種類に分けられる。

● 健康増進　健康を保持・増進することは，一般的な疾病予防の最も基本的な段階であり，その対策として，健康教育，衛生教育，食生活改善，生活環境の改善，生活習慣の改善等が実施されている
● 特異的予防　個別の疾病病因の対策であり，病因の明らかなものに限り対策が講じられる。感染症に対する予防接種や消毒，薬の予防内服，職業病や公害による健康障害を防ぐための環境対策等があげられる

2 二次予防

この段階は，疾病が始まっても症状がまだ現れない初期に当該疾病を発見し，病気の治療や進展の軽減，合併症や機能障害の防止（早期発見・早期治療），さらに

は放置された場合のより重篤な障害への進展などの防止（重症化予防）がある。一般健康診査，人間ドック，合併症の再発防止がこれに当たる。

３　三次予防

　この段階は，発症した傷病の悪化を防止し，機能障害を残さないように臨床的な対策をとるとともに，社会復帰を図るためのものでもあり，その手段は以下の2種類に分けられる。

●機能回復　永久的な欠損や後遺症が決定的でない場合に，能力低下を最小限にするための対策である。リハビリテーションや疾病軽症化に向けた介護がこれに当たる

●社会復帰　何らかの障害が残った段階において，障害者の残された能力を最大限に活用し，個人を社会生活に再び復帰させる対策である。配置転換，人工透析がこれに当たる

2　生活習慣病

❶ 疾病構造の状況

　わが国の疾病構造をみると，昭和20年代後半以降，主要死因であった結核などの感染症が大幅に減少し，代わって，悪性新生物（がん），心疾患，脳血管疾患等の生活習慣病で死亡する者が増加している。主要死因別死亡率（粗死亡率）の年次推移をみても，人口の高齢化にともない死亡率はゆるやかに上昇している【図3，表15】。これは，データ算出時における年齢構成が違う（現在は高齢者の割合が多いので，当然死亡率も高くなる）ことが要因となっている。このため，特定年の人口を基準に年齢構成をそろえて算出する年齢調整死亡率（p.11）を用いてその傾向をみると，ゆるやかに低下傾向を示している【図4】。

　令和4年における死亡数を死因順位別にみると，悪性新生物が38万5,787人，心疾患が23万2,879人，老衰が17万9,524人，脳血管疾患が10万7,473人，肺炎が7万4,002人となっている。総死亡数に占める生活習慣病の割合の推移は【表16】のとおりである。

　また，令和2年の患者調査によると，医療機関で受療している推計患者数は入院約121万人，外来約714万人である。傷病別にみると，入院・外来含めて高血圧症が約60万人，脳血管疾患が約20万人，悪性新生物が約30万人，糖尿病が約23万人，心疾患が約19万人となっている。

❷ 生活習慣病とは

　生活習慣病は，生活習慣のゆがみが長年蓄積して起こる疾病であり，がん，高血圧症，心疾患，糖尿病，肝硬変，動脈硬化症などがあげられる。生活習慣との関係を以下に示す。

●食塩の過剰摂取　胃がん，脳血管疾患，冠動脈性心疾患，高血圧症
●野菜の摂取不足　がん，脳血管疾患，高血圧症，糖尿病
●コレステロール，飽和脂肪酸の過剰摂取　高LDLコレステロール血症
●エネルギー，糖質，アルコールの過剰摂取，運動不足　高トリグリセライド血症（p.77脚注），糖尿病

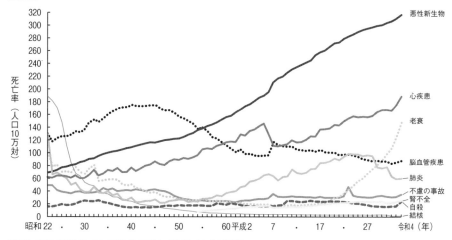

図3 主な死因別にみた死亡率（粗死亡率）の年次推移

資料）厚生労働省「人口動態統計」（令和4年は概数）

表15 死亡数と死亡率（対人口1,000人）の推移

	昭和45年	昭和55年	平成2年	平成12年	平成22年	令和2年	令和4年
死亡数	712,962	722,801	820,305	961,653	1,197,012	1,372,755	1,568,961
死亡率	6.9	6.2	6.7	7.7	9.5	11.1	12.9

資料）厚生労働省「人口動態統計」より作成（令和4年は概数）

図4 主な死因別にみた年齢調整死亡率（人口10万対）の年次推移（男性）

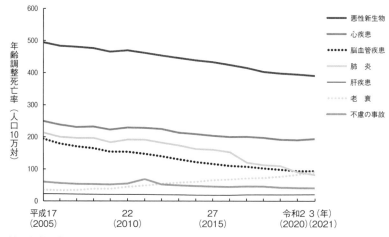

注）女性の年齢調整死亡率の年次推移も，男性と同様にゆるやかな低下傾向がみられる。
資料）厚生労働省「人口動態統計」

● 喫煙　がん，くも膜下出血，冠動脈性心疾患，糖尿病
● アルコールの過剰摂取　肝臓病
● たんぱく質の過剰摂取　高尿酸血症，痛風
● カルシウム・たんぱく質の摂取不足，運動不足　骨粗鬆症（こつそしょうしょう）

表16　総死亡数に占める生活習慣病の割合の推移　　　　　　　　　　（%）

年　　次	悪性新生物	心疾患	脳血管疾患	糖尿病	高血圧症	計
昭和10年	4.3	3.4	9.9	0.2	—	17.8
25	7.1	5.9	11.7	0.2	1.1	26.0
45	16.8	12.5	25.4	1.1	2.6	58.4
60	25.0	18.7	17.9	1.2	1.7	64.5
平成　2	26.5	20.2	14.9	1.2	1.1	63.9
12	30.7	15.3	13.8	1.3	1.8	62.9
22	29.5	15.8	10.3	1.2	0.3	57.1
令和　2	31.3	14.0	7.1	1.1	0.6	54.1
4	24.6	14.8	6.8	1.0	0.7	47.9

資料）厚生労働省「人口動態統計」より作成

❸ 正しい生活習慣の確立

　厚生労働省では，食生活指針，身体活動指針，休養指針などを策定しているが，ブレスローによれば，次の健康習慣の実施数が多いほど疾病の罹患が少なく長生きであるという。これは疾病予防には，休養，食生活，運動，喫煙，飲酒などの生活習慣に対する手法が有効であることを示唆している。

- ●適切な睡眠時間をとる　　●喫煙をしない　　　　　●適正体重を維持する
- ●過度の飲酒をしない　　　●定期的に運動をする　　●朝食を毎日食べる
- ●間食をしない

❹ 疾患別の予防

1　悪性新生物（がん）の予防

　がんは，からだを構成する細胞の一部が非制御的に分裂，増殖することが特徴の疾患で，発生部位は全身に及ぶ。がんの年齢調整死亡率をみると，全体では男女ともわずかに減少している。部位別では，男性では，胃がん，肝臓がん，肺がんなどが減少傾向であり，大腸がん，膵臓がんは横ばいである。部位別の第1位は平成5年以降，肺がんである。一方，女性では，胃がん，肝臓がんが減少し，大腸がん，乳がん，子宮がんは横ばい傾向である。

　がんの発生の原因はよくわかっていないが，危険因子として，生活習慣，感染症，大気汚染等があげられる。なかでも，かかわりが深いのは喫煙と食事である。喫煙は，肺がんとの関係がある。食事に関しては，食塩・塩蔵品の過剰摂取（胃がん），野菜・果物の摂取不足（各種がん），脂肪の過剰摂取（大腸がん，乳がん），魚・肉の焦げの多量摂取（胃がん）等が主としてあげられる【表17】。

2　心疾患（心臓病）の予防

　心疾患には多くの種類があるが，主要な疾患は冠動脈が粥状硬化や血栓の影響で狭くなるなどにより，心筋に流れる血液が減少したり，心筋が壊死する虚血性心疾患，心臓のポンプ機能の低下による心不全，リウマチ熱等が原因で心臓弁膜などが壊れるリウマチ性心疾患に大別される。

表17 **がんを防ぐための新12か条**

1条	たばこは吸わない	8条	適切な体重維持
2条	他人のたばこの煙を避ける	9条	ウイルスや細菌の感染予防と治療
3条	お酒はほどほどに	10条	定期的ながん検診を
4条	バランスのとれた食生活を	11条	身体の異常に気がついたら，すぐに受診を
5条	塩辛い食品は控えめに		
6条	野菜や果物は不足にならないように	12条	正しいがん情報でがんを知ることから
7条	適度に運動		

資料）がん研究振興財団

　心疾患は，高LDLコレステロール血症，高血圧，喫煙が3大危険因子であり，そのほかに糖尿病，低HDLコレステロール血症（運動不足）があげられる。栄養因子としては，魚（*n-3*系多価不飽和脂肪酸），植物油（*n-6*系多価不飽和脂肪酸，リノール酸）の摂取不足が心疾患の発症リスクを増加させる。

　心疾患の予防対策は，危険因子である高LDLコレステロール血症，高血圧，喫煙自体の予防（一次予防），ハイリスク者である高血圧者，喫煙者等の把握とそれに対する重点的な管理（二次予防）が中心となるが，今後，若い世代の食生活の欧米化（動物性脂肪の摂取増加，魚の摂取減少），運動不足等が進めば心疾患の増加の可能性がある。

3 脳血管疾患（脳卒中）の予防

　脳血管疾患とは，脳の血管病変によるもので，通常，意識障害や脳の局所症状が，24時間以内に急激に発症するものをいう。主要な疾患は，脳の血管が破裂する脳出血（基底核部の細小動脈の破裂）やくも膜下出血（脳動脈の分枝部の破裂）と，動脈硬化などによって脳血管が詰まって起こる脳梗塞に大別される。

　脳血管疾患の年齢調整死亡率をみると，男女とも令和4年はわずかに増加したが，最近の動向では減少している。病型別にみると，脳梗塞の低下が著しく，くも膜下出血および脳出血はゆるやかな低下傾向を示している。

　脳血管疾患の危険因子は，病型によって異なり，主として，くも膜下出血（喫煙，飲酒，高血圧），脳出血（高血圧，総コレステロール低値，飲酒，動物性たんぱく質摂取不足），脳梗塞（高血圧，糖尿病，魚の摂取不足，高LDLコレステロール血症）である。

　脳血管疾患の予防対策は，高血圧自体の予防（一次予防），ハイリスク者である高血圧者の把握とそれに対する重点的な管理（二次予防）が中心となる。高血圧自体の予防のためには，減塩，節酒，肥満の防止が大きな柱としてあげられる。

4 糖尿病の予防

　糖尿病は，膵臓のランゲルハンス島から分泌されるインスリンというホルモンの不足や働きが悪くなることにより，血糖値の高い状態が続く代謝異常疾患である。その判定は，【**表18，19**】のように，血糖値のみでなく，ヘモグロビン（Hb）A1c値などの検査結果をもとに総合的に判断されている（日本糖尿病学会）。

　糖尿病による死亡率は，13.0人（10万人対，令和4年概数）と横ばい状態である。

表18 空腹時血糖値[*1] および 75g 経口ブドウ糖負荷試験（OGTT）による判定区分と判定基準

	血糖測定時間		判定区分
	空腹時	負荷後2時間	
血糖値 （静脈血漿値）	126mg/dL 以上　　　または	200mg/dL 以上	糖尿病型
	糖尿病型にも正常型にも属さないもの		境界型
	110mg/dL 未満　　　および	140mg/dL 未満	正常型[*2]

[*1]　血糖値は，とくに記載のない場合には静脈血漿値を示す。
[*2]　正常型であっても1時間値が180mg/dL以上の場合は180mg/dL未満のものに比べて糖尿病に
　　悪化する危険が高いので，境界型に準じた取り扱い（経過観察など）が必要である。また，
　　空腹時血糖値が100～109mg/dLは正常域ではあるが，「正常高値」とする。この集団は糖尿
　　病への移行やOGTT時の耐糖能障害の程度からみて多様な集団であるため，OGTTを行うこと
　　が勧められる。
資料）日本糖尿病学会編・著：糖尿病治療ガイド 2022-2023　p.24，文光堂（2022）

表19 血糖コントロール目標（65歳以上の高齢者については「高齢者糖尿病の血糖コン
　　トロール目標」を参照）

目　標	コントロール目標値[*4]		
	血糖正常化を 目指す際の目標[*1]	合併症予防 のための目標[*2]	治療強化が 困難な際の目標[*3]
HbA1c値（%）	6.0未満	**7.0未満**	8.0未満

治療目標は年齢，罹病期間，臓器障害，低血糖の危険性，サポート体制などを考慮して個別に設
定する。
[*1]　適切な食事療法や運動療法だけで達成可能な場合，または薬物療法中でも低血糖などの副作
　　用なく達成可能な場合の目標とする。
[*2]　合併症予防の観点からHbA1cの目標値を7%未満とする。対応する血糖値としては，空腹時
　　血糖値130mg/dL未満，食後2時間血糖値180mg/dL未満をおおよその目安とする。
[*3]　低血糖などの副作用，その他の理由で治療の強化が難しい場合の目標とする。
[*4]　いずれも成人に対しての目標値であり，また妊娠例は除くものとする。
資料）日本糖尿病学会編・著：糖尿病治療ガイド 2022-2023　p.34，文光堂（2022）

令和2年の患者調査において総患者数は約579万人と推計されている。なお令和元
年の国民健康・栄養調査結果では，糖尿病が強く疑われる者の割合は，男性19.7%，
女性10.8%であった。糖尿病の予防対策は，検診等で糖尿病者や耐糖能異常者を早
期に発見し，生活習慣の改善を行う二次予防のほか，一次予防として，肥満者の減
少，運動不足の解消，野菜摂取不足の解消，脂質・糖質の過剰摂取を控えることが
重要である。

　肥満のなかでも，特に，腹囲が男性で85cm以上，女性で90cm以上の者を内臓
脂肪型肥満と称し，これに加え，高TG（トリグリセライド）血症（150mg/dL以上）
かつ/または低HDLコレステロール血症（40mg/dL未満），高血糖（空腹時血糖
110mg/dL以上），高血圧（収縮期130mmHg以上，かつ/または拡張期85mmHg
以上）のうちの2つ以上が該当する場合を，メタボリックシンドローム（内臓脂肪
症候群）と呼んでいる。

表20 成人における血圧値の分類（mmHg）

分　類	診察室血圧			家庭血圧		
	収縮期血圧		拡張期血圧	収縮期血圧		拡張期血圧
正常血圧	＜120	かつ	＜80	＜115	かつ	＜75
正常高値血圧	120-129	かつ	＜80	115-124	かつ	＜75
高値血圧	130-139	かつ/または	80-89	125-134	かつ/または	75-84
Ⅰ度高血圧	140-159	かつ/または	90-99	135-144	かつ/または	85-89
Ⅱ度高血圧	160-179	かつ/または	100-109	145-159	かつ/または	90-99
Ⅲ度高血圧	≧180	かつ/または	≧110	≧160	かつ/または	≧100
(孤立性)収縮期高血圧	≧140	かつ	＜90	≧135	かつ	＜85

資料）日本高血圧学会高血圧治療ガイドライン作成委員会編：高血圧治療ガイドライン2019, p.18
（2019）より許諾を得て転載

5　高血圧症の予防

　血圧の判定には，【表20】のような基準が提唱されている（日本高血圧学会）。

　高血圧症の死亡率は9.6人（10万人対，令和4年概数）と低いが，脳血管疾患，心疾患等の大きな要因となる疾患である。令和2年の患者調査における総患者数は約1511万人で，有病率は高い。令和元年の国民健康・栄養調査結果によると，高血圧症有病者の割合（20歳以上）は，男性56.1％，女性41.7％であった。

　高血圧の危険因子は，ナトリウムの過剰摂取，カリウム，カルシウムの摂取不足，肥満，運動不足，アルコールの過剰摂取等があげられる。予防対策として，減塩，節酒，肥満の防止などの一次予防を中心に実施されている。

6　脂質異常症の予防

　脂質異常とは，血液中のさまざまな脂質成分のバランスに異常が認められる場合である。脂質は，血液中においてはリポたんぱく質（脂質とたんぱく質が結合したもの）の形態で，コレステロール，中性脂肪，リン脂質，脂肪酸などが存在している。

　脂質異常症は，腎臓病，糖尿病，肥満症，甲状腺機能異常などのほか，体質（遺伝的素因）が原因となる場合も多い。自覚症状はほとんどなく，健診により気づく場合が多い。脂質異常症は，動脈硬化の重要な危険因子であり，特に，LDL（悪玉）コレステロールと中性脂肪の高値は関連が深い。また，脳血管障害や虚血性心疾患などを合併する場合が多く，通常，【表21】の基準をもとに診断が行われている（日本動脈硬化学会）。

　令和元年の国民健康・栄養調査結果によると，脂質異常症が疑われる者の割合（20歳以上）は，男性25.0％，女性23.2％であった。

　予防対策として，定期的な運動とバランスのとれた食事が基本である。食事においては，特にコレステロールの多い食べ物をとりすぎない，エネルギーをとりすぎない，食物繊維を十分とる，糖分やアルコールをとりすぎないことが必要である。

7　腎臓病の予防

　腎臓病は，自覚症状に乏しく，腎機能障害は重度になるまで無症状であることが多い。高血圧，多尿，乏尿，尿中にたんぱくと血液が認められるなどの症状が出た

表21 脂質異常症の診断基準

LDLコレステロール	140mg/dL以上	高LDLコレステロール血症
	120〜139mg/dL	境界域高LDLコレステロール血症[*2]
HDLコレステロール	40mg/dL未満	低HDLコレステロール血症
トリグリセライド	150mg/dL以上（空腹時採血[*1]）	高トリグリセライド血症
	175mg/dL以上（随時採血[*1]）	
non - HDLコレステロール	170mg/dL以上	高non - HDLコレステロール血症
	150〜169mg/dL	境界域高non - HDLコレステロール血症[*2]

注）[*1] 基本的に10時間以上の絶食を「空腹時」とする。ただし水やお茶などカロリーのない水分の摂取は可とする。空腹時であることが確認できない場合を「随時」とする。
　[*2] スクリーニングで境界域高LDL-C血症，境界域高non-HDL-C血症を示した場合は，高リスク病態がないか検討し，治療の必要性を考慮する。
・LDL-CはFriedewald式（TC − HDL-C − TG/5）で計算する（ただし空腹時採血の場合のみ）。または直接法で求める。
・TGが400mg/dL以上や随時採血の場合はnon-HDL-C（＝TC − HDL-C）かLDL-C直接法を使用する。ただしスクリーニングでnon-HDL-Cを用いる時は，高TG血症を伴わない場合はLDL-Cとの差が＋30mg/dLより小さくなる可能性を念頭においてリスクを評価する。
・TGの基準値は空腹時採血と随時採血により異なる。
・HDL-Cは単独では薬物介入の対象とはならない。
資料）日本動脈硬化学会編：動脈硬化性疾患予防ガイドライン2022年版，p.22（2022）

場合は，医師の検査を受け，食事療法を主として行い，安静と保温に注意することが大切である。

　腎臓病のなかでも，糖尿病の合併症である糖尿病性腎症による慢性腎不全が多い。透析の導入も，本疾患が原因の場合が多い。

8　肝臓病の予防

　肝臓病はさまざまな要因で引き起こされるが，その3大原因は，ウイルス，アルコール，肥満（生活習慣）である。わが国ではほとんどがウイルス性肝炎である。一般的にはA〜G型の肝炎ウイルスによるが，わが国ではC型が最も多く，次がB型であり，血液を介して肝臓に感染する。

　アルコールによる肝炎は，肝臓でアルコールが代謝されてできた毒性の強いアセトアルデヒドによって肝臓が障害され，肝臓の線維化が引き起こされ，肝硬変，肝がんへと進んでいく。

　肥満による肝炎は，食べすぎや運動不足などの生活習慣の乱れから起こるもので，肥満者の多くに脂肪肝がみられる。最近では，肥満や糖尿病の人に起こる炎症や線維化をともなって肝硬変へ進行する脂肪肝（非アルコール性脂肪性肝炎）も注目されている。生活習慣病を見直さずに肝臓の機能が改善することはないので，とにかく生活改善を実践することが大切である。

　肝臓病は，良質のたんぱく質の不足が誘因になることがある。食欲不振，黄だんのある人は医師の検査を受けて，食事にも注意する必要がある。

保健・医療・福祉の制度の概要

1 母子保健

❶ 母子保健対策の概要

　人生の出発点となる母性と乳幼児の保健は，次世代の国民の健康と家庭の基盤となるきわめて重要なものである。わが国の母子保健水準は世界でもきわめて高いが，近年の少子高齢化や女性の社会進出などが進むなか，新たな課題もみられる。

　わが国の母子保健対策については母子保健法（昭和40年）に基づき，乳幼児健診や保健指導・訪問指導等が実施されており，母性と乳幼児の健康保持・増進に努めている。平成12年には，「健やか親子21」（厚生労働省所管）が打ち出され，母子保健の取り組みの方向性と目標値が示されている。この計画の推進の裏付けとなる法律が次世代育成支援対策推進法である。当初は少子化対策に重点が置かれていたが，その後の政策では，「子ども・子育てビジョン」と銘打って，次世代を担う子どもの健全な育成を目的に，育児環境の整備，子育て支援のための育児相談・訪問指導など，社会全体で子育てを支えるための施策に力点が置かれた。

　また，平成26年5月には，健やか親子21（第2次）の検討会報告書が発表されるなど，平成27年度から10年間において「すべての子どもが健やかに育つ社会」の実現に向けて取り組むべき新たな施策方針が示されている。

❷ 母子保健政策

　わが国の母子保健対策は，結婚前から妊娠，分娩，新生児期，乳幼児期を通じて一貫した体系のもとに進められ，現在，保健対策（保健指導，健康診査等），医療対策および基盤整備の3つの柱で推進されている。

1 健康診査

　健康診査は，妊婦に対して妊婦健康診査が，乳幼児に対しては先天性代謝異常等の検査・乳幼児健康診査・1歳6か月児健康診査（心身障害の早期発見，虫歯の予防，栄養状態のチェックなど）・3歳児健康診査（身体の発育，精神発達面および視聴覚障害の早期発見など）が行われている。これらの健康診査は，妊産婦死亡の減少を図り，心身障害を残す可能性のある未熟児等の発生を予防する上で重要である。

2 保健指導

　保健対策は，結婚前の保健指導から始まる。妊娠した者はすみやかに妊娠の届出をすることになっており，それによって市区町村から母子健康手帳が交付される。この妊娠の届出は，妊娠を行政的に把握し，妊産婦・乳幼児に対して一貫した母子保健対策を実施する上で重要なものである。母子健康手帳は，妊娠，出産，育児を通じて母子の一貫した健康記録であるとともに，保健指導の際に重要な資料として利用される。

　保健指導は，婚前学級，新婚学級，母親学級，育児学級等の集団保健指導ととも

に，必要に応じて保健師・助産師による妊産婦・新生児・未熟児に対する訪問指導などの個別保健指導が行われている。

3　医療援護

妊産婦，未熟児，身体に障害やそのおそれのある児，特定の小児慢性疾患にかかっている児等について，医療援護あるいは治療研究を行い，早期に適切な医療を受けられるように図られている。

妊産婦に対しては，妊産婦死亡の主要な原因であり，未熟児や先天異常児などの発生原因となる妊娠高血圧症候群（妊娠中毒症）等への対策として，訪問指導，医療援護が行われている。体重2,500g未満の新生児は低出生体重児として届出をすることになっており，これにより，市町村では訪問指導や指定養育医療機関への入院等の指導を行っている。なお，低出生体重児の率は令和3（2021）年において9.4%である。

養育医療は，未熟児に対して医療機関に収容して医療給付を行うものであり，母子保健法によって規定されている。また，身体に障害やそのおそれのある児で確実に治療効果が期待できる場合には，障害者の日常生活及び社会生活を総合的に支援するための法律（障害者総合支援法）により自立支援医療費の給付が行われている。

❸　子育て行動計画策定指針と行動計画（次世代育成支援対策推進法）

次世代育成支援対策推進法は，急速な少子化対策の一環として平成14年に創設された時限立法（平成27年3月31日まで。改正に伴い令和7（2025）年3月31日まで延長）である。次世代の社会を担う子どもたちが健やかに生まれ，育成される社会の環境整備を行うことを目的としている。法第7条において，国は子育て支援に係る「行動計画策定指針」を定めることが規定されており，法第8条，9条に市町村と都道府県はその指針に即して，5年ごとに「行動計画」を策定することが認められている。また，一般事業主に対しても，法第12条により，子育て支援の行動計画を策定することを義務付け，従業員の規模により厚生労働大臣への届出義務あるいは届出努力義務を課している。

❹　健やか親子21（第2次）

健やか親子21（平成13〜26年）は，21世紀の母子保健の基本的な取り組みを提示した国民運動計画（ビジョン）である。20世紀の母子保健の活動から課題を整理し，❶思春期の保健対策の強化と健康教育の推進，❷妊娠・出産に関する安全性と快適さの確保と不妊への支援，❸小児保健医療水準を維持・向上させるための環境整備，❹子どもの心の安らかな発達の促進と育児不安の軽減の4つの主要な課題が示され，この課題に対する施策が地方公共団体等を中心に推進されてきた。

健やか親子21（第2次）は，平成26年5月に発表された検討会報告書をもとに，平成27年度から10年間において推進される新たな施策方針である。基本的な方針として「すべての子どもが健やかに育つ社会」の実現に向けた課題と目標が示されている。基盤課題としては，❶切れ目ない妊産婦・乳幼児への保健対策，❷学童期・思春期から成人期に向けた保健対策，❸子どもの健やかな成長を見守り育む地域づくりの3つが，重点課題としては，❶育てにくさを感じる親に寄り添う支援，❷妊娠期からの児童虐待防止対策の2つが示され，それぞれに対して，52の目標と，

28の参考指標が設定されている。

2 学校保健

❶ 学校保健の意義

　学校保健安全法の第1条では，児童生徒等および職員の健康の保持増進を図るため，保健管理および安全管理に関する事項を定め，学校教育の円滑な実施とその成果の確保に資することを目的とする，とされている。この法律は，保健管理と安全管理を重点的に取り上げており，学校保健計画および学校安全計画に基づいて，学校においては児童生徒等および職員の健康診断，健康相談，環境衛生検査，安全点検等に関する事項について実施しなければならないとしている。

　調理師は，学校保健および安全に関しては学校給食法の定める児童，生徒の栄養改善および食品安全管理に参加している。学校給食とは，便益のための給食ではなく，調理師は，この食事を通し，児童生徒等の栄養管理と栄養教育および食品安全に携わっている。

❷ 児童・生徒の発育と学校保健対策

1 学校保健統計

　小児の発育は，乳幼児期，思春期の成長発育が著しく，16〜20歳で発育の完成期に入る。発育状態は，児童・生徒の健康度を示す尺度であるため，発育状態の判定のため定期の身体計測が行われている。近年，身長・体重は伸びつつも体力が低下し，肥満傾向児の割合は小学生高学年，中学生の男子で10〜15％程度，女子で8〜10％程度である。

　また，令和4年の学校保健統計によると，主な被患率（有病率）の高い疾病・異常は，虫歯（小学生37.0％，中学生28.2％），裸眼視力1.0未満（小学生37.9％，中学生61.0％）であった。虫歯の者の割合は低下，裸眼視力1.0未満は増加を続けている。

2 健康診断

　保健管理に従事する主な職員は，学校教育法に基づく保健主事と養護教諭，学校保健安全法に基づく学校医，学校歯科医および学校薬剤師である。健康診断は，就学4か月前までに実施する「就学時健康診断」と，毎学年6月30日までに実施する「定期健康診断」，臨時の健康診断がある。主な健康診断の項目は，身体測定，視力，耳鼻咽喉，皮膚，歯および口腔，呼吸器，脊柱等である。

3 感染症の予防

●出席停止　校長は，感染症にかかっており，かかっている疑いがあり，またはかかるおそれのある児童生徒等がいるときは出席を停止させることができる（学校保健安全法第19条）

●臨時休業　学校の設置者は，感染症予防上必要があるときは，臨時に学校の全部または一部の休業を行うことができる（学校保健安全法第20条）

　なお，学校感染症は第一種から第三種に区分され，それぞれ出席停止期間が定められている。

❸ 学校給食

学校給食は，児童・生徒の心身の健全な発達と食に関する正しい理解と適切な判断力を養うため，学校給食の普及と食育の推進を図ることを目的とする，学校給食法の規定に基づいて実施されている。

なお，学校給食の実施率（児童・生徒数における割合）は，令和3年5月1日現在で小学校99.0％，中学校で91.5％である。

学校給食法は昭和29年に制定され，平成20年6月に一部改正されたことにともない，学校給食の目標を次のとおり定めている。

- ●適切な栄養の摂取による健康の保持増進を図る
- ●日常生活における食事について正しい理解を深め，健全な食生活を営む判断力をつちかい，望ましい食習慣を養う
- ●学校生活を豊かにし，明るい社交性および協同の精神を養う
- ●食生活が自然の恩恵の上に成り立つものであることについての理解を深め，生命および自然を尊重する精神並びに環境の保全に寄与する態度を養う
- ●食生活が食にかかわる人々のさまざまな活動に支えられていることについての理解を深め，勤労を重んじる態度を養う
- ●わが国や各地域の優れた伝統的な食文化についての理解を深める
- ●食料の生産，流通および消費について，正しい理解に導く

3　高齢者保健

高齢者は，若年者に比べて一般に病気にかかりやすく，特に無自覚性の慢性疾患の有病率が高い。しかも，高齢者は，罹病期間の長い循環器系疾患を中心としたいわゆる生活習慣病を有し，一度罹患すると完全に治癒することが少ないので，同時に多くの疾患をあわせもちやすいことも特徴である。

このため，老人医療費増大は各都道府県，市町村とも共通の課題となっている。以下には，高齢者保健対策として重要な保健対策と介護対策について概説する。

❶ 高齢者医療確保法による保健対策

高齢者の保健対策については，平成元年に高齢者保健福祉推進十か年戦略（ゴールドプラン）が策定され，「寝たきり老人ゼロ作戦」等の事業の展開が，さらには，高齢者介護対策の充実を図るために，平成12年には介護保険法が施行されている。

また，平成20年4月以降は，老人保健法を高齢者の医療の確保に関する法律（以下，高齢者医療確保法）に改正したことにともない，生活習慣病の重症化予防の観点から，新たに医療保険者に特定健康診査・特定保健指導にかかる指針に即した計画（実施方法・目標を含む）の作成，特定健康診査，特定保健指導の実施を義務付けている。

- 基本健康診査等
- 40歳から74歳までの被保険者と被扶養者については，高齢者医療確保法に基づく特定健康診査および特定保健指導として，医療保険者にその実施を義務付けている
- 75歳以上の者については，後期高齢者医療広域連合の努力義務とし，健康診査

を実施している

●歯周疾患検診，骨粗鬆症検診等　健康増進法に基づく事業として，市区町村が引き続き実施している

❷ 介護保険制度

　介護保険制度は，平成12年から開始された介護保険法に基づき，社会保険方式により社会全体で介護者を支える仕組みである。介護保険法には介護保険の給付，介護サービスの提供等について規定されており，利用者の選択により，保健・医療・福祉にわたる介護サービスを総合的に利用できるようにしたものである。

　保険者は市区町村であり，被保険者は第1号被保険者（65歳以上）と第2号被保険者（40〜64歳）からなるが，財源の5割は保険料で，残り5割は公費で負担する。なお，利用者は原則1割を自己負担する。

　介護保険から給付を受けるためには，市区町村の窓口へ要介護認定の申請を行い，要介護状態の判定は市区町村に設置される介護認定審査会において要介護認定を受けなければならない。介護認定審査会では，まず，高齢者の心身の状況調査に基づくコンピュータ判定の結果（一次判定）と，主治医の意見書などに基づく審査・判

高齢者保健の動向

●令和3年度末現在における要介護認定者は約690万人であり，そのうち居宅サービス受給者は約405万人／月，地域密着型サービス受給数は約89万人／月，施設介護サービス受給数は約96万人／月である。

●要介護認定制度には要支援が2段階，要介護が5段階に分かれている。要介護認定者は，30年後は約947万人と予測されている。

●要介護となった原因として，認知症が最も多く，次に脳血管疾患，高齢による衰弱，骨折・転倒が多くなっている。

●介護保険制度は3年ごとに見直しを行うことになっているが，介護保険の総費用は令和3年度においては開始当初の平成12年に比べ，約3.0倍で11兆円を超えている。

●認知症は，アルツハイマー型と脳血管疾患型に大別されるが，近年はアルツハイマー型が増加し，認知症の約7割を占めている。

●日常生活で介護や支援が必要な認知症高齢者の推計値は，厚生労働科学特別研究において，令和7（2025）年で約675万人（65歳以上人口に占める割合19%）と推定している。また，2060年には約850万人と見込まれている。

●女性に多いアルツハイマー型認知症の発症率は欧米よりも日本が多い。

●寝たきり高齢者に起こりやすい疾患は，褥瘡，肺換気障害，骨粗しょう症であり，寝たきりの原因の大半は脳血管疾患，骨折・転倒および認知症である。

●65歳以上の者のいる世帯は年々増加して，令和4年には全世帯の約50%で，単独世帯（1人暮らし）も年々増加し，65歳以上の者のいる世帯のうち約32%である。昭和50年に比べ，約6倍となっている。ちなみに，65歳以上の世帯で，単独世帯，高齢者夫婦のみの世帯の割合は約64%である。

定を行い，さらに，一次判定結果をもとに主治医の意見書，訪問調査の特記事項と要介護度ごとの状態像の例を参考に，最終判定（二次判定）を行っている。なお，要介護度は，介護サービスの必要量の指標であり，要支援1～2および要介護1～5の7段階に区分され，その介護度認定は一定期間（原則6か月）ごとに更新されている。

　介護保険の給付には，要支援者が利用する予防を目的としたサービス（予防給付）と，要介護者が利用するサービス（介護給付）がある。地域支援事業の介護予防・日常生活支援総合事業では介護保険による給付はないが，サービスを受けることができる。また，介護施設入所時の食費・居住費は介護給付の対象でないため，自己負担となる。

4 産業保健

❶ 労働衛生

　労働衛生とは，労働者の生命，身体を災害や職業上の疾病から守り，労働者の福祉，健康の向上を図ることである。近年は，産業の発達にともない，災害の発現，職業病の多発がみられ，労働衛生の重要性はますます高まっている。

　法律としては，労働基準法と労働安全衛生法の2つがあり，作業環境管理，作業管理，健康管理の3つの基本対策が行われている。

　労働基準法では，労働時間，休憩，休日，安全と衛生，女性や年少者の労働，災害の補償や寄宿舎の問題などについて規定し，また労働安全衛生法の立場からは，労働者の安全と健康の保持，快適な職場環境の形成を促進することを目的に，衛生教育，作業環境の維持，定期健康診断，健康管理手帳，病者の就業禁止・作業制限，健康づくりのための体育活動・レクリエーション，ストレスチェックの実施（従業員50人以上の事業場），産業医制度などについて規定している。

❷ 職業病

　職業に特有な環境条件，作業方法によって引き起こされる疾患を職業病という。統計上は業務上疾病ともいわれ，該当者は令和4年で165,495人（新型コロナウイルス感染症のり患による155,989人を含む）に及んでいる。

　職業の労働条件と疾病との因果関係が密接な職業病の主なものは，鉛中毒，一酸化炭素中毒，塵肺，潜函病（ケーソン病），熱中症（熱射病），水銀中毒，ベンゼン中毒，電離放射線障害，職業性難聴，炭そ病，白ろう病などである。

　なお，熱中症は，製鉄，ボイラー作業などの高温環境の職場で発生するが，最近では猛暑の影響もあり，建築作業場での発生が多い。体温調整機能の失調や発汗過多による水分および塩分の喪失などによって発生する点では，高温多湿の調理現場でも注意が必要である。

　これらを防止するには，定期健康診断を受けることや作業環境の整備などが必要になる。

❸ 労働災害

　作業中に事故が多い産業としては，建設業，製造業，陸上貨物運送業，林業などである。年間労働災害死傷者は，昭和36年をピークに減少傾向にあるが，休業4

日以上の死傷者数（新型コロナによる死亡者除く）は，令和4年で13万2,355人（うち死亡774人）に達している。災害は，1日のうち午前，午後とも作業を始めてから3時間程度と夏期の暑い時期に多く発生している。その他，人により職場の配置転換，個別指導，要注意者，要療養者として扱うなどの配慮が必要になる。なお，労働災害として生じた業務上疾病の発生状況は，病原体による疾病が最も多く約94％を占め（令和4年），その中で最も多いのは新型コロナウイルスのり患によるものである。

❹ 作業関連疾患

　特定の職業に限って発生する疾患ではなく，作業条件や環境の状態によって発症率が高まったり悪化したりする疾患を指す。例えば，職場のストレスでアルコールをとりすぎて肝炎になる，仕事が忙しくて休めずかぜをこじらせ肺炎になる，職場の化学物質で喘息が悪化するなど。家族も気づきにくく，医師も仕事との関連とは考えないことが多いが，働く人の健康・疾患を考える際には，常に職業の影響を考慮に入れる必要がある。

❺ 職場の健康づくり（健康管理）

　労働安全衛生法第66条に基づき，事業者は全労働者に対して一般健康診断を，また，有害な業務に従事する者に対しては特殊健康診断を実施することになっている。なお，定期健康診断の有所見率は5割を超え，増加傾向である。昭和63年に労働安全衛生法が改正され，働く人の健康づくりに対する事業者の努力義務が具体的に規定された。これにともない，厚生労働省では心とからだの健康づくり運動

図5　心とからだの健康づくり（トータル・ヘルスプロモーション・プラン；THP）

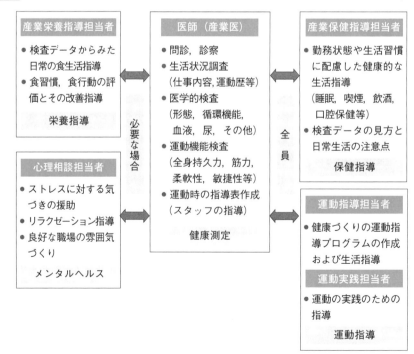

（THP，トータル・ヘルスプロモーション・プラン）を推進している。これは職場の健康づくりとして，産業医，運動指導担当者，産業保健指導担当者，産業栄養指導担当者などに加え，メンタルヘルスの点から心理相談担当者も含めたチーム指導が進められている【図5】。

　また，高齢者医療確保法の施行にともない，平成20年9月より労働安全衛生法に基づく健康診断の場でも特定健診等が実施されている。

　さらに，厚生労働省は，労働者の心の健康の保持増進のための指針を作成し，メンタルヘルス対策を進め，労働安全衛生法の改正により，平成27年よりストレスチェックを義務化した。平成30（2018）年に定められた第13次労働災害防止計画では，心の健康対策の推進が掲げられ，令和4年において心の健康対策（メンタルヘルスケア）に取り組んでいる事業所は63.4%となっている（10人以上の事業所平均）。

5　地域保健

　地域における保健活動において重要なのは，地域に生活している人々の保健・医療・福祉分野の実態を把握し，地域の特性に応じた生活環境整備や保健医療福祉体制の確保等による安心・安全なまちづくりを実現することである。このため，平成6年には，地域保健活動における都道府県と市町村の役割を見直し，地域住民の立場を重視した地域保健対策の円滑な実施をめざして，旧保健所法を改正し，地域保健法が創設された。地域における保健活動は，地域保健法の地域保健対策の推進に関する基本的な指針に基づいて実施されているが，その中心になるのが，都道府県・市区町村が設置する公的機関（保健所や市町村保健センター）や医療施設をはじめ，専門関連団体，ボランティア，民間施設等である。

❶ 地域保健対策の推進に関する基本的な指針の概要

　基本指針には以下のような基本的方向性が示されている。

❶　地域における地域保健対策の推進
● 自助および共助の支援の推進
● 住民の多様なニーズに対応したきめ細かなサービスの提供
● 地域の特性をいかした保健と福祉の健康なまちづくり
● 医療，介護，福祉などの関連施策との連携強化
● 快適で安心できる生活環境の確保
❷　地域における健康危機管理体制の確保
❸　科学的根拠に基づいた地域保健の推進
❹　国民の健康づくりの推進　　　など

❷ 保健所と市町村保健センターの業務

　保健所は，地域保健法第5条に基づき，都道府県等への保健所設置義務が，その事業内容については第6条に（p.4），また，職員の配置規定が第10条に規定されており，疾病の予防，健康増進，環境衛生などの公衆衛生活動の中心機関である。地域保健法施行後は，地域保健の広域的・専門的・技術的拠点として活動している。

　一方，市町村保健センターは，保健所とは違い，健康相談，家庭訪問など，地域

表22 保健所と市町村保健センターの主な相違点

比較項目	保健所	市町村保健センター
設置の法的根拠	地域保健法第5条	地域保健法第18条
設置主体	都道府県，政令市（指定都市，中核市，その他政令で定める市，特別区）〈設置義務　第5条〉	市町村（ただし，設置義務なし）
設置状況	468か所（令和5年4月1日現在）	2,419か所（令和5年4月1日現在）
公的機関としての性格	地域保健に関する所掌事務許認可権限の保有（行政機関）	保健サービス等を提供する公的な施設
所長の資格要件	原則として医師	資格要件なし
職員の構成	医師，歯科医師，獣医師，保健師，管理栄養士等〈設置規定あり　第10条〉	常勤の専門職は保健師，管理栄養士のみの施設が多い
主な実施業務	技術的・専門的な所掌業務（第6条）調査研究・情報管理（第7条）市町村への技術支援や職員研修（第8条）	住民に対する身近で頻度の高い保健サービス（母子保健法，健康増進法，高齢者医療確保法などの各種健康相談，健康教育，健康診査などの事業）（各法に規定）

住民に身近な保健福祉事業を行っており，狭域的・一般的な保健福祉事業の推進を担っている。以下には主な事業内容を示す。

❶　高齢者の保健事業・健康づくり推進事業（健康増進法，高齢者医療確保法）

●住民の健康診査事業（一般健康診査，胃がん等各種検診）

●健康教育，健康相談，訪問指導，特定保健指導等の各種事業

❷　介護予防事業（介護保険法）

●地域支援事業，介護予防普及啓発事業，地域介護予防活動支援事業

❸母子保健事業（母子保健法等）

●健康診査：（乳児・1歳6か月児・3歳児）健康診査，経過観察健診　など

●保健指導：離乳食講習会，母乳相談，幼児食講習会，妊産婦・幼児訪問指導　など

●子育て支援，訪問看護事業

❹予防接種事業（予防接種法）

●ジフテリア，麻しん・風しん，ポリオ，インフルエンザ　など

なお，【表22】には保健所と市町村保健センターの主な相違点を示す。

健康増進や食生活の向上に関する法規

8

　わが国は，法治国家である。法（法律）とは通常，社会，秩序を維持するための強制力をもった社会生活の規範である。このため，公衆衛生活動を行う場合でも法の規定範囲内で活動をなさなければならない。公衆衛生は，日本国憲法第25条において「すべて国民は，健康で文化的な最低限度の生活を営む権利を有する。国は，すべての生活部面について，社会福祉，社会保障及び公衆衛生の向上及び増進に努めなければならない」という条文で規定されている。このことからも，公衆衛生活動は，この憲法に基づいて制定された法規（例えば，食品衛生法等の衛生法規）の範囲内で執行しなければならない。調理師も公衆衛生活動を担う専門職である。このためにも必要な法規の種類とその概要を理解し，その読み方を理解することが必要である。以下には，調理師が公衆衛生活動を行うに当たって必要不可欠な法規について，その概略を示す。

1　法の種類

　私たちが通常見かける法は，一定の手続きや形式に従ってその内容が定められ文章化されたものであり，大きく以下のように体系的に分けられている。
- 憲法　国民主権，戦争放棄，基本的人権の尊重などを定めた国の最高法規
- 法律　憲法に従って国会の議決で成立した法規（例：調理師法）
- 政令　憲法，法律の規定を実施するために内閣（政府）が制定する法規（例：調理師法施行令）
- 省令　各省庁大臣が担当する行政事務について，法律や政令を施行するために制定する法規（例：調理師法施行規則）
- 告示　公の機関が決めた事項などを，広く一般に知らせるために，各省庁大臣が制定した法規（例：調理師試験基準）
- 規則　地方公共団体の長が，議会の関与なしに発する規定。国の法律や政令等の実施に当たって，それら規定範囲内で運用上の事務を規定した法規（例：地方公共団体の調理師法施行細則）
- 条例　地方公共団体の議会が国の法規（法律・政令・省令・告示）の範囲内で制定する法規（例：東京都ふぐの取扱い規制条例）

2　調理師法

　調理師法は，昭和33年に施行されており，調理師が調理師の名のもとに，調理の業務に従事することを認めた唯一の法規である。調理師の名は調理師法に基づいて資格取得した者でなければ使用できない。この法規には目的として，「調理師の資格等を定めて調理の業務に従事する者の資質を向上させることにより調理技術の合理的な発達を図り，もって国民の食生活の向上に資する」（法第1条）と規定さ

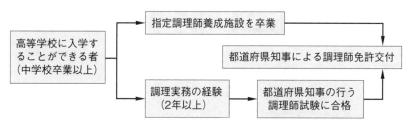

図6 調理師免許を取得する2つの方法

```
                              ┌→ 指定調理師養成施設を卒業 ──────────────┐
高等学校に入学す ──────────┤                                              ↓
ることができる者              都道府県知事による調理師免許交付
（中学校卒業以上）            ↑
                              └→ 調理実務の経験 ──→ 都道府県知事の行う ─┘
                                 （2年以上）        調理師試験に合格
```

れていることからも，調理師は少なくとも常に調理技術を磨き，安全・安心を基盤
とした健康的な食生活を形成するよう努力しなければならない。

❶ 調理師の定義

調理師とは，調理師の名称を用いて調理の業務に従事することができる者として
都道府県知事の免許を受けた者をいう（法第2条）。

❷ 調理師の免許

調理師の免許は，次の❶，❷に該当する者に対し，その申請に基づいて都道府県
知事が与える（法第3条，【図6】）。

❶都道府県知事が指定する調理師養成施設を卒業した者

❷2年以上の調理実務経験後，都道府県知事が実施する調理師試験に合格した者

1 調理師養成施設の卒業

学校教育法第57条（高等学校の入学資格）に規定する者で，都道府県知事の指
定する調理師養成施設において，1年以上，調理，栄養および衛生に関して調理師
として必要な知識および技能を修得した者（法第3条第一号）とされている。

養成施設には，専修学校，高等学校，各種学校および短期大学などの種類があり，
専修学校には入学資格（高卒，中卒など）に応じて課程が専門課程，高等課程，一
般課程の3種（学校教育法第125条）に分かれている。

修業年限は，昼間部が1年・2年・3年，夜間部が1年半または2年となっており，
その間に，食生活と健康，食品と栄養の特性，食品の安全と衛生，調理理論と食文
化概論，調理実習，総合調理実習で960時間以上の授業を受けなければならない（施
行規則第6条第一号）。

2 調理師試験受験資格者

学校教育法第57条に規定する者で，多数人に対して飲食物を調理して供与する
施設または営業で，厚生労働省令の定めるものにおいて2年以上調理の業務に従事
した後，都道府県知事の行う調理師試験に合格した者（法第3条第二号）とされて
いる。

試験科目としては，公衆衛生学，食品学，栄養学，食品衛生学，調理理論，食文
化概論の6科目が定められている（平成9年5月12日厚生省告示第119号「調理師
試験基準」，平成26年3月31日一部改正）。

ここでいう「厚生労働省令で定める施設または営業」としては，施行規則第4条で，
次のものを規定している。

❶寄宿舎，学校，病院等の施設であって，飲食物を調理して供与するもの

図7 調理師免許証の交付

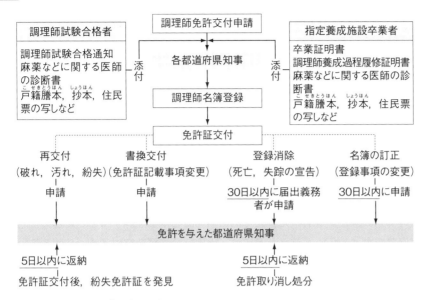

注）手数料は各都道府県が条例にて定めている。

❷飲食店営業，魚介類販売業またはそうざい製造業

　❶はある特定の人々に対する給食施設をさし，❷は不特定の人々に対して行う営業であるということができる。

　上記の施設などにおいて，2年以上調理の業務に従事することによって受験資格が与えられるが，ウェイトレスや皿洗いだけに従事している場合は受験資格は認められない。

　飲食店営業とは，一般食堂，料理店，すし屋，そば屋，旅館，仕出し屋，弁当屋，レストラン，カフェー，バー，キャバレー，その他食品を調理し，または設備を設けて客に飲食させる営業（喫茶店営業に該当するものを除く）をいう。また，魚介類販売業とは，店舗を設け，鮮魚介類を販売する営業（魚介類を生きたまま販売する営業，鮮魚介類を魚介類市場においてせりの方法で販売する営業を除く）をいう。そうざい製造業とは，通常副食として供される煮物（つくだ煮を含む），焼き物（炒め物を含む），揚げ物，蒸し物，酢の物，または和え物を製造する営業（ハム，ソーセージ，ベーコン類，または魚肉ハム，魚肉ソーセージ，鯨肉ベーコン類を製造する営業および豆腐製造業を除く）をいう（食品衛生法施行令第35条第一号，第四号，第二十五・二十六号）。

❸ 免許の手続き【図7】

1 免許の申請

　調理師の免許を受けようとする者は，申請書に厚生労働省令で定める書類を添付して，これを住所地の都道府県知事に提出しなければならない（施行令第1条）。

　厚生労働省令で定める書類とは次のとおりである（施行規則第1条第2項）。

●指定養成施設の卒業または試験の合格の免許資格を証する書類
●戸籍の謄本，もしくは抄本，または住民票の写し

●麻薬，あへん，大麻または覚せい剤の中毒者であるかないかに関する医師の診断書

2　免許を与えない要件

絶対的欠格事由として，調理の業務に関し，食中毒その他衛生上重大な事故を発生させたことにより免許の取り消し処分を受けた後，1年を経過しない者に対しては，調理師の免許が与えられない（法第4条）。

また，相対的欠格事由として，次のどちらかに該当する者に対しては，免許を与えないことがあるとしている（法第4条の2）。

●麻薬，あへん，大麻または覚せい剤の中毒者
●罰金以上の刑に処せられた者

3　免許の登録

調理師免許は，都道府県に備えてある調理師名簿に登録することによって行い，都道府県知事は，免許を与えたときは，調理師免許証を交付する（法第5条）。

なお，調理師名簿に登録する事項は次のとおりである（施行令第10条，規則第2条）。

●登録番号および登録年月日
●本籍地都道府県名（日本の国籍を有しない者については，その国籍），氏名，生年月日および性別
●免許取得資格の種別
●免許の取消に関する事項
●免許証を書換交付し，または再交付した場合には，その旨並びにその理由および年月日
●登録の消除をした場合には，その旨並びにその理由および年月日

4　名簿の訂正

調理師は，名簿の登録事項（氏名，本籍地都道府県（国籍），性別，生年月日）に変更を生じたときは，30日以内に免許を与えた都道府県知事に対し，名簿の訂正を申請しなければならない（施行令第11条）。

なお，申請の際には，申請の原因となった事実を証する書類を添付する必要がある。

5　免許証の書換交付および再交付

調理師は，免許証の記載事項に変更を生じたときは，免許証の書換交付を申請することができる（施行令第13条）。なお，住所変更は記載事項ではないので届出の必要はない。また，免許証を破り，汚し，または失くしたときは，免許証の再交付を申請することができる（施行令第14条）。これらの申請書は，すべて免許を与えた都道府県知事に提出しなければならない。

書換交付や，免許証が破れたり，汚したときの再交付の申請書には，その免許証を添付しなければならない。また，免許証の再交付を受けた後，失くした免許証を発見したときは，5日以内に，これを免許を与えた都道府県知事に返納しなければならない。

<u>6　登録の消除および返納</u>

名簿の登録の消除を申請するには，免許を与えた都道府県知事に申請書を提出しなければならない（施行令第12条）。

調理師が死亡し，また失踪（しっそう）の宣告を受けたときは，戸籍（こせき）法による死亡または失踪（しっそう）の届出義務者は，30日以内に名簿の登録の消除を申請しなければならない（施行令第12条）。また，登録消除の申請をするときは，免許を与えた都道府県知事に免許証を返納しなければならない（施行令第15条第1項）。

<u>7　免許の取消</u>

都道府県知事は，調理師が次のいずれかに該当するときは，その免許を取り消すことができる（法第6条）。

●麻薬，あへん，大麻または覚せい剤の中毒者

●罰金以上の刑に処せられた者

●調理の業務に関し，食中毒その他衛生上重大な事故を発生させたとき

調理師が，食中毒等を起こして取消処分を受けた場合，処分後1年を経過しないと免許申請しても免許は与えられない（法第4条）。

なお，免許の取消処分を受けた調理師は，5日以内に免許証を，免許を与えた都道府県知事に返納しなければならない（施行令第15条第2項）。

❹ 就業調理師の届出

外食依存が高まるなか，調理師が国民の食生活に果たす役割は重要となっている。このため，調理師の資質の向上を目的とする研修などの事業が円滑に実施できるよう，就業する調理師の届出制度が平成5年に創設された。その内容は次のとおりである。

❶飲食店などで調理の業務に従事する調理師は，2年ごとに12月31日現在における氏名，住所などを翌年の1月15日までに就業地の都道府県知事に届け出なければならない（法第5条の2）

なお，届出に必要な事項は次のとおりである（施行規則第4条の2）。

●氏名，年齢および性別

●住所

●登録を受けた都道府県名，調理師名簿登録番号および登録年月日

●業務に従事する場所の所在地および名称

❷都道府県知事は，❶の届出の受理にかかわる事務について，あらかじめ指定する届出受理機関に全部または一部を委任することができる（法第5条の2第2項）

❺ 名称の独占

調理師免許の法律上の効果は，調理師という名称を法律により保証することであり，都道府県知事から免許を受けた者のみが調理師の名称を使用することが許され，無免許者が調理師またはこれとまぎらわしい名称を用いることは禁止されている（法第8条）。

これがいわゆる名称独占の規定（法第8条）である。これに違反した者は，30万円以下の罰金に処せられる（法第11条）。

なお，調理師とまぎらわしい名称とは，使用している言葉の意味が調理師と同じ

意味を表すもの，例えば，給食調理士，管理調理師などである。

❻ 調理師の設置努力義務

調理師は，飲食店や給食施設等において，食中毒など飲食物を通じて起こる事故を未然に防ぐとともに，生命維持・活力源ともなる適切な食事を提供することにより，国民の健康づくりや食生活改善の一部を担うなど，社会的にも重要な役割を果たしている。このため，昭和56年，調理師法の一部を改正し，飲食店関係営業施設などにおいては調理師を置くように努めなければならない（法第8条の2）とする条文が設けられた。

❼ 調理技術の審査

調理技術審査制度は，調理師の資質の向上に資するため，調理技術に関する審査を行う（法第8条の3）もので，昭和57年より，職業能力開発促進法に基づく，調理にかかわる技能検定制度を含めた調理技術技能評価試験として行われている。現在は，厚生労働大臣より委託を受けた公益社団法人調理技術技能センターが実施している。

技術審査は，学科試験および実技試験によって行う。学科試験の試験科目は，調理一般，調理法，材料，食品衛生および公衆衛生，食品および栄養，関係法規，安全衛生である（施行規則第16条）。実技試験は，日本料理，西洋料理，麺料理，中国料理，すし料理，給食用特殊料理のなかから1科目選択して受験することになっている（施行規則第16条）。

実技試験は，調理作業による技術技能を評価する試験で，学科試験は，技術技能の裏づけとなっている知識について行うものであり，両試験とも合格すると，厚生労働大臣から，受験した試験科目の専門調理師の称号を記載した認定証書が与えられる（施行規則第21条）。なお，技術審査を受ける際の受験資格は，次のとおりである（施行規則第17条）。

❶施行規則第4条に規定する施設または営業（p.61）において，調理の業務に従事した期間が8年以上の調理師であって，かつ，その期間のうち，調理師の免許を有した期間が3年以上の者

❷指定養成施設を卒業し，実務期間が6年以上であって，かつ，その期間のうち，調理師の免許を有した期間が3年以上の者

❸❶，❷と同等以上の技術を有すると厚生労働大臣が定める者。これは原則として，制度開始当初の試験委員のみである

❽ 調理師会

調理師は，調理師の資質の向上および合理的な調理技術の発達に寄与することを目的として，調理師会を組織することができる（法第9条第1項）。調理師会は，調理師の指導および連絡，調理技術の研究，調理師の福祉の増進，その他，調理師会の目的を達するために必要な事業を行う（法第9条第2項）。2つ以上の調理師会は，相互の連絡および事業の調整を行うため，連合会を組織することができる（法第9条第3項）。

調理師法の総まとめを【表23】に示す。

表23 調理師法の総まとめ（主な規定とその構成）

規定内容	調理師法	調理師法の施行令・施行規則・告示等
目的（第1条）	・調理師の資質の向上 ・調理技術の合理的な発達 ・国民の食生活の向上	
定義（第2条）	・調理師の名称を用いて，調理の業務に従事する者 ・都道府県知事の免許を受けた者	
免許取得 （第3条）	・都道府県知事が指定する調理師養成施設（1年以上）で必要な知識および技能を修得した者 ・多数人に対して飲食物を調理して供与する施設または営業で厚生労働省令の定めるものにおいて，2年以上調理の業務に従事した後，調理師試験に合格したもの	・免許は住所地の都道府県知事に申請 ・免許申請に必要な書類は申請書のほか，養成施設卒業証書または試験合格証と，戸籍謄本，抄本，住民票のいずれかの写し，麻薬，あへん，大麻または覚せい剤の中毒者でない診断書（施行規則第1条第2項）
試験の実施 （第3条の2）	・都道府県知事が実施（指定試験機関への委託も可能）	調理師試験に必要な2年以上の実務施設 ・寄宿舎，学校，病院（施行規則第4条） ・飲食店営業，魚介類販売業，そうざい製造業（食品衛生法施行令第35条） 調理師試験の試験科目 　公衆衛生学，食品学，栄養学，食品衛生学，調理理論，食文化概論
免許取得欠格 事由（第4条） （第4条の2） 免許の取消 （第6条）	以下により免許取消処分1年を経過していない者 ・調理業務に関し，食中毒等の事故を発生させた者 ・第4条の2に該当した者 免許が与えられない者 ・麻薬・あへん・大麻または覚せい剤の中毒者 ・罰金以上の刑に処せられた者 上記，欠格事由のいずれかに該当した者	調理師は，免許の取消に際し，弁明の機会が与えられる（行政手続法第29条，第29条の2）
調理師名簿登録及び調理師免許証交付 （第5条）	都道府県に備える調理師名簿に施行令第10条の事項を登録して，都道府県知事が免許証を交付する	調理師名簿の登録 ・登録番号，登録年月日 ・本籍地都道府県名，氏名，生年月日，性別・免許取得資格の種別 ・免許の取消に関する事項 ・その他厚生労働省で定める事項（施行規則第2条） 調理師名簿の訂正 免許を与えた都道府県知事に，30日以内に，名簿の登録の訂正を申請（施行令第11条） 免許証の記載事項の変更・再交付 免許を与えた都道府県知事に提出（施行令第13条，14条）

規定内容	調理師法	調理師法の施行令・施行規則・告示等
就業調理師の届出（第5条の2）	調理師は2年ごとに，右記事項を就業地の都道府県知事に届出	届出事項 ・氏名，年齢および性別 ・住所 ・登録を受けた都道府県名，調理師名簿登録番号および登録年月日 ・業務に従事する場所の所在地および名称 　（施行規則第4条の2第2項）
名称の使用制限（第8条）	調理師でなければ，調理師またはこれに紛らわしい名称の使用禁止	業務そのものは資格がなくても行うことができるが，資格取得者以外の者にその資格の呼称の利用を法令で禁止しているもので，名称独占資格と称される
調理師の設置努力規定（第8条の2）	厚生労働省令で定める多数人に対して，飲食物を調理して供与する施設または営業施設には，調理師の設置努力義務がある	調理師設置努力規定が課せられる施設または営業は，施行規則第4条のとおりである ・寄宿舎，学校，病院等の給食施設 ・飲食店営業，魚介類販売業，そうざい製造業（食品衛生法施行令第35条第一号，第十四号，第三十二号）
調理技術の審査（第8条の3）	厚生労働大臣は，調理師の資質の向上に資するため調理技術に関する審査を行うことができる（調理技術審査制度）	（試験科目） 学科試験と以下の実技試験を実施 日本料理・西洋料理・麺料理・中国料理・すし料理・給食用特殊料理のうちの1科目（施行規則第16条第2項） （受験資格） 調理実務期間が8年以上で，調理師免許を有した期間が3年以上である者 指定養成施設を卒業し，実務期間が6年以上で，調理師免許を有した期間が3年以上である者（施行規則第17条） （専門調理師称号の取得） 両試験に合格すると，試験科目の専門調理師の称号が与えられる（施行規則第22条）

名称独占と業務独占

　業務そのものは資格がなくても行うことができるが，資格取得者以外の者にその資格の呼称の利用が法令で禁止されていることを名称独占といい，調理師はこれに該当する。これに対し，業務そのものを禁止しているのが業務独占であり，該当するものに医師，歯科医師，看護師等の医療資格がある。

　類似の名称をもつ私的な免許などが世間に広まることは，資格制度の維持発展を困難にするため，法律ではまぎらわしい名称までも禁止している。

3　食品衛生法

　調理師の最も基本的な業務は，安全な食品を用いて，適正な調理法のもと，人が安心して食べられる料理を提供することである。このことを達成するには，まず，食品の安全性を確保し，飲食に起因する衛生上の危害の発生を防止し，国民の健康の保護を図ることである。この目的のために制定されたのが食品衛生法である。なお，食品衛生法の詳細については，4章食品衛生学，p.215～219を参照されたい。

4　健康増進法

　調理師は，調理師法や食品衛生法に基づき，調理技術を磨き，人に対して安全・安心できる食品（料理あるいは食事）を提供することを業務とするが，あわせて，そのことが人の健康の維持増進につながるものでなければならない。それには，人が活動するに当たっての生命維持だけでなく，疾病予防も含めた，健康に導く料理を提供する必要がある。わが国では，国民の栄養の改善その他の国民の健康の増進を図り，国民保健の向上につなげるために，健康増進法が制定されている。主な規定を【表24】に示す。

表24　健康増進法の主な規定

目的（第1条）	国民の健康の増進を図るための措置を講じ，国民保健の向上を図る
基本方針の策定 （第7条）	厚生労働大臣は，国民の健康の増進の総合的な推進を図るための基本方針を定める（健康日本21に該当）
健康増進計画の策定 （第8条）	地域の実情に応じた健康づくりを推進するために，都道府県は健康増進計画を策定（義務）し，市町村は健康増進計画の策定に努めなければならない（努力義務）
国民健康・栄養調査の実施（第10条）	厚生労働大臣は，国民の身体の状況，栄養摂取量および生活習慣の状況を明らかにするため，国民健康・栄養調査を行う
食事摂取基準 （第16条の2）	厚生労働大臣は，国民の栄養摂取の改善に向けた自主的な努力を促進するため，食事による栄養摂取量の基準を定める
保健指導等 （第17～19条）	・市町村は，住民の健康の増進を図るため，栄養の改善その他の生活習慣の改善に必要な栄養指導および保健指導の業務を行う ・都道府県，保健所を設置する市および特別区は，住民の健康の増進を図るために，専門的な知識や技術を必要とする栄養指導や保健指導を行う ・市町村は，住民の健康の増進を図るため，①健康手帳の交付，②健康教育，③健康相談，④機能訓練，⑤訪問指導を行う
特定給食施設における栄養管理（第21条）	特定給食施設の設置者は，厚生労働省令で定める基準に従って，適切な栄養管理を行わなければならない
受動喫煙の防止 （第25条）	国および地方公共団体は，望まない受動喫煙が生じないよう，受動喫煙に関する知識の普及，受動喫煙の防止に関する意識の啓発，受動喫煙の防止に必要な環境の整備その他の受動喫煙を防止するための措置を総合的かつ効果的に推進するよう努めなければならない

この法律の基本的な考え方は，国民の健康寿命を延伸させ，生活の質の向上を実現し，元気で明るい社会を築くために，生活習慣の見直しなど積極的な健康増進に努め，一次予防に重点を置いた対策を推進するものである。

5 食育基本法

食育とは，国民一人ひとりが生涯を通じた健全な食生活の実現，食文化の継承，健康の保持増進が図られるよう，自らの食について考え，食に関する適切な判断力を養うための学習等の取り組みである。これを推進するために，食育基本法が平成17年に創設され，主な内容として【表25】の規定が盛り込まれている。

食育の普及を図るには，国のみならず，地方公共団体，農林漁業者，食品産業関係者，学校教育関係者等が連携・協働を図り，食育を通じた地域交流，食文化の継承，地産地消の推進など，地域社会に根ざした多種多様な活動を展開することが求められる。

表25 食育基本法

目的（第1条）	国民が生涯にわたって健全な心身をつちかい，豊かな人間性をはぐくむため，基本理念や基本施策等を定め，健康で文化的な国民の生活と豊かで活力ある社会の実現に寄与する
施策の基本 （第2～8条）	・国民の心身の健康の増進と豊かな人間形成を図る ・食に関する感謝の念と理解を深める ・地域特性に配慮し，住民の主体的参加と協力，連携を図って全国展開を行う ・積極的に子どもの食育の推進に関する活動に取り組む ・食に関する体験活動と食育推進活動を実践し，食に関する理解を深める ・伝統のある優れた食文化や地域の特性等に配意し，食料の需要と供給の状況について理解を深める ・食品の安全性等の情報提供および意見交換により，食に関する知識と理解を深める
食育推進基本計画の策定 （第16～18条）	食育推進会議は，食育の推進に関する施策の総合的かつ計画的な推進を図るため，食育推進基本計画を作成する 作成は，国は義務，都道府県と市町村は努力義務である
基本的施策 （第19～25条）	・家庭における食育の推進（第19条） ・学校，保育所等における食育の推進（第20条） ・地域における食生活の改善のための取組の推進（第21条） ・食育推進運動の展開（第22条） ・生産者と消費者との交流の促進，環境と調和のとれた農林漁業の活性化等（第23条） ・食文化の継承のための活動への支援等（第24条） ・食品の安全性，栄養，その他の食生活に関する調査，研究，情報提供および国際交流の推進（第25条）

6　学校給食法

　この法律は，児童および生徒の心身の健全な発達に資するため，学校給食を通じて食に関する指導の実施に関し必要な事項を定め，学校給食の水準と衛生管理を確保するものである【表26】。

7　感染症法（感染症の予防及び感染症の患者に対する医療に関する法律）

　感染症法は，流行状況を国と地域が把握し，感染症の予防と流行への円滑な対応を可能とすることを目的とする。

　【表27】は，感染症法の主な規定である。

表26　学校給食法

目的（第1条）	学校給食が，児童および生徒の心身の健全な発達に資するものであり，食に関する正しい理解と適切な判断力を養う上で重要であることをふまえ，学校給食の普及充実および学校における食育の推進を図る
目標（第2条）	①適切な栄養の摂取による健康の保持増進を図る ②日常生活における食事について正しい理解を深め，健全な食生活を営む判断力をつちかい，および望ましい食習慣を養う ③学校生活を豊かにし，明るい社交性および協同の精神を養う ④食生活が自然の恩恵の上に成り立つものであることについての理解を深め，生命および自然を尊重する精神並びに環境の保全に寄与する態度を養う ⑤食生活が食にかかわる人々のさまざまな活動に支えられていることについての理解を深め，勤労を重んじる態度を養う ⑥わが国や各地域の優れた伝統的な食文化についての理解を深める ⑦食料の生産，流通および消費について，正しい理解に導く
学校給食実施基準（第8条）	文部科学大臣は，児童または生徒に必要な栄養量，その他の学校給食の内容および学校給食を適切に実施するための「学校給食実施基準」を定める
栄養教諭による食に関する指導 （第10条）	栄養教諭は，児童または生徒が健全な食生活を自ら営むことができる知識および態度を養うため，学校給食において摂取する食品と健康の保持増進との関連性についての指導，食に関して特別の配慮を必要とする児童または生徒に対する個別的な指導，その他の学校給食を活用した食に関する実践的な指導を行う 栄養教諭は，学校が所在する地域の産物を学校給食に活用すること，その他の創意工夫を地域の実情に応じて行い，その地域の食文化，食にかかる産業または自然環境の恵沢（恩恵）に対する児童または生徒の理解の増進を図る

表27　感染症法の主な規定

感染症の定義 （第6条）	「感染症」とは，1類感染症，2類感染症，3類感染症，4類感染症，5類感染症，新型インフルエンザ等感染症，指定感染症および新感染症をいう
特定感染症予防指針 （第11条）	厚生労働大臣は，感染症に応じた予防の総合的な推進を図るための指針「特定感染症予防指針」を作成し，公表する
医師の届出義務 （第12条）	1～4類感染症は直ちに最寄りの保健所長を経由して都道府県知事へ届け出なければならない 5類感染症は7日以内に最寄りの保健所長を経由して都道府県知事へ届け出なければならない
健康診断の勧告 （第17条）	都道府県知事は，1～3類感染症・新型インフルエンザ等の感染症の罹患を疑う者に対し，健康診断の受診を勧告することができる
就業制限 （第18条）	1～3類感染症・新型インフルエンザ等感染症の患者，無症状病原体保有者は，厚生労働省令で定める業務（飲食サービス業など）に従事してはならない
入院の勧告 （第19～20条，26条）	都道府県知事は，1～2類感染症・新型インフルエンザ等の感染症の患者に対し，入院を勧告することができる

調理師の業務と社会的役割

❶ 調理師制度の成立

　調理を職業とする技能者には，日本料理では板前，西洋料理ではコック，団体炊事では炊夫，厨夫等，さまざまな呼び方があった。しかし，司厨士（p.327），調理士という呼び名の誕生からもわかるように，調理に関する専門的な職業人や技能者として，自らの知識・技術を社会に貢献できる資格の創設は，それに従事する者の悲願であった。

　これに応えて各都道府県では，調理師（または調理士）の制度を条例で設けるところができ，この動きは1950（昭和25）年の京都府を最初に，1957（昭和32）年には全国38都道府県に及んだ。やがて，これらを統一して全国的な制度にしたいという声が強まり，1958（昭和33）年にようやく調理師法が国会で成立，同年11月から施行された。

　1997（平成9）年の改正で，調理師養成のカリキュラムと国家試験の科目に，食文化概論が入ることになった。すなわち，これにより調理師の職務は食文化に大きなかかわりのあることが裏づけられたといえる。

❷ 調理師の責務

　調理師の資格は，業務の独占ではなく名称の独占なので，調理現場で調理師以外の人が調理の業務に従事しても差し支えないが，調理師と名乗ることは許されない。以下，そうした立場から，調理師の業務と責任，社会に果たす役割を考えてみる。

1　専門料理と給食

　江戸期までは人々が外食をするのは特別な場合であり，それもほとんどは弁当持参だったので，大名のお抱え料理人は別として，料亭の料理人は一部の階級の味覚を満足させるための嗜好中心の調理に腕を磨いた。しかし，明治，大正と時代が進むにつれて，日常食の調理を担当する調理師が増大してきた。

　料亭や宴会の食事には多くの場合，1回限りの客に最高の味わいを提供する嗜好優先の調理が求められる一方，給食では，特定の喫食者に継続的に食事を提供し，その人々の健康保持の責任を負っているため栄養管理が必要となる。わが国の専門料理は，和・洋・中国に分かれているが，嗜好性も配慮され，日常食はこれらの混合・折衷型の献立構成になっているので，給食の調理では，そのすべてをこなす能力が求められる。専門調理師の技術審査（p.64，66）に，日本，西洋，中国，麺，すしと並んで，給食用特殊料理の1項が置かれているのは，わが国の食文化の特徴をよく示しているといえる。

2　外食

　調理師が受けもつのは，外食の食事である。明治初期に初めて，東京に牛なべ屋が開業し，その後，神田須田町にカレーライスやカツレツなどのメニューをもつ大

衆食堂が開業した。高度経済成長を経て，東京・銀座を1号店としてハンバーガーチェーン店が開店した。かつて，料理店の厨房に限られていた調理師の仕事の場も，時代とともに限りなく広がってきた。ホテル，レストラン，料亭の食事から，街の食堂，会社，学校，病院などの給食まで，外食の範囲はきわめて広い。さらに，市販の惣菜やもち帰り弁当のように，家庭の外で調理されたものを購入してもち帰り，家庭の食卓にそのまま提供するという形態も増えてきた。これは中食と呼ばれ，この数十年間の伸びは著しい。

3 現在の調理師の役割

　食物や調理に関して，より深い専門知識と技術を習得した調理師は，国民の保健衛生上重要な役割をもつ専門技術者であることを自覚し，職務に従事しなければならない。

　飲食にかかわる人々のうち，調理のリーダーである調理師は食文化の担い手でもあるといってよい。調理師が伝統的な調理方法を学び，その技術を磨き，それを次の世代に引き継いでいくことは，それ自体が文化的作業である。この意味で，調理師には食物への価値観を支配する文化的背景を専門的な立場から学び，健康を支える食生活をより豊かにしていく役割が期待されている。

外食・給食が食生活に果たす役割

　給食も含めて，外食の機会が増大すると，本来は家庭の食事が担っていた食事の機能を実現する現場の最先端にある調理師の働きも，重要度を増す。
　以下に，外食が現代の食生活に果たす役割をまとめた。

健康管理	●安全な食事の提供…食物鑑別の手段をもたない喫食者への助力 ●健康の保持，増進…継続する日常食の栄養管理は提供者の責任
食生活面	●食生活の多様化…食品や料理の品目増加による食生活の充実 ●食生活の簡便化…献立計画から供食，片づけまで代行が可能
食物教育	●食物嗜好の育成…新しい味との接触による味覚の訓練と発達 ●調理技術の教育…新しい料理法の工夫と調理技術の向上普及 ●食生活情報の伝達…食物の知識や食事意識，食習慣の広がり
生活文化	●文化の創造と伝承…外食による伝統料理の技術の継承と伝播 ●生活空間の構築…交流，団らん，慶弔，儀式などの舞台装置 ●食の未来の開発…理論的研究に基づく未来指向の新料理開発

2

食 品 学

食品の意義と用途

1 食品学の意義

　食物は，人が必要とする栄養素を含み，風味がよく，かつ衛生上安全なものでなければならない。しかし，次の❶と❷の間には，それほど明確な区別はない。

❶**食品**　栄養素を少なくとも1種類以上含み，毒性がなく，嗜好に適したもの

❷**食物**　食品を加工，調理して，美味で消化しやすい形にしたもの

　栄養素は大別すると，エネルギー源となるもの（炭水化物，脂質，たんぱく質），体組織をつくるもの〔たんぱく質，脂質，無機質（ミネラル）〕，体の機能を調節するもの〔ビタミン，無機質（ミネラル），たんぱく質〕となるが，1つの食品でこれらをバランスよく含んでいるものはない。このため，1回の食事，少なくとも1日単位の食事で，食品の組み合わせと量に留意しなければならない。また，栄養素としての効用は少ないが，食欲増進や嗜好性の点から，調味料，香辛料なども大切な食品といえる。

　よい献立作成や調理を行うためにも，食品の種類，成分の物理的性質や化学的性質の変化など，食品に関する十分な知識が必要である。

2 食品の用途

　まず，食品は有害・有毒物質や腐敗菌を含まず安全であることが第一であり，その上で栄養性に富むものでなければならない。我々が，さまざまな食品を毎日口にするのにはいくつかの目的がある。それは大きく3つに分けられる。

　栄養とは，栄養素が体内で目的に応じて代謝されることを指し，**主食**となる炭水化物を多く含む食品（米，小麦，いも等），**主菜**となるたんぱく質を多く含む食品（肉，魚，卵等），**副菜**となるビタミン，ミネラルを多く含む食品（野菜，果物）をバランスよく組み合わせることで保たれるため，目的に応じた食材を選択しなければならない（第1次機能）。次いで，色・味・香り・食感・形状などの嗜好性が求められる（第2次機能）。

　調理の技術には，素材の特徴を生かし，そこに調味料や香辛料などを用いて食品をおいしくすることだけでなく，彩りを考慮した盛りつけによってさらにその食品のよさが引き立てられることで，喫食者に満足感を得てもらうまでが求められる。

　また近年，食品の成分中には，生体調節機能といわれる，血糖値や血圧の調節や免疫力の向上，ホルモンの代替作用など，栄養素として以外の機能が備わっていることが知られるようになった（第3次機能）。

　糖尿病など，生活習慣病の罹患者が増加している現代社会において，薬に頼るだけでなく，食品のもつ機能性を利用して健康の維持・増進に努めることも大切な課題である。

3 食品の分類

食品の種類は，大別すると植物性食品と動物性食品の2つに分類できる。

❶ 植物性食品

植物性食品は，一般的に炭水化物，ビタミン，無機質（ミネラル）に富み，たんぱく質や脂質は少ないが，大豆のように，たんぱく質や脂質が多いものもある。ビタミン類は，緑黄色野菜にA（カロテン）とC，穀類にB₁，いも類にB₁とC，果物や野菜にC，植物油にEなどが主に含まれている。

また，植物性食品は，砂糖類と油脂類を除いて食物繊維（3章栄養学，p.111）が多く含まれるため，便通を整え，コレステロールを低下させる作用をもち，動脈硬化や大腸がんなどの予防が期待されている。植物性食品は，栄養成分から次のように分類できる。

- エネルギー源　穀類，いも類，砂糖類，植物油類，種実類
- たんぱく質源　大豆類，その他の豆類
- ビタミンおよび無機質源　野菜類，果実類，きのこ類，海藻類

❷ 動物性食品

動物性食品は，一般にたんぱく質と脂質が多く，炭水化物はきわめて少ない。たんぱく質は，必須アミノ酸に富み，無機質はカルシウムやリンが多い。また，植物性食品と比較して，ビタミンA，B₁，B₂，Dなどに富むものが多い。分類すると，水産食品と畜産食品，もしくは魚介類，肉類，卵類，牛乳・乳製品に大別される。

4 食品の成分と栄養価ならびに消化吸収率

❶ 食品の成分

たんぱく質，脂質，炭水化物*，無機質，ビタミンの五大栄養素と水は，生きていく上で欠くことのできない成分である【図1】。食品の成分値は，日本食品標準成分表（文部科学省，科学技術・学術審議会資源調査分科会）により知ることができる。

図1 食品の成分

---

* 　炭水化物は，「差引き法」（食品の可食部100g重量から水分，灰分，たんぱく質，脂質を引く）による利用可能炭水化物量のほか，利用可能炭水化物（単糖当量）量などが示されている〔日本食品標準成分表（八訂）増補2023年〕。炭水化物から食物繊維を除いたものを糖質としている。

個々の食品に含まれる栄養成分の量を知り，その食品の栄養価を判断し，食品を組み合わせることは，健康の維持・増進を図る上で重要である。なお，食品には，五大栄養素以外にも，色素や芳香成分，辛味成分などが含まれている。また，茶，コーヒーなどには，アルカロイドの一種であるカフェインが含まれている。これらの微量成分を**特殊成分**（ファイトケミカルあるいは，フィトケミカル）と呼んでいる。

❷ 食品の栄養価

食品の栄養価は，調理，加工の方法によって，著しく変化することがあるため，成分組成のみでその全般を知ることはできない。その例を以下に示す。

たんぱく質の栄養価は，**アミノ酸価（アミノ酸スコア）**で評価する。食品に含まれる必須アミノ酸量を理想的な量（アミノ酸評点パターン）と比較して評価するものである。

ビタミンについてみると，玄米は白米よりたんぱく質，脂質，ビタミンB_1などが多いが，消化吸収率はおとっている。また，米を炊く前にとぎ洗いをすると，ビタミンB_1は水に溶け出て減少してしまう。大根は，生のときはビタミンCが多いが，たくあん漬けにするとそれは失われ，糠みそ漬けにすると糠のビタミンB_1が移行してB_1が増える。緑黄色野菜は，油と一緒に調理したほうがカロテンの吸収率がよくなり，ビタミンAとしての効力が高まる。

さらに，食品のエネルギー量やたんぱく質，脂質などの成分含量は，水分含量により大きく異なる。乾物類は水分含量が少なく，100g当たりの成分含量は高くなるが，実際に使用する量は少ないので，栄養素等の摂取量はそれほど多くはならない。

このように，食品の栄養価は，調理，加工，保存に影響されるところが大きい。

❸ 食品の消化吸収率

食品が消化器官内でどれだけ消化されて，腸壁から吸収されるかを表したものを，**消化吸収率**という。これは，食品の摂取栄養素量から便として排泄された栄養素量を差し引いて，残りを吸収された栄養素量とし，その量が摂取量の何％に当たるかを百分率で示したものである。どんなに栄養素を多く含む食品であっても，消化吸収率が低ければ，その価値を十分に発揮することはできない。

⑤ 食品成分表の概要

日本食品標準成分表（八訂）増補2023年（食品成分表）において，分析あるいは測定されている栄養成分は，たんぱく質，脂質（脂肪酸，コレステロールを含む），炭水化物（食物繊維総量，糖アルコールを含む），無機質（13種類）およびビタミン（13種類）である。

❶ 食品成分値の表し方

食品成分表では，食品の可食部（全体から廃棄する部分を除いた部分）100g中に含まれる各成分を，キロカロリー（kcal），キロジュール（kJ），グラム（g），ミリグラム（mg），マイクログラム（μg）で表している。

●**エネルギー値**　可食部100g当たりのアミノ酸組成によるたんぱく質，脂肪酸のトリアシルグリセロール当量で示した脂質，利用可能炭水化物（単糖当量）（g）

については，1g当たり4kcal，9kcal，3.75kcalの係数を用いてエネルギー値を算出している。これらの成分値がない食品では，それぞれたんぱく質，脂質，差し引き法による利用可能炭水化物（1g当たり4kcal）の成分値を用いる。食物繊維総量は1g当たり2kcal，アルコールは1g当たり7kcalとしている（3章栄養学，p.141）。

- たんぱく質　アミノ酸組成によるたんぱく質とともに，基準窒素量に窒素−たんぱく質換算係数をかけて計算したたんぱく質を記載している。
- 脂質　有機溶媒に溶ける食品中の有機化合物の総称で，中性脂肪のほかにリン脂質，ステロイド，ワックスエステル，脂溶性ビタミンなども含んでいる。ほとんどの食品では脂質の大部分を中性脂肪が占める。中性脂肪のうち自然界に最も多く存在するトリアシルグリセロール*当量を記載し，コレステロールおよび有機溶媒可溶物を求めた脂質も記載している。
- 炭水化物　利用可能炭水化物のほか，水分・たんぱく質・脂質・灰分などの合計（g）を100から差し引いた値では，食物繊維総量，糖アルコール，その他の炭水化物が含まれている。
- 無機質（ミネラル）　ナトリウム，カリウム，カルシウム，マグネシウム，リン，鉄，亜鉛，銅，マンガン，ヨウ素，セレン，クロム，モリブデンの13種類が記載されている。単位はナトリウムからマンガンの9種はmg（1gの1,000分の1），以降4種はμg（1gの100万分の1）で表している。
- ビタミン　ビタミンA，D，E，K，B_1，B_2，ナイアシン，B_6，B_{12}，葉酸，パントテン酸，ビオチン，Cの13種類が記載されている。単位は，mgまたはμgであるが，ビタミンE，B_1，B_2，ナイアシン，B_6，パントテン酸，Cはmgで，A，D，K，B_{12}，葉酸，ビオチンはμgで表している。

上記の成分のほか，廃棄率，水分，有機酸，灰分，食塩相当量が示されている。

❷ 栄養成分量の計算方法

食品の栄養成分と量を知るには，一般に食品成分表が利用されている。例えば，精白米80g，鶏卵1個（60g）を食べたとすると，その場合の栄養成分量は次のように算出される。

日本食品標準成分表（八訂）増補2023年

　文部科学省は，令和2年12月，「日本食品標準成分表2020年版（八訂）」を公表した。5年ぶりの改訂となる。今回は，調理済み食品の情報の充実，エネルギー計算方法の変更など全面改訂を行った。さらに令和5年4月，「日本食品標準成分表（八訂）増補2023年」が公表され，収載食品数は2,538食品（2015年版から347食品増加）となった。詳細は，https://www.mext.go.jp/a_menu/syokuhinseibun/mext_00001.html参照（令和5年9月現在）。

---

* トリアシルグリセロールは，別名トリグリセライド，トリグリセリドともいい，中性脂肪の1つである。

●精白米（水稲穀粒，うるち米）　食品成分表の穀類の分類か索引より精白米のページを引き出し，栄養成分の分析値を調べる。成分表の分析値は可食部100g中の数値で示されているので，まず可食部を算出しなければならない。精白米の場合は，廃棄率が0％なので可食部が80gであれば，エネルギーおよび各栄養成分の分析値に，80/100（0.8）をかけることにより求められる。

　その結果を主な栄養素について記すと，以下のとおりである（値は「約」を示す）。

エネルギー　342kcal × 0.8 ＝ 274kcal

たんぱく質　6.1g × 0.8 ＝ 4.9g

脂質　　　　0.9g × 0.8 ＝ 0.7g

炭水化物　　77.6g × 0.8 ＝ 62.1g

ビタミンB_1　0.08mg × 0.8 ＝ 0.064mg

●鶏卵（全卵，生）　廃棄する部分（殻など）が14％あるので，60gの鶏卵の可食部は60 × 0.86＝51.6gである。そこで，51.6/100（0.516）をそれぞれの分析値にかければ，栄養素量は求められる（値は「約」を示す）。

エネルギー　142kcal × 0.516 ＝ 73kcal

たんぱく質　12.2g × 0.516 ＝ 6.3g

脂質　　　　10.2g × 0.516 ＝ 5.3g

炭水化物　　0.4g × 0.516 ＝ 0.2g

カルシウム　46mg × 0.516 ＝ 24mg

ビタミンB_2　0.37mg × 0.516 ＝ 0.19mg

食品の特徴と性質

食品は，その見方によっていろいろに分類できる。生物という観点からみれば，動物性食品と植物性食品に，産業の形態からみれば，農産食品，畜産食品，林産食品，水産食品のように分けられる。また，成分の点からみると，たんぱく質食品，でん粉質食品のようにも分けられる。さらに，処理加工の方法からみると，醸造食品や乾燥食品などに分けることもできる。このように，いろいろな分類法がその目的に従って便宜的に用いられている（漢字とひらがな表記は慣用的に使用した）。

1 日本食品標準成分表（八訂）増補2023年の食品群

日本食品標準成分表2020年版（八訂）では，食品を次の18群に分類しており，収載数は2,538食品となっている。

❶ **穀類** 米，小麦，大麦，とうもろこし，そば，その他の雑穀と，それらの加工品

❷ **いもおよびでん粉類** さつまいも，じゃがいも，その他のいもと，それらの加工品

❸ **砂糖および甘味類** 砂糖，水あめ，粉あめ，はちみつ，ぶどう糖など

❹ **豆類** 大豆，大豆製品，その他の豆類と，その加工品

❺ **種実類** くるみ，ごま，くり，落花生，アーモンドなどと，それらの加工品

❻ **野菜類** にんじん，かぼちゃ，大根，ごぼう，はくさい，きゅうり，キャベツ，たまねぎ，トマト，なす，さやいんげんなど

❼ **果実類** みかん，レモン，かんきつ類，りんご，なし，バナナ，ぶどう，もも，うめなどと，それらの加工品

❽ **きのこ類** しいたけ，まつたけ，しめじ，えのきたけ，なめこ，マッシュルームなどと，それらの加工品

❾ **藻類** こんぶ，わかめ，のり，ひじき，もずく，あおのり，寒天など

❿ **魚介類** 魚，貝，いか，たこ，えび，かに，うに，ほやなどと，それらの加工品

⓫ **肉類** 牛，豚，にわとり，羊，その他の肉類と，それらの加工品

⓬ **卵類** 鶏卵，うこっけい卵，うずら卵，あひる卵などと，それらの加工品

⓭ **乳類** 牛乳，クリーム，チーズ，ヨーグルト，その他の加工品

⓮ **油脂類** 植物油，バター，マーガリン，動物脂など

⓯ **菓子類** あられ，せんべい，まんじゅう，カステラ，ケーキ，チョコレート，ビスケットなど

⓰ **し好飲料類** コーヒー，緑茶，紅茶，ココア，アルコール飲料など

⓱ **調味料および香辛料類** 食塩，みそ，しょうゆ，ソース，食酢，マヨネーズ，ケチャップ，カレー粉・ルウ，こしょう，からし，わさびなど

⓲ **調理済み流通食品類** 冷凍えびフライ，冷凍コロッケ，ビーフシチューなど

❶ 穀類

　主として主食や菓子に用いられ，消費量も多く，重要なエネルギー供給源である。穀類の成分は，炭水化物が主（50～70％）で，たんぱく質（6～14％）も含んでいるが，脂質は少ない。また，無機質ではリンが多い。穀類は，外皮，胚芽，胚乳の3部分からできていて，胚乳にはでん粉が多く含まれる。外皮と胚芽には，たんぱく質，脂質，無機質，ビタミンB₁が多いが，消化はよくない。一般に，外皮と胚芽は精白（搗精，p.95）するときに除かれる。

1　米

　米はわが国の食品中で，数量において最も多く用いられている。また，日本人の嗜好によく合っており，単位面積当たりの収穫量が多く，昔に比べて摂取量は低下したものの，依然として重要な食品である。

● 米の分類　米は形態により，短粒種（ジャポニカ米）と長粒種（インディカ米）に大別できる。また，栽培方法によって水稲と陸稲に区別している。米は性質の異なるでん粉の割合により，アミロース（粘性が弱い）とアミロペクチン（粘性が強い）の割合がおよそ2：8程度の米をうるち米，アミロペクチン100％の米をもち米としている。長粒種は，うるち米に比べてアミロース含有量が多く，25～30％程度含まれている。このため，粘性が低く，普通に炊飯するとパサついた食感になる。

● 米の品種　わが国のうるち米には，コシヒカリ，ひとめぼれ，あきたこまち，ゆめぴりか，日本晴，ヒノヒカリなど，品種改良によってさまざまな品種がある。なお，日本酒の醸造には，山田錦など酒米と呼ばれるものが使われる。

● 米のたんぱく質　オリゼニンが主である。アミノ酸では，必須アミノ酸であるリシン，トレオニンが少ない（制限アミノ酸）ので，アミノ酸価（アミノ酸スコア）がおとるが，小麦のたんぱく質よりは優れている。

● 米の貯蔵による栄養価の変化　長期間貯蔵するとビタミンB₁が減少し，脂質が酸化して味が落ちる。特に，高温，多湿のときには著しく，梅雨期を過ぎると古米と呼ばれ，かなり品質が低下する。これを避けるために，最近は低温貯蔵（15～20℃）が一部で行われている。玄米やもみ米は，精白米より貯蔵に耐える。

2　麦

　世界中で栽培され，わが国でも米に次いで重要な食品である。小麦，大麦，えん麦，ライ麦などがあり，米よりたんぱく質，脂質がやや多い。

● 小麦　生産量の約8割は製粉して小麦粉とし，パン，うどん，中華麺，そうめん，パスタ類，菓子などの原料となり，その他はしょうゆなどの原料になる。胚芽油にはビタミンEが含まれている。小麦のたんぱく質のうち，グリアジンとグルテニンは加水して練ると粘り気の強いグルテンを形成する。一般に，小麦粉はたんぱく質の多いものほど粘り気が強く，強力粉＞準強力粉＞中力粉＞薄力粉の順に，たんぱく質量が減少するのにともない粘りも少なくなる。グルテンの多い強力粉はパンの原料に適している。パスタ類はセモリナ粉といわれるデュラム小麦を原料とした強力粉，うどんは中力粉，ケーキ・クッキーは薄力粉が使われる。

●パン　小麦粉やライ麦粉に油脂，砂糖，食塩，イーストなどを加え，発酵させ

て焼成したもので，消化がよく，たんぱく質は米飯よりやや多い。近年，小麦
アレルギーに対処した米粉パンもある。

●**麺類**　消化がよいが，栄養価はパンと同じくらいである。麺類もパンと同様に，
不足する栄養成分を副食でおぎなうことが大切である。

●大麦　精白して，押し麦，ひき割り麦にして麦飯に用いるなどすると消化率がよ
くなる。小麦のたんぱく質とは組成が異なるため，グルテンは形成しない。また，
ビタミンB_1は精白米より多い。麦飯以外では，みその原料として用いる。麦芽は，
ビール，ウイスキー，あめの原料となる。

●えん麦　オートミールの原料。食物繊維が多いため腹持ちがよく，たんぱく質，
脂質は小麦より多い。

3　雑穀

あわ，ひえ，とうもろこし，こうりゃん，そばなどがある。そばはグルテンを形
成しづらいため，通常，小麦粉や，やまいもをつなぎとして混合して麺状にする。
とうもろこしは，コーンスターチ，コーンフラワーの原料になる。また，コーンフ
レークやコーングリッツがつくられ，胚芽からコーン油が抽出される。国によって
は主穀として取り扱っている。

❷ いも類およびでん粉類

いも類は，エネルギー源として用いられてきたが，現在の摂取量は1人50〜
60g/日程度である。穀類に比べ，水分が65〜80％と多く，炭水化物が主で，たん
ぱく質，脂質は少ない。ビタミンB_1やCを含み，カリウムなども多いため，野菜に
近い食品といえる。ゆでたときのビタミンB_1，Cの損失は野菜に比べると少ない。

●さつまいも　炭水化物が主で，たんぱく質，脂質は少なく，ビタミンCが比較的
多く，ビタミンB_1，カロテンも含まれる。食物繊維を多く含むので，便秘の予防
にもなる。焼きいもやふかしいもように外部からゆるやかに加熱すると，含ま
れるアミラーゼの作用によりでん粉が糖化（分解）されて甘味が増す。干しいも，
でん粉，麦芽あめ，ブドウ糖，アルコールなどの原料になる。

●じゃがいも　炭水化物はやや少なく，ビタミンCは比較的多い。発芽時の芽，緑
変した皮に，ソラニン，チャコニンというアルカロイド配糖体の毒素があるので，
取り除く必要がある。食用のほか，でん粉（片栗粉）の原料，飼料として利用さ
れている。肉料理や魚料理に付け合わせとして用いられることも多い。さつまい
もに比べてアミラーゼが少ないため，甘味がない。

●さといも　水分がやや多く，炭水化物は少ない。特有の粘性は，アラビノースと
ガラクトースから構成されるアラビノガラクタン（糖質）がたんぱく質と結合し
たものによる。

●やまのいも　ほかのいも類より，たんぱく質がやや多い。生いもをすりおろすと，
特有のねばりがでる（とろろ）。これは，アセチルマンナン（糖質）とたんぱく
質が結合したものによる。市販のやまのいもでは自然薯がもっとも粘りが強い。

●こんにゃくいも　難消化性多糖類（食物繊維）の1つである，グルコマンナンと
いう糖質が主成分である。栄養価はほとんどないが整腸効果がある。

●キャサバ（キャッサバ）　甘味種と苦味種の2種類がある。甘味種はシアン化合

物（青酸配糖体）が少なく，除皮・除芯し，蒸し・ゆで・揚げて食べられる。苦味種はシアン化合物を酵素分解して除毒し，でん粉（タピオカ）として利用する。

❸ 砂糖および甘味類

　甘味料の代表は砂糖であるが，天然甘味料としては，これ以外にブドウ糖，果糖，水あめ，はちみつなどがある。砂糖は，原料によって，かんしょ（さとうきび）糖とてんさい（さとうだいこん）糖に大別される。砂糖の主成分はブドウ糖と果糖が1分子ずつ結合したショ糖で，非還元糖の一種である。ブドウ糖は，でん粉を加水分解してつくることができる還元糖である。また，水あめは同じでん粉加水分解物ではあるが，二糖類の麦芽糖が主成分である。ブドウ糖に異性化酵素（グルコースイソメラーゼ）を反応させると約半分が果糖に変化する。これが異性化糖である。さらに，精製すると高純度果糖が得られる。はちみつの主成分は，ハチが花から集めたショ糖が唾液中の酵素で分解された，ブドウ糖と果糖である。近年は，抗う蝕性や整腸作用のあるキシリトール，オリゴ糖やアミノ酸系合成甘味料（アスパルテーム），アセスルファムカリウム（アセスルファムK），ステビアなどが使用されている。

　砂糖類は，100gにつき約400kcalのエネルギーを生じ，ほとんどが炭水化物からできているため，消化吸収のよいエネルギー源であるが，食品の味つけや，貯蔵用（加糖練乳，ようかん，ジャムなど）として用いられることが多い。白く精製するほどカルシウムや鉄の含量は少なくなるので，その点では黒砂糖のほうが栄養価は高い。多量摂取は，エネルギーの過剰摂取となり，肥満や動脈硬化の原因となる。

　なお，サッカリン，アスパルテームなどの人工甘味料は，高甘味度甘味料といい，甘味はあるがエネルギーは少なく，その他の栄養成分は含まない。

　糖類や甘味料の甘さを評価したものとして，甘味度がある。ショ糖の甘さを1.0とすると，ブドウ糖0.6〜0.7，果糖1.2〜1.5，水あめ0.35〜0.40，サッカリン200〜700，アスパルテーム100〜200，アセスルファムカリウム200とされている（資料：精糖工業会）。

❹ 豆類

　植物性食品のなかでは栄養価が高く，たんぱく質の供給源として大切である。たんぱく質と脂質の多いもの（大豆）と，たんぱく質と炭水化物の多いもの（あずき，えんどう豆など）があり，一般にカルシウムが多く，また，ビタミンB₁とB₂，ナイアシンが含まれている。豆類のなかで最もよく利用されるのは，大豆とその加工品である。

●大豆　ほかの豆よりたんぱく質，脂質が多く，カルシウム，リン，カリウムなどの無機質や，ビタミンB₁とB₂を含む。大豆は畑の肉ともいわれ，アミノ酸のなかではリシンが多い。しかし，生では消化が悪く，トリプシンインヒビター（たんぱく質分解酵素であるトリプシンの作用を阻害する物質）が含まれているので，加熱して利用する必要がある。また，大豆は炭水化物を30％程度含むが，でん粉はほとんど含まれない。えだまめには，無機質やビタミンC，カロテンが含まれている。加工品の豆腐，ゆば，納豆，きな粉は消化がよい。納豆は，生大豆に比べてビタミンB₂が3〜4倍多い。これは，納豆菌によって大豆のたんぱく質が

分解される過程で副産物としてビタミンB_2が生成されるためである。また，大豆油やみそ，しょうゆなどの原料となるなど，わが国の食生活において重要な役割を果たしている。脱脂大豆からは，各種の大豆たんぱく製品がつくられ，特性に応じて食品加工に応用されている。

●その他の豆　大豆以外の豆は，大豆よりアミノ酸価がおとり，その量も少ないが，たんぱく質，炭水化物，食物繊維，無機質などの供給源になる。未熟な豆（さやいんげん，さやえんどうなど）は野菜として扱う。

　えんどうの若葉は，豆苗（トウミャオ）として中華料理の食材として，また，スプラウトの一種として人気がある。そら豆は豆板醤（トウバンジャン）の原料豆である。緑豆は，はるさめの原料豆である。

❺ 種実類

　種実類は，一般に水分含量が少なく（3～7%），脂質とたんぱく質に富んでいる。ごま，アーモンドは，脂質を50%以上含有し，たんぱく質も約20%含んでいる。無機質としては，カルシウム，リン，ごまではさらに鉄などが多いが，実際の食生活における使用量は少ない。

　くり，くるみ，ごま，落花生，アーモンドなど，そのまま用いられるものもあるが，風味を生かして菓子の材料などに用いられることが多い。ぎんなんは，料理のいろどりなどになる。

❻ 野菜類

　野菜類は，一般に水分が80～90%前後と多く，たんぱく質，脂質，炭水化物が少ない。野菜の重要な成分は，カリウム，リン，カルシウム，鉄などの無機質，ビタミンA（カロテン），ビタミンE，ビタミンK，ビタミンC，食物繊維である。このうち，ビタミンAは全食品に占める摂取比率の約5割，ビタミンCは約3割を野菜に依存している。

　また最近では，野菜の色素，香り，苦味などの成分が，抗酸化性や抗がん性などの高い生理機能を有することが解明され，生活習慣病のリスクを低減することから，これらの成分を総称してフィトケミカルと呼んでいる。

　野菜類は，カロテンの含有量によって緑黄色野菜とその他の野菜（淡色野菜）に分けるほか，【表1】のような分け方もある。

●緑黄色野菜　原則として，可食部100g当たりカロテンを600μg以上含む野菜をいう。また，カロテン含量はこれより少ないが，可食部（果皮・果肉）が緑色・黄色あるいは赤色等，色の濃い野菜（オクラ，グリーンアスパラガス，さやいんげん，トマト，ピーマンなど）も，比較的カロテンやほかのビタミン，無機質を多く含んでいるので，緑黄色野菜として分類されている（平成13年厚生労働省通知　健習発第73号）。体内においてビタミンAに転換されるカロテンを多く含むことから，ビタミンAの供給源として大切であり，ビタミンE，Cも多い。

　主なものは，あさつき，さやえんどう，かぶ葉，かぼちゃ，こまつな，しそ，しゅんぎく，せり，にんじん，ブロッコリー，ほうれんそう，みつば，わけぎなどである。

　ほうれんそうの東洋種はアクが少なく甘味がある。近年は西洋種と東洋種を交

表1 野菜の分類

分類	主な野菜
葉茎菜類	アスパラガス，カリフラワー，キャベツ，こまつな，しゅんぎく，セロリ，たまねぎ，チンゲンサイ，にら，にんにく，ねぎ，はくさい，ふき，ブロッコリー，ほうれんそう，みずな，みつば，レタス
根菜類	かぶ，ごぼう，さといも，じゃがいも，だいこん，にんじん，れんこん，やまのいも
果菜類	えだまめ，かぼちゃ，きゅうり，グリーンピース，さやえんどう，さやいんげん，スイートコーン，そらまめ，トマト，なす，ピーマン
香辛野菜	しょうが
果実的野菜	いちご，メロン，すいか

消費量が多い，または多くなる見込みがある野菜で，種類・通常の出荷時期等により政令で定める種別の野菜（指定野菜）と，準ずる野菜。
資料）農林水産省：野菜生産出荷統計

配したものが大部分である。ほうれんそうやこまつなの旬は冬である。

●その他の野菜（淡色野菜）　緑黄色野菜に比べるとカロテン含量は少ないが，ビタミンC，カリウムに富む。

　主なものは，うど，グリンピース，かぶ，カリフラワー，キャベツ，きゅうり，ごぼう，しょうが，長ねぎ，だいこん，レタス，なす，はくさい，もやしなどである。ねぎには，九条ねぎ，千住ねぎ，加賀ねぎなどがあり，旬は晩秋から春先である。春キャベツは冬キャベツに比べると肉質はやわらかめで，サラダ等の生食や浅漬けなどに向く。だいこんは，でん粉分解酵素であるアミラーゼ（ジアスターゼ）を含む。ごぼう，れんこんなどは食物繊維が多い。にんにく，ねぎ，たまねぎなどの特有の刺激臭は，揮発性の硫化アリル類に起因する。そのうちのアリシンは，ビタミンB_1と結合してアリチアミンとなり，B_1の吸収を高める。たまねぎには，多糖としてフラクトオリゴ糖が含まれる。

❼ 果実類

　レモン，みかんなどのかんきつ類には，ビタミンCや糖質，無機質が多い。酸味があるのは，有機酸（特にクエン酸）を含んでいるためである。かんきつ類以外のりんご，もも，さくらんぼ，びわ，なし，いちじく，柿，いちごなどは，いずれもビタミンCや無機質を含んでいて，それぞれ特有の香気や酸味がある。一般にペクチンを含んでおり，砂糖とともに煮るとゼリー状に固まる性質があり，水溶性食物繊維として注目されている。また，柿，メロン（赤肉種），マンゴーやパパイア（完熟）には，カロテンが豊富である。

❽ きのこ類

　旨味と香気，快い歯ざわりを賞味する食品で，摂取量が少なく栄養的価値は低いが，近年，血中コレステロールの低下作用や免疫賦活作用が注目されつつある。きのこのうま味成分は，アミノ酸（グルタミン酸），干ししいたけは5'-グアニル酸である。

　きのこ類は水分が多く，生のものでは90%前後である。主として，不溶性食物

繊維（キチン）が多いため消化されにくく，エネルギー値は暫定値（アトウォーター係数を適用して求めた値に0.5を乗じて算出）で示されている。ビタミンでは，B_1，B_2，ナイアシン，プロビタミンDであるエルゴステロールが比較的多く含まれる。日干し（紫外線照射）すると，プロビタミンDがビタミンD_2に変化するため，含有量が増加する。国内で消費量が多いものは，しいたけ，えのきたけ，まいたけ，エリンギ，ぶなしめじなど，人工栽培が可能なものである。

⑨ 藻類

藻類は，難消化性多糖類が多く，ガラクタン，アルギン酸などは，食物繊維として重要視されている。ヨウ素，カルシウムなどの無機質やカロテン，ビタミンB_2などを含んでいるものもあるが，その消化吸収率は低い。エネルギー値については，きのこ類と同様である。

のりは，たんぱく質やカロテン，わかめ，こんぶ，ひじきなどはカルシウムが多い。

生ひじきは渋味が強いため，水煮して渋味を抜き，食用とする。干しこんぶの表面につく白色粉末はマンニトールと呼ばれる糖質なので，洗い落とすとうま味が低下する。寒天は，てんぐさを原料として，酸を加えて煮出した溶液の凝固・凍結・融解を繰り返し，乾燥させてつくる。

⑩ 魚介類

魚介類は，良質のたんぱく質を平均20％程度含み，消化がよく，肉類に比べて水分含量がやや高い。魚介類には旬があり，魚類では脂肪の多いいわゆる脂の乗った時期，貝類は脂肪とグリコーゲンの多い時期をいう。

●魚類　魚類には，成長段階や環境に応じてエサを探したり産卵のために生息場所を移動する，さんま，いわし，まぐろ，かつお，さけ，うなぎなどの回遊魚と，ほぼ同じ海域で深浅を変えたり岩礁や砂地に棲む，たい，ひらめ，かれい，あんこう，ふぐ，あかむつ（のどぐろ）などの定着（定置）魚がいる。回遊魚は，高速で泳ぎ続けるため筋肉質が多く紡錘形をし，持続的な運動に必要な酸素を蓄えるためのミオグロビンという色素を多く含むことから赤身の魚である。また，背皮が青色のため青魚ともいう。一方，定着魚はエサの捕獲や天敵からの回避のため瞬発的な動きだけが必要であるため，ミオグロビンが少なく白身の魚である。魚形としては扁平なものが多い。骨ごと食べられる小魚からは，カルシウムなどの無機質をとることができる。内臓には，ビタミンA，B_2，Dやたんぱく質，脂質，無機質が多く含まれている。魚体の側線下には，色素たんぱく質のミオグロビンが多く含まれる赤色の濃い血合肉があり，特に回遊魚で発達している。魚油には，多価不飽和脂肪酸のイコサペンタエン酸（エイコサペンタエン酸ともいう；IPA，EPA）やドコサヘキサエン酸（DHA）が含まれるのが特長である。また，ヨウ素を含んでいるほか，魚卵および眼球にはビタミンB_1が多い。

魚は苦悶死させるとATP（アデノシン三リン酸）の分解が早まり，生け締めした魚に比べて死後硬直時間が短くなるため，腐敗しやすい。

●軟体動物

●貝類　一般にビタミンB_2やB_{12}，タウリンが多い。牡蠣には，グリコーゲンが多く含まれ，消化がよく，栄養価が高いことから海のミルクと呼ばれる。

●**頭足類**　いか，たこの仲間である。アミノ酸の一種であるベタイン（トリメチルグリシン）が，うま味の成分として含まれる。

●**甲殻類**　えび，かに，しゃこ類をさす。ゆでたときに紅色になるのは，たんぱく質と結合したアスタキサンチンというカロテノイドが加熱により分離され，酸化によってアスタシンに変化するためである。うま味は，グリシン，アラニン，プロリンなどのアミノ酸である。

●**棘皮動物**　うに，なまこ類をさす。うにの呈味は，メチオニン，バリンが関与する。なまこの乾燥品は高級中華食材として知られ，卵巣と腸管の塩辛はこのわたという。

●**その他**　くらげ類（腔腸動物），ほや（原索動物）なども食用とされる。

●**魚肉の塩蔵品・乾燥品・加工品**　たんぱく質やカルシウムが多いが，脂質が酸化しやすい。魚肉を原料にした練り製品には，かまぼこ（蒸し），だてまき（焼き），ちくわ（焙り），はんぺん（茹で），さつま揚げ（揚げ）など，種類が多い。塩辛は，あゆ（うるか），いか，かつお等の肉や内臓に食塩を加えて貯蔵したもので，貯蔵中に発酵・熟成が進み，香りやうま味が増す。

⓫ 肉類

　たんぱく質と脂質を多く含む。たんぱく質は必須アミノ酸含量が多く，良質である。内臓（もつ）は，たんぱく質，脂質，無機質，ビタミンA，E，B_{12}が多い。

　肉類は，食肉処理（と殺）直後に一時的にかたくなる（**死後硬直**）が，時間が経つと自己消化（解硬）によりやわらかくなると同時にうま味が増す（**肉の熟成**）。

●**牛肉**　良質たんぱく質を含み，肝臓（レバー）はビタミンAや鉄などが多い。

●**豚肉**　ビタミンB_1が多い。豚の肝臓に含まれる鉄は，牛の肝臓の約3倍である。

●**鳥肉**　にわとり，七面鳥，あひる，合鴨，ほろほろ鳥などが食用とされる。筋線維が細く，脂質は少なめで消化がよく，味は淡泊である。

●**羊肉**　独特のにおいがある。子羊肉を**ラム**，成羊肉を**マトン**という。ラムはやわらかく，くさみが少ないので，ジンギスカンなどに利用される。

●**加工品**　ハム，ベーコン，ソーセージ，ビーフジャーキー，コンビーフ，スモークチキンなどがある。

⓬ 卵類

　鶏卵は消化がよく，アミノ酸価が優れ，各種の栄養素を含む。栄養価の高い食品であるが，ビタミンCは含まれない。卵黄，卵白，卵殻の3部分からなり，重さの割合は3：6：1である。

　卵黄は，たんぱく質と脂質に富む。特に，卵の脂質の99％以上は卵黄に含まれる。また，ほかの食品に比べ，コレステロールが多い。これらの成分は，マヨネーズを製造するときの乳化性に深く関与している。卵黄の色素はカロテノイドである。さらに，ビタミンA，B_1，B_2，D，鉄が多い。

　卵白は水分が多く，脂質は含まれない。卵白たんぱく質のうち，特にアルブミン系のたんぱく質は，メレンゲやスポンジケーキをつくるときの起泡性に関与している。

　卵黄の熱凝固は65〜67℃であるのに対して，卵白は57〜58℃で粘度が増して白

表2 **牛乳と鶏卵の栄養価の比較**

	エネルギー (kcal)	たんぱく質 (g)	脂質 (g)	カルシウム (mg)	リン (mg)	鉄 (mg)	ビタミン			
							A レチノール活性当量 (µg)	B₁ (mg)	B₂ (mg)	C (mg)
鶏卵1個 (50g)	71	6.1	5.1	23	85	0.8	105	0.03	0.19	0
牛乳1本 (200g)	122	6.6	7.6	220	186	0.04	76	0.08	0.30	2

日本食品標準成分表（八訂）増補2023年を用いて計算。鶏卵の値は「約」を示す。

表3 **飲用乳の成分規格**

種類別名称			原材料	成分の調整	無脂乳固形分	乳脂肪分
牛乳	牛乳		生乳（100%）	無調整	8%以上	3%以上
	特別牛乳				8.5%以上	3.3%以上
	成分調整牛乳	成分調整牛乳		乳成分の一部（乳脂肪，水，無機質など）を除去	8%以上	規定なし
		低脂肪牛乳		乳脂肪分の一部を除去		0.5%以上 1.5%以下
		無脂肪牛乳		乳脂肪分のほとんどを除去		0.5%未満
加工乳	加工乳		生乳，5種類の牛乳または「乳等省令」で定められた乳製品の一部のうちいずれか	全粉乳，脱脂粉乳，濃縮乳，脱脂濃縮乳，無糖練乳，無糖脱脂練乳，クリーム，添加物なしのバター，バターオイル，バターミルク，バターミルクパウダーで成分調整	8%以上	規定なし
乳飲料	白物		生乳，5種類の牛乳または乳製品	カルシウム，鉄，ビタミン，食物繊維などを使用	乳固形分3%以上 乳固形分＝無脂乳固形分＋乳脂肪分	
	色物			コーヒー，ココア，果汁，食物繊維などを使用		

資料）全国飲用乳公正取引協議会　http://www.jmftc.org/milk/（2023年8月23日閲覧）

濁し，62℃以上でゼリー化が起こり，70～80℃で完全に凝固する。この卵黄と卵白の熱凝固温度の差を利用して温泉卵がつくられる。

⑬ 乳類

　乳類とは，ほ乳動物（牛，山羊，羊，馬，水牛，らくだ，ラマなど）の乳をさしている。

●牛乳　水分が85%以上であるが消化がよく，ほとんどの栄養成分が含まれており，そのたんぱく質は良質である。ただし，鉄とビタミンCはごく微量である。また，カルシウムとリンの比率が1：0.9であり，理想（1：1）に近いため，ほかの食品に比べて吸収率が高い。そのほかの無機質では，人乳に比べるとカリウムが多いのが特徴である。牛乳と鶏卵の栄養価を比較してみると，【表2】のようになる。なお，ビタミンAは飼料の影響で，夏には多く，冬には少ない傾向がある。

牛乳は，飲用乳のうち成分無調整のものをいい，そのほかに特別牛乳，加工乳，乳飲料（コーヒーやフルーツを添加したもの）がある【表3】。LL牛乳（ロングライフミルク）は，超高温滅菌（p.206）によって滅菌し，容器に無菌充填しているので，常温での長期保存が可能である。

●バター　牛乳を遠心分離して得られたクリームを，チャーンという機械にかけて，低温下で撹拌と衝撃を与え（チャーニング），粒状になった脂肪球を塊状にした後に，練り合わせて（ワーキング）形成したものである。食品学，食品加工学では乳類に分類されるが，栄養成分によって油脂に分類されることもある。

●チーズ　牛乳に，レンネットという凝乳酵素を加え，乳たんぱく質であるカゼインを凝固させたもので，ナチュラルチーズとプロセスチーズの2つに大別される。たんぱく質，カルシウム，ビタミンA，B₂が多い。

●ヨーグルト（発酵乳）　牛乳や脱脂乳を殺菌・冷却後，乳酸発酵させたもので，特に整腸作用がある。

●その他の乳製品　牛乳からつくる加糖練乳（コンデンスミルク），粉乳などがある。たんぱく質，カルシウム，ビタミンB₂が多い。脱脂粉乳は，牛乳から乳脂肪（クリーム）を分離した残りを乾燥させたもので，ビタミンAはほとんどないが，ほかの栄養成分は全脂粉乳と大差ない。たんぱく質とカルシウムはむしろ多い。

⑭ 油脂類

油脂は，動物性と植物性の2種類があり，エネルギー源，身体構成成分として，重要な役割を果たしている。

●植物油　ごま油，落花生油，コーン油，大豆油，キャノーラ（なたね）油，小麦胚芽油，オリーブ油，パーム油，パーム核油，やし油，綿実油などがある。オリーブ油にはカロテンが含まれ，その他の植物油には，ビタミンA，Dなどは含まれていないが，ビタミンEが含まれている。また，必須脂肪酸のリノール酸，α-リノレン酸を多く含んでいる。オリーブ油はオレイン酸を多く含み，サンフラワー（ひまわり）油やサフラワー（べに花）油には，オレイン酸を多く含むハイオレイックタイプがある。サラダ油は，低温でにごりが生じないように脱ろう（ウィンタリング）処理がされている。あまに油，えごま油は加熱で酸化しやすいので，生食向きである。

また，植物油は乾燥性によって乾性油，半乾性油，不乾性油に分けられる。脂肪酸中の二重結合が多いほど（ヨウ素価が高いほど）乾燥しやすくなる。

●乾性油：ヨウ素価130以上。あまに油，えごま油など。
●半乾性油：ヨウ素価101～129。ごま油，キャノーラ油，綿実油，大豆油など。
●不乾性油：ヨウ素価100以下。オリーブ油，つばき油，ひまし油など。

●動物油脂　豚脂（ラード），牛脂（ヘット），バター，魚油などがあり，ビタミンA，Dなどが含まれている。このうち，魚油は多価不飽和脂肪酸を多く含むので，ほかの動物性油脂とは区別され，例外的に植物油と同等に扱われる。

バターは，乳脂肪が主成分で風味がよく，ビタミンA（レチノール，カロテン）を含み，消化もよいが，血中LDLコレステロールを上げる飽和脂肪酸が多い。

●マーガリン　動物油脂や大豆油，やし油などの植物油を原料として脱脂乳，カロ

テンなどとともに乳化剤を添加して，急冷して練り合わせてバター様にしたもの
で，消化もよい。油脂含有率は80％以上と定められている。植物油を原料とす
るソフトマーガリンは，リノール酸を含んでいる。

●**ショートニング**　主に植物油脂と硬化油からつくられた，クリーム状の油脂。動
物油脂が用いられることもある。水分はほとんど含まず，無味無臭で，製菓に用
いることが多い。ショートニングを用いたクッキーなどはサクサクとした食感に
仕上がる。硬化油を製造する際にできるトランス脂肪酸の多量摂取は心疾患の原
因とされるが，摂取量が比較的少ない日本人では，あまり問題にならない。

⑮ 菓子類

菓子は，一般には米または小麦が主原料として用いられ，これに多量の糖質を加
えてつくったものが多く，ビタミン，無機質の含量は少ない。菓子の炭水化物は，
消化吸収も比較的良好でエネルギーは高い。

洋菓子には，バター，ミルク，卵などが多く使われるため，たんぱく質や脂質も
多い。

和菓子は，米，小麦，豆類，いも類，ごま，寒天を原料とすることが多く，これ
らに砂糖を加えてつくるため，たんぱく質や脂質は洋菓子に比べると少ない。

⑯ し好飲料類

し好飲料は，不発酵茶（緑茶），半発酵茶（ウーロン茶），発酵茶（紅茶），その
他の茶（いわゆる健康茶など），コーヒー，ココア，炭酸飲料，果実飲料，および
アルコール飲料（酒類）をさす。栄養的な価値よりも，適度の飲用により香りや刺
激を得ることで，リラックス効果など精神面への効果が大きい。茶やコーヒーには
苦味成分としてカフェインが含まれている。また，茶の渋味は**タンニン**（ポリフェ
ノール），うま味・甘味成分として**テアニン**というアミノ酸が含まれている。酒類は，
酒税法により**アルコールを1％以上含む**飲料をさす。

⑰ 調味料および香辛料類

調味料は，食品の味をととのえ，食欲を増進させるほか，消化を促進する作用も
ある。みそ，しょうゆ，ソース，塩，酢，みりん，マヨネーズなどがある。

味で区別すると，酸味料，塩味料，うま味物質などである。代表的なうま味成分
には，海藻に多い**グルタミン酸**（アミノ酸の一種），魚介に多い**イノシン酸**（核酸
の一種），貝類に多い**コハク酸**（有機酸の一種），しいたけの**グアニル酸**（核酸の一
種）などがある。

香辛料のなかで，こしょう，とうがらし，しょうが，からしなどの辛味は，舌や
口腔の痛覚において感じるもので，味覚，嗅覚などと合わせて風味をよくし，食欲
を増進させる働きがある【表4】。

⑱ 調理済み流通食品類

生活様式の変化にともなって，調理加工食品の摂取量に占める割合が増加してき
ている。冷凍食品や缶詰，レトルトパウチ食品などがあり，メニューの種類も豊富
である。**レトルトパウチ食品**とは，調理済み食品をプラスチックフィルムなどで密
封し，高圧加熱殺菌した食品で，**レトルト（高圧釜）食品**と略す。パウチは**袋**のこ
とである。

表4 香辛料一覧

香辛料名	用途など
しょうが（ジンジャー）	辛味性。薬味，におい消し，菓子類に
わさび	辛味性。刺し身，すし，ドレッシングなどに
からし（マスタード）	辛味性。パン類，肉類など和，洋，中国料理に
とうがらし	辛味性。南蛮焼き，そばなど，和，中国料理に
さんしょう	辛味性。若葉は汁物，和え物に。実は粉にしてウナギなどに
にんにく（ガーリック）	矯臭性。食欲増進，味の引き立て，におい消しなどに
白こしょう・黒こしょう	辛味性。黒こしょうのほうが香りが強い。成熟こしょうの実の外皮を除いたものが白こしょう。肉料理などに
オールスパイス	芳香性。シナモン，クローブ，ナツメグを合わせたような香り。幅広く煮込み料理や炒め物などに
シナモン（肉桂）	芳香性。クッキー，焼きりんごなどの菓子に
ナツメグ（にくずく）	芳香性。ドーナツ，ひき肉料理やハムなどに
クローブ（丁字）	矯臭性。スープ，ソースなどの洋風料理や菓子類に
ローリエ（ベイリーフ）	芳香性。肉料理，シチューなど煮込み料理に
サフラン	着色性。色と香味を利用。魚の煮込み料理やブイヤベースへの色と香りづけ
ターメリック（ウコン）	着色性。料理を鮮やかな黄色へ色づけ
バニラ	芳香性。香りづけ。クッキー，アイスクリームなど，洋菓子の大部分に

2 その他の食品

❶ 特別用途食品

　健康増進法第43条に規定される食品で，乳児，幼児，妊産婦，授乳婦，病者等を対象とし，その用途に適する表示をする場合，内閣総理大臣の許可が必要である（許可の権限は消費者庁長官に委任されている）。許可されると【図2】のマークがつけられる。

　表示許可の対象は，現在，国民の健康に及ぼす影響が大きく，かつ適正な使用が必要である病者用食品や妊産婦・授乳婦用粉乳，乳児用調製乳（乳児用調製粉乳，乳児用調製液状乳），えん下困難者用食品（とろみ調整用食品など），病者用食品（許可基準型として低たんぱく質食品，アレルゲン除去食品，無乳糖食品，総合栄養食品，糖尿病用組合せ食品，腎臓病用組合せ食品，経口補水液）である。許可基準のないものについては個別に評価を実施する（個別評価型）。

❷ 保健機能食品（いわゆる健康食品）

　保健機能食品制度は平成13年4月より始まり，平成25年の改正により，現在は，食品表示法及び健康増進法に基づく食品表示制度となっている。保健機能食品は健康

図2 特別用途食品の許可マーク

区分欄には，乳児用食品にあっては「乳児用食品」と，幼児用食品にあっては「幼児用食品」と，妊産婦用食品にあっては「妊産婦用食品」と，病者用食品にあっては「病者用食品」と，そのほかの特別の用途に適する食品にあっては，当該特別の用途を記載すること。

にかかわる有用性の表示が認められた，いわゆる健康食品である。その種類は，「特定保健用食品」，「栄養機能食品」，「機能性表示食品」に分かれ，それぞれ，食品または栄養成分の機能に関する表示や摂取方法などの注意喚起の表示が定められている。

図3　特定保健用食品の許可マーク

1　特定保健用食品

　健康増進法（第43条）に基づく特別用途食品のうち，特別用途表示の許可等に関する内閣府令に規定する食品として，特定保健用食品（特別用途食品の分類の1つ）がある。この食品は，その摂取によって当該の保健の目的が期待できる旨の表示を行うものである。平成21年9月に消費者庁が設置され，食品表示を所管することになったことをうけて，有効性の審査が厚生労働省から消費者庁に移管された。安全性の審査は，内閣府食品安全委員会が行うが，内閣総理大臣の許可を受けると【図3】のマークがつけられる（個別許可型）。令和5年6月現在，1,055品目が許可されている（承認を含む）。

● **おなかの調子を整える成分**　腸内のビフィズス菌を増殖させるオリゴ糖，食物繊維，乳酸菌などを含む飲料，テーブルシュガーなど

● **コレステロールの調整成分**　血中コレステロールが高めの場合に適すると評価された大豆たんぱく質やキトサンを含む清涼飲料水など

● **無機質の吸収促進成分**　カルシウムの吸収率を高めるCCM（クエン酸リンゴ酸カルシウム）やCPP（カゼインホスホペプチド），ヘム鉄を含む飲料など

● **虫歯になりにくい成分**　虫歯の原因菌が利用しにくいパラチノースやマルチトール，キシリトールなどが含まれるガム，チョコレートなど

● **血圧の調整成分**　血圧の上昇をおだやかにするカゼインドデカペプチド，杜仲葉配糖体，ゴマペプチドなどが含まれる飲料など

● **血糖の調整成分**　小腸からのブドウ糖の吸収を遅延させる難消化性デキストリン，二糖類の分解酵素の活性を阻害する豆鼓エキス，桑茶，でん粉の分解・吸収を遅延させるグァバ茶，小麦アルブミンなど

　条件付き特定保健用食品は，一定の有効性が確認され，限定的な科学的根拠である旨を表示することを条件に許可されるものをいう。

2　栄養機能食品

　栄養機能食品とは，1日に必要な栄養成分の補給・補完を目的とした食品である。定められた基準を満たせば任意表示が可能な規格基準型の食品である。現在，許可されている栄養成分は，ビタミンでは，ビタミンA，D，E，K，B_1，B_2，B_6，B_{12}，ナイアシン，パントテン酸，ビオチン，葉酸，ビタミンC，ミネラルでは，亜鉛，カリウム，カルシウム，鉄，銅，マグネシウム，脂肪酸では，n-3系脂肪酸である。

　販売には，次の表示が必要である。

● 1日当たりの摂取目安量に含まれる栄養成分量が，国が定める規格基準の上・下限値の範囲内にあること〔例：ビタミンCの上限値1,000mg・下限値30mg（平成27年3月20日内閣府令第10号）〕

● 栄養機能表示をすること（例：『鉄は，赤血球をつくるのに必要な栄養素です』）

●注意喚起表示をすること（例：ビタミンＡ含有食品『本品は，多量摂取により疾病が治癒したり，より健康が増進するものではありません。1日の摂取目安量を守ってください。妊娠3カ月以内または妊娠を希望する女性は過剰摂取にならないよう注意してください』）

3 機能性表示食品

　機能性を表示することができる食品として，国が個別に許可をした「特定保健用食品（トクホ）」と，国の規格基準に適合し，任意表示が可能な「栄養機能食品」に加え，平成27年4月より「機能性表示食品」制度が始まった。安全性および機能性に関する一定の科学的根拠に基づき，食品関連業者の責任において消費者庁長官に届け出を行うものである。「機能性表示食品」は次の定義❶〜❹をすべて満たしているものをいう。

❶疾病に罹患していない者〔未成年者，妊産婦（妊娠を計画している者を含む）および授乳婦を除く〕を対象としているものであること。

❷機能性関与成分によって健康の維持および増進に資する特定の保健の目的（疾病リスクの低減にかかわるものを除く）が期待できる旨を科学的根拠に基づいて容器包装に表示したものであること。

❸食品全般が対象であるが，以下のものではないこと。
　●特別用途食品および栄養機能食品。
　●アルコールを含有する飲料。
　●脂質，飽和脂肪酸，コレステロール，糖類（単糖類または二糖類であって糖アルコールではないものに限る），ナトリウムの過剰摂取につながるもの。

❹その食品の表示内容，安全性および機能性の根拠に関する情報，健康被害の情報収集体制その他必要な事項を販売日の60日前までに届け出たものであること。

❸ コピー食品

　他の食材料を加工し，ある食品を模倣してつくられたもので，魚のすり身を用いてカニの脚を模造したもの，鶏卵などを用いてイクラを模造したものなどがある。

❹ インスタント食品

　インスタント食品とは，水や湯を注ぐだけ，あるいはごく短時間の加熱だけで，すぐに食卓に出せる食品である。びん・缶詰や干物なども便利な食品であるが，普通，インスタント食品とは区別される。しかし，最近では多種多様な冷凍食品，インスタント食品が市場に出回っているため，この両者に明確に区別のつかないものが多くなってきた。このため，インスタント食品と冷凍調理食品を含めてコンビニエンスフード（便利な食品）と呼ぶことがある。これには，以下のようなものがある。

●水，湯を注ぐだけでよいもの　インスタントのコーヒー，ココア，ジュース，紅茶，ミルク，スープ，みそ汁，汁粉，うどん，そば，カップ麺など

●そのまま加熱，または湯を加えて加熱するもの　インスタントのラーメン，ポタージュスープ，マッシュポテト，カレー，シチュー，赤飯，白飯，五目ご飯，ハンバーグ，しゅうまい，ぎょうざなど

　これらのインスタント食品は，でん粉を糊化（α化）したもの，凍結真空乾燥法

により乾燥し，復元性をよくしたものなど，高度な加工をほどこしたものが多い。品質もかなり改善されており，冷凍食品とともに今後ますます利用が見込まれる。一般家庭での電子レンジの普及は，これらの食品の利用を一層促進している。

⑤ 冷凍食品

　冷凍食品とは，食品を調理，加工したものを急速に凍結した後に容器包装して，−15℃以下（食品衛生法による。日本冷凍食品協会の自主規格では−18℃）で保存・流通する食品をいう。冷凍食品の種類は，調理冷凍食品，半調理冷凍食品など，さまざまある。解凍方法は，冷凍の種類により，自然解凍，半解凍，急速解凍（調理解凍）などがある。使用の際は，食味の低下に注意する。

⑥ 真空調理食品

　パウチクッキング（英語），スーヴィッド（仏語）と呼ばれる。鍋や釜を使わない調理技術で，外食産業を中心に利用されている。食材料を調味して真空パックし，低温で時間をかけてスチームや湯煎で加熱調理する。冷却して保存し，必要なときに温め直して提供する。素材の風味やうま味を逃さない，均一に調味できる，形がくずれない，やわらかく調理できる，衛生的に調理・保管できるなどの特徴がある。

3　食用微生物

　食用微生物とは，かび類，酵母類，細菌類の3つをいい，数千年前から食品の加工に利用されている【表5】。

① かび類

　かび類は糸状菌に属し，菌糸を出し，その先端に胞子をつくり繁殖する。種類は多いが，一般的によく利用されるのは，次のものである。
- こうじかび　でん粉を分解して麦芽糖やブドウ糖にしたり，たんぱく質を分解してアミノ酸にする酵素をもっている。でん粉からあめをつくったり，清酒，みそ，しょうゆなどの醸造に利用する。
- 青かび　ブルーチーズの熟成に利用する。
- 毛かび・くものすかび　でん粉を糖にする性質があるので，アルコール製造法の一種であるアミロ法に用いる。

② 酵母類

　アルコール発酵作用をもっているのが特徴で，糖質を発酵させてアルコールと炭

表5　食品加工に利用する微生物と主な加工食品

利用する微生物	主な加工食品
酵母 かび 細菌	ビール，ワイン，パン かつお節 納豆，ヨーグルト，酢
かびと酵母	清酒，焼酎
細菌と酵母	漬け物
かびと酵母と細菌	しょうゆ，みそ

酸ガスにする。非常に種類が多い。

　主な原料とともに示すと，清酒（米），ビール（大麦），ワイン（ぶどう），焼酎（大麦，いもなど），また，みそ，しょうゆなどの醸造食品や漬け物，さらに，パンにも用いる。菌体には，たんぱく質，ビタミン，無機質が多く含まれている。

❸ 細菌類

　細菌類は，かび，酵母に比べて小さい微生物で，分裂しながら増殖していく。種類は多いが，主に利用されているのは，次のものである。

●乳酸菌　糖質を発酵させて乳酸をつくる性質があり，牛乳や脱脂粉乳からヨーグルトなどの発酵乳や乳酸菌飲料をつくるのに利用する。漬け物に使われる乳酸菌は，独特の酸味を与える。

●酢酸菌　アルコールから酢酸をつくる性質があり，酢の製造に利用する。

●酪酸菌　糖質を発酵させて酪酸をつくる性質があり，糠みそやチーズの風味に影響を与える。

●グルタミン酸菌　糖質と無機窒素からグルタミン酸をつくる性質を利用して，化学調味料の製造に利用する。

●納豆菌　大豆のたんぱく質をうま味成分であるアミノ酸に分解する。また，グルタミン酸を重合してポリグルタミン酸という粘り成分をつくり出す。

　　酒の製造方法による分類

●醸造酒　酵母によって原料を発酵させてつくる。清酒，ビール，ワインなど
●蒸留酒　醸造酒をさらに蒸留してつくる。醸造酒よりアルコール度数が高い。
　焼酎，ウイスキー，ブランデーなど
●混成酒　醸造酒や蒸留酒に糖分，果実，香辛料などを加えてつくる。みりん，
　リキュール，梅酒など

3 食品の加工・貯蔵

1 食品の加工

❶ 食品加工の目的

　食品には，果実類などのように，そのまま食べられるものもあるが，ほとんどは加工や調理をしなくては食べられない。それを食べやすく，消化吸収されやすく，さらに保存性を高めるようにすることが，食品加工の目的である。しかも，見た目を美しく，味や香りをよくして，我々の食欲を増進させることも大切な目的の1つである。

❷ 食品の加工

1　穀類の加工

- ●精白米　動力精米機で玄米粒どうしを摩擦し，糠や胚芽を除く（搗精または精白）。玄米の重量に対する精白米の重量の割合を精白歩合い，または歩留まりという。精白米の歩留まりは，90%程度である。
- ●押し麦　大麦，はだか麦を精麦後，押麦機でつぶして押し麦とする。これにより，消化がよくなる。縦溝（ふんどし）にビタミンB_1が残存する。
- ●オートミール　えん麦をひき割りにしたもので，食物繊維が多い。
- ●小麦粉　小麦を製粉機にかけ，粉砕とふるい分けをくり返すことによってつくる。たんぱく質の多い順に，強力粉，準強力粉，中力粉，薄力粉に分けられる。
- ●パン　小麦粉（強力粉）に，イースト，油脂，砂糖，食塩を混ぜ，水とよくこね，発酵させて焼く。
- ●麺類　うどんは中力粉と食塩をよくこね，圧延して麺帯をつくり，線状に切断したもの。中華麺は，準強力粉にアルカリ性のかん水を加えて製麺したもの。

米の加工品

- ●米粉　うるち米を水洗いして水切り，乾燥させて製粉する新粉は，粒が細かい順に上用粉（薯蕷粉），上新，並新粉。もち米を水洗いして水切り，乾燥させて製粉する餅粉。水を加えながら細かい粉にしたものが白玉粉（寒ざらし粉）。蒸した餅を白く焼き，乾燥させて製粉する寒梅粉（みじん粉），もち精米を水に浸して蒸し，干飯をつくってから砕いた道明寺粉
- ●無洗米　精白米の高速撹拌などにより，肌糠を除いたうるち米
- ●α化米　蒸すか炊いた米を熱風急速乾燥させたもの

2　いも類の加工

●じゃがいもでん粉　じゃがいもをすりつぶし，水洗いしながらふるいにかけて，精製し乾燥させる（現在，市場に出回っている片栗粉のほとんどを占める）。

●こんにゃく　こんにゃくいもを粉にし，多量の水で膨潤させ，石灰乳（水酸化カルシウム）などを加えて固める。

●酸糖化あめ（水あめ）　でん粉を酸で分解し，糖化してつくる。

●麦芽あめ　大麦を発芽させた麦芽を粉砕し，でん粉に加えて糖化してつくる。

3　豆類の加工

●豆腐　大豆を水に漬け，十分吸水させてすりつぶし，煮沸して布袋でこして豆乳を取る。これに塩化マグネシウム（苦汁），硫酸カルシウム（すまし粉）またはグルコノデルタラクトンなどの凝固剤を加え，型に流して固める。

●ゆば　大豆からつくった豆乳を平鍋で加熱し，表面にできた膜を乾燥させてつくる。乾燥させないものを生ゆばという。

●納豆　大豆を煮た後に納豆菌を播種し，繁殖させてつくる。納豆の粘り気は納豆菌が産生するポリグルタミン酸である。納豆菌の作用で大豆の消化が非常によくなり，その過程でビタミンB_2が増加する。

●きなこ　炒った大豆を粉砕してつくる。

●みそ　蒸煮または水煮した大豆に，塩・米や大麦，麹菌を増殖させた麹を加えて発酵・熟成させる。

●しょうゆ　脱脂大豆と小麦に麹菌を増殖させた麹を，食塩水中で発酵・熟成させる（溜まりしょうゆは，ほとんど大豆のみ）。

4　野菜・果実類の加工

●乾燥野菜　蒸したり，ゆでたりすることで，野菜に含まれる酵素を失活させて（ブランチング処理）から乾燥させる。切り干し大根，干しいもなど。

●冷凍野菜　ほうれんそう，オクラ，ブロッコリーなどをブランチング処理し，急速冷凍してつくる。

●ジャム　果実に，砂糖，ペクチン，クエン酸などを加え，加熱濃縮してつくる。

●マーマレード　かんきつ類の果皮を材料にして，果汁も加え，ジャムと同様の方法でつくる。

5　水産加工品

●乾製品　天日乾燥や機械乾燥によって，水分および水分活性を減らしたもの。

　干しだらは，たらを背割りにして内臓を取り，塩漬け，水洗いして乾燥させる。棒だらは，比較的大型のたらを3枚におろし，素干しにする。干しにしんには，身欠きにしんが多く，腹を割って内臓を取り，乾燥させる。干しいわしは，塩漬けしたものを乾燥させる丸干し，めざし，煮てから乾燥させる煮干し，調味液に漬けたものを乾燥させるみりん干しなどがある。

●焙乾品　かつお，むろあじ，さばなどの魚体を調整後，煮熟→焙乾→成形→乾燥したものを節類という。かつお節は代表的な製品で，なまり節，荒節，裸節，本枯節がある。本枯節は，こうじカビの一種であるカツオブシカビ（*Eurotium herbariorum*）をかび付けすることで，かびが産生する酵素によって節類独特の

風味が醸成される。かつお以外の原料魚から製造したものは雑節（ざつぶし）という。

●燻製品（くんせい）　材料には，さけ，ます，にしん，さば，かれい，たらなどが用いられる。一般に背開きにして内臓を取り，塩漬けして，少し乾燥させてから燻煙（くんえん）する。

●塩蔵品　食塩水のなかに魚を漬け込む立塩法（たてじお）と，魚に直接食塩を振りかける撒塩（まきしお）法の2種類がある。

●練り製品　魚肉に約3%の食塩，調味料を加えてすり鉢などを使って擂潰（らいかい）すると，粘弾性のあるすり身となる。これを蒸したり，焼いたり，油で揚げたものである。かまぼこ，ちくわ，さつま揚げ，はんぺんなど。

6　肉類の加工

●ハム・ベーコン　本来，ハムは豚のもも肉を用いるが，日本ではロース肉（ロースハム）もよく使われる。かつては小肉片を押し固めたプレスハムが主流であったが，現在では少ない。ベーコンは豚のばら肉またはかたロース肉を用いる。加工法はほとんど同じで，肉塊をそれぞれ，食塩，硝石（しょうせき）（亜硝酸ナトリウム），香辛料などを加えた液で塩漬後（えんせき），燻煙する。その後，肉の中心部が70℃になるように水煮したものがボイルドハムである。

●ソーセージ　硝石を加えた食塩で塩漬した肉をサイレントカッターで細切しながら，調味料，香辛料などを加えて練り合わせ，牛，豚，羊などの腸管（ケーシング）へ詰め，乾燥，燻煙，水煮したもの。腸管にの代わりにコラーゲン合成樹脂膜を使ったものがある。

7　卵の加工

●皮蛋（ピータン）　あひるの卵の殻の上から，赤土，石灰，食塩，茶などを混ぜたものを塗りつけ，たるに入れて密封し，冷所で貯蔵したものである。卵白は灰のアルカリ性によって茶褐色の半透明ゲル状に変性し，卵黄は暗緑色のゼリー状になる。

●マヨネーズ　卵黄（あるいは全卵）に食塩などを加え，さらに酢やサラダ油を混ぜながら強く撹拌（かくはん）し，O/W（水中油滴）型（p.248参照）に乳化させてつくる。

8　乳類の加工

●クリーム　クリームセパレーターを用いて，牛乳の脂肪分を遠心分離したもの。脂肪分は15〜40%で，バター，アイスクリーム，菓子の原料となる。

●バター　クリームを70〜75℃で加熱殺菌し，冷却後に撹拌機にかけ（チャーニング），脂肪球を凝集させ，バター粒としたのち，練圧（ワーキング）してつくる。クリームの発酵の有無により，発酵バターと非発酵バターに分けられる（p.88参照）。

●アイスクリーム　牛乳およびクリームを主原料として，砂糖，香料，卵などを加えて混合し，撹拌しながら凍結させてつくる。なお，アイスクリーム類は，その乳固形分により，アイスクリーム（15%以上），アイスミルク（10%以上），ラクトアイス（3%以上）に区分される。

●粉乳　牛乳をまず濃縮し，噴霧（ふんむ）乾燥機で乾燥粉末にする。

●練乳　牛乳を約1/2.5に濃縮したもので，砂糖を加えた加糖練乳（コンデンスミルク）と，砂糖を加えていない無糖練乳（エバミルク）がある。

●チーズ　ナチュラルチーズとプロセスチーズに大別される。ナチュラルチーズは，種類が多く，カテージ，クリーム，カマンベールなどの軟質，ロックフォール，ブルーなどの半硬質，チェダー，エダム，ゴーダ，エメンタールなどの硬質，パルメザンなどの超硬質に分類される。プロセスチーズは，ナチュラルチーズを原料にして，細砕，混合して，食塩，リン酸ナトリウムなどを添加し，熱で溶解，乳化したものを型入れ成形してつくる。

●ヨーグルト　牛乳や脱脂乳を，乳酸菌で乳酸発酵させてつくる。好ましい酸味がある。

2 食品の貯蔵

❶ 食品貯蔵の目的

植物性食品（青果物）や水産食品には，一般に収穫の季節があり，消費に合わせて貯蔵する必要がある。また，生活を合理化するために，一時に多量に買い入れたり，入手しにくい食品を入手した際は，腐らせないように，しかも栄養価，味，香り，色などを失わないように長く保存することが大切である。

❷ 食品貯蔵の方法

1 低温貯蔵法（冷蔵・冷凍法）

低温により微生物の活動をおさえる方法で，貯蔵効果が高く，冷蔵庫はその例である。

一般に冷蔵保存とは，10〜0℃程度の貯蔵をさす。特に2〜－2℃は冷温貯蔵，5〜－5℃はチルドという。なおチルドは，食肉，魚介類では1〜－1℃をさす場合がある。おおむね5℃以下の低温で未凍結状態に保たれたチルド食品は，調理後に急速冷却し，低温（0℃前後）で保存，流通販売される。凍結しないことで解凍時の品質低下を防ぎ，素材の風味や食感を維持することができる。冷蔵庫は，食品を詰めすぎると庫内の冷気の流れが悪くなるので，詰め込みすぎに注意する。

冷凍は，－15℃以下という食品衛生法での保存基準があるが，日本冷凍食品協会ではコーデックス（CODEX）に準拠して，－18℃以下という自主的取扱基準を設けている。冷凍法の種類として，空気凍結法，送風凍結法，接触凍結法，浸漬凍結法，液体窒素を使う方法などがある。

2 乾燥法

食品中の水分および水分活性を低くし，微生物の繁殖を防ぐ方法で，乾麺，乾しいたけ，切り干し大根，魚類の乾物などは，この方法の応用例である（水分活性については，4章食品衛生学，p.167）。乾燥法の種類としては，天日乾燥，機械（人工）乾燥（加熱乾燥法，噴霧乾燥法，真空乾燥法，凍結乾燥法，真空凍結乾燥法）などがある。真空凍結乾燥法（フリーズドライング）は，急速に水分を凍結させて乾燥するため，風味，色調，ビタミン・たんぱく質などの変化が少なく，多孔質なので復元性がよい。

3 塩漬け法・砂糖漬け法・酢漬け法

食塩，砂糖の濃厚液には脱水作用があり，微生物の繁殖を防ぐ。肉類，魚類，野菜類は塩漬けとし，果実類は砂糖漬けとする。

酢漬け法は酸貯蔵といい，魚類や野菜類を酢に漬けることで食品のpHを低下させ，有害微生物の増殖を抑制することができる。

4　燻煙法

一般に，肉類，魚類，卵類を，一度塩蔵した後に燻煙する方法で，塩蔵の防腐効果に加えて，燻煙による乾燥，また，その煙の成分により表面の微生物の増殖を抑えることで，防腐の役割を果たすとともに，独特の風味を与えて食味を増すことができる。

5　びん詰・缶詰・レトルトパウチ法（空気遮断法）

ほとんどの微生物は熱によって死滅する。これを応用し，食品をびんまたは缶のなかに密閉した後，加熱殺菌すれば長く保蔵することができる。加熱殺菌の条件としては，pH4.6超，水分活性0.94超の低酸性食品（魚介・畜肉，野菜の缶詰・レトルト食品）では120℃ 4分以上またはこれと同等の殺菌を行う必要がある。

6　紫外線照射法

紫外線を照射することによって殺菌する方法である。清涼飲料水などは薄い層にして流し，その上を照射する。

7　放射線照射法

コバルト60などの放射性物質から放出される放射線のうち，ガンマ線を食品に照射して殺菌する方法である。海外では香辛料，野菜，冷凍魚介類等の殺菌法として許可されているが，わが国ではじゃがいもの発芽防止にのみ，照射が許可されている。

8　ガス貯蔵法

酸素を少なくし，炭酸ガスなどを多くした人工空気のなかで密閉し，呼吸作用を積極的に制御して貯蔵する方法をCA貯蔵（controlled atmosphere storage，気相調節貯蔵）といい，青果物に多く用いられる。一方，野菜をポリエチレンやポリプロピレンのフィルムで包装すると，呼吸によりCO_2濃度が高くなり，CA貯蔵と似た状態をつくりだすことができる。この方法をMA貯蔵（modified atmosphere storage）と呼ぶ。

品目によって，いろいろな組成の人工空気が用いられ，多くの場合は低温貯蔵と併用される。しかし，食品の種類によって低温耐性やガス耐性が異なるので，特性を把握していないと，低温による生理障害を生じ，それとともに急速に品質は劣化する。例として，低温に弱い熱帯，亜熱帯産の青果物は低温でのCA貯蔵に向かない。

9　土中埋蔵法

食品を生のまま土中に貯蔵する方法で，一般に大根やにんじんなどの根菜類の保存に応用される。

4 食品の表示

❶ 食品表示基準制度

わが国では，食品表示については，食品衛生法，健康増進法，JAS法の3法によって規定してきた経緯がある。しかしながら，複数の法律が存在することでルールの煩雑さが生じ，消費者にはわかりにくいという問題があった。そこで，3法の食品表示に関する規定を統合した「食品表示法」が平成25年6月28日に公布，平成27年4月に施行された。この結果，内閣府（消費者庁）によって，食品の安全性確保および消費者の食品選択の機会の確保という，より一般的・包括的な目的をもった新たな食品表示基準の制度が開始された。

❶**栄養成分表示** 任意であったが，原則として義務化された。これにともない，別枠で表示していた栄養成分表示は，一括して食品表示項目として記載される。

❷**申出制度** 食品の品質に関する表示が適正でなく，一般消費者の利益が害された場合は，被害を受けた消費者本人に限らず，個人，法人を問わず，誰でも内閣総理大臣等に申出が可能となった。また，内閣総理大臣等が，申出内容について調査した結果，事実と認めるときは，食品関連事業者に対する是正指示，表示基準の見直しの適切な措置が実施される。

❸**罰則** アレルギーや原産地偽装など，安全性にかかわる違反表示を行った場合，表示事項を表示しなかった場合などに，懲役または罰金が科せられる。

1 食品表示基準

食品表示は，食品表示法の食品表示基準（平成27年内閣府令第10号）に従って行わなければならない。食品の表示基準は，加工食品と生鮮食品，添加物について定められている。

記載される表示項目は，名称，保存方法，期限表示（消費期限または賞味期限），原産地（生鮮食品の場合），原材料名，アレルゲン，遺伝子組換え表示，添加物，内容量，栄養成分の量および熱量（対象成分，p.101参照），原産国（原材料に輸入品が含まれる場合），原料原産地（国内で製造・加工された全ての加工食品），事業者の名称および所在地となる【図4】。

2 期限表示

期限表示は，新鮮なものを志向する消費者にとって，非常に重要な情報となっている。以前は製造・加工年月日が示されていたが，近年の食品製造・加工技術の進歩等をふまえ，製造年月日よりも品質保持が可能な期限の表示を行うほうが有用となってきたため，でん粉，砂糖，食塩など一部の食品を除き，次の❶，❷のいずれかを表示することになっている。

❶**消費期限** 定められた方法により保存した場合において，腐敗，変敗その他の品質の劣化にともない，安全性を欠くことがないと認められる期限を示す年月日をいう。期限を過ぎたら食べないほうがよい期限（use-by date）のある食品（例：

図4 食品表示基準による表示例

名　称	チルドハンバーグ
原材料名[*1]	食肉（牛肉，豚肉，鶏肉），たまねぎ，つなぎ（パン粉，粉末状植物性たん白），食用油脂，粒状植物性たん白，食塩，トマトケチャップ，砂糖，香辛料，醸造酢，調味料（アミノ酸等）／pH調整剤，（原材料の一部に小麦，乳成分，大豆，ゼラチンを含む）
内容量	120g（固形量100g）
賞味期限	5.12.31
保存方法	10℃以下で保存
製造者	○○食品　　　××[*2] 東京都千代田区△△△

栄養成分についての表示[*3]

栄養成分表示（1袋120g当たり）	
熱量	180kcal
たんぱく質	12.0g
脂質	10.0g
炭水化物	12.0g
食塩相当量[*4]	1.4g

[*1]　添加物と添加物以外の原材料を区分し，それぞれに占める重量の多い順に記載。
[*2]　製造所固有記号。
[*3]　栄養成分の表示については，従前のルールでは，表示された栄養成分等の量は，一定の許容範囲内でなければならないため，バラツキが大きな食品等には栄養成分表示ができなかった。そこで，幅広い食品に栄養表示ができるようにするため，平成25年9月27日から計算方式等による表示も可能になった。
[*4]　食品表示法の食品表示基準ではナトリウム表示を義務付けているが，食品に実際表示する場合には食塩相当量で表示することになっている。

弁当，生菓子類，食肉，鮮魚，豆腐，惣菜，調理パン，生麺など）に適用される。
❷賞味期限　定められた方法により保存した場合において，期待されるすべての品質の保持が十分に可能であると認められる期限を示す年月日をいう。ただし，この期限を超えた場合であっても，ある程度の品質が保持されていることが多いものとする。おいしく食べることができる期限（best-before）で，焼き菓子，カップ麺，缶詰，レトルト食品，牛乳，バター，生卵などに適用される。製造日からの期間が3カ月を超える食品は年月で表示できる。
　なお，期限表示は，定められた方法により保存することを前提とするので，一部の例外を除き，期限表示にあわせて保存方法を表示しなくてはならない。
　また，期限内であっても開封した場合は，保障外となるので注意が必要である。

3　栄養成分表示

　食品関連事業者は，原則としてすべての消費者向けの加工食品および添加物に栄養成分表示をしなければならない。エネル

ギー，たんぱく質，脂質，炭水化物，ナトリウム（食塩相当量で表示）の順に記載することが義務づけられており，飽和脂肪酸，食物繊維が任意（推奨），糖類，糖質，コレステロール，*n-3*系脂肪酸，*n-6*系脂肪酸，ビタミン・ミネラル類が任意（その他）となっている。
❶相対表示　栄養強調表示については，低減された旨の表示をする場合（エネルギー，

脂質，飽和脂肪酸，コレステロール，糖類およびナトリウム）および強化された旨の表示をする場合（たんぱく質および食物繊維）には，基準値以上の絶対差に加えて25%以上の相対差が必要である。強化された旨の表示をする場合（ナトリウムを除くミネラル類，ビタミン類）には，栄養素等表示基準値の10%以上の絶対差（固体・液体区別なし）が必要である。

❷無添加強調表示　食品への糖類無添加あるいはナトリウム塩無添加（食塩無添加）に関する強調表示が行えるのは，それぞれ一定の条件が満たされた場合のみである。

4　アレルギー表示

アレルギー物質の表示制度は，すべての一般消費者に対して情報を提供するものではなく，食物アレルギー患者の健康被害の防止を目的としている。日本における食物アレルギー体質をもつ国民の数は，全人口の1〜2%（乳児に関しては10%）と推定されている。アレルギー表示が適切でない場合，食物アレルギー患者がアレルギー症状を起こし，重篤な場合には命が危険にさらされる場合がある。このような事故を防止する点からも，食品の製造・販売・提供者は，アレルギー物質の表示制度に関する正しい理解が必要である。

アレルギー物質は，重篤度・症例数の多い8品目を特定原材料として，表示を義務付け，過去に一定の頻度で健康被害がみられた20品目を特定原材料に準ずるものとして表示が推奨されている【表6】。

表示方法は，一括表示枠の原材料欄内に，含まれている特定原材料等を記載する。記載の方法は，個々の原材料の直後にかっこ書きする個別表示と，すべての原材料，添加物の表示の後にかっこ書きで，使用した特定原材料等をまとめて書く一括表示の2通りがある。なお，一括表示枠外に別途強調表示する等の任意的な取り組みも認められている【図5】。

❷　その他の表示

1　遺伝子組換え食品の表示

義務表示対象農産物は，大豆（枝豆，大豆もやし含む），とうもろこし，ばれいしょ

表6　アレルギー表示対象品目

分　類	表　示	対象品目
特定原材料（8品目）	義　務	えび・かに・くるみ・小麦・そば・卵・乳・落花生（ピーナッツ）
特定原材料に準ずるもの（準特定原材料：20品目）	推　奨	アーモンド・あわび・いか・いくら・オレンジ・カシューナッツ・キウイフルーツ・牛肉・ごま・さけ・さば・大豆・鶏肉・バナナ・豚肉・まつたけ*・もも・やまいも・りんご・ゼラチン

*2023年12月，マカダミアナッツを対象品目に追加し，まつたけを削除することが消費者庁から公表された

図5　アレルギー物質についての表示例

原材料に使用されているアレルギー物質（特定原材料8品目）を○印で記載しています。								
えび	かに	くるみ	小麦	そば	卵	乳	落花生
			○		○	○	
本品は，えび，豚肉を含む原料を使用した設備で生産しています。								

（じゃがいも），菜種，綿実，アルファルファ，てん菜，パパイヤ，からしなの9種と，これらを原材料として加工後も組換えDNAやたんぱく質が検出できる33加工食品群，高ステアリドン酸遺伝子組換え大豆とこれを原材料とした大豆油などの加工食品である。

❶遺伝子組換えである旨（義務表示）　分別生産流通管理が行われた遺伝子組換え食品の場合：大豆（遺伝子組換え）など。

❷遺伝子組換え不分別である旨（義務表示）　遺伝子組換え食品と非遺伝子組換え食品が分別されていない場合：大豆（遺伝子組換え不分別）など。

❸適切に分別生産流通管理している旨（任意表示）　遺伝子組換え農産物が混入しないように分別生産流通管理を実施している場合※：大豆（分別生産流通管理済み）。

❹非遺伝子組換えである旨（任意表示）　❸の場合で，遺伝子組換え農作物の混入がない原材料を使用している場合：大豆（遺伝子組換えでない）など。

※分別生産流通管理が適切に行われている場合には，5％以下の意図しない混入を認める。

2　機能性表示食品の表示

p.92参照。

3　外食の栄養成分表示制度

平成2年に厚生労働省により，「外食料理の栄養成分表示ガイドライン」が策定された。国民自ら栄養面の健康管理を行うためには，国民に対して適正な栄養情報の提供を図る必要があるとの考えから，飲食店などが提供する料理に栄養成分表示を行うよう推進するものである。都道府県・政令市・特別区により実施されている。

各自治体で，栄養成分表示の定義，表示の対象となる栄養成分，表示に使用する単位，栄養価の算定方法，表示方法，正確な表示などの規定を決めて取り組んでいる。

5 食品の流通

食品が，生産者から消費者のもとに届くまでには，さまざまな経路がある。例えば米は，生産者→農協など出荷事業者→卸売→小売→消費者，肉は，生産者→出荷団体，家畜市場→市場併設食肉処理場，食肉センター→卸売→仲卸→売買参加者→小売→消費者，など，食品の種類によって異なる。食品を含めて，商品が生産者から消費者の手元に届くまでの経路を総称して流通という。現代では，収穫した農産物や成育した食用動物，捕獲した魚介類など，食品の多くは，産地周辺でのみ消費されること（地産地消）はまれである。そのため，特にわが国は多くの食品を海外からの輸入に依存しなければならないのが現状であり，フード・マイレージの数値が高くなっている。

しかしながら，食品は他の商品と比較すると，❶不定形で取り扱い方法が多様，❷貯蔵・輸送中の鮮度劣化，❸有害微生物や有毒物による汚染，❹季節や天候による生産の不安定，❺成長期間の長さ，❻消費者の嗜好性の変化，など，難しい特性があることから，生産量や価格を適切にコントロールするための流通の仕組みが必要である。

流通経路のなかでは，それらのコントロールに卸売市場が重要な機能を果たしており，❶価格形成，❷決算，❸集荷，❹分荷，❺情報集約などの機能をもつといわれている。

先に述べたように，食品は種類ごとに流通経路が異なっているが，生鮮食料品であれ加工食品であれ，収穫あるいは加工された瞬間から栄養成分の低下，変色，乾燥，吸湿，腐敗・変敗などの品質劣化が始まる。食品の品質を安定させ，安全・安心な生産物を消費者のもとに届けるには，呼吸，温度，湿度，水分活性，pH，微生物などを制御し，品質を維持するための保蔵技術を開発することが，生産・加工段階だけでなく，流通過程においても必要である。あわせて，流通システムの効率化を図ることが必要である。

フード・マイレージとトレーサビリティ

● フード・マイレージ　食品が消費者のもとへ輸送されるまでに排出される二酸化炭素量を数値化したもの。数値が小さいほど環境負荷が少ないと考えられる。
● トレーサビリティ　食品が生産，加工，輸送，販売を経て，消費者に届くまでの流通過程を記録し，食品の移動ルートを把握できるようにすることをいう。この仕組みにより，食品事故等の問題が発生した際，原因究明や商品回収等を円滑に行うことができる（p.164）。

3

栄養学

栄養と健康

1 栄養とは

　ヒトを含むあらゆる生物は，外界からさまざまな物質（栄養素）を食べ物として摂取し，代謝，排泄をくり返しながら，生命を維持している。この営みを**栄養**と呼ぶ。

　生体は摂取した物質を材料として，生命維持のために必要な生体成分の合成と分解を絶えずくり返している。これは生物の特徴の1つで，**代謝**と呼ばれる。

2 人体の構成素

　人体はさまざまな元素で構成されており，そのうち，主要なものは約20種である。含有率の高い構成元素を【**表1**】に示す。人体を構成する成分の割合は，年齢，性別，体格などにより異なるが，成人男女の平均値は，おおよそ【**図1**】のようになる。特に，脂質の量は個人差が大きい。

表1 人体の構成元素　　　　　　　　　　　　　　　　　　（体重 50kg の場合）

元　素（記号）	含有率(%)	元　素（記号）	含有率(%)	元　素（記号）	含有率(%)
酸素（O）	62.4	イオウ（S）	0.2	銅（Cu）	微量
炭素（C）	21.2	ナトリウム（Na）	0.08	マンガン（Mn）	微量
水素（H）	9.9	塩素（Cl）	0.08	コバルト（Co）	微量
窒素（N）	3.1	マグネシウム（Mg）	0.03	亜鉛（Zn）	微量
カルシウム（Ca）	1.9	ヨウ素（I）	0.01	モリブデン（Mo）	微量
リン（P）	1.0	フッ素（F）	0.01	セレン（Se）	微量
カリウム（K）	0.2	鉄（Fe）	0.005	その他	微量

図1 人体を構成する成分の割合

```
たんぱく質       16%……窒素を含む
脂　質          21% ┐
炭水化物（糖質）   1% ├窒素を含まない ┐ 有機化合物
ビタミン         微量 ┘              │
無機質（ミネラル）5% ┐                
水　分       50〜60% ┘ 無機化合物（炭素，水素，酸素，窒素を除いた化合物）
```

注）おおよその値であり，個人差がある。

③ 健康とは

　WHOは，「健康とは単に疾病や虚弱でないということではなく，身体的・精神的並びに社会的に完全に良好な状態である。達しうる最高水準の健康を享受することは人種，宗教，政治信念，経済および社会的地位による差別なく，全ての人間に与えられる基本的権利である」と定義しているが，現実的には，疾病，虚弱が存在しない状態をめざすのが一般的な「健康づくり」である。健康の維持・増進は「栄養」，「運動」，「休養」のバランスの上に成り立っており，「栄養」は，もっとも重要な要素である。

④ 食生活の実践

❶ 食生活指針

　昭和60年，厚生省（現 厚生労働省）は，国民1人ひとりが食生活改善に取り組めるように，「健康づくりのための食生活指針」を策定した。

　その策定から15年が経過し，がん（悪性新生物），心疾患，糖尿病などの生活習慣病への関心が高まり，食生活の改善はますます重要視されたため，平成12年3月に厚生省（現 厚生労働省），農林水産省，文部省（現 文部科学省）が連携を図り，食生活指針が示された。食生活指針は，平成28年6月に一部改正されている【表2】。

❷ 食事バランスガイド

　国民の健康づくり，生活習慣病の予防，食料自給率の向上をねらいとして，平成17年に厚生労働省および農林水産省から食事バランスガイドが示された。これは，日本で古くから親しまれている「コマ」をイメージして描かれており，食事のバランスが悪くなると倒れてしまうこと，回転（運動）によって初めて安定することを表している。

　具体的には「何を」，「どれだけ」食べたらよいか目安を示している【図2】。コマのイラストは，主食，副菜，主菜，牛乳・乳製品，果物の5つに区分され，水・お茶といった水分は軸として，食事のなかで欠かせない存在であることも強調している。また，菓子・嗜好飲料については，コマを回す「ヒモ」として示されている。

　1日にとる料理の量を，つまたはサービングサイズ（SV）の単位で示している。1つ（SV）の基準は下記のとおりである。

- 主食　ごはん，パン，麺等の主材料に由来する炭水化物がおおよそ40g
- 副菜　主として各種ビタミン，ミネラルおよび食物繊維の供給源となる野菜等に関して，主材料の重量がおおよそ70g
- 主菜　肉，魚，卵，大豆等の主材料に由来するたんぱく質がおおよそ6g
- 牛乳・乳製品　主材料に由来するカルシウムがおおよそ100mg
- 果物　主材料の重量がおおよそ100g

表2 食生活指針（平成12年策定，平成28年6月一部改正）

食事を楽しみましょう。
- ・毎日の食事で，健康寿命をのばしましょう。
- ・おいしい食事を，味わいながらゆっくりよく噛んで食べましょう。
- ・家族の団らんや人との交流を大切に，また，食事づくりに参加しましょう。

1日の食事のリズムから，健やかな生活リズムを。
- ・朝食で，いきいきした1日を始めましょう。
- ・夜食や間食はとりすぎないようにしましょう。
- ・飲酒はほどほどにしましょう。

適度な運動とバランスのよい食事で，適正体重の維持を。
- ・普段から体重を量り，食事量に気をつけましょう。
- ・普段から意識して身体を動かすようにしましょう。
- ・無理な減量はやめましょう。
- ・特に若年女性のやせ，高齢者の低栄養にも気をつけましょう。

主食，主菜，副菜を基本に，食事のバランスを。
- ・多様な食品を組み合わせましょう。
- ・調理方法が偏らないようにしましょう。
- ・手作りと外食や加工食品・調理食品を上手に組み合わせましょう。

ごはんなどの穀類をしっかりと。
- ・穀類を毎食とって，糖質からのエネルギー摂取を適正に保ちましょう。
- ・日本の気候・風土に適している米などの穀類を利用しましょう。

野菜・果物，牛乳・乳製品，豆類，魚なども組み合わせて。
- ・たっぷり野菜と毎日の果物で，ビタミン，ミネラル，食物繊維をとりましょう。
- ・牛乳・乳製品，緑黄色野菜，豆類，小魚などで，カルシウムを十分にとりましょう。

食塩は控えめに，脂肪は質と量を考えて。
- ・食塩の多い食品や料理を控えめにしましょう。食塩摂取量の目標値は，男性で1日8g未満，女性で7g未満とされています。
- ・動物，植物，魚由来の脂肪をバランスよくとりましょう。
- ・栄養成分表示を見て，食品や外食を選ぶ習慣を身につけましょう。

日本の食文化や地域の産物を活かし，郷土の味の継承を。
- ・「和食」をはじめとした日本の食文化を大切にして，日々の食生活に活かしましょう。
- ・地域の産物や旬の素材を使うとともに，行事食を取り入れながら，自然の恵みや四季の変化を楽しみましょう。
- ・食材に関する知識や調理技術を身につけましょう。
- ・地域や家庭で受け継がれてきた料理や作法を伝えていきましょう。

食料資源を大切に，無駄や廃棄の少ない食生活を。
- ・まだ食べられるのに廃棄されている食品ロスを減らしましょう。
- ・調理や保存を上手にして，食べ残しのない適量を心がけましょう。
- ・賞味期限や消費期限を考えて利用しましょう。

「食」に関する理解を深め，食生活を見直してみましょう。
- ・子供のころから，食生活を大切にしましょう。
- ・家庭や学校，地域で，食品の安全性を含めた「食」に関する知識や理解を深め，望ましい習慣を身につけましょう。
- ・家族や仲間と，食生活を考えたり，話し合ったりしてみましょう。
- ・自分たちの健康目標をつくり，よりよい食生活を目指しましょう。

文部科学省・厚生労働省・農林水産省決定（小項目は，食生活指針の実践のためのもの）

図2　食事バランスガイドのイラスト

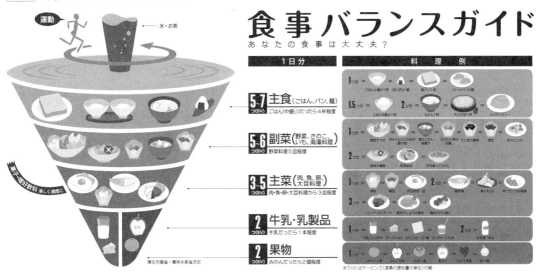

注）料理例は，2,200 ± 200kcal（基本形）を想定したもの。

2 栄養素の機能

　栄養素とは，生物が成長や健康の維持・増進など，正常な生理機能を営むために摂取しなければならない化学物質である。我々は，毎日の身体活動に必要な栄養素を，食事として補給している。

　個々の食品に含まれる栄養素の割合は，ヒトにとって望ましいとは限らないため，多種類の食品を適切に組み合わせた食事で栄養素のバランスを整える必要がある。

　従来より，炭水化物（糖質），たんぱく質，脂質を三大栄養素という。これにビタミン，無機質（ミネラル）を加えて五大栄養素という。なお，糖質とは，炭水化物から食物繊維を除いたものをいう。水は通常，栄養素には含めないが，体内での物質輸送，化学変化に必要な物質である。各栄養素と水の主な役割を【図3】に示す。

❶ 栄養素と機能

　栄養素は，種類によってその働きが異なるが，大別すると次のようになる。

　●**熱量素（活動のエネルギー源）**　酸素との化学反応によって燃焼し，熱や働く力のもととなる。炭水化物（糖質），脂質，たんぱく質

　　注）日本人の食事摂取基準（2020年版）（p.138）では，エネルギー産生栄養素バランス（％エネルギー）が示されている（男性，女性ともに，たんぱく質は1〜49歳で13〜20，50〜64歳で14〜20，65歳以上で15〜20，脂質は20〜30，炭水化物は50〜65）。

　●**構成素（体組織の成長と補充）**　血や肉・骨となる。たんぱく質，脂質，無機質

　●**調整素（体機能の維持・調整）**　体の調子を整える。ビタミン，無機質，たんぱく質

❷ 炭水化物

　炭水化物は，炭素（C）と水（H_2O）の化合物であり，$C_n(H_2O)_m$で示される。ブドウ糖（グルコース，$C_6H_{12}O_6$），乳糖，穀類やいも類のでん粉，肝臓や筋肉中のグリコーゲンなどがこれに入る。

図3　栄養素と水の主な役割

栄養素	生体内での役割
炭水化物（糖質）	熱量素（活動のエネルギー源）
脂　　　質	構成素（体組織の成長と補充）
た　ん　ぱ　く　質	調整素（体機能の維持・調整）
ビ　タ　ミ　ン	
無機質（ミネラル）	
水	

1　炭水化物の分類

炭水化物の種類は多いが，次の3つに大別することができる。

❶**単糖類**　ブドウ糖（グルコース），果糖（フルクトース），マンノース，ガラクトース。グルコースは人の血液に含まれ，血糖と呼ばれる。

❷**二糖類**　ショ糖（スクロース：ブドウ糖と果糖が1分子ずつ），麦芽糖（マルトース：ブドウ糖が2分子），乳糖（ラクトース：ブドウ糖とガラクトースが1分子ずつ）

❸**多糖類**　多数の単糖類が鎖状に長く結合したり，枝分かれ状の構造をしている。多糖類の主な構成糖はブドウ糖で，でん粉，グリコーゲン，食物繊維に分類できる。でん粉とグリコーゲンはヒトの消化酵素で分解できる。でん粉，グリコーゲンは甘みがないが，分解されて単糖類に近づくにつれて甘みが出てくる。

●**でん粉**　穀類，いも類，豆類，とうもろこしなどに多い。中間分解物のデキストリンは水に溶けやすく，消化がよい。でん粉はグルコースが直鎖状に結合したアミロースと枝分かれ構造をもつアミロペクチンに分類される。食感の粘り気は両者の割合で決まり，アミロース：アミロペクチン比は，パンや麺用の小麦で3：7である（米についてはp.80）。

●**グリコーゲン**　肝臓，筋肉中に存在する。カキに多い。

●**食物繊維**　ヒトの消化酵素で分解できないため，エネルギー源にならない。難消化性デキストリンは水溶性食物繊維であり，消化酵素で分解できないため，整腸・血糖調節効果などが認められている。

2　炭水化物の生理作用

●エネルギー源として重要であり，1gで4kcal（キロカロリー。エネルギーの単位として使われる。1kcalは1kgの水を14.5℃から1℃上昇させるのに要するエネルギー量）のエネルギーをもつ

●体内含量は少量であるが，グリコーゲンやグルコースなどとして存在している

食物繊維

　ヒトの消化酵素では分解されない難消化性の成分で，植物性では野菜や豆類に多いセルロース（不溶性），果実に多いペクチン（水溶性），こんにゃくの成分グルコマンナン（水溶性），こんぶに多いアルギン酸（水溶性）など，動物性ではエビ・カニの殻の成分のキチン（不溶性）などが該当する。

　食物繊維は，全く分解されないわけではなく，腸内細菌の発酵によって，わずかに分解されると考えられている。

　不溶性食物繊維には，消化管通過時間を早めて便通をよくする働きがあり，水溶性食物繊維にはコレステロール低下作用，急激な血糖や血圧の上昇抑制などがあげられる。糖尿病，大腸がんなどの増加は，食物繊維の摂取量減少と関連があるとする研究が多い。

　日本人の食事摂取基準（2020年版）では，食物繊維の摂取目標量を，18〜64歳で男性21g/日以上，女性18g/日以上としている。

●ペクチン，グルコマンナン，セルロースなどの**難消化性炭水化物（食物繊維）**が，腸のぜん動運動を促進して**便秘を予防**することはよく知られている。近年，大腸がんを予防する効果や，血中LDLコレステロールの低下作用，糖尿病の予防など，多くの効果が認められ，注目されている

3 炭水化物の適正摂取

日本人の食事摂取基準（2020年版）では，エネルギー産生栄養素バランスとして，1歳以上のすべての年齢で総エネルギーの**50〜65%**が炭水化物（成人はアルコールを含む）の目標量として示されている（アルコールを含むとしているが，アルコールの摂取を勧めるものではない）。

砂糖類（砂糖，果糖など）のとりすぎは肥満や糖尿病，動脈硬化になりやすいので，注意が必要である。また，エネルギーとして消費するには，**ビタミンB$_1$**が必要なので，砂糖や穀類，いも類はビタミンB$_1$を多く含む食品とともにとることが望ましい。

❸ 脂質

水に溶けず，有機溶剤（エーテル，クロロホルムなど）に溶ける物質で，加水分解によって脂肪酸を生じる。一般に，常温で液体のものを**油**（植物油），固体状のものを**脂**（バター，豚脂，牛脂など）というが，厳密な区分はない。

1 脂質の分類

❶**単純脂質**　脂肪酸とアルコール（グリセロール）のエステルで，中性脂肪（一般に，脂肪という）やコレステロールエステルなどがある

❷**複合脂質**　単純脂質にリン酸，炭水化物などが結合したもの

●**リン脂質**　レシチン（生体膜，リポたんぱく質，卵黄，大豆に多い）が代表的

●**糖脂質**　スフィンゴ糖脂質，グリセロ糖脂質など。脳，神経組織に多い

❸**誘導脂質**　各種脂質の構成成分。脂質の加水分解で生じる

●**脂肪酸**　中性脂肪を分解すると，脂肪酸とグリセロールになる。脂肪酸は，二重結合をもつ**不飽和脂肪酸**と二重結合をもたない**飽和脂肪酸**に分けられる。

　過剰なエネルギーは，主にパルミチン酸やステアリン酸などの飽和脂肪酸に変換されて蓄えられる。ココナッツ油に多いラウリン酸は，飽和脂肪酸である。オリーブ油から発見されたオレイン酸は，動物性脂肪や植物油に多く含まれる一価の不飽和脂肪酸であり，必要に応じて我々の体内でも合成できる

●**ステロイド**　動植物界に広く存在する。動物性はコレステロール，植物性はβ（ベータ）シトステロール，エルゴステロールなどがある。胚芽油に多い植物ステロールには，コレステロール低下作用があり，注目されている

●**コレステロール**　細胞膜やステロイドホルモン，胆汁酸，ビタミンDの材料として大切な成分である。体内では主として肝臓で合成される。コレステロールは，食事から摂取するよりも，**肝臓で合成**されるほうが多い。また，エネルギー源にはならない。血中コレステロールのうち，コレステロールを肝臓から各細胞に運んでいるLDLコレステロールは，運動不足などにより過剰になると，動脈硬化を引き起こすため，**悪玉コレステロール**と呼ばれている。一方，HDLコレステロールは，血管等に付着した余分なコレステロールを肝臓に運び，動脈

硬化の予防につながるため，善玉コレステロールと呼ばれている

2 脂質の生理作用

●脂肪はエネルギー源として優れており，1gで9kcalのエネルギーをもつ。また，体内でエネルギー源となるときに必要なビタミンB_1は糖質より少量ですむため，B_1の節約作用がある

●体脂肪や生体膜の構成素として重要である

●脂溶性ビタミン（A，D，E，K）の吸収を促進する作用がある

●胃内の停滞時間が長く，腹もちがよい。低エネルギー食にも適量用いるとよい

●必須脂肪酸であるリノール酸，α-リノレン酸，アラキドン酸は，成長や健康を保つ上で重要であり，身体機能の調節には不可欠である。リノール酸とα-リノレン酸は体内では合成できず，アラキドン酸は合成されても必要量に満たないため，食物から摂取しなければならない。これらが欠乏すると皮膚炎などが発症する。いずれも二重（不飽和）結合を2個以上もつ多価不飽和脂肪酸で，二重結合の位置により，n-6系脂肪酸とn-3系脂肪酸に分類される（下記，囲み記事）

●バター，牛脂，豚脂などの動物性脂肪に多い飽和脂肪酸には，血中LDLコレステロール上昇作用があり，植物油に多い多価不飽和脂肪酸（リノール酸，リノレン酸）や，魚油に多いエイコサペンタエン酸〔EPA，イコサペンタエン酸（IPA）〕とドコサヘキサエン酸（DHA）は血栓予防，血中LDLコレステロール低下作用がある

●多価不飽和脂肪酸から合成される，プロスタグランジン，プロスタサイクリン，トロンボキサンなどの生理活性物質は，血圧や血液凝固作用を調節するなど，多くの働きが知られている

3 脂質の適正摂取

日本人の食事摂取基準（2020年版）では，エネルギー産生栄養素バランスとして，1歳以上のすべての年齢で総エネルギーの20〜30%が脂質の目標量として示されている。飽和脂肪酸については，生活習慣病予防のため，18歳以上で7%以下とされた。なお，小児についても過剰摂取には注意すべきとして，飽和脂肪酸については，3〜14歳では10%以下，15〜17歳では8%以下とされた。

n-6系脂肪酸とn-3系脂肪酸

　食事摂取基準では個々の脂肪酸ではなく，n-6系脂肪酸とn-3系脂肪酸という代謝および構造上の分類で示されており，このなかには必須脂肪酸と非必須脂肪酸が含まれている。

　n-6系脂肪酸のうち，リノール酸はひまわり油，綿実油に多く，アラキドン酸は肉，卵，魚，母乳に含まれる。n-3系脂肪酸のうち（α-）リノレン酸はしそ油，えごま油，あまに油に，DHAはマグロ，カツオ，ハマチ・ブリ，サバ，イワシに，EPAはサバ，イワシ，マグロに多い。

❹ たんぱく質

たんぱく質（アミノ酸）は，炭素，水素，酸素のほかに約16%の窒素を主成分とする。たんぱく質やアミノ酸を特徴付けているアミノ基には必ず窒素が含まれる。また，硫黄を含むアミノ酸もある。たんぱく質は，約20種類のアミノ酸がペプチド結合で数多くつながった巨大な化合物（ポリペプチド）である。

卵，乳，魚，肉類に多く含まれ，穀類，野菜類などには比較的少ない。しかし，大豆はたんぱく質含量が多く，アミノ酸組成が肉や魚に近い，良質のたんぱく質源である。

1 たんぱく質とアミノ酸

たんぱく質はアミノ酸にまで分解されて吸収されるが，一部は消化の途中段階であるアミノ酸が少数つながったペプチドの状態でも吸収される。

必要に応じて体内で合成可能なアミノ酸を可欠アミノ酸（非必須アミノ酸）といい，体内で合成できない9種類のアミノ酸【表3】を不可欠アミノ酸（必須アミノ酸）という。

たんぱく質の栄養価は，ヒトにとって必須アミノ酸のバランスがよいものほど高く，1種類でも含量の少ないアミノ酸があると，その分だけ体内利用率が下がる。望ましいバランスを示したものがアミノ酸評点パタン【表3】である。これに対する比率をアミノ酸価（アミノ酸スコア）と呼び，たんぱく質の価値（栄養価）を示す指標の1つとしている。最も不足するアミノ酸を第1制限アミノ酸という。

2 たんぱく質の分類

たんぱく質の種類は非常に多いが，次の3つに大別される。

❶単純たんぱく質　アミノ酸だけでつくられている
- **アルブミン**　血清アルブミン，卵アルブミン，乳アルブミンなど
- **グロブリン**　血清グロブリン，ラクトグロブリン，ミオシン（筋肉グロブリン）など

表3 **たんぱく質1g当たりの必須アミノ酸（アミノ酸評点パタン）** (mg/gたんぱく質)

	FAO/WHO 1973年（一般用）	FAO/WHO/UNU 1973年（就学前児童）	WHO/FAO/UNU 2007年（1～2歳児）	牛乳	鶏卵
ヒスチジン		19		28	24
イソロイシン	40	28	31	60	63
ロイシン	70	66	63	98	88
リシン	55	58	52	79	70
含硫アミノ酸[*1]	35	25	26	34	56
芳香族アミノ酸[*2]	60	63	46	96	98
トレオニン	40	34	27	45	49
トリプトファン	10	11	7.4	14	16
バリン	50	35	42	67	72

注）[*1] 含硫アミノ酸は，メチオニン＋シスチンで評価する。
　　[*2] 芳香族アミノ酸は，フェニルアラニン＋チロシンで評価する。

- ●**グルテリン**　小麦のグルテニン，米のオリゼニンなど
- ●**プロラミン**　とうもろこしのツェイン，小麦のグリアジンなど。小麦のグルテン（麩質）は，グルテニンとグリアジンのほぼ等量混合物である
- ●**アルブミノイド**　爪や毛のケラチン，骨や結合組織のコラーゲン，エラスチンなどで，硬質たんぱく質とも呼ばれる

❷**複合たんぱく質**　単純たんぱく質と他の物質（核酸，糖，脂質，リン酸，色素，金属など）が結合したもの
- ●**核たんぱく質**　核酸とたんぱく質が結合したもので，リボ核酸（RNA）たんぱく質，デオキシリボ核酸（DNA）たんぱく質がある
- ●**糖たんぱく質**　粘質多糖類とたんぱく質の結合した物質で，粘膜，分泌液，卵白などに含まれる。ムコたんぱく質ともいう
- ●**リポたんぱく質**　脂質とたんぱく質の結合物質で，血清中の高比重リポたんぱく質（HDL），低比重リポたんぱく質（LDL），卵黄のリポビテリンなど
- ●**リンたんぱく質**　リン酸とたんぱく質の結合物質で，乳汁のカゼイン，卵黄のビテリンなど
- ●**色素たんぱく質**　色素を含むたんぱく質である。チトクロムなど，色素成分中に金属を含むものは，金属たんぱく質とも呼ばれる。金属たんぱく質には，鉄を含むヘモグロビン（血色素），筋肉中のミオグロビンなどのほかに，銅やマグネシウムを含むものもある

❸**誘導たんぱく質**　たんぱく質が，熱，酸，アルカリ，酵素，アルコールなどによって変化（変性，加水分解）したものをいう
- ●**ゼラチン**　コラーゲンを長時間煮出してできたもの
- ●**プロテオース，ペプトン**　たんぱく質を途中まで加水分解したもの

食品群と必須アミノ酸

ワンポイント

　食品ごとにアミノ酸組成は異なり，それぞれの特徴は以下のようになる。アミノ酸スコアが低い穀類なども，動物性食品や大豆と組み合わせると，体たんぱく質利用効率（体たんぱく質が蓄積する効率）が高まる。
- ◉**穀類**　米，小麦とも，最も不足するアミノ酸はリシンで，2番目に不足するもの（第2制限アミノ酸）はトレオニンである
- ◉**豆類**　ほとんどの豆類は含硫アミノ酸が不足しているが，大豆には比較的多く，また，米，麦に不足しがちなリシンを多く含んでいる
- ◉**魚介類**　魚類は完全といってよい。貝類，エビなどはトリプトファン，バリンなどが少し不足している
- ◉**卵・乳・肉類**　三者とも大変よい。穀類，豆類などに不足するリシン，トレオニン，含硫アミノ酸，トリプトファン，バリン，イソロイシンなどを多く含むので，補足効果が高く，優れた食品といえる
- ◉**野菜・果物類**　たんぱく質の含量は低く，アミノ酸組成もよくない

●**ペプチド** ペプトンよりさらに分解が進んだ，2～10数個のアミノ酸の結合物
（オリゴペプチドは10個以下，ポリペプチドは多数のアミノ酸よりなる）

3 たんぱく質の生理作用

たんぱく質の主な働きは，体たんぱく質の構成素となることである。

●筋肉，血液，内臓，脳，皮膚，爪，毛髪，酵素，ペプチドホルモンなどの主成分
である

●不足すると，発育不良，免疫低下，貧血，活力低下，疲れやすい，月経異常，母
乳分泌不良，浮腫などの障害が現れる

●二次的にエネルギー源としても利用され，1gで4kcalのエネルギーをもつ。炭水
化物，脂質（特に炭水化物）の摂取が十分であることによって，エネルギー源と
してのたんぱく質の消費がおさえられる現象を，たんぱく質節約作用という

4 たんぱく質の適正摂取

日本人の食事摂取基準（2020年版）では，窒素出納実験により測定された良質
たんぱく質の窒素平衡維持量を，日常摂取している食品たんぱく質の消化・吸収率
で補正して推定平均必要量を算定し，その上に個人間の変動を加えて推奨量（15
～64歳男性65g/日，65歳以上男性60g/日，18歳以上女性50g/日）を算定している。

発育期の子ども，妊婦，授乳婦はたんぱく質，特に動物性たんぱく質を十分にと
る必要がある。日本人の食事摂取基準（2020年版）では，エネルギー産生栄養素
バランスとして，1～49歳で総エネルギーの13～20%がたんぱく質の目標量とし
て示されている。

❺ ビタミン

ビタミンとは，微量で栄養機能を発揮し，体内のさまざまな代謝を調節する成分
である。一部のビタミンは，体内で腸内細菌により合成できるが，基本的には食物
から摂取する必要がある。

ビタミンは，化学的性質により，油脂に溶けやすい脂溶性ビタミンと，水に溶け
やすい水溶性ビタミンに分類される。日本人の食事摂取基準（2020年版）では，
脂溶性ビタミンは，ビタミンA，D，E，Kの4種類【表4】，水溶性ビタミンは，補
酵素として機能する8種類のビタミンB群（ビタミンB_1，B_2，ナイアシン，B_6，B_{12}，
葉酸，パントテン酸，ビオチン）とビタミンCの9種類【表5】が策定されている（設
定された指標はp.156）。

いわゆる健康食品やサプリメントであっても，ビタミンをとりすぎると，脂溶性
ビタミンは排泄されにくく過剰症につながりやすい。水溶性ビタミンは尿中に排泄
されるため，過剰症は少ない。

1 ビタミンA（レチノール）

ビタミンAは通常，レチノールをさす。食品中には，体内でビタミンA効力を示
す物質に変換される，ビタミン以外の物質がある。これらをプロビタミンA（ビタ
ミンAの前駆体）という。

プロビタミンAは，主に植物性食品に含まれ，多くは小腸でビタミンAに変換さ
れる。カロテノイド（赤や黄色の色素）がよく知られ，最もビタミンA効力が高い
β-カロテンが代表的である。β-カロテンの吸収を高めるには，油脂を用いた加熱

表4　脂溶性ビタミンの主な欠乏症・過剰症

ビタミン名	主な欠乏症・過剰症	主な食品
ビタミンA（レチノール）	● 欠乏症：夜盲症，成長障害，皮膚や粘膜の乾燥 ● 過剰症：頭痛，吐き気，肝障害，胎児の奇形発現	レバー，緑黄色野菜，うなぎ，卵黄
ビタミンD（カルシフェロール）	● 欠乏症：くる病，骨軟化症，骨粗鬆症（二次的） ● 過剰症：高カルシウム血症，腎障害	肝油，魚介類，きのこ類
ビタミンE（トコフェロール）	● 欠乏症：未熟児の溶血性貧血，乳児の皮膚硬化症	植物油，魚介類，胚芽米，種実類
ビタミンK	● 欠乏症：血液凝固不良，新生児メレナ，特発性乳児ビタミンK欠乏症（頭蓋内出血）	緑黄色野菜，海藻類，豆類（納豆）

表5　水溶性ビタミンの主な欠乏症・過剰症

ビタミン名	主な欠乏症・過剰症	主な食品
ビタミンB$_1$（チアミン）	● 欠乏症：脚気，神経系障害（ウェルニッケ脳症，コルサコフ症）	豚肉，豆類，米・小麦の胚芽，種実類
ビタミンB$_2$（リボフラビン）	● 欠乏症：発育不良，口角炎，舌炎，皮膚炎	レバー，緑黄色野菜，チーズ，魚介類
ナイアシン	● 欠乏症：ペラグラ，舌炎，皮膚炎 ● 過剰症：消化管障害，肝障害	レバー，魚介類，鶏肉，豆類
ビタミンB$_6$（ピリドキシン）	● 欠乏症：湿疹，口角炎，貧血 ● 過剰症：感覚神経障害	レバー，肉類，魚介類，豆類，卵
ビタミンB$_{12}$（シアノコバラミン）	● 欠乏症：悪性貧血（葉酸と関連）	レバー，魚介類，肉類，卵
葉酸	● 欠乏症：巨赤芽球性貧血（B$_{12}$と関連） ＊妊婦，授乳期の葉酸摂取不足→胎児の神経管閉鎖障害，乳児の発育不良	レバー，魚介類，豆類，緑黄色野菜
パントテン酸	● 欠乏症：欠乏症はまれである	レバー，納豆，魚介類，卵
ビオチン	● 欠乏症：欠乏症はまれである	レバー，卵類，魚介類，豆類
ビタミンC（アスコルビン酸）	● 欠乏症：壊血病，皮下出血	果実類，いも類，緑黄色野菜

調理が望ましい。通常の食品に含まれるプロビタミンA（カロテノイド）による過剰症は，現在のところ報告されていないが，サプリメントには注意が必要である。

　ビタミンAには，❶皮膚や粘膜を正常に保つ，❷神経，骨の発達に必要，❸免疫細胞（Tリンパ球）の活性化，❹視覚にかかわるロドプシンなどの光受容たんぱく質の成分となるなどの働きがある。

2　ビタミンD（カルシフェロール）

　ビタミンDは，血中のカルシウム，リン濃度の恒常性を維持し，二次的に正常な骨形成（カルシウム等による石灰化）を促進している。

ビタミンDには，❶腸管からのカルシウム，リンの吸収を促進，❷骨の代謝にかかわる，❸腎臓でカルシウムの再吸収を促す，などの働きがある。

また，皮膚にはコレステロールに由来するプロビタミンDがあり，日光中の紫外線に当たると，活性化されてビタミンDへ変化するため，適度に日光を浴びることは重要である。代表的な欠乏症として，子どものくる病，成人の骨軟化症，骨粗鬆症（二次的）などがある。

3　ビタミンE（トコフェロール）

ビタミンEは，細胞膜などに豊富に存在する。ビタミンE自体が酸化されることによって，体内の脂質（特に，細胞膜などの生体膜を構成する，酸化されやすい多価不飽和脂肪酸）の抗酸化（酸化防止）作用を示す。ビタミンEが不足すると，溶血（赤血球の膜がやぶれる現象）が起こりやすくなる。

4　ビタミンK

ビタミンKは，血液凝固因子の合成や骨の形成に必要なビタミンである。ビタミンKは腸内細菌によっても合成されるため，通常の食事で欠乏症が起こることはほとんどない。新生児では，腸内細菌が十分に育っていないため，脳内出血，消化管出血などの欠乏症を起こすことがある。

5　ビタミンB_1（チアミン）

ビタミンB_1は，主に炭水化物（糖質）代謝（エネルギー化）などの補酵素として働く。そのため，糖質の多い食品やアルコールを多量に摂取したときなどは，ビタミンB_1の需要が高まる。ビタミンB_1が不足すると，エネルギー産生がとどこおるため，ブドウ糖を主なエネルギー源としている脳の中枢神経や末梢神経に影響が現れる。

6　ビタミンB_2（リボフラビン）

ビタミンB_2は，❶三大栄養素からのエネルギー産生，特に脂質の代謝に補酵素としてかかわる，❷成長促進作用，皮膚や粘膜の保護作用，などの働きがあるため，ビタミンB_2は細胞の再生や成長を促進する。また，摂取不足や代謝異常，疾患，薬物の影響により，不足することがある。ビタミン剤などを摂取した直後の尿は，鮮やかな黄色やオレンジ色になるが，これはビタミンB_2の色に由来する。

ビタミンの調理損失

ビタミン類は他の栄養素に比べて性質が不安定で，調理，加工による損失が大きい。したがって，食品の保存，調理，加工に当たっては，そのことを忘れてはならない。次に，ビタミンの主な化学的性質とその種類を示す。
- 水に溶けやすい　ビタミンB_1，B_2，B_6，B_{12}，C，ナイアシン
- 熱に弱い　ビタミンC
- アルカリに不安定　ビタミンB_1，B_2，B_{12}，C，K
- 酸化しやすい　ビタミンA，C
- 光に弱い　ビタミンB_2，B_6，B_{12}，E，K

7 ナイアシン

ナイアシンは，生体内に最も多く存在するビタミンであり，ビタミンB群の1つである。必要に応じて必須アミノ酸の**トリプトファン**から生成できるが，変換効率が悪いため，食物から摂取する必要がある。三大栄養素からのエネルギー産生の補酵素として関与している。

欠乏すると，**ペラグラ**（皮膚炎，下痢，中枢神経障害など）を引き起こす。

8 ビタミンB6（ピリドキシン）

ビタミンB6は，たんぱく質（アミノ酸）代謝の補酵素として機能するビタミンである。ビタミンB6は，単独で不足することはなく，他のビタミンの不足とともに起こりやすい。

不足により，脂漏性皮膚炎，湿疹，口角炎，舌炎，貧血，発育不良，神経症状，免疫力低下，アレルギー症状などがみられる。

9 ビタミンB12（シアノコバラミン）

ビタミンB12は，ミネラルのコバルトを含有し，主に葉酸代謝の補酵素として機能している。腸内細菌により合成されるため，通常の食生活で不足することは少ない。しかし，ビタミンB12の吸収には，胃の壁細胞から分泌される糖たんぱく質である内因子が必要であり，胃の切除者，高齢者では欠乏しやすい。ビタミンB12欠乏により生じる貧血を**悪性貧血**という（症状は葉酸欠乏と同様だが，区別して表現される）。

10 葉酸

葉酸は，核酸の合成などに関与する補酵素であり，❶正常な造血機能（赤血球の形成を助ける），❷妊娠初期における胎児の神経管閉鎖障害のリスクを低減させる，などの重要な働きがある。妊娠前から1日に400μgとることが望ましい。欠乏により**巨赤芽球性貧血**を生じる。

11 パントテン酸

パントテン酸の語源は「どこにでもある酸」であり，いろいろな食品に存在している。三大栄養素の代謝に重要な補酵素として機能している。欠乏することはまれであるが，欠乏した場合，エネルギー産生過程が障害される。

12 ビオチン

ビオチンは，三大栄養素の代謝に関与する補酵素として機能している。いろいろな食品に含まれ，また腸内細菌によっても合成されるため，不足することは少ない。

13 ビタミンC（アスコルビン酸）

ビタミンCは，多くの動物が合成できるが，ヒト，サル，モルモットは合成できないため，野菜や果物など，食物から摂取する必要がある。ビタミンCには，❶コラーゲンの生合成，❷抗酸化作用，❸鉄の吸収促進，❹肝臓での解毒作用，❺脂質，たんぱく質の代謝，❻抗ストレス作用，❼発がん物質の生成抑制など，多くの働きがあるが，補酵素としての機能はない。欠乏症としては**壊血病**がよく知られている。

❻ 無機質（ミネラル）

無機質は，人体を構成する主要元素である酸素，炭素，水素，窒素以外のすべての元素をいう。燃えない成分が多いため，**灰分**ともいわれる。無機質は体内で合成

できないので，食品から摂取しないと不足する。日本人の食事摂取基準（2020年版）
では，ナトリウム，カリウム，カルシウム，マグネシウム，リン，鉄，亜鉛，銅，
マンガン，ヨウ素，セレン，クロム，モリブデンが策定されている【表6】。

　生体内では，きわめて少ない成分であるが，❶骨，歯などを構成する，❷生体膜
など生体成分を構成する，❸電解質（イオン）*1として存在し，体液*2の浸透圧*3
を調節する，❹血液，体液の酸塩基平衡（pH）を正常に保つ，❺酵素の活性化作
用など，さまざまな働きをもつ重要な栄養素である。

表6 無機質の主な欠乏症・過剰症

	元素名（記号）	主な欠乏症・過剰症	主な食品
多量元素	ナトリウム（Na）	●欠乏症：血圧低下 ●過剰症：血圧上昇，腎障害	食塩，食塩を含む調味料，加工食品
	カリウム（K）	●欠乏症：筋無力症，不整脈	海藻類，豆類，いも類，穀類，肉類，魚介類，野菜類，果実類
	カルシウム（Ca）	●欠乏症：くる病，骨軟化症，骨粗鬆症 ●過剰症：ミルクアルカリ症候群，結石	牛乳・乳製品，魚介類（小魚），緑黄色野菜，海藻類
	マグネシウム（Mg）	●欠乏症：循環器障害，代謝不全	種実類，豆類，野菜類，果実類，魚介類
	リン（P）	●欠乏症：通常不足しにくい ●過剰症：腎機能低下，副甲状腺機能亢進	穀類，豆類，種実類，海藻類，魚介類，肉類，牛乳・乳製品
微量元素	鉄（Fe）	●欠乏症：発育不全，鉄欠乏性貧血，筋力低下 ●過剰症：胃腸障害，鉄沈着	レバー，あさり，野菜類，海藻類，豆類
	亜鉛（Zn）	●欠乏症：発育不全，皮膚炎，味覚障害	肉類，魚介類，種実類，穀類
	銅（Cu）	●欠乏症：貧血，骨異常 ●過剰症：ウィルソン病（肝障害，脳障害）	肉類，魚介類，種実類，豆類
	マンガン（Mn）	●欠乏症：骨異常	穀類，種実類，野菜類
	ヨウ素（I）	●欠乏症：発育不全，クレチン病，甲状腺腫，甲状腺機能低下症 ●過剰症：甲状腺腫，甲状腺機能低下症，甲状腺中毒症	海藻類，魚介類
	セレン（Se）	●欠乏症：克山病（心機能不全），カシン・ベック病（骨関節症） ●過剰症：爪の変形，脱毛	魚介類，レバー，穀類，肉類
	クロム（Cr）	●欠乏症：耐糖能低下	穀類，肉類
	モリブデン（Mo）	●欠乏症：成長障害，頻脈	穀類，種実類，豆類

1　ナトリウム（Na）

　ナトリウムは，細胞外液の主要な陽イオンで，体内の約50％が細胞外液に，約40％が骨に，約10％が細胞内液に存在する。ナトリウムは，❶神経伝達や筋収縮，❷体液の浸透圧の維持，❸体液の酸塩基平衡（pH）の維持などに関与している。

　また，ナトリウムの摂取源は主に食事中の食塩であるが，過剰摂取は高血圧，胃がんなどのリスクになるとの報告があり，日本人の食事摂取基準（2020年版）では，15歳以上の1日当たりの食塩の目標量を男性7.5g/日未満，女性6.5g/日未満としている。

　極度の減塩は，味覚への影響から食欲不振を引き起こすことが知られている。

2　カリウム（K）

　カリウムは，細胞内液の主要な陽イオンで，体内の約98％が細胞内液，約2％が細胞外液に含まれる。

　カリウムは，❶神経伝達や筋収縮，❷体液の浸透圧の維持，❸体液の酸塩基平衡（pH）の維持などに重要な役割を担っている。

3　カルシウム（Ca）

　体内カルシウムの約99％が骨と歯に存在し，残りの約1％が体液や血液中に存在している。カルシウムは，体内に最も多く存在する無機質であり，❶骨や歯の構成成分，❷血液の酸塩基平衡（pH）の維持，❸血液凝固作用，❹筋収縮作用，❺神経鎮痛作用など，さまざまな身体機能の調節に深くかかわっている。

　日本人のカルシウム摂取量は，やや不足しており，特に子どもや妊婦・授乳婦では十分な摂取を心掛ける。また，高齢期には骨がもろくなる骨粗鬆症の危険性が高くなるため，若いころからのカルシウム摂取に加え，適度な運動を行い，骨の強度を高めておく必要がある。

　カルシウムの吸収率は，牛乳や乳製品が約50％と高く，次いで小魚が約30％，緑黄色野菜が約20％となっている。ビタミンD，乳糖，たんぱく質などとの組み合わせは，カルシウムの吸収を高めるが，ほうれんそうに含まれるシュウ酸やリンの過剰摂取などは，吸収を阻害することが知られている。リンとカルシウムの望ましい摂取比率は1：1とされており，牛乳はこの比に近いため，カルシウムの供給源として優れた食品といえる。

4　マグネシウム（Mg）

　生体内には，約25gのマグネシウムが存在し，その約60％は骨に存在する。残りは，筋肉や脳，神経，血液中に存在する。

　マグネシウムには，❶酵素の活性化作用，❷カルシウムやリンとともに骨の構成成分となる，❸体温調節，神経の興奮，筋収縮にかかわるなどの働きがある。

---

*1　【電解質（イオン）】溶液中で＋（プラス）と－（マイナス）の電荷をおびて解離する物質。例：$NaCl \rightarrow Na^+ + Cl^-$
*2　【体液】生体内の血液，リンパ液，組織間液がある。
*3　【浸透圧】2つの液体が半透膜（溶媒のみ通し，溶質を通さない膜）で分離されているときに溶媒側から溶液側に，あるいは希薄溶液から濃厚溶液側に，溶媒のみが流れ込む現象が浸透で，溶媒と溶液の間で力学的平衡を保つために，溶液側に余分に加えなければならない圧力のこと。

5　リン（P）

　生体内のリンは，その約85％がカルシウムと結合し，骨や歯に含まれている。残りの約15％は細胞内外に含まれ，核酸やリン脂質などの成分として重要である。

　リンには，❶骨や歯，細胞膜の構成成分，❷ATP（アデノシン三リン酸）などの高エネルギーリン酸化合物や，核酸の構成成分，❸細胞内外液の浸透圧や酸塩基平衡（pH）の調節に関与するなどの働きがある。リンは，食品全般に含まれているほか，食品添加物として広く使われているため，不足より過剰摂取に注意が必要である。過剰摂取により，カルシウムの吸収が阻害される。

6　鉄（Fe）

　生体内の鉄の約60〜70％が赤血球中のヘモグロビン（血色素）に，約10％が筋肉に存在し，残りの約20〜30％は，肝臓，脾臓，骨髄に貯蔵されている。ヘモグロビンは，全身に酸素を運搬する役割をもつ。

　鉄の吸収率はイオンの状態で異なる。赤身肉などに含まれるヘム鉄は2価鉄（Fe^{2+}）で比較的吸収されやすいが，植物性食品に含まれる非ヘム鉄は3価鉄（Fe^{3+}）で吸収されにくい。日本人は非ヘム鉄の摂取割合が多く，吸収率は15％程度と低いが，ビタミンCや良質のたんぱく質とともに摂取すると非ヘム鉄の吸収率が増加しやすい。

　特に女性では，月経，妊娠，出産で鉄が欠乏しやすいため，意識して摂取する。

7　亜鉛（Zn）

　亜鉛は主に，歯，骨，肝臓，腎臓，筋肉に含まれる。多くの酵素の構成成分であり，❶核酸やたんぱく質の合成，❷遺伝子発現，などに関与している。代表的な欠乏症に味覚障害がある。一方，継続的な過剰摂取により，銅や鉄の吸収が阻害される。

8　銅（Cu）

　生体内の銅は，約50％が骨，骨格筋，血液に存在し，約10％が肝臓に存在する。銅は，ヘモグロビンの合成に関与する。

9　マンガン（Mn）

　生体内では，肝臓や膵臓に存在する。多くの酵素の構成成分として働き，三大栄養素の代謝や抗酸化酵素の成分として活性酸素の分解などに関与する。

10　ヨウ素（I）

　ヨウ素はヨードと呼ばれることもある。生体内のヨウ素は，そのほとんどが甲状腺に存在し，甲状腺ホルモン（サイロキシン）の成分として重要な役割を担っている。欠乏，過剰摂取のどちらの場合でも甲状腺機能の低下を招く。

　ヨウ素は，甲状腺ホルモンとして，❶たんぱく質の合成，❷酵素反応，❸神経細胞の発達，❹エネルギー代謝などに関与している。

11　セレン（Se），クロム（Cr），モリブデン（Mo）

　セレンは，生体の抗酸化酵素の成分として，活性酸素を分解する重要な役割を担っている。

　クロムの生体内や食品中における含有量はきわめて少ないが，インスリン作用を増強するため，耐糖能の維持に関与している。

モリブデンは，生体内では肝臓と腎臓に多く存在し，尿酸の代謝に関与している。

❼ 水

成人では，体重の約50〜60％を占め，生命維持のためには，もっとも重要な成分である。体重に占める水分の割合は，年齢が上がると減少する。水分を10％失えば健康を保てず，20％失えば死にいたる。体内水分のバランスは，口渇感による水分摂取と，腎臓の排尿調節作用によって保たれている。水の出納は【表7】のとおりである。

水の機能を以下に示す。

● 体成分の溶媒　食物の消化吸収や体成分の分解と合成などに，溶媒として重要である

● 浸透圧の維持　電解質を溶解して，体液の浸透圧を調節する

● 体温調節　呼吸（肺），発汗（皮膚）などにより，体温を調節する

表7 水の出納　(mL)

入（摂取）		出（排泄）	
飲料水	800〜1,300	尿	1,000〜1,500
食物中の水	1,000	不感蒸泄*2	900
代謝水*1	200	尿*3	100
計	2,000〜2,500	計	2,000〜2,500

注）*1 代謝水：栄養素の燃焼による。
　　*2 不感蒸泄：皮膚と呼吸により，蒸気として失う水分。
　　*3 尿：便による。

3 栄養生理

❶ 摂食中枢と満腹中枢

摂食行動は，間脳の視床下部に存在する摂食中枢と満腹中枢によって調節されている【図4】。この2つの中枢は膵臓，甲状腺，副腎のホルモンの合成・分泌調整にも影響を及ぼす。これによって，エネルギーバランスと代謝の調節を行っている。

1 摂食（空腹）中枢

刺激されると空腹を感じ，食物の摂取を促進する。動物実験でこの部位を破壊すると空腹を感じなくなるため，食物を食べなくなり，体重が減少する。

2 満腹（飽食）中枢

刺激されると満腹を感じ，食物の摂取を抑制する。動物実験でこの部位を破壊すると満腹を感じなくなるため，食物を食べすぎて肥満になる。

3 摂食中枢・満腹中枢に対する調節因子

【図5】に示すように，摂食行動にはいくつかの調節因子がかかわっており，次のような信号に分類できる。また，大脳からの刺激は，摂食中枢・満腹中枢のどちらにもかかわる。

● 消化管による神経信号　胃の膨満感，胃・小腸への食物流入など
● 血中成分による化学信号　血糖（グルコース），アミノ酸，遊離脂肪酸など
● 感覚器官による信号　大脳皮質，大脳辺縁系
● 健康状態　発熱時など体調不良の場合は，空腹でも食欲がないことがある
● 心理状態　ストレスが強いと食欲が減退する。食習慣や嗜好も食欲に影響する
● その他　調味料，香辛料，アルコールは食欲を亢進する

図4 摂食中枢・満腹中枢による摂取行動

脳梁
側脳室
視床
内包
被殻
淡蒼球
視床下部
外側核
（摂食中枢）
視床下部
腹内側核
（満腹中枢）

摂食中枢が破壊された猫は，空腹にならず，食べなくなる。　満腹中枢が破壊された猫は，満腹にならず，食べ続ける。

図5 摂食中枢・満腹中枢に作用する調節因子

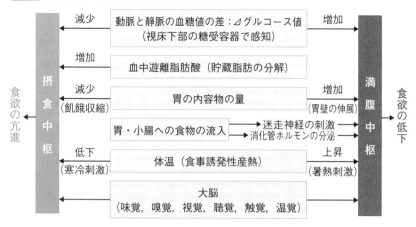

❷ ホルモン

内分泌腺から直接血液中に分泌され，特定の組織や器官で，特有の働きをする物質を**ホルモン**（Hormone）と呼んでいる。ホルモンは，微量で生体の複雑な機能を調節する重要な役割を担っている。化学構造によって，次のように分けられる。
●**ステロイド系** 副腎皮質ホルモン，性ホルモン
●**アミン系** 下垂体後葉ホルモン，甲状腺ホルモン，副腎髄質ホルモンなど
●**ペプチド系** 下垂体前葉ホルモン，副甲状腺ホルモン，インスリン・グルカゴンなど

その他，**ガストリン**（胃・十二指腸から分泌），**セクレチン**（十二指腸から分泌）などの**消化管ホルモン**【**表8**】があり，これらは組織ホルモンともいわれている。各ホルモンは互いに密接な連携を保ち，生体の**恒常性**を維持（**ホメオスタシス**）している。

1 甲状腺ホルモン

甲状腺から分泌されるホルモンで，**サイロキシン**と呼ばれ，ヨウ素を含んでいる。新陳代謝を活発にする作用があるため，過剰分泌による**バセドウ病**のような病気では，基礎代謝や体温が上がり，脈拍数が増え，心悸亢進などの症状が現れる。

甲状腺機能が低下すると，このホルモンが不足して粘液水腫になる。代謝が低下し，皮膚にかたい浮腫ができ，心身とも不活発となる。また，小児期にこのホルモンが不足すると，発育不良，知能の遅れなどをともなう**クレチン病**になる。

2 副甲状腺ホルモン

パラソルモンともいい，副甲状腺から出るペプチドホルモンである。カルシウムとリンの代謝に関与し，増加すると血清カルシウムは上昇し，血清リンは低下する。不足すると，血中カルシウムが減少してけいれんを起こす**テタニー**という症状になる。

3 膵臓ホルモン

膵臓のランゲルハンス島の各細胞から分泌されるペプチドホルモンである。このうち，インスリンの分泌量または作用が不足した状態を**糖尿病**という。膵臓から分泌される主なホルモンを【**表9**】に示す。

表8 主な消化管ホルモン

ホルモン	合成部位	分泌細胞	主な作用
ガストリン	胃幽門，十二指腸	G細胞	胃酸分泌促進，ペプシノーゲン分泌促進
セクレチン	十二指腸，空腸	S細胞	膵臓からの膵液（HCO_3^-（炭酸水素イオン））の分泌促進
コレシストキニン（CCK）	十二指腸，空腸	I細胞	胆のうの収縮（胆汁の分泌），膵酵素分泌促進
グルコース依存性インスリン分泌刺激ホルモン（GIP）	十二指腸，空腸	K細胞	胃酸・ペプシン・ガストリン分泌抑制，インスリン分泌刺激

表9 膵臓から分泌される主なホルモン

ホルモン	分泌細胞	作用など
グルカゴン	A細胞（α）	血糖上昇作用（血糖の低下にともなって分泌される。肝臓のグリコーゲンの分解を促進し，血糖を上昇させる）
インスリン	B細胞（β）	血糖低下作用（血糖の上昇にともなって分泌される。血中のグルコース（ブドウ糖）を筋肉，脂肪組織，肝臓に取り込み，血糖を低下させる。血糖を低下させる唯一のホルモン）
ソマトスタチン	D細胞（σ）	インスリンやグルカゴンの分泌を抑制するときに分泌される

4 副腎皮質ホルモン

副腎皮質では，**コレステロール**を材料に多種類の**ステロイドホルモン**を合成・分泌している。主なものは次のとおりで，男性ホルモンもごく微量に分泌されている。

● **アルドステロン** ミネラルコルチコイドの1つ。塩類と水分代謝に関係するホルモンで，腎臓の尿細管でナトリウムの再吸収をうながし，カリウムを排出して両者の平衡を保っている

● **コルチゾール** グルココルチコイドの1つ。炭水化物とたんぱく質の代謝に関係するホルモン。組織たんぱく質（主に筋肉）を分解して得られたアミノ酸を材料にして肝臓でブドウ糖をつくり，血糖を上昇させる働きがある

5 副腎髄質ホルモン

副腎髄質からは，**アドレナリンとノルアドレナリン**を分泌している。両者とも，交感神経の末端を刺激して毛細血管を収縮させ，**血圧**を上昇させる。また，血糖値が下がったときには，**肝臓**のグリコーゲンの分解をうながし，血糖値を**上げる**働きもある。

6 成長ホルモン

脳下垂体前葉から分泌され，たんぱく質の合成と蓄積をうながす，カルシウムとリンの代謝に関係して骨端と軟骨を成長させる，脂肪の燃焼をうながすなどの働きがある。発育期にこのホルモンが不足すると，**下垂体性小人症**になる。しかし通常，知能の発育は防げられない。過剰に分泌されると**巨人症**になる。

7　性ホルモン

　こう丸および卵巣から分泌されるステロイドホルモンで，コレステロールから合成される。男性ではアンドロゲン（テストステロンなど），女性ではエストロゲンやプロゲステロンがある。これらのホルモンは，成熟や生殖に関係している。

❸　消化吸収

　食物を食べても，たんぱく質，脂質，炭水化物（特に多糖類）などは高分子なため，そのままでは吸収されない。それぞれ，アミノ酸や単糖類などの低分子物質に分解されて初めて吸収，利用できる。このように，摂取した食物を消化管内で吸収できる状態まで分解することを，消化という。消化された物質が，腸粘膜（主に小腸）を経て，血液やリンパ液に取り込まれることを吸収という。消化には，物理的（機械的）消化，化学的消化，細菌学的（生物学的）消化がある。

◉物理的（機械的）消化　咀嚼，嚥下，蠕動運動（環状の収縮が上部から下部に向かって徐々に進行する），分節運動（小腸が数cm間隔で，山と谷に交互にくびれる），振子運動（腸の比較的せまい部分で，収縮と弛緩が交互に起こる）など
◉化学的消化　消化液（消化酵素）による栄養素の加水分解
◉細菌学的（生物学的）消化　腸内細菌による発酵や腐敗など

*

　次に，消化器官と酵素について述べる。
◉消化管各部位の構造と食物の流れ【図6】
　●口腔　食物は口腔内で咀嚼され，噛み砕かれる。食塊は，唾液などの粘液で覆われることで嚥下が容易となる
　●咽頭　食塊が咽頭の粘膜に触れると，嚥下運動が反射的に起こる。同時に，喉頭蓋が気管をふさぐことで，食塊は気管に入ることなく，食道に送られる
　●食道　食塊が食道の入り口に入ると，食道の輪状筋が蠕動を始め，食塊を胃の方向へ押し下げる
　●胃　胃では，食道から入ってくる食塊が一時的に貯められ，消化の第一段階が行われる。また，胃液中の胃酸（塩酸）は，たんぱく質の消化を助けるとともに，殺菌作用も示す。胃の内容物が十二指腸に送られると，腸-胃反射が起こり，胃の運動は抑制される
　●小腸　小腸は，腹腔内を蛇行し右下腹部で大腸に移る，6～7mの管である。十二指腸・空腸・回腸に分けられる。十二指腸下行部では，総胆管と膵管が合流して開口しており，胆汁，膵液を放出する。
　　小腸の粘膜には輪状ひだがあり，その表面には絨毛が生えている。さらに，絨毛の表面は微絨毛で隙間なく覆われている。これらの構造により管内の表面積が広がり，吸収効率が高まっている。栄養素の吸収のほとんどは小腸で行われる。その表面積は$10m^2$に達するといわれ，小腸から吸収された栄養素のうち，水溶性成分は毛細血管（→門脈→肝臓）へ，脂溶性成分はリンパ管（→胸管→鎖骨下静脈→心臓）へ流入する
　●大腸　消化管の最終部であり，盲腸・結腸・直腸に分けられる。水分と電解質の吸収，糞便の形成が行われる。

結腸は，上行結腸，横行結腸，下行結腸，S状結腸に分けられる。結腸には腸内細菌が多く棲息し，発酵による未消化物の分解が行われている

●**付属消化器官**　1本の管である消化管に，消化液を分泌する実質器官と腺が関与する。唾液腺，肝臓，膵臓が付属消化器官である

●**消化酵素**　消化酵素には多くの種類があり，栄養素の種類に応じて，それぞれ

図6 **人体の消化器官**

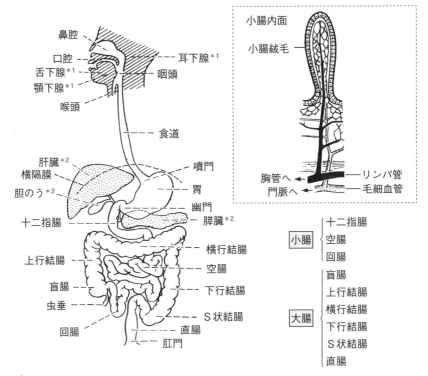

注）*1　唾液腺。
　　*2　肝臓でつくられる胆汁は胆のうに貯えられてから総胆管，膵臓でつくられる膵液は膵管を通って，十二指腸に放出される。

ワンポイント

肝臓の働き

　肝臓は体のなかで一番大きく，多機能な臓器であることから，体の化学工場と呼ばれている。少々障害があっても自覚症状なしに働き続け，重症化してから病院の検査で指摘されたりするため，沈黙の臓器とも呼ばれている。

　以下に，主な働きを示す。

●**栄養素の加工と貯蔵**　空腹時（飢餓時）にもエネルギーを供給できるように，グリコーゲンや脂肪を合成し，貯蔵する働き

●**胆汁の生成**　脂質の消化吸収を助ける働き

●**造血，血液量の調節**　血液を貯蔵し，必要に応じて放出する働き

●**解毒機能**　体に有害な物質を無害な物質に変える働き

表10 消化酵素の作用

作用部位	消化液	酵 素	作 用
口, 胃	唾液	プチアリン（唾液アミラーゼ）	でん粉→デキストリン
胃	胃液	ペプシン	たんぱく質→ $\begin{cases} プロテオース \\ ペプトン \end{cases}$
		〔レンニン（ラブ酵素）	カゼイン→パラカゼイン（乳汁凝固）〕
腸	膵液	トリプシン キモトリプシン エラスターゼ	たんぱく質 プロテオース $\Big\} →ポリペプチド$ ペプトン
		カルボキシペプチダーゼ	ポリペプチド→アミノ酸
		アミロプシン（膵液アミラーゼ）	でん粉, デキストリン→麦芽糖
		リパーゼ（ステアプシン）	トリグリセリド （中性脂肪） $\to \begin{cases} 脂肪酸（2つ） \\ モノグリセリド（1つ） \end{cases}$
		リボヌクレアーゼ	リボ核酸→ヌクレオチド
		デオキシリボヌクレアーゼ	デオキシリボ核酸→ヌクレオチド
	（腸液）*	アミノペプチダーゼ	ポリペプチド→アミノ酸
		ジペプチダーゼ	ジペプチド→アミノ酸
		スクラーゼ	ショ糖→ $\begin{cases} ブドウ糖 \\ 果糖 \end{cases}$
		マルターゼ	麦芽糖→ブドウ糖（2つ）
		ラクターゼ	乳糖→ $\begin{cases} ブドウ糖 \\ ガラクトース \end{cases}$
		エンテロペプチダーゼ	トリプシノーゲン→トリプシン

注)* 腸液にはほとんど消化酵素が含まれず, その消化作用は, 膵液の消化酵素と胆汁の胆汁酸塩によるとされる。
　〔　〕のレンニンは, 子牛の第4胃にある酵素で, 乳を固める作用がある

　　別の酵素が働いている

　【表10】は, 消化酵素の種類と分泌される場所や作用（基質→生成物質）を表している。このほか, 胆汁は消化酵素を含まないが, 脂質の消化吸収に重要な役割を

腸内細菌の特徴と働き

　腸内細菌は, 小腸の上部では胃と同様わずかであるが, 大腸では膨大な数になる。腸内細菌は食物繊維の一部を分解し, 短鎖脂肪酸（有機酸の一種で, 酢酸, 酪酸など）を生成すると, それがエネルギーとして利用される。腸内細菌の中にはアンモニア, アミン, 硫化水素などの腐敗産物や発がん性物質を生成するもの（悪玉菌と呼ばれている）がある。

　生体によい影響を与える腸内細菌を増やすには, 善玉菌であるプロバイオティクスを摂取するとよい。食品ではヨーグルト, 乳酸菌飲料, 納豆などビフィズス菌や乳酸菌を含むものである。腸内に存在する善玉菌を増やすにはプレバイオティクスを摂取するとよい。成分としては, オリゴ糖や食物繊維で, 野菜・果物・豆類などに多い。

果たしている。胆汁は肝臓でつくられ，胆のうで濃縮され，十二指腸に分泌される。

1　炭水化物の消化吸収

　炭水化物は，次のように消化される。食物中のでん粉は，唾液アミラーゼ（プチアリン），膵液アミラーゼ（アミロプシン）によって，麦芽糖に分解される。低分子化されたでん粉で，麦芽糖になる前の物質をデキストリンという。二糖類は，微絨毛表面に局在するそれぞれの膜消化酵素によって，以下のように分解される。

- ●麦芽糖は，マルターゼによって，2分子のブドウ糖に分解される
- ●ショ糖（砂糖）は，スクラーゼによって，ブドウ糖と果糖になる
- ●乳糖は，ラクターゼによって，ブドウ糖とガラクトースになる

　上記のように分解されてできた単糖類は，腸壁から吸収されて門脈に流入し，肝臓を経て，血糖として各組織に運ばれ，エネルギーを供給する。その余剰分の血糖は，グリコーゲンとして肝臓と筋肉に蓄えられるほか，体脂肪に変えられ，皮下や腹腔内などに蓄えられる。グリコーゲンの貯蔵は限度があるのに対して，脂肪の蓄積には限度がない。

2　脂質の消化吸収

　中性脂肪（トリグリセリド）は，3分子の脂肪酸とグリセリンが結合したものである。膵液リパーゼは両端の脂肪酸の結合を切断するため，2分子の脂肪酸と脂肪酸1分子がグリセリンに結合したモノグリセリド【図7】として小腸壁の上皮細胞に吸収されるが，一部はすべての脂肪酸の結合が切断され，脂肪酸3分子とグリセリンとして上皮細胞に流入する。上皮細胞内で中性脂肪に再合成された後，キロミクロン（リポたんぱく質の1つ。p.131，ワンポイント）に包まれてリンパ管に入ると，胸管を通って血液中に入り，各所でエネルギー源として利用される。

　MCFA（中鎖脂肪酸）は水溶性なので，腸からリンパ管ではなく門脈に入っていく。

　また，食物中のコレステロールも胆汁酸によって乳化され，分解酵素（コレステロールエステラーゼ）により加水分解されて，上皮細胞内でキロミクロンに包まれてリンパ管に入る。

3　たんぱく質の消化吸収

　たんぱく質は，胃液のペプシン，膵液のキモトリプシン，トリプシン，腸液のアミノペプチダーゼ，ジペプチダーゼなどのたんぱく質消化酵素によって加水分解され，低分子のアミノ酸，ジペプチド，トリペプチドにまで分解されて，小腸壁から吸収される。吸収されたアミノ酸やペプチドは，門脈を通って肝臓に運ばれ，その一部は，肝臓のたんぱく質に合成され，また一部は血漿たんぱく質に合成される。ほかの一部は，そのまま血液中に入り，各組織に送られて，そこで組織たんぱく質に合成されたり，分解されてエネルギー源になる。

4　ビタミンの吸収

　水溶性ビタミン（B_1，B_2，Cなど）はすみやかに吸収される。脂溶性ビタミン（A，D，E，K）は脂質とともに吸収されるため，膵液の分泌低下，胆汁の分泌障害などで脂肪の吸収が低下していれば，吸収が阻害される。大部分のビタミンは上部小腸で吸収されるが，ビタミンB_{12}の吸収には胃液に含まれる内因子が必要で，回腸で吸収される。

5　無機質の吸収

　無機質や水は，小腸および大腸で吸収される。小腸におけるカルシウムの吸収は，活性型ビタミンDにより促進される。リンは，カルシウムと反応して塩をつくるため，カルシウムとのバランスにより吸収を阻害することもある。鉄も小腸で吸収されるが，吸収率は低く，食品中の鉄の15%前後と考えられている。胃酸やビタミンCは，吸収されにくい非ヘム鉄の3価鉄を吸収されやすい2価鉄に還元し，吸収率を高める。良質のたんぱく質も鉄の吸収を高める。フィチン酸（リン酸化合物）やポリフェノール，食物繊維などは，鉄，カルシウムなどの吸収を阻害する。

6　アルコールの吸収

　アルコールは胃で吸収される。適量の飲酒は，胃酸分泌を増大させて食欲を増進するが，大量の飲酒では胃粘膜を障害する。

　なお，FAO/WHO委員会では，アルコール1g当たりのエネルギーを7kcalとしている。わが国では従来より7.1kcalとしてきたが，日本人の食事摂取基準（2020年版）

図7　膵液リパーゼによるトリグリセリドの分解

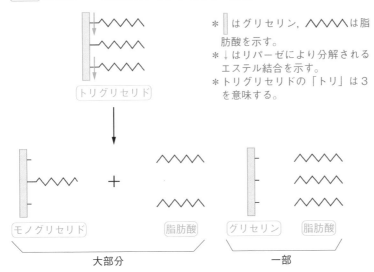

＊┃はグリセリン，∧∧∧∧は脂肪酸を示す。
＊↓はリパーゼにより分解されるエステル結合を示す。
＊トリグリセリドの「トリ」は3を意味する。

リポたんぱく質

　脂質は水に溶けないため，下記のようなリポたんぱく質を形成して，血液中を輸送される。

リポたんぱく質	運搬する脂質	直径（nm）
キロミクロン	外因性（食事由来）―主に中性脂肪	＞70
VLDL	内因性（肝臓由来）―主に中性脂肪	30～90
LDL	VLDLが変化―主にコレステロール	22～28
HDL	逆転送（末梢から肝臓へ）―主にコレステロール	5～12

では，7.0kcalとしている。アルコールのエネルギーは，あくまでも空気中で完全燃焼したときの値であり，人体が利用し得る生理的なエネルギー値ではない。飲み方，飲酒量，飲酒歴などにより，アルコールの利用率は異なると考えられている。

7 消化吸収率

消化吸収率は，一定期間での栄養素の摂取量に対する吸収量を百分率（%）で表したものである。食物繊維を多く含む食品では低下しやすく，食品の種類や組み合わせ，加工法・調理法により異なる。糖質，動物性たんぱく質，脂質，植物性たんぱく質の順に消化吸収率は高い。また，咀嚼によっても変わる。

$$見かけの消化吸収率 = \frac{吸収量}{摂取量} \times 100 = \frac{摂取量 - 糞便中排泄量}{摂取量} \times 100$$

$$真の消化吸収率 = \frac{摂取量 - (糞便中排泄量 - 内因性損失量)}{摂取量} \times 100$$

内因性損失量とは，糞便中に含まれる消化液や消化管の上皮組織，分泌された粘液，腸内細菌の死がいや生菌などをいう。食物に起因しないたんぱく質，脂質，無機質，ビタミンをさし，炭水化物はほとんど含まれていない。

4 ライフステージと栄養

1 妊娠期・授乳期の栄養

　女性の生理的特性は，妊娠，分娩，授乳など，母性としての機能を備えていることである。そのために，女性は特に食事のバランスに留意し，規則正しい生活を送って健康づくりをめざすとともに，豊かな感性をつちかって，健全な子どもを生み育てられるように，日ごろから心掛けることが大切である。近年の若い女性には，誤った減食や極端にアンバランスな食事などから，やせすぎ，貧血，体力低下が増加しているが，これは国民の健康上重大な問題であり，適切な栄養指導が望まれる。

　母体の健康を保ち，胎児の発育を順調に進め，また，授乳のためには平常（非妊娠・非授乳期）より多くの栄養素が必要であり，この量を付加量という。牛乳・乳製品，緑黄色野菜，淡色野菜，いも類，豆類，果物，海藻などの十分な摂取を心掛ける必要がある。穀類は，ビタミンB群，ビタミンE，無機質，繊維に富む胚芽米，五分・七分つき米，麦ご飯，胚芽パン，黒パンなどがよい。

　妊婦の食事摂取基準は，年齢階級別の食事摂取基準に，胎児の発育にともなう蓄積量と，それにともない母体に蓄積する量（胎児付属臓器（胎盤，さい帯）を含む），母親の子宮などの増大にともなう分が付加されている。なお，妊娠中はカルシウム吸収率が著しく増加するため，カルシウムの付加量は「＋0mg」となっている。

　妊娠期には，**妊娠高血圧症候群（妊娠中毒症）**，肥満，糖尿病などになりやすい。これらを予防するためには，食塩を控え，エネルギーの過剰摂取を避ける。砂糖のとりすぎもよくないので気をつける。また，下痢を防ぐために，消化の悪いもの，冷たいもの，鮮度の落ちたものは避ける。

● **妊娠貧血**　妊娠中は特に貧血になりやすい。貧血の予防と治療には，良質たんぱく質，鉄，ビタミンを十分にとり，そのほか食事全体のバランスに留意する必要がある。レバーは各種ビタミンや鉄が多く，貧血の予防と治療に最適な食品であり，調理法を工夫して少量ずつ利用するとよい

● **つわり**　つわりの期間は妊娠2週～2か月くらいで，その間は，食べたいものを食べたいときに食べるとよい。栄養素不足を心配しすぎるのは，かえってよくない

　授乳婦の食事摂取基準は，年齢階級別の食事摂取基準に泌乳のための必要量を付加し，その値から授乳婦の体重減少にともなう分を減らす必要がある。

2 乳児期の栄養

1 母乳栄養

　乳児は，母乳で育てるのが最もよい方法である。栄養成分の組成が理想的であり，母乳には感染抑制作用をもつ**免疫グロブリン**なども含まれる。また，スキンシップ

の面からも，母乳栄養の重要性が強調されている。

- ●初乳（分娩後3〜4日ころ）　たんぱく質，ナトリウム，塩化物を多く含み，乳糖は少ない。リゾチーム，ラクトフェリンや，免疫グロブリンA（IgA），リンパ球，食細胞など，免疫物質を多く含む
- ●移行乳（分娩後5〜9日ころ）　たんぱく質，無機質は減り，乳糖が増える
- ●成乳（分娩後10日ころ）　乳糖，脂肪含量が多くなる。特に，中性脂肪は母体の脂質摂取量によって大きく変わる。また，ビフィズス菌増殖因子，抗体も多く含む

2　人工栄養

　人工栄養とは，母乳以外の乳汁（育児用，全粉乳，脱脂粉乳，牛乳など）を用いることである。乳児用調製乳（粉乳，液状乳）は，母乳代替品として用いられ，育児用ミルクともいわれている。母乳成分に近づけるとともに，不足しがちな栄養素が強化されている製品もある。しかしながら，IgAをはじめ，初乳中に含まれる免疫物質が含まれないため，感染症予防の観点から，母乳に代替する際には注意が必要である。

3　混合栄養

　母乳不足，母親の就業などの理由で，授乳が難しい際に，母乳栄養と人工栄養を併用する方法である。人工栄養のみよりも優れている。

4　離乳

　「授乳・離乳の支援ガイド」によれば，離乳とは，母乳または母乳代替品の粉乳（育児用ミルク）等の乳汁栄養から幼児食に移行する過程をいい，通常，生後5，6か月ごろから離乳を始め，12〜18か月ごろには離乳を完了する。離乳の完了とは，形のある食物をかみつぶせるようになり，エネルギーや栄養素の大部分が乳汁以外の食物からとれるようになった状態をいう。離乳の意義として，次のことがあげられる。

- ●乳汁のみによるエネルギーや各種栄養素（特に鉄）の不足を防ぐ
- ●乳児が周囲の食べ物に関心をもち，欲しがるようになる
- ●ほかの食べ物を与えることによって，咀嚼の学習や，消化器の発達をうながし，嗜好を養い，固形食への移行がスムーズにできる

　離乳食は，1日1回1さじから始めて，乳以外の食べ物とスプーンに慣れさせていく。離乳を開始して1か月を過ぎたころには，離乳食を1日2回にしていく。母乳または粉乳（育児用ミルク）は，離乳食の後に与え，離乳食とは別に，母乳は子どもの欲するままに，粉乳は1日に2，3回程度与える。離乳食の内容は，次のとおりである。

❶穀類（重湯，粥，軟飯，パン粥，うどんのやわらか煮など）
❷たんぱく性食品（乳製品，卵，豆腐，レバー，魚，麩，脂肪の少ない肉類など）
❸いも類，緑黄色野菜（ほうれんそう，にんじんなど），その他の野菜，果物など
❹バター，良質の植物油など

　調理法は，❷，❸とも裏ごし，すりつぶし，すりおろし，やわらか煮，ホワイトソース和え，プリン，茶わん蒸しなど，消化のよいものから順に固形食にする。発

育がさかんなので，栄養素のバランス，特にエネルギーとたんぱく質が不足しないように留意する。調味は薄味がよい。乳児の発育は，個人差が大きいので個別の対応が大切である。

　なお，はちみつは満1歳までは，ボツリヌス菌による食中毒の危険から与えない。

③　幼児期の栄養

　幼児期は，運動も活発になり，また，乳児期に次いで，心，体，脳の発育がさかんであるため，体重当たりの食事摂取基準は成人より多めに設定されている。特に，良質たんぱく質を多く含む卵，乳，魚，肉，大豆製品を十分に与えるようにする。牛乳・乳製品は，カルシウムの給源としても重要である。この時期の食習慣は，一生の健康の基礎となるため，薄味にし，多様な食品を用いたバランスのよい献立で，偏食にならないよう，食事のしつけにも心掛ける。

　幼児期は消化器官が小さく，機能が不十分である。したがって，3度の食事で必要量を満たすことは難しいため，不足する分は適切な間食でおぎなうことが必要である。

　間食は，3度の食事とのバランスが大切である。食事，間食ともに塩味，甘味は控える。食品本来の味がわかる味覚を養い，虫歯や高血圧の予防を心掛ける。そして，おいしく楽しい食事の雰囲気づくりを工夫し，幼児の情緒の発達にも役立てたい。間食の目安としては総エネルギーの10～20％程度，間隔は2～3時間おくことが望ましい。

④　学童期・思春期の栄養

❶ 学童期とは

　学童とは，6～11歳までの学齢児童をいう。学童期前半は，比較的おだやかな発育を示すが，後半は発育急進期に当たり，精神の発達にも密接な関係があり，成長の度合いは個人差が大きい。

❷ 思春期とは

　思春期は，第二次性徴の発現から性成熟までの期間をさすが，明確ではない。性ホルモン，成長ホルモンがさかんに分泌され，第二次性徴，成長急伸という大きな身体変化がみられる。

❸ 学童期と思春期の食生活

　学童期の食生活は，将来の健康の基礎であるので，適切な栄養ケアが必要である。この時期には，身体活動の不足，食欲不振，好きなもの，決まったものしか食べないなどの食べ方の問題，個食，孤食，欠食などの食習慣とその弊害，食生活と心の健康に関する問題などがみられるようになる。

　思春期は，急速な発育や活動量の増加などのため，一生で最も多くのエネルギーと栄養素を必要とする。また，生涯にわたる身体づくりの土台となる大切な時期であり，成長・発達と健康維持のために適切な食生活を送ることが大切である。

●エネルギー　身長，体重，各体組成の発育が著しく，食事摂取基準では成長にともなう組織増加分のエネルギーが加味されている。成長期であるため，欠食によ

るエネルギー不足は，特に注意が必要である。

　体重をコントロールする際には，高度の肥満または何らかの疾患がない場合には，摂取エネルギーを減らすよりも，遊びや運動による**活動量を増やす**ことが望ましい

●**たんぱく質**　成長・発育にともなう体たんぱく質蓄積分を考慮する。アミノ酸価の高いたんぱく質の摂取を心掛け，動物性たんぱく質比は40〜50%程度が望ましい

●**脂質**　脂質由来のエネルギーは，20〜30%とする。必須脂肪酸を含む魚油，植物油をとり入れる

●**ビタミン・ミネラル**　成長期の骨形成には，十分なカルシウム摂取が必要である。カルシウム吸収促進のために，ビタミンDの摂取が重要である。また，摂取エネルギーが増加すると，エネルギー代謝に関連する**ビタミンB群**の必要量も増える。

　成長期は**鉄**が不足しやすい。特に，女子は初潮が到来し，以降は鉄の損失が大きくなるため，不足しがちである。貧血予防には，1回の食事で，赤身の肉類（ヘム鉄と動物性たんぱく質）と野菜や果物（ビタミンC）を組み合わせるとよい

5　成人期の栄養

❶ 成人期とは

　成人期は，社会的・家庭的責任が重く，名実ともに社会を支える時期に当たり，多種・多様・多忙な生活が営まれる。不規則かつ多忙な生活から，ストレスや運動不足のほか，外食や欠食，飲酒の機会が増え，栄養バランスが大きく乱れるなど，健康を妨げる要因が増え，**生活習慣病**のリスクが高くなる時期である。

❷ 成人期の食生活

　栄養・食生活の留意点を以下に示す。

●1日3食，規則正しく，過不足なく摂取する。加齢にともなう身体活動や基礎代謝の低下，ライフスタイルを考慮したエネルギー摂取を考える

●動物性たんぱく質や脂質，塩分やアルコールの過剰摂取，野菜類の摂取不足に気をつける。良質のたんぱく質を効率的に摂取するには，植物性食品に比べ，

動物性食品の摂取が望ましい。しかし，一般的に食欲を刺激する動物性食品は脂質含有量が多く，脂質の摂取過多につながりやすいため，注意が必要である。特に成人期以降であれば，脂身の摂取は極力避けるとともに，脂肪の質にも留意し，獣肉類よりは魚介類の摂取を心掛けるとよい。なお，日本人の脂質摂取量の平均は上限に達しているため，健康効果が着目されるオリーブ油などであっても，食べ過ぎには要注意である

●ストレスを避けた規則正しい生活を送

り，睡眠不足や疲労を蓄積しない

●適正体重を維持する

●禁煙と節酒を心掛ける

6　高齢期の栄養

① 老化とは

生物には種別ごとにおおよその寿命があり，発育を終え，ある年齢に達すると老化が始まり，ついには死にいたる。この過程を老化（加齢；エイジング）と呼んでいる。

人間の老化には個人差があるが，30代後半から40代にかけて始まるといわれている。老化の進行を遅らせ，健康で長生きするための条件としては，体質（遺伝），環境などがあるが，なかでも若いときからの食習慣の影響は最も大きいといえる。

② 高齢期の食生活

食事摂取量が低下するため体重低下に注意し，低栄養に気をつける。

1　食品

●エネルギー　個人差が大きいが，青・壮年期に比べて少なめでよい。肥満もやせすぎも好ましくないので，体重をみながら加減する

●たんぱく質　壮年期と同じでよいが，消化・吸収能力が落ちるため体重や食欲が減少しやすいので，量より質を重視する。良質なたんぱく質源である，魚，肉，大豆製品，卵などを少しずつ，毎日食べるのがよい

●脂質　特に減らす必要はないが，調理には植物油を用いるほうがよい。あっさりした味が好みになりがちなので，嗜好を尊重するのも大切である。また，飲み込み（嚥下）障害の調理の工夫として，油脂類の利用は効果的である

●ビタミン・無機質　不足しないよう十分に補給する。特に，カルシウム，鉄が不足しやすいので，牛乳，ヨーグルト，チーズ，しらす干し，レバー，緑黄色野菜，卵などを十分にとるとよい。また，野菜は1つの調理法にかたよらず，食べやすさを工夫して多く摂取する。なるべく多種類の食品を少量ずつ，バランスよく食べることが大切である

●その他　口渇感が鈍くなり，脱水症状を起こしやすいため，水分を十分に補給する

2　味つけ

高齢者は味覚がにぶくなるため，味つけが濃くなりがちである。食塩のとりすぎは，高血圧，動脈硬化（脳血管疾患，心臓病など）を起こしやすく，砂糖のとりすぎは，肥満，動脈硬化，高血圧などを招きやすい。味つけは，薄味を心掛ける必要があるが，食欲が落ちたりしないよう，ときには個人の好みを配慮する。そのため，従来の食習慣を考慮して徐々に味を薄くしたり，栄養教育を並行して行う必要がある。

3　消化吸収

加齢とともに歯が悪くなり，咀嚼力が低下する。また，胃腸の運動量の減少も加わって，消化・吸収能力がおとろえてくる。ただし，個人差が大きいので，食物の

内容や形状，やわらかさなどについては，個人に合わせて考えることが必要である。

＊

　最後に，高齢者にとって食べることは大きな楽しみでもある。長年にわたって自分なりの食習慣を身につけており，変化に対する適応力も低下している。したがって，大きな変化を好まないのが通例である。それらを念頭に置いて，個々人の好みを尊重しながら，おいしく，楽しく，しかも健康のために望ましい食事づくりを心掛けることが大切である。

7　日本人の食事摂取基準

　日本人の食事摂取基準は，心身を健全に発育・発達させ，健康の保持・増進と生活習慣病の発症予防と重症化予防のために必要なエネルギー量および各種の栄養素の摂取量を，年齢別，性別，身体活動レベル別，妊婦・授乳婦別に，1日当たりの数値で定めている（p.154）。同基準は，年齢別，性別に参照とする体位をもとに作成され，ほぼ5年ごとに改定されている。**日本人の食事摂取基準（2020年版）**が最新のもので，令和2（2020）年度から令和6（2024）年度までの**5年間**使用される。対象には，健康な個人および集団のほか，高血圧，脂質異常，高血糖，腎機能低下で保健指導レベルにある者も含まれる。

　数値は，あくまでも最新の日本人の参照体位【**表11**】をもとに算出されたもの

表11　**参照体位（参照身長，参照体重）**

性　別	男　性		女　性*	
年齢等	参照身長（cm）	参照体重（kg）	参照身長（cm）	参照体重（kg）
0～ 5（月）	61.5	6.3	60.1	5.9
6～11（月）	71.6	8.8	70.2	8.1
6～ 8（月）	69.8	8.4	68.3	7.8
9～11（月）	73.2	9.1	71.9	8.4
1～ 2（歳）	85.8	11.5	84.6	11.0
3～ 5（歳）	103.6	16.5	103.2	16.1
6～ 7（歳）	119.5	22.2	118.3	21.9
8～ 9（歳）	130.4	28.0	130.4	27.4
10～11（歳）	142.0	35.6	144.0	36.3
12～14（歳）	160.5	49.0	155.1	47.5
15～17（歳）	170.1	59.7	157.7	51.9
18～29（歳）	171.0	64.5	158.0	50.3
30～49（歳）	171.0	68.1	158.0	53.0
50～64（歳）	169.0	68.0	155.8	53.8
65～74（歳）	165.2	65.0	152.0	52.1
75以上（歳）	160.8	59.6	148.0	48.8

注）*　妊婦，授乳婦を除く
資料）厚生労働省：日本人の食事摂取基準（2020年版）（2019）

である。個々人に対する活用に当たっては，個人の健康・栄養状態・生活状況など
を十分に考慮することが適当である。

① エネルギー代謝と食事摂取基準

　体内に取り入れた炭水化物，脂質，たんぱく質は，各組織が酸化分解してエネル
ギーをつくり出し，体温を保つ熱や活動をするための力として消費されている。生
体内の代謝のなかで，エネルギーに関する部分をエネルギー代謝という。エネル
ギーは，生命維持に必要な基礎代謝と身体活動にともなうエネルギー消費量を計算
して算出する。

　食事摂取基準では，炭水化物（アルコールを含む），脂質，たんぱく質をエネルギー
産生栄養素として，それぞれのエネルギー構成比を示している。

　食事摂取基準には推定エネルギー必要量が示されているが，エネルギー摂取の過
不足は体重の変化で評価するのが最も正確であり，成人以上では目標とするBMI（体
格指数，body mass index）が提示されている（p.148）。小児や乳児のBMIは提示
されておらず，成長曲線（身体発育曲線）の使用が推奨されている。

1　基礎代謝量

　基礎代謝量は，早朝空腹時に仰臥位（仰向けで横になった状態）で，身体的，精
神的に安静な状態で測定される。生きていくために最低限必要なエネルギー消費量
であり，年齢別，性別に示されている。基礎代謝の指標は，体重（kg）当たりで
示した基礎代謝基準値（kcal/kg 体重/日）と，これに参照体重を乗じた基礎代謝
量がある【表12】。基礎代謝に影響する要因として，以下の因子がある。

●性別　同年齢では，女性よりも男性のほうが基礎代謝が大きい〔1日量（kcal/日）
　で約20%〕。これは，女性のほうが代謝活性の低い脂肪組織の割合が多く，代謝

表12　参照体重における基礎代謝量

性　別	男　性			女　性		
年齢（歳）	基礎代謝基準値 (kcal/kg体重/日)	参照体重 (kg)	基礎代謝量 (kcal/日)	基礎代謝基準値 (kcal/kg体重/日)	参照体重 (kg)	基礎代謝量 (kcal/日)
1～ 2	61.0	11.5	700	59.7	11.0	660
3～ 5	54.8	16.5	900	52.2	16.1	840
6～ 7	44.3	22.2	980	41.9	21.9	920
8～ 9	40.8	28.0	1,140	38.3	27.4	1,050
10～11	37.4	35.6	1,330	34.8	36.3	1,260
12～14	31.0	49.0	1,520	29.6	47.5	1,410
15～17	27.0	59.7	1,610	25.3	51.9	1,310
18～29	23.7	64.5	1,530	22.1	50.3	1,110
30～49	22.5	68.1	1,530	21.9	53.0	1,160
50～64	21.8	68.0	1,480	20.7	53.8	1,110
65～74	21.6	65.0	1,400	20.7	52.1	1,080
75以上	21.5	59.6	1,280	20.7	48.8	1,010

資料）厚生労働省：日本人の食事摂取基準（2020年版）（2019）

活性の高い筋肉組織が少ないことによる

- ●**年齢**　基礎代謝基準値では，成長割合が大きい1〜2歳児の値が最も大きく，加齢にともない低下していく。一方，基礎代謝量は男性では15〜17歳，女性では12〜14歳が最も高い値を示している
- ●**体表面積**　熱は体表面から放熱されるため，基礎代謝は体表面積に正比例する。同じ体重では，体表面積が大きい（身長が高い）ほうが，基礎代謝が大きい
- ●**体重**　基礎代謝は体重，特に骨格筋や内臓器官などの除脂肪体重に正比例する
- ●**季節・気温**　基礎代謝は気温の影響を受けるため，夏のほうが冬よりも低くなる
  - ●高温環境：筋肉の弛緩，代謝の低下→熱産生の減少
  - ●低温環境：筋肉の緊張，代謝の亢進→熱産生の増加
- ●**体温**　病気などにより体温が上昇すると，基礎代謝も上昇する。体温が1℃上昇すると，基礎代謝量は約13%上昇すると考えられている
- ●**栄養状態**　低栄養状態では，体細胞の活動力が減退し，エネルギー消費を抑える適応現象が起こるため，基礎代謝は低くなる
- ●**身体活動レベル**　身体活動量が多い人では，基礎代謝が大きい。これは，筋肉などの活性組織が多いこと，脂肪などの不活性組織が少ないことによる。日本人の食事摂取基準（2020年版）における身体活動レベルは，Ⅰ（低い），Ⅱ（ふつう），Ⅲ（高い）の3段階からなり，身体活動レベル別エネルギーの食事摂取基準（推定エネルギー必要量）の算出に使用される
- ●**ホルモン**　甲状腺ホルモンには，代謝亢進作用があるため，甲状腺機能亢進症であるバセドウ病患者の基礎代謝は高い。そのほか，副腎，脳下垂体，生殖腺などのホルモンも基礎代謝に影響する
- ●**その他**　妊娠時（特に後期）において基礎代謝は高くなる

2　身体活動と身体活動レベル

　身体活動レベルとは，1日の身体活動に要する消費エネルギー量が基礎代謝量の何倍に当たるか表したものである。身体活動が激しいほど消費エネルギーは高まるので，その活動量に見合うエネルギーが必要である。身体活動量は，身体活動レベルによって分類し，20〜59歳では，低い（Ⅰ）1.50（1.40〜1.60），ふつう（Ⅱ）1.75（1.60〜1.90），高い（Ⅲ）2.00（1.90〜2.20）の3区分としている【表13】。

　日本人の食事摂取基準（2020年版）では，身体活動レベルを推定するための指標として，Af（基礎代謝量の倍数で表した各身体活動の強度の指標）ではなく，メッツ値（座位安静時代謝量の倍数で表した各身体活動の強度の指標）を用いている。

3　エネルギーの食事摂取基準の算出方法

エネルギーの食事摂取基準＝1日の基礎代謝量（kcal/日）×身体活動レベル
（乳児・小児の場合はエネルギー蓄積量，妊婦・授乳婦の場合はそれぞれの付加量を加える）

　なお，エネルギーの食事摂取基準（推定エネルギー必要量）は，身体活動レベルⅡ（ふつう）の18〜29歳男性は2,650kcal，女性は2,000kcalである。

② 食品のエネルギー値の算定方法

　食品のエネルギー値は，原則としてFAO/INFOODS（食品データシステムの国際

表13　身体活動レベル別にみた活動内容と活動時間の代表例

身体活動レベル[*1]	低い（Ⅰ）	ふつう（Ⅱ）	高い（Ⅲ）
	1.50 (1.40〜1.60)	1.75 (1.60〜1.90)	2.00 (1.90〜2.20)
日常生活の内容[*2]	生活の大部分が座位で，静的な活動が中心の場合	座位中心の仕事だが，職場内での移動や立位での作業・接客等，通勤・買い物での歩行，家事，軽いスポーツ，のいずれかを含む場合	移動や立位の多い仕事への従事者，あるいは，スポーツ等余暇における活発な運動習慣をもっている場合
中程度の強度（3.0〜5.9メッツ）の身体活動の1日当たりの合計時間（時間/日）[*3]	1.65	2.06	2.53
仕事での1日当たりの合計歩行時間（時間/日）[*3]	0.25	0.54	1.00

注）[*1] 代表値，（　）内はおよその範囲。
　　[*2] Black, et al., Ishikawa-Takata, et al. を参考に，身体活動レベル（PAL）に及ぼす仕事時間中の労作の影響が大きいことを考慮して作成。
　　[*3] Ishikawa-Takata, et al. による。
資料）厚生労働省:日本人の食事摂取基準（2020年版）（2019）

ネットワーク；International Network of Food Data Systems）の推奨する方法に準じて算出している。

　日本食品標準成分表2020年版（八訂）も可食部100g当たりのアミノ酸組成によるたんぱく質（4kcal/g），脂肪酸のトリアシルグリセロール*当量（9kcal/g），利用可能炭水化物（単糖当量；3.75kcal/g），糖アルコール（1.6〜3.0kcal/g），食物繊維総量（2kcal/g），有機酸（2.4〜3.6kcal/g）およびアルコール（7kcal/g）の換算係数を乗じて算出している。

　例えば，精白米めしでは，該当するたんぱく質2.0g，脂質0.2g，炭水化物38.1g，食物繊維1.5gなので，以下のような計算になる。

　　（2.0×4）＋（0.2×9）＋（38.1×3.75）＋（1.5×2）＝約156kcal

8 食品構成

　対象者に合わせた食事摂取基準を満たすエネルギー量と栄養素量がとれる献立を立てるために，食品群別に種類や量を具体的に示したものを食品構成（食料構成）【表14】という。食品構成の利点は，次のとおりである。

　●計算をしなくてもエネルギー，たんぱく質，脂質，炭水化物，ビタミン，無機質，さらには食物繊維にいたるまでバランスよくとれること

---

*【トリアシルグリセロール】
　中性脂肪（トリグリセリド）ともいう。日本食品標準成分表ではトリアシルグリセロールと記載している。

表14 食品構成表の例（女子大学生の昼食）

食品群	純使用量 (g)	エネルギー (kcal)	たんぱく質 (g)	脂質 (g)	ビタミン A (μgRAE)	ビタミン B₁ (mg)	ビタミン B₂ (mg)	ビタミン C (mg)
穀類	90	304	7.3	1.6	0	0.09	0.03	0
魚介類	20	34	4.0	1.8	3	0.02	0.04	0
肉類	20	50	3.5	3.7	5	0.06	0.05	0
卵類	20	29	2.4	2.0	29	0.01	0.09	0
乳類	35	26	1.4	1.5	16	0.01	0.06	0
小　計*		139	11.3	9.0	52	0.10	0.24	0
いも類およびでんぷん類	40	49	0.5	0.0	0	0.03	0.01	10
豆類	35	45	2.7	3.3	0	0.03	0.01	0
野菜類　緑黄色野菜類	70	33	1.3	0.2	159	0.05	0.06	31
野菜類　その他の野菜類	100	26	1.1	0.2	9	0.04	0.03	17
果実類	60	27	0.4	0.1	7	0.02	0.01	9
きのこ類	5	1	0.1	0.0	0	0.01	0.01	0
藻類	5	6	0.5	0.1	10	0.02	0.03	0
小　計		187	6.6	3.9	185	0.20	0.16	67
合　計		630	25.2	14.5	237	0.39	0.43	67
砂糖および甘味類	5	19	0.0	0.0	0	0.00	0.00	0
油脂類	5	45	0.0	4.9	0	0.00	0.00	0
調味料・嗜好品								
小　計		64	0.0	4.9	0	0.00	0.00	0
総　計		694	25.2	19.4	237	0.39	0.43	67
給与栄養目標量		680	26.8	18.9	228	0.37	0.41	35

この食品構成表の栄養比率は，たんぱく質エネルギー比15%，脂質エネルギー比25%，炭水化物エネルギー比60%，動物性たんぱく質比45%，穀類エネルギー比44%

注）* 動物性食品（魚介類，肉類，卵類，乳類）の小計

資料）佐々木ルリ子：四訂給食運営管理実習―学内編／殿塚婦美子，三好恵子編著，p.94（2020）建帛社より作成，一部改変

エネルギー換算係数

　日本食品標準成分表（八訂）増補2023年では，各成分の100g当たりの値に，既存調査で明らかになっている成分ごとのエネルギー換算係数を乗じて算出している。この係数は，アミノ酸組成によるたんぱく質1g当たり4kcal，脂肪酸のトリアシルグリセロール当量1g当たり9kcal，利用可能炭水化物（単糖当量）1g当たり3.75kcal，差引き法による利用可能炭水化物1g当たり4kcal，食物繊維総量1g当たり2kcal，アルコール1g当たり7kcalなどである。

●地域の特性（食品の生産，流通状況や食習慣など）や，集団の性格，家族状況
　などに合わせて献立を立てたり，食品を選ぶことができる

　献立は，個人，集団（保育所，学校，病院，工場，福祉施設など）の対象に合わ
せた食品構成に基づいて作成するのが，最も簡便で合理的な方法といえる。食品構
成を作成する場合，食品を通常10〜15種類に分類する（食品成分表は18種類に分
類している）。

9　栄養指導に用いる食品分類法

　食品構成に従って献立を立てるには，かなりの専門的知識を必要とする。そのた
め，主婦や学童，生徒に，食品の栄養価や取り合わせの方法を具体的にわかりやす
く工夫したものとして，いくつかの食品の分類法がある。
　量的，質的に似ている栄養成分を含む食品を，同一のグループに集めたものを食
品群という。あらゆる食品を含有成分によって，大きくいくつかの群に分類し，各
群からそれぞれ何品かを毎日摂取すれば，偏らない食事を自然にとることができる。
栄養知識の乏しい人にも理解しやすく，バランスのよい食生活の普及と実践に役立
つものである。食品群の種類には，3群，4群，6群などがある。

1　3群組み合わせ
　岡田正美氏が提唱したもので，3色運動として広く用いられている。
●赤　血や肉をつくる。主にたんぱく質の給源
●黄　力や体温となる。主に炭水化物，脂質の給源
●緑　体の調子を整える。主にビタミン，無機質の給源

2　4群組み合わせ
　香川綾氏の提唱による4つの食品群である。
●1群　乳・乳製品，卵。栄養を完全にする
●2群　魚介，肉，豆・豆製品。肉や血をつくる
●3群　緑黄色野菜，淡色野菜，いも類，果実。体の調子を整える
●4群　穀類，砂糖，油脂。力や体温となる

3　6つの基礎食品
　栄養素をバランスよく摂取するための具体的な食品の組み合わせを理解しやすい
ように，厚生労働省が食品を6群に分類したものである。
●第1群　魚，肉，卵，大豆
●第2群　牛乳・乳製品，骨ごと食べられる魚
●第3群　緑や黄の濃い野菜
●第4群　第3群以外の野菜，果物
●第5群　米，パン，麺，いも（砂糖，菓子など，糖質含量の多い食品を含む）
●第6群　油脂。大豆油，米油などの植物油やバター，ラードなどの動物脂，マヨ
　ネーズ，ドレッシング，種実類などの多脂性食品が含まれる

　以上のほかに，18群（2章食品学，p.79）などがある。いずれの場合も，栄養上
の効果を期待するには，朝，昼，夕の3食のバランスが重要である。

10 運動と栄養

50〜60年前の日本人にとっては，過労による健康障害が重要な問題であった。しかし今日は，作業の機械化・自動化，自動車の普及などにより，軽い労働の人が圧倒的に多いため，**ロコモティブシンドローム**など，運動不足による筋力低下が問題になっている。

さらに，運動不足でエネルギー過剰の人は，肥満，高血圧，虚血性心疾患，糖尿病，脂質異常症（高脂血症）などになりやすく，エネルギー不足の人は，やせや貧血になり活力がおとろえる。また，日常生活（労働，家事，通勤など）や意図的に実施する総体としての身体活動による消費エネルギーの不足は，体力低下や疲れやすさを招き，生活習慣病増加の大きな要因にもなるので，スポーツや運動を取り入れ，積極的に体を動かして，エネルギーを消費することがすすめられており，「健康づくりのための身体活動基準2013」。後に改定版の「健康づくりのための身体活動・運動ガイド2023」が策定された（p.33）。

1 運動とエネルギー

【表13】(p.141) の身体活動レベルが「低い（Ⅰ）」では活動量が少ないので，「ふつう（Ⅱ）」をめざして，メッツ値3以上の身体活動を少しでも多く生活に組み込むことが望ましい。エネルギーの補給には，以下の点を考慮する必要がある。

- **炭水化物** 運動時に消費されるエネルギー源の半分以上が，体内の炭水化物（血糖やグリコーゲン）であり，運動直後の適度な補給は体力向上にもつながる。ただし，砂糖を多く含む清涼飲料水などのとりすぎは逆効果である

- **たんぱく質** 極端な食事制限時，トレーニングにより筋肉量が増大した場合などに必要量が増加する。利用効率は通常の生活時（軽度〜中等度の活動時）で最も高く，通常の生活では積極的に摂取する必要はない

- **脂質** 少量で効果的にエネルギーを補給できる。現代の日本人は，適正量の上限付近であるため，適正体重が維持されていれば，積極的に摂取する必要はない

2 ビタミン

消費エネルギーの増加にともなって，各ビタミンの必要量も多くなる。

3 水分・電解質

運動時の発汗による脱水は，体液浸透圧の上昇と体液量の減少を引き起こす。そのため，水と電解質の補給が必要となる。

11 国民の栄養状態

国民の栄養素等摂取状況と身体状況は，厚生労働省が毎年実施する**国民健康・栄養調査**によって明らかにされている（令和2年・3年調査は行われていない）。

国民健康・栄養調査報告に示されている国民1人当たりの栄養素等摂取量の年次推移は，**【表15】**のようになっている。エネルギー摂取量は，平成30年に1,900kcalとなり，平成18年（1,891kcal）以来継続していた1,800kcal台から，ほぼ適正量に回復してきた。昭和50（1975）年は，戦後の復興を遂げ社会的に落ち着いたころである。当時の穀類エネルギー比は49.8％であったが，年々減少傾向にあり，令和

表15　**栄養素等摂取量の年次推移**　　　　　　　　　　　　（総数，1人1日当たり平均値）

	昭和50年	60年	平成7年	12年	17年	22年	27年	令和元年
エネルギー　（kcal）	2,188	2,088	2,042	1,948	1,904	1,849	1,889	1,903
たんぱく質　（g）	80.0	79.0	81.5	77.7	71.1	67.3	69.1	71.4
うち動物性　（g）	38.9	40.1	44.4	41.7	38.3	36.0	37.3	40.1
脂質　（g）	52.0	56.9	59.9	57.4	53.9	53.7	57.0	61.3
うち動物性　（g）	25.6	27.6	29.8	28.8	27.3	27.1	28.7	32.4
炭水化物　（g）	337	298	280	266	267	258	258	248.3
カルシウム　（mg）	550	553	585	547	539	503	517	505
鉄　（mg）	13.4	10.8	11.8	11.3	8.0	7.4	7.6	7.6
ビタミンA　（IU）	1,602	2,188	2,840	2,654	—	—	—	—
（μgRE*）	—	—	—	—	604	529	534	534
ビタミンB$_1$　（mg）	1.11	1.34	1.22	1.17	0.87	0.83	0.86	0.95
ビタミンB$_2$　（mg）	0.96	1.25	1.47	1.40	1.18	1.13	1.17	1.18
ビタミンC　（mg）	117	128	135	128	106	90	98	94
食塩(ナトリウム換算)（g）	14.0	12.1	13.2	12.3	11.0	10.2	9.7	9.7
たんぱく質エネルギー比（%）	14.6	15.1	16.0	15.9	15.0	14.7	14.7	15.1
脂肪エネルギー比　（%）	22.3	24.5	26.4	26.5	25.3	25.9	26.9	28.6
炭水化物エネルギー比（%）	63.1	60.4	57.6	57.5	59.7	59.4	58.4	56.3
穀類エネルギー比　（%）	49.8	47.2	40.7	41.4	42.7	43.0	41.2	39.5
動物性たんぱく質比（%）	48.6	50.8	54.5	53.6	52.1	51.7	52.3	54.3

注)＊ RE：レチノール当量。
資料）厚生労働省：国民健康・栄養調査報告

元年ではついに30%台にまで低下している。穀類は，米や小麦など，主食となる食品群であり，日本人の主食離れがうかがえる。

　戦前の日本人の食事は，極端に植物性食品に偏っていた。そのため，良質たんぱく質などが不足し，体位も低く，体力におとるところがあった。昭和50年の，主菜となる動物性たんぱく質の割合（動物性たんぱく質比）は48.6%であったが，令和元年には54.3%まで増加している。「食の洋風化」と表現されるこの変化は，日本人の体位が大きくなった要因のひとつとされている。動物性たんぱく質と同様に，動物性脂肪の摂取量も，平成20年（25.9g）以降，増加の一途をたどっている。日本人の食摂取基準（2020年版）では，適正な脂肪エネルギー比率を20〜30%としているが，令和元年国民健康・栄養調査報告では28.6%となっている。

　日本型食生活の特徴として，食塩の過剰摂取がかねてから問題視されている。昭和50年には14.0gであったが，平成26年には9.7gとなり，少しずつではあるが，減塩の取り組みが効果を上げている。しかし，日本人の食事摂取基準（2020年版）における食塩摂取の目標量は，成人男性7.5g/日未満，成人女性6.5g/日未満に設定されており，まだまだ取り組む必要がある。食塩のとり過ぎは高血圧，ひいては脳血管疾患や心疾患などの循環器疾患を起こしやすく，また，胃がんの原因のひとつともいわれている。これらの疾病を予防する観点からも，食塩のとり過ぎには留意する必要がある。

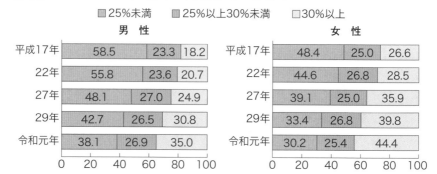

図8 脂肪エネルギー比の分布の年次推移（20歳以上）

■25%未満　■25%以上30%未満　□30%以上

男性	25%未満	25%以上30%未満	30%以上
平成17年	58.5	23.3	18.2
22年	55.8	23.6	20.7
27年	48.1	27.0	24.9
29年	42.7	26.5	30.8
令和元年	38.1	26.9	35.0

女性	25%未満	25%以上30%未満	30%以上
平成17年	48.4	25.0	26.6
22年	44.6	26.8	28.5
27年	39.1	25.0	35.9
29年	33.4	26.8	39.8
令和元年	30.2	25.4	44.4

資料）厚生労働省：国民健康・栄養調査報告

　健康づくり，生活習慣病予防の観点から，穀類，いも類，豆類，緑黄色野菜，その他の野菜，乳・乳製品などの摂取量は，より増加することが望ましい。これは，食物繊維，無機質，ビタミン類を十分量摂取する上で，特に重要である。

　20歳以上を脂肪エネルギー比率で3群に分けた年次推移【図8】をみると，男女ともに適正比率（20～30%）を超えた者の割合が増加傾向を示しており，令和元年には30%以上の者の割合が男性35.0%，女性44.4%と，急増している。食生活の変化による脂質の過剰摂取は，肥満や脂質異常症ばかりでなく，動脈硬化や心疾患，大腸がんなどの一因にもなる。生活習慣病予防の観点から注意を払うべき問題である。

　以上の傾向をまとめると，エネルギーや動物性脂肪などの過剰摂取や運動不足から肥満や生活習慣病が多発しており，健康上，大きな問題となっている。また，肥満に関する知識不足で，特に若い女性が肥満でないのに肥満と思い込み，減食する傾向がみられ，エネルギー，たんぱく質，無機質，ビタミンなどの不足から貧血や体力低下が目立つなど，新たな問題も生じてきている。

病態と栄養

5

栄養・食事療法，栄養補給は，医療の場で疾病を治癒し，栄養状態を改善する手段の1つである。栄養補給は，経口的に食物を摂取することが基本であるが，患者それぞれの嚥下・咀嚼・消化・吸収能力などに対応した栄養補給を行う必要がある。

栄養補給は，❶腸を使用する，❷腸を使用しない，が分類の基本となる【図9】。❶の場合には，経口摂取が可能か検討し，不可能な場合には経管栄養法となる。経口栄養法は一般食と特別食に分類できる。❷のように腸管の障害などにより，経管栄養法が不可能な場合，静脈栄養法が用いられる。

❶ 一般食

一般食は，疾病治療による栄養素の制限がないものである。栄養的配慮のある食事によって体力を増し，間接的に治療効果を高めるために，医療現場で活用されている。内容は，特に消化・吸収面に留意して，それぞれの病態に応じて食事のかたさを加減しており，その程度によって，常食，軟食，流動食に分類される。

1 常食（普通食，固形食）

病気の回復期や，消化器官に問題がなく，食欲のある患者に用いる。主食はご飯・軟飯で，ときにパン，麺類も用いる。副食は健康人の食事に近いが，特に高脂肪の料理や繊維の多いものなど，消化の悪いものは避ける。

2 軟食（粥食）

主食を，おまじり（一分粥），三分・五分・七分・全粥に区分し，副食は主食に応じた消化のよいものを組み合わせる。副食例としては，三分粥ではマッシュポテト，豆腐，麩，白身魚のほぐし身，かき卵汁，煮た果物，軟野菜のやわらか煮，油脂としてバターなど。五分粥では，いも，野菜のやわらか煮，刺し身，煮魚，オムレツ，目玉焼き，低脂肪鶏ひき肉の煮もの，油脂として植物油など。全粥では，焼

図9 栄養補給法

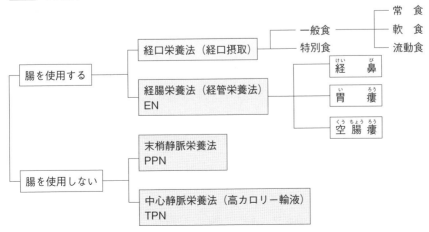

き魚，低脂肪肉類の煮物，ハム，かたい繊維質のものを除く野菜料理全般などを加える。

3 流動食

刺激物，不消化物を含まない液状の食物で，口中で溶けるものを含む。急性の胃腸病，高熱のある時期，手術後，その他，重病人に用いられる。重湯，くず湯，野菜や肉のスープ，果汁，牛乳，ヨーグルトなどが一般的である。

❷ 特別食

特別食は，医師の発行する食事箋（せん）に基づいた治療食，治療乳および各種の検査食（潜血食，ヨード制限食など）をいう。治療食（糖尿病，腎臓・肝臓・心臓病などの食事）は，その病気の治療に直接役立つ重要な食事である。

1 肥満（症）

肥満は，体脂肪が過剰に蓄積した状態であり，その原因は，過食と運動不足によるものが多い。つまり，必要以上のエネルギー摂取を長期間続けた結果，余剰分が体脂肪として皮下や腹腔内に蓄えられるのである。多くの生活習慣病（糖尿病，高血圧症，脂質異常症，動脈硬化症，胆石症，脂肪肝，膵炎，痛風，一部のがんなど）の原因となるため，肥満の予防や適切な減量はこれらの疾患の予防につながる。肥満は，過体重とは異なる状態であり，体脂肪を測定・評価することが望ましい。しかし，体脂肪の増加は体重の増加を来すため，体格指数であるBMIで一般的に評価されている。BMIは次の式で求められる。

BMI＝体重（kg）÷身長（m）^{2}

BMI 22kg/m^{2}のときが健康障害の危険性が最も低く，標準体重を求める際には，身長（m）^{2}×22が使われている。BMIによる肥満の判定は，【表16】のとおりである。

一方，日本人の食事摂取基準（2020年版）では，総死亡率とBMIの関係から，成人（18歳以上）にとって望ましいBMIの範囲を年代別に示している【表17】。

● 肥満と脂肪細胞数　脂肪細胞の数が多いと減量が難しいといわれている。脂肪細胞数は通常，思春期までの成長期に決まる。したがって，乳幼児期から思春期の肥満が，成人期に移行した場合治しにくい。一方，成人後の肥満は，通常は個々の脂肪細胞が大きくなった結果であり，食事療法の効果が上がりやすいが，極度の肥満では脂肪細胞が増加することが知られている

● 肥満の治療　食事療法と運動療法がある。薬剤は副作用などの問題があり，好ましくない。食事療法を主体に，運動を取り入れながら治療を行う。

食事療法は糖尿病の食事と同じ考え方でよい。減量はあせらず，1〜2kg/月を目標に根気よく続ける。欠食を避け，1日1,000kcal以下の食事を続ける場合は，医師の管理が必要である。

標準体重，エネルギー量については，糖尿病の項を参照

2 糖尿病

インスリンの作用不足による慢性の高血糖状態が特徴的で，高血糖，尿に糖が出る，多尿，のどの渇き，肥満またはやせるなどの症状が出るほか，炭水化物・糖質・たんぱく質の代謝障害もみられる。インスリン作用不足の原因は，以下のように分

表16 BMI（kg/m²）に基づく肥満の判定基準

低体重（やせ）	普　通	肥　満			
		1度	2度	3度	4度
＜18.5	18.5≦～ ＜25	25≦～＜30	30≦～＜35	35≦～＜40	40≦

資料）日本肥満学会：肥満症診断基準2011

表17 目標とするBMIの範囲（18歳以上）*1, 2

年齢（歳）	目標とするBMI（kg/m²）
18～49	18.5～24.9
50～64	20.0～24.9
65～74*3	21.5～24.9
75以上*3	21.5～24.9

注）*1　男女共通。あくまでも参考として使用すべきである。
　*2　観察疫学研究において報告された総死亡率が最も低かったBMIを基に，疾患別の発症率と
　　　BMIの関連，死因とBMIとの関連，喫煙や疾患の合併によるBMIや死亡リスクへの影響，
　　　日本人のBMIの実態に配慮し，総合的に判断し目標とする範囲を設定。
　*3　高齢者では，フレイルの予防および生活習慣病の発症予防の両者に配慮する必要があるこ
　　　とも踏まえ，当面目標とするBMIの範囲を21.5～24.9kg/m²とした。
資料）厚生労働省：日本人の食事摂取基準（2020年版）（2019）

けられる。

❶インスリン供給不足　何らかの要因により，膵臓B細胞（β細胞）の機能が低下し，
　インスリン合成・分泌量の絶対的不足が起こる
❷インスリン感受性の低下　インスリンが作用する骨格筋，脂肪，肝臓において，
　肥満などが原因となり，インスリンの効果が低下する

　❶のように，インスリン自体が不足（絶対的な不足・欠乏）している状態を1型
糖尿病といい，❷のようにインスリンは分泌されているが，十分にその効果が発揮
されていない状態を，2型糖尿病という。

　1型糖尿病は自己免疫疾患などにより，若年期に発症することが多く，また，絶
対的に不足するインスリンの投与が必要である。一方，2型糖尿病の主因は肥満で，
成人期に発症することが多いため，生活習慣病に分類される。日本の糖尿病患者の
多くは2型である。治療には，食事療法や運動療法が有効である。食事療法には，
以下のものがある。

●1日の総エネルギー摂取量を決める。この量は日常生活に支障がなく，標準体
　重を超えないことを目標にする。標準体重1kg当たり25～30kcalとする。標
　準体重は〔身長（m）²×22＝体重（kg）〕を用いるとよい
●決められたエネルギーのなかで，たんぱく質（13～20%），脂質（20～30%），
　炭水化物（50～65%）のバランスを整える（エネルギー産生栄養素バランス）。
　炭水化物は，150～300g/日程度を摂取する。炭水化物のなかでも，消化が必
　要なでん粉は血糖値の上昇がゆるやかである。また，食物繊維には血糖値の上

昇を抑える働きがあるため，積極的に摂取する。一方，砂糖や甘い菓子は，血糖値の上昇が急激であり，インスリン必要量も増えるため，控える必要がある
●ビタミン，無機質，食物繊維を十分にとる。特に，ビタミンB群は糖や脂質の代謝を助ける
●過度のアルコールは肝臓・膵臓に障害を及ぼし，また飲みすぎ・食べすぎによりエネルギー過多となりやすく，加えて血糖値を上げる原因となる

まとめると，アルコールを控え腹八分目，偏食をしないということになる。一生続ける食事なので，誰にでも実行しやすくするために「糖尿病食事療法のための食品交換表」（日本糖尿病学会編）という一種の食品構成表が考案されている。この交換表では，1単位を80kcalとし，1単位で食べられる食品の量が示されている。

3 脂質異常症

血液中のLDLコレステロールやトリグリセリド（中性脂肪）が，異常に増加した状態や，HDLコレステロールが低下した状態を脂質異常症といい，動脈硬化との関連が深い。

食事は，エネルギーやアルコールの過剰摂取を避け，適正な体重を保つ。また，飽和脂肪酸を多く含む動物性脂質は少なめにし，魚油に多く含まれる不飽和脂肪酸は多めにとる。コレステロールを多く含む卵黄，レバー，魚卵などは控える。野菜や海藻，きのこなどから食物繊維，ビタミン，無機質を十分にとる。

4 高血圧症（本態性高血圧症）

高血圧症の85～90％は，原因が明確でない本態性高血圧症である。

食品としては，適量の動物性食品（脂肪の多い肉は避ける）に，野菜，いも，豆，海藻などを豊富に用い，無機質，ビタミン，食物繊維などが不足しないようにする。果実類も適量であれば摂取してよい。すなわち，バランスのとれた食事を心掛ける。アルコールを控える。
●食塩　病態に合わせ，6g/日未満に制限する
●エネルギー　標準体重を維持するために，とりすぎないようにする
●脂質　コレステロールや飽和脂肪酸の摂取を控える（肉より魚を積極的に摂取する）

5 動脈硬化症

高LDLコレステロールなどの脂質異常症，糖代謝，血圧の異常，肥満の解消を柱とする。過体重はよくないので，標準体重より少し低めに保つようにする。エネルギーは，その人の標準体重1kg当たり，25～30kcalを目安にする。魚油に多いEPAやDHAは，動脈硬化を防ぐ働きをする。

6 心臓病

高血圧症，動脈硬化症，脂質異常症と同様である。

7 肝臓病

急性・慢性肝炎，肝硬変，脂肪肝など，多くの病気がある。

肝機能の回復にはたんぱく質が役立つので，良質たんぱく質の割合を増やして，高たんぱく質食（標準体重1kg当たり1.2～1.3g）とする。しかし，あくまでも患者の食欲や状態に合わせて加減すべきものである

●**急性肝炎の食事療法**　急性期は食欲がないことが多い。糖質を主体として脂質を10〜30g/日に制限し，軟食にして，回復にともなって常食まで進める。

●**慢性肝炎・肝硬変の食事療法**　脂質は50g/日前後とする。エネルギーは十分摂取するが，肥満には注意する。食品は，卵，牛乳，魚，脂肪の少ない肉，豆腐などを用いてたんぱく質をとり，野菜，いも，果物をそえてバランスを整える。アルコールの多飲は避ける

8　腎臓病

　食事との関係が深い病気には，慢性腎臓病（腎炎，ネフローゼ症候群，腎硬化症，腎不全などを含む）がある。いずれも老廃物を排泄する腎臓の機能が低下する。腎臓病に共通している食事療法は，次のとおりである。

●**エネルギー**　原則として，各腎疾患に合った適切な量を与える

●**食塩**　基本は6g/日未満とする。高血圧や浮腫が強いほど制限が厳しくなる

●**水分**　病態により制限する（急性腎不全，浮腫のあるときなど）

●**たんぱく質**　腎炎は低たんぱく質食とし，乏尿期を除いて，体重1kg当たり0.6〜0.8gとする。各腎疾患により異なるが，制限が厳しい場合ほど良質のたんぱく質を含む食材を用いる。また，炭水化物と脂質によって十分なエネルギーを確保して，体たんぱく質の崩壊・損失を防ぐ（p.116，たんぱく質節約作用）

9　痛風

　痛風は，プリン体代謝異常によって起こる。血中の尿酸値が異常に高くなり，関節に尿酸の針状結晶が沈着して，特徴的な関節発作（多くは足の親指の関節に激しい痛みをともなう）が生じる。食事は，プリン体を多く含む内臓や獣鳥肉類を避け，アルコールの飲みすぎに注意する。また，脂質，炭水化物のとりすぎを避け，エネルギーについては，標準体重が維持できる適正量を摂取するようにする。

10　胃腸病

　日本人に多い病気で，胃炎，下痢，便秘，消化器の潰瘍やがんなどがある。急性胃炎，慢性胃炎ともに長期になるので，特にバランスのよい食事が必要である。

●**急性胃炎**　1食〜1日絶食させ，経過によって流動食，軟食，常食と進める。2〜3日で回復する。胃酸分泌を促進する刺激物，アルコール，コーヒー，紅茶は避ける

●**慢性胃炎**　過酸性（胃液酸度が高い）と低酸性（胃液酸度が低い）があり，両者の食事療法はかなり異なる

　●**過酸性**　胃液の分泌を抑制し，胃酸を中和するために，刺激が少なく消化しやすい食事がよい。肉のエキス，魚や肉の焼き物はよくない。牛乳，卵，豆腐，煮魚，煮た肉は，よいたんぱく質源である。脂質は胃液分泌を抑制する働きがあるため，乳化脂肪，植物油を適量用いるとよい

　●**低酸性**　胃液分泌と胃の運動を高める，消化しやすい食事がよい。たんぱく質の消化力が落ちているため，良質のたんぱく質（卵，魚，豆腐，鶏肉などがよい）を少量用いる。脂質は過酸性と反対に量を控え，乳化脂肪を用いるとよい

●**潰瘍**　胃や十二指腸に炎症が起こっているので，保護しながら食事を進める。吐血，下血の後は1〜2日絶食し，経過をみながら流動食，三分，五分，全粥食と

進めていく。牛乳や卵など，少量で栄養価の高いものを早めに用いて，傷の回復を図る。その他は，急性胃炎の食事に準じる

●炎症性腸疾患（潰瘍性大腸炎，クローン病：Inflammatory Bowel Disease（IBD））

腸の粘膜に炎症や潰瘍を生じる原因不明の慢性疾患。クローン病では大腸や小腸の粘膜に炎症や潰瘍が起こり，低残渣・低脂肪食が求められる

11 下痢

便中の水分が80%以上になった状態を下痢といい，【表18】のように分類される。下痢には，以下のような，栄養・食事ケアを行う。

●低脂質・低残渣・易消化性の食事をとる

●乳糖不耐症がある場合には乳製品を除去する

●制酸剤，難消化性糖類，アルコールなどの過剰摂取が下痢を誘引している場合があるので，これらの摂取の有無を確認し，量の調整または摂取を中止する

12 便秘

毎日排便がない，あるいは毎日排便があっても十分量排出できないために，残便感，腹部膨満感，腹痛などを生じている状態を便秘といい，【表19】のように分類される。

過激なダイエットや食物繊維の摂取不足などにも起因するため，これらを改善する。器質性便秘では原疾患の治療，機能性便秘では生活習慣の改善，下剤の投与を行う。

●弛緩性便秘　十分な水分や食物繊維の摂取，冷水や起きてすぐの水の摂取，催便

表18 **下痢の分類**

分　類		原　因	留意点
急性下痢	感染症	食中毒	脱水が激しい場合は，水分と電解質の補給が必要
	非感染症	消化不良，アレルギー，神経症，高浸透圧の経腸栄養剤	
慢性下痢	炎症性腸疾患の初期症状		水分と電解質の喪失で，血液がアシドーシスに傾くことがある

表19 **便秘の分類**

器質性便秘	大腸がんや腸管の癒着などの器質的異常による通過障害によって生じる	
機能性便秘		急性：生活習慣の急激な変化や精神的な原因で発症する
		慢性：腸管機能の異常が継続する場合に発症する
	弛緩性便秘	●大腸の運動が低下 ●高齢者（特に女性）に多い
	けいれん性便秘	●腸管の収縮が亢進→便の輸送が正常に行われない ●腹痛をともなう ●過敏性腸症候群が原因
	直腸性便秘 （排便障害）	●排便反射の低下 ●生活習慣（例：朝食量の不足）が関連する

性食品について指導する

●**けいれん性便秘**　刺激の強い食品（酸味，過剰の香辛料，アルコール，カフェインなど）の摂取，暴飲暴食などを避け，水溶性食物繊維の摂取をすすめる。ストレス解消法などについても指導を行う

13　貧血症（鉄欠乏性）

貧血のなかで最も多いのは，鉄欠乏性の貧血である。これは，鉄，たんぱく質，エネルギーの不足などから起こる。したがって，食事としては**高たんぱく質食**とし，動物性たんぱく質を十分に摂取する。エネルギー，鉄をはじめ，銅などの各種無機質，各種ビタミンを十分摂取する。**ビタミンC**は吸収率の低い非ヘム鉄の吸収を高めるので，意識して一緒に摂取する。

レバーは貧血の予防と治療に効果的である。このほか，肉，魚介類など，**動物性食品**に含まれるヘム鉄は吸収がよい。**緑黄色野菜**，その他の野菜を十分にとることも大切である。なお，茶類に含まれる**タンニン**は，鉄の吸収を阻害するので留意する。

14　骨粗鬆症

高齢化が進むなかで，骨密度が低下する**骨粗鬆症**が増加している。寝たきりの原因も，脳血管疾患に次いで骨折が2位を占めるようになってきた。これは，骨がもろくなり，ささいなことで骨折しやすくなるためである。骨粗鬆症の原因は，**加齢，閉経**（女性ホルモンの減少）などが多く，圧倒的に**女性**に多い。

予防としては，子どものときからバランスのよい食事，特に**カルシウム**を十分にとり，適度に日に当たり（紫外線によって，**活性型ビタミンD**ができ，カルシウムの吸収が増加する），よく運動をして丈夫な骨をつくっておくことである。

高齢になっても，**カルシウム**を十分とることは，骨粗鬆症の予防や進行を抑制する効果があるので，牛乳・乳製品（乳糖不耐症には注意），小魚，海藻などを意識してとり，よく体を動かす。また，転倒に注意して骨折を予防することも大切である。

15　食物アレルギー

本来，身体にとって栄養になるはずの食物に対して過剰な免疫反応が起こり，じんましんやアナフィラキシーショック，嘔吐，下痢，湿疹などの症状が起こることを食物アレルギーといい，原因となる物質をアレルゲン（抗原）という。食物アレルギーのほとんどは，食物摂取後1～2時間以内，特に15分以内に多くの症状が現れる即時型反応である。

アナフィラキシーショックでは，血圧低下や意識障害が起こり，命にかかわる重篤な状態に陥ることがある。原因食物を食べてから2～4時間以内に激しい運動をしたときに起こる，食物依存型運動誘発アナフィラキシーもある。

治療・管理は，正しい診断に基づいた必要最小限の原因食物の除去が基本になる。乳幼児では，鶏卵，牛乳，小麦の摂取が原因となることが多い（3大原因食品）が，これらは日常的に摂取され，加工品も多種類に及ぶため，除去食によって栄養素が不足しないように代替食で補う。くるみ，カシューナッツなどの木の実が原因となる例も増えているので注意する。

❸ 低栄養・過栄養

1 低栄養（たんぱく質・エネルギー欠乏）

体重減少，発育障害，浮腫，貧血，肝障害，抵抗力の減弱，皮膚の乾燥，体温低下，徐脈，消化機能の低下（特にたんぱく質と脂肪），基礎代謝の低下などがみられる。自覚症状としては，無力感，頭重，四肢の冷感，体を動かすときの心悸亢進などがある。思考力，精神力も低下する。

●**マラスムス** 乳幼児のたんぱく質，エネルギー欠乏症候群のなかで，特にエネルギー欠乏の著しい飢餓状態にあるものをいう。体重は健常児の60%以下になる

●**カシオコア（クワシオルコル）** 熱帯・亜熱帯地方の乳幼児にみられる，たんぱく質欠乏性栄養障害である。離乳期の子どもが穀粉性の食事に切り替わる際に起こる。発育障害，浮腫，下痢が主な症状である。必須アミノ酸，ビタミンA，B群，ある種の無機質の不足で起こるとされている。マラスムスとともに，罹患率が非常に高く，重症者の多い地域があり，世界的な問題となっている

●**マラスミックカシオコア** 子どもに多い。エネルギーとたんぱく質の両方が欠乏している重度の栄養障害で，低体重と浮腫がみられる。

2 過栄養

炭水化物（特に砂糖類），脂質（特に動物性脂肪）の過剰によるものが多く，肥満，脂質異常症（高脂血症）などの原因になる。

*

日本人は，わずか半世紀の間に低栄養・過栄養，両者を経験している。現在の日本人の食事は，平均的には理想に近いといわれ，世界各国から注目されている現状である。しかしながら，個別にみると，さまざまな問題を抱えている。

これらの現状をふまえ，日本民族の食文化と科学的合理性をあわせもった，世界をリードするような食生活を打ち立てたいものである。

資料　日本人の食事摂取基準（2020年版）（概要）

1. 策定の目的
　　日本人の食事摂取基準は，健康増進法（平成14年法律第103号）第16条の2に基づき，厚生労働大臣が定めるものとされ，国民の健康の保持・増進を図る上で摂取することが望ましいエネルギーおよび栄養素の量の基準を示すものである。

2. 使用期間
　　令和2（2020）年度から令和6（2024）年度までの5年間とする。

3. 策定方針
　　・日本人の食事摂取基準（2020年版）では，策定目的として，生活習慣病の発症予防および重症化予防，高齢者の低栄養予防やフレイル予防を加えた【図1】。
　　・対象については，健康な個人並びに集団とし，高血圧，脂質異常，高血糖，腎機能低下に関して保健指導レベルにある者までを含むものとした。
　　・科学的根拠に基づく策定を行うことを基本とし，現時点で根拠は十分ではないが，重要な課題については，研究課題の整理も行うこととした。

以降の資料は，厚生労働省：日本人の食事摂取基準（2020年版）（2019）による。

図1　日本人の食事摂取基準（2020 年版）策定の方向性

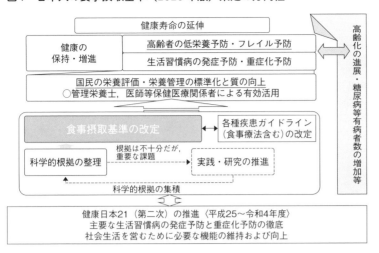

図2　栄養素の指標の目的と種類

※十分な科学的根拠がある栄養素については，上記の指標とは別に，生活習慣病の重症化予防およびフレイル予防を目的とした量を設定

4．策定の基本的事項（指標）

●エネルギーの指標

　エネルギーの摂取量および消費量のバランス（エネルギー収支バランス）の維持を示す指標として，「体格（BMI：body mass index）」を採用することとした。

$$BMI ＝体重(kg)÷身長(m)^2$$

●栄養素の指標

　栄養素の指標は，従前のとおり，3つの目的からなる5つの指標で構成した【図2】。

　摂取不足の回避を目的として，「推定平均必要量」（estimated average requirement：EAR）を設定した。推定平均必要量は，半数の人が必要量を満たす量である。推定平均必要量を補助する目的で「推奨量」（recommended dietary allowance：RDA）を設定した。推奨量はほとんどの人が充足している量である。

　十分な科学的根拠が得られず，推定平均必要量と推奨量が設定できない場合は，「目安量」（adequate intake：AI）を設定した。一定の栄養状態を維持するのに十分な量であり，目安量以上を摂取している場合は不足のリスクはほとんどない。

　過剰摂取による健康障害の回避を目的として，「耐容上限量」（tolerable upper intake level：UL）を設定した。十分な科学的根拠が得られない栄養素については設定していない。

　生活習慣病の予防を目的に，「生活習慣病の予防のために現在の日本人が当面の目標とすべき摂取量」として「目標量」（tentative dietary goal for preventing life-style related diseases：DG）を設定した。

　1歳以上について基準を策定した栄養素と指標を【表1】に示した。

表1 基準を策定した栄養素と設定した指標[*1]（1歳以上）

栄養素		推定平均必要量 （EAR）	推奨量 （RDA）	目安量 （AI）	耐容上限量 （UL）	目標量 （DG）
たんぱく質[*2]		○[b]	○[b]	—	—	○[*3]
脂質	脂質	—	—	—	—	○[*3]
	飽和脂肪酸[*4]	—	—	—	—	○[*3]
	n-6系脂肪酸	—	—	○	—	—
	n-3系脂肪酸	—	—	○	—	—
	コレステロール[*5]					
炭水化物	炭水化物	—	—	—	—	○[*3]
	食物繊維	—	—	—	—	○
主要栄養素バランス[*2]		—	—	—	—	○[*3]
ビタミン	脂溶性	ビタミンA	○[a]	○[a]	—	○	—
		ビタミンD[*2]	—	—	○	○	—
		ビタミンE	—	—	○	○	—
		ビタミンK	—	—	○	—	—
	水溶性	ビタミンB₁	○[c]	○[c]	—	—	—
		ビタミンB₂	○[c]	○[c]	—	—	—
		ナイアシン	○[a]	○[a]	—	○	—
		ビタミンB₆	○[b]	○[b]	—	○	—
		ビタミンB₁₂	○[a]	○[a]	○	—	—
		葉酸	○[a]	○[a]	—	○[*7]	—
		パントテン酸	—	—	○	—	—
		ビオチン	—	—	○	—	—
		ビタミンC	○[x]	○[x]	—	—	—
ミネラル	多量	ナトリウム[*6]	○[a]	—	—	—	○
		カリウム	—	—	○	—	○
		カルシウム	○[b]	○[b]	—	○	—
		マグネシウム	○[b]	○[b]	—	○[*7]	—
		リン	—	—	○	○	—
	微量	鉄	○[x]	○[x]	—	○	—
		亜鉛	○[b]	○[b]	—	○	—
		銅	○[b]	○[b]	—	○	—
		マンガン	—	—	○	○	—
		ヨウ素	○[a]	○[a]	—	○	—
		セレン	○[a]	○[a]	—	○	—
		クロム	—	—	○	○	—
		モリブデン	○[b]	○[b]	—	○	—

注）[*1] 一部の年齢階級についてだけ設定した場合も含む。

[*2] フレイル予防を図るうえでの留意事項を表の脚注として記載。

[*3] 総エネルギー摂取量に占めるべき割合（％エネルギー）。

[*4] 脂質異常症の重症化予防を目的としたコレステロールの量と，トランス脂肪酸の摂取に関する参考情報を表の脚注として記載。

[*5] 脂質異常症の重症化予防を目的とした量を飽和脂肪酸の表の脚注に記載。

[*6] 高血圧および慢性腎臓病（CKD）の重症化予防を目的とした量を表の脚注として記載。

[*7] 通常の食品以外の食品からの摂取について定めた。

[a] 集団内の半数の者に不足または欠乏の症状が現れうる摂取量をもって推定平均必要量とした栄養素。

[b] 集団内の半数の者で体内量が維持される摂取量をもって推定平均必要量とした栄養素。

[c] 集団内の半数の者で体内量が飽和している摂取量をもって推定平均必要量とした栄養素。

[x] 上記以外の方法で推定平均必要量が定められた栄養素。

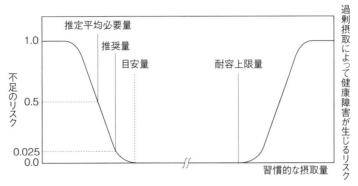

参考　食事摂取基準を理解するための概念図

縦軸は，個人の場合は不足または過剰によって健康障害が生じる確率を，集団の場合は不足状態にある者または過剰摂取によって健康障害を生じる者の割合を示す。

不足の確率が推定平均必要量では0.5（50％）あり，推奨量では0.02～0.03（中間値として0.025）（2～3％または2.5％）あることを示す。耐容上限量以上を摂取した場合には過剰摂取による健康障害が生じる潜在的なリスクが存在することを示す。そして，推奨量と耐容上限量との間の摂取量では，不足のリスク，過剰摂取による健康障害が生じるリスクともに0（ゼロ）に近いことを示す。

目安量については，推定平均必要量ならびに推奨量と一定の関係を持たない。しかし，推奨量と目安量を同時に算定することが可能であれば，目安量は推奨量よりも大きい（図では右方）と考えられるため，参考として付記した。

目標量は，他の概念と方法によって決められるため，ここには図示できない。

日本人の食事摂取基準（2020年版）主な改定のポイント

1) 策定目的に，生活習慣病の発症予防・重症化予防，さらに高齢者の低栄養予防やフレイル予防を追加。
   ・高齢者については，より細かい年齢区分による摂取基準を設定。
   ・小児については，一部未設定となっていた摂取基準を設定。
2) 根拠に基づく栄養政策の立案を一層推進する観点から，目標量を設定している摂取基準ではレビュー方法および記載の標準化・透明化を図るとともにエビデンスレベルを記載。
3) 2015年版では参考資料としていた「対象特性」，「生活習慣病とエネルギー・栄養素との関連」を各論の一部として構成。
4) ナトリウム（食塩相当量）について，2015年版よりもさらに低い目標を設定。
   15歳以上男性　7.5g未満/日，12歳以上女性　6.5g未満/日

4

食品衛生学

食品の安全と衛生

食品は，我々の生命の保持，身体の発育，健康の維持・増進のために必要なものであり，衛生的かつ安全であることが重要である。不衛生な食品を飲食した場合，しばしば健康障害を引き起こし，死にいたることもある。

食品衛生の基本は，食品の安全性を確保するために公衆衛生の向上の見地から必要な規制等を行うことにより，飲食によって起こる衛生上の危害を発生させないように予防することであり，国民の健康の保護を目的としている。

また，食品衛生法（第4条）では，食品衛生とは「食品（医薬品，医療機器等の品質，有効性及び安全性の確保等に関する法律による医薬品・医薬部外品及び再生医療等製品以外の飲食物），添加物，器具及び容器包装を対象とする飲食に関する衛生をいう」と定めている。

調理や食品の取り扱いを業とする人は，食品衛生法の目的をよく理解し，飲食による感染症や食中毒などが起こらないように，食中毒，食品添加物，食品の腐敗，食品の取り扱いなどを学び，その知識，技術を日常の業務のなかで実践しなければならない。

① 食品衛生法 （詳細はp.215～219）

1 対象

食品だけではなく，添加物，器具，容器包装，おもちゃ，洗浄剤が含まれる。

2 内容

食品添加物の指定，営業者に対する安全責任の強化，監視指導（食品衛生監視員の配置），食品などの検査制度の充実など，時代の要請に対応すべく随時改正が行われている。

平成30年の一部改正での，改正理由と主な内容は以下のとおりである。

❶食品の安全を確保するため，広域的な食中毒事案に対処するための広域連携協議会の設置。国および都道府県等は，食中毒患者等の広域にわたる発生等の防止のため，相互に連携を図りながら協力しなければならない。

❷国際標準に即して事業者自らが重要工程管理等を行う衛生管理制度の導入（HACCP（ハサップ）に沿った衛生管理の制度化）。営業施設の衛生管理その他公衆衛生上必要な措置について厚生労働省令で次の基準を定める。

●施設内外の清潔保持：ねずみ，昆虫の駆除など一般的な衛生管理。

●食品衛生上の危害の発生を防止するために特に重要な工程を管理するための取り組み（HACCPに基づく衛生管理）。小規模な営業者，その他の政令で定める営業者にあっては，その取り扱う食品の特性に応じた取り組み（HACCPの考えを取り入れた衛生管理）に関すること。

●営業者は厚生労働省令による基準に従い，公衆衛生上必要な措置を定め，遵守しなければならない。

❸特別な注意を要する成分等を含む食品による健康被害情報の届出制度の創設。

- ●「指定成分等」を含む食品を取り扱う営業者は，その指定成分等を含む食品が人の健康に被害を生じ，または生じさせる恐れがある旨の情報を得た場合は，その情報を遅滞なく都道府県知事等に届出なければならない。都道府県知事等はこの事項を厚生労働大臣に報告しなければならない。
- ●医師，歯科医師，薬剤師その他の関係者は「指定成分等」の摂取による健康上の影響について，被害状況や調査に必要な協力に努めなければならない。

❹安全性を評価した物質のみを食品用器具・容器包装に使用可能とする仕組み（ポジティブリスト制度）の導入等の措置を講ずる。

❷ 食品安全行政機構

1 食品安全行政機関

わが国の食品安全行政は**食品衛生法**（p.215〜219）と**食品安全基本法**（p.220〜222）に基づいて運営されている。

行政機構は，中央組織（国）と地方組織（都道府県，政令指定都市，特別区）に分かれ，食品衛生に関する監視指導業務と試験検査等の業務を行っている【図1】。

中央組織においては，内閣府，厚生労働省，農林水産省，消費者庁が役割を担当している【図1，2】。

リスク分析（食の安全への取り組み）については，まず内閣府に設置された食品安全委員会が科学的知見に基づいて食品健康影響評価（リスク評価）を行う。その結果に基づいて関連行政機関である厚生労働省，農林水産省，消費者庁が規制等の措置（リスク管理）を実施する。

また，施策の策定にあたり，リスクの評価者・管理者，消費者，事業者など関係者相互の情報・意見の交換（リスクコミュニケーション）を行う。

関係部署（根拠法）と内容をまとめると，次のとおりである。

❶**リスク評価：内閣府（食品安全委員会；食品安全基本法）** リスク評価の実施，リスク管理を行う行政機関への勧告，リスク管理の実施状況のモニタリング，内外の危害情報の一元的な収集・整理などを行う。

❷**リスク管理** **厚生労働省（食品衛生法など）** では，検疫所，地方厚生局，地方自治体保健所などを所管し，食品の衛生に関するリスク管理を行う。

農林水産省（農薬取締法，飼料安全法など） では，地方農政局，消費技術センターなどを所管し，農林・畜産・水産に関するリスク管理を行う。

消費者庁（食品表示法，健康増進法など） では，食品の表示に関するリスク管理を行う。

❸**リスクコミュニケーション** 食品の安全性に関する情報の公開，消費者等の関係者が意見を表明する機会の確保が行われる。

地方においては，都道府県や保健所を設置する市の衛生主管部（健康福祉部など）がその事務を行っている。さらに，飲食物の衛生に関する第一線の機関としては，**保健所**（468か所，令和5年4月）がその任に当たっている【図2】。都道府県，保健所設置市，特別区（都道府県等）で食品の監視指導を担当している食品衛生監視員は8,327人（令和3年度末）で，調査・監視指導の延べ施設数は，

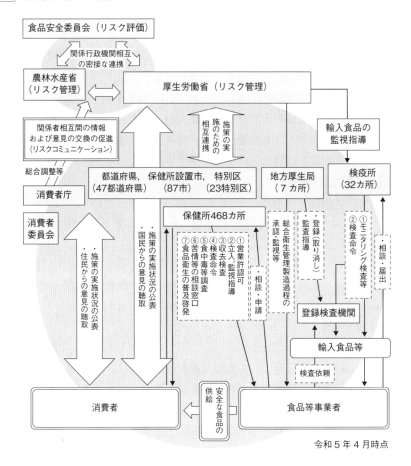

図1 食品安全行政の概要

食品安全委員会（リスク評価）

関係行政機関相互の密接な連携

農林水産省（リスク管理）

厚生労働省（リスク管理）

施策の実施のための相互連携

関係者相互間の情報および意見の交換の促進（リスクコミュニケーション）

輸入食品の監視指導

総合調整等

消費者庁

消費者委員会

都道府県，保健所設置市，特別区
（47都道府県）（87市）（23特別区）

地方厚生局（7カ所）

検疫所（32カ所）

保健所468カ所

①営業計認可②立入検査③収去検査④検査命令⑤食中毒等調査⑥苦情等の相談窓口⑦食品衛生の普及啓発・監視指導

総合衛生管理製造過程の承認・監視指導等

・相談・申請

登録（取り消し）・監視指導

①モニタリング検査等②検査命令

・相談・届出

登録検査機関

輸入食品等

検査依頼

消費者

安全な食品の供給

食品等事業者

令和5年4月時点

都道府県等の許可の必要なものが約105万施設，必要でないものが約37万施設となっている。

2 食品衛生監視

　都道府県などで，食品の監視業務は食品衛生監視員が担当している。食品衛生監視員の業務の内容は，営業施設の衛生監視・指導であり，立ち入り監査，食品などの収去等である。監視の結果，都道府県知事の権限で，営業許可の取り消しや営業の禁止・停止その他の行政処分が下される。

　現在，食品衛生監視指導計画が策定され，地域の状況に応じて重点的に効率のよい監視指導が実施されている。

　輸入食品の割合は，ここ数年カロリーベースでみると約60％を占めている。安全性確保は重要であり「輸入食品監視指導計画」が年度ごとに策定されている。残留農薬や添加物の安全対策は国際的な視野での対応が求められており，一層の強化と輸入手続きの迅速化が求められている。輸入食品監視指導は，32か所の検疫所で食品衛生監視員により書類審査・検査などが実施されており，令和3年度には輸入食品届出件数約246万件のうち約20万件について検査が実施された。

　また，食品の衛生検査を実施する機関は絶えず保健所と連絡をとり，食中毒発生

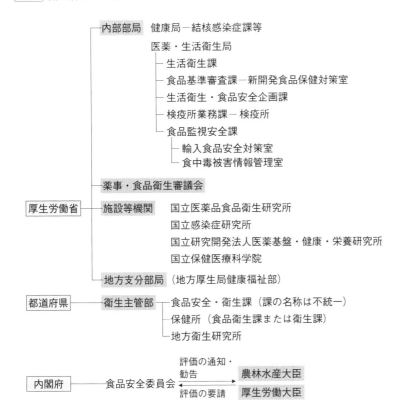

図2 衛生行政上の組織

時の検査や食品衛生監視員が収去した食品の検査，食品添加物などの製品検査を行っている。

3 食品衛生の自主管理

平成15年5月，食品衛生法の一部改正による，政府全体の食の安全への新しい取り組みとして，事業者自らが基本理念に従い，食品の安全性の確保について，責任を認識して必要な措置を講ずるとした。

例えば，昭和55年1月，練り製品の過酸化水素（殺菌料，漂白剤）に対する製造業界の自主規制などは，その好例である。また，（公社）日本食品衛生協会は，食品衛生指導員制度を設けて自主管理・指導を行っている。

❸ 食品安全行政の主な動向

❶遺伝子組換え安全性審査，表示の義務化（平成13年4月） 遺伝子組換えとは，農作物などに有用な性質を与えるために他の生物の遺伝子の一部を取り出して新たに組み込む技術である。アレルギー誘発性，有害物質の産生，代謝への悪影響などの安全性が確認されていなかった背景から，食品衛生法による安全性審査と表示が義務付けられた。不合格の場合は市場に流通させられないことになった

❷アレルギー物質を含む食品の表示の義務化（平成13年4月） アレルギーをはじめとした過敏症（アレルギー疾患）を起こすことが知られている物質（アレルゲン）を含む食品を原因とする健康被害が増え始めたことを契機に定められた

❸BSE感染牛の対策（平成13年10月）　下記のワンポイント参照

❹輸入食品に対する監視指導体制の強化（平成15年5月）　わが国の食料供給における輸入食品はカロリーベースで約60%を占めており，これらの安全確保のため，食品衛生法に基づいて強化されている

❺生食用食肉（牛の食肉で内臓を除く）の規格基準の策定（平成23年10月）　平成23年に牛肉の生食による腸管出血性大腸菌食中毒が発生したことから，生食用食肉の成分規格，加工基準，保存基準が設定された。

　　平成24年から牛の肝臓を生食用として販売・提供することの禁止が設定された。平成27年6月に食品衛生法に基づき，豚肉および豚の内臓についても生食用としての販売・提供が禁止された。

　　なお，食肉製品についても，乳，乳製品と同様に，平成8年から総合衛生管理製造過程承認制度が導入されている

❻腸管出血性大腸菌O157等食中毒対策の強化（平成24年7月）　平成8年牛レバーによる食中毒発生を受け，生食用食肉の衛生基準が定められて指導が行われてきたが，平成23年に腸管出血性大腸菌O111およびO157により富山県で5人の死亡があり，24年には北海道で白菜の浅漬けにより8人が死亡した。毎年，広域・大規模な食中毒が発生するため，実質的な衛生管理の指導が強化されている

❼ノロウイルス食中毒対策（平成25年10月）　ノロウイルスによる食中毒は平成15年から集計されている。年々多数発生することから，平成19年には薬事・食品衛生審議会で「ノロウイルス食中毒対策（提言）」がまとめられ，平成25年

BSE（牛海綿状脳症）問題と現状

　　BSEは1986年にイギリスで初めて確認された牛の疾患で，中枢神経が侵され起立障害やけいれんなどを起こして，やがて死亡する，プリオン病の一つである。原因物質は餌に混ぜた肉骨粉に含まれる異常プリオンである。罹患した牛の脳がスポンジ状に見えることから牛海綿状脳症と名付けられ，狂牛病とも呼ばれる。BSEのほか，羊のスクレイピーや人のクロイツフェルト・ヤコブ病などを発症する。

　　日本でも，平成13年9月に輸入肉骨粉が原因とされるBSE牛が発見されて対策が取られ，生後1歳以上の牛の4大特定部位（脳，眼，脊髄，回腸遠位部）の焼却処分と，食肉牛すべてについて異常プリオン検査の実施などが実施された。その後，適時に対策が行われ，最新の科学的知見に基づき，国内検査体制，輸入条件の再評価が行われている。平成25年7月には，48ヵ月齢超の牛に対し，舌とほほ肉以外の頭部，脊髄，全月齢の扁桃，回腸遠位部の除去と焼却が義務付けられた。

　　一連のBSE問題は，トレーサビリティ（消費者が品物の購入の際に，生産情報や流通過程を確認できるシステム）に関心が高まる要因の一つとなった。

　　平成16年12月から牛肉トレーサビリティ法（牛の個体識別のための情報の管理及び伝達に関する特別措置法）が施行され，国産牛肉については，個体情報，給餌情報，動物用医薬品の投与情報などが提供されている。

10月に予防啓発が行われた。平成28年7月には，国立医薬品衛生研究所において実施された「ノロウイルスの不活化条件による調査」の結果から塩素系消毒剤やエタノール系消毒剤を使用する際の留意点等を追加し，「大量調理施設衛生管理マニュアル」が改訂された（p.235）。同年11月には「ノロウイルスに関するQ&A」が改訂され，手洗いの励行，食品取扱時の汚染防止，糞便や吐物の適切な処理，食品の十分な加熱等の対策が重点的に関係機関に伝えられた。令和4年においての事件数は63件，患者数2,175人（死者0人）である。

❽寄生虫食中毒対策　平成6年に寄生虫予防法が廃止されたが，平成9年には厚生省から，食品媒介の寄生虫性疾患への対策強化に関する通知が出され，平成11年には食中毒統計において，「その他」にアニサキスが例示された。さらに平成25年から「寄生虫」の項目が掲載され，アニサキス，クドア，サルコシスティス，その他の寄生虫という4種を集計している。平成29～令和4年には，アニサキスによる食中毒が多く発生している。

❾豚の食肉を生食用として販売することの禁止（平成27年6月）　E型肝炎ウイルス，食中毒菌および寄生虫による危害要因があることなどを踏まえ，生食用としての提供が禁止された。

❿食品衛生法の一部改正（平成30年6月）　食を取り巻く環境変化や国際化に対応し，食品の安全を確保するため，広域的な食中毒事案への対策強化，食品事業者のHACCPに沿った衛生管理や，特別の注意を要する成分等を含む食品による健康被害情報の届出の制度化が行われた（p.161）。

食品の腐敗

1 腐敗，変敗と変質

　食品の**腐敗**とは，主に食品のたんぱく質が分解して，徐々に単純な化合物となっていくことである。一方，**変敗**[*1]とは，食品の糖質や脂質が分解して，風味が悪くなり食用にならなくなることである。また，**変質**とは，食品が徐々に鮮度を失って，乾いたり，色が変わったり，においが悪くなったりして，食用にならなくなった状態をいう。

　実際は，腐敗のときにも同時に糖質や脂質の分解があり，変敗のときにも同時にたんぱく質の分解があって，両者をはっきり区別することは難しい。例えば，酒は糖質が分解してアルコールになったものであるが，これを変敗ではなく，酒の醸造<ruby>醸造<rt>じょうぞう</rt></ruby>と呼んでいる。このことより，食品が分解してできたものがおいしく食べられるものであれば，それは腐敗や変敗といわない。以上のように，ここでいう腐敗，変敗は，その食品が不衛生な状態となり，その結果，食中毒を起こすような変化をいう。

2 食品の保存法

　食品の腐敗や変敗の多くは，食品についた腐敗細菌が作用して起こる。腐敗細菌は，食品の表面に好気性菌，内部に嫌気性菌が作用していることが多い。したがって，食品保存には，その原因である細菌の活動を止める必要がある。

　なお，食品衛生法の規定に基づき，食品一般と清涼飲料水などの各食品は成分規格，製造，加工および調理保存などの基準が示されている。

❶ 低温貯蔵法（冷蔵・冷凍法）

　食品を低温で保存し，微生物の活動をおさえる方法である。一般には，冷蔵（10〜0℃）と冷凍（−15℃以下[*2]），チルド（0℃前後），パーシャルフリージング（0〜−3℃）などが行われ，保存基準の設けられている食品もある。

　冷蔵も冷凍も，細菌の活動力を著しく弱め，さらに酵素による分解もおさえられるが，細菌を死滅させることはできない。冷凍は，冷蔵よりも長時間の保存が可能である。細菌は30〜40℃で最も増殖が進みやすいとされている。ただし，例外もある。

[*1]【変敗】例えば，油脂の変敗では，油脂が光，熱，空気あるいは微生物などにより，品質が低下（劣化）する。油脂が空気中の酸素，金属などにより酸化されて，品質が低下する場合を<ruby>酸敗<rt>さんぱい</rt></ruby>という。

[*2]【冷凍】アニサキスの場合には，−20℃以下24時間以上の貯蔵で死滅する。

表1 **水分活性（Aw）**＊

❶食品の水分含量と水分活性（Aw）

食　品	水分（%）	Aw
野菜	80〜90	0.98〜0.99
魚介類（生）	70〜85	0.98〜0.99
かまぼこ	70〜73	0.93〜0.97
食肉類	70以上	0.93〜0.97
ハム，ソーセージ	55〜68	0.90〜0.92
塩サケ（食塩11.3%）	60	0.89
ようかん	25	0.8
ジャム（砂糖66%）	35〜55	0.75〜0.80
煮干しイワシ	16	0.57〜0.58
イカの燻製	65	0.78
乾燥果実	12〜15	0.6
米，小麦粉	14〜15	0.60〜0.64
乾麺	12	0.5
ビスケット	4	0.33

注）Aw0.6以下では，微生物は増殖しない。
　　生ハムではAw0.94以下に規定（食品衛生法）

❷微生物の生育限界と水分活性（Aw）

微生物	Aw
ボツリヌス菌 サルモネラ属菌	0.93〜0.94
一般細菌	0.90
好塩細菌	0.65
かび	0.80〜0.87
乾性かび	0.65
好浸透圧酵母	0.60

注）＊【水分活性（Aw）】食品中の水分には自由水と結合水があり，微生物は自由水を利用する。微生物の発育や貯蔵性は食品の水分量ではなく，水の存在の仕方に影響される。食品中の自由水の量は水分活性という数値で表され，0〜1.0の範囲で示される。

❷ 乾燥法

　微生物が発育するには水分が必要であることから，食品を乾燥させて（水分活性を低くする）微生物が発育しにくい状態にして保存する方法である【表1】。

　乾燥方法には，天日乾燥，熱風乾燥，電気乾燥，噴霧乾燥，薬品乾燥，凍結乾燥などがある。乾燥の程度は，食品によって異なるが，大体水分を15%以下にするのが普通である。長期間乾燥保存すると，脂質を多く含んでいるものなどは変敗することが多い。

　現在は，急速凍結した食品を減圧条件下で乾燥する真空凍結乾燥（フリーズドライ）が広く行われており，食品の組織や風味の損失が少ないという特徴がある。

❸ 塩漬け・砂糖漬け・酢漬け法

　塩漬け，砂糖漬け法は，塩，砂糖の濃度が高くなることで，食品中の水分の一部が結合水となり，水分活性が低くなることにより，微生物の増殖がおさえられる。また，酢ではそのpHが酸性に傾くことから微生物の発育が阻止される。また，発酵微生物が産生する乳酸などの有機酸は，食品の保存性を高める。この原理を応用したのが漬け物法である。

　肉や野菜は，塩漬け，酢漬け，果実類は砂糖漬けにして保存する。かす漬けやみそ漬けなどもこれと同様である。

❹ 燻煙法

　肉類や魚類を一度塩漬けにした後，さらに木材をいぶして出る煙のなかにかざし，

加温して水分をある程度蒸発させると同時に，煙の成分をしみ込ませて防腐する方法である。

煙の成分は，ホルムアルデヒド（ホルマリン），フェノール，酢酸，アセトンなどで，それぞれ微量ではあるが，総合的に作用することで保存性が向上する。

最近では，液体燻製（くんせい）という名で，木材乾留（かんりゅう）のときに出る煙を集めた液に漬けて，燻製のようなものをつくることも行われている。

❺ びん詰・缶詰法

食品を，びんや缶に詰めた後，加熱などで脱気し，すぐに密閉して加熱殺菌し保存する方法である。

加熱温度と時間は，食品の種類，pH，水分活性，缶型などによって異なる。酸を含んでいる食品は，100℃以下の低温で1～30分間加熱する。清涼飲料水は，容器充てん後，密封してpH4.0以上では85℃で30分，pH4.0未満では65℃で10分間加熱する。pHが高く，水分活性が高い魚類，野菜類，畜肉類は110～120℃の高温で30～90分間加熱する。

果実類は，食肉調理品や水産類に比べて，溶液のpHが低いため（pH3.7以下），低温短時間（70～80℃で10～30分）の殺菌でよい。

なお，細菌はpH6.0～8.0で最も増殖が進みやすいとされている。ただし，例外もある。

缶詰で，この殺菌が不十分な場合，缶のなかでボツリヌス菌などの嫌気性菌が増えてガスが発生するため，缶が膨（ふく）らんでしまう。このため，たたいたときにボコボコというような音がして，穴を開けたときガスが漏（も）れるようなものは危険である。

缶詰の栄養上の欠点は，製造の際の加熱によりビタミンCが破壊されることである。

❻ 加圧加熱殺菌法（レトルト殺菌法；レトルト加熱釜殺菌法）

加圧加熱殺菌法とは，水蒸気または熱湯などの熱媒体を密封した殺菌装置（レトルト）により，大気圧以上に加圧し，100℃を超える温度で，缶，びん詰，レトルトパウチ食品（レトルト食品）などを加熱殺菌する方法である。食品衛生法では一般的に，中心温度120℃で4分相当以上の加熱を行うことになっている。

プラスチックや金属のフィルムを多層に合わせたものを，袋状に成形した容器（レトルトパウチ）に，調理済み食品を詰めて密封し，加圧加熱殺菌した食品がレトルト食品である。カレー，シチュー，ハンバーグ，粥，赤飯などがある。レトルトパウチに使用される耐熱性フィルムは，ポリエチレン，アルミ箔（はく），ポリスチレンを重ね合わせたもので，殺菌処理後の保存性に優れている。

❼ 食品添加物（保存料）による方法

保存料は，腐敗細菌の繁殖を防止するが殺菌力は非常に弱い。保存料には安息香酸，安息香酸ナトリウム，ソルビン酸などがあり，これらによる食品の保存法は簡単で，しかも安価であるが，人の健康をそこなうおそれがあるので，食品衛生法で許可されたもの以外は使用してはならない。

⑧ 無酸素状態による保存法

食品を無酸素状態にして，品質の劣化や好気性菌の増殖をおさえて，保存性を高める方法である。これには，脱酸素剤による酸素の除去，ガス（窒素，二酸化炭素など）置換，真空包装などの方法がある。ただし，ボツリヌス菌などの嫌気性菌の増殖はおさえられない。

⑨ 紫外線照射法

2,600Å[*1]（260nm[*2]）付近の紫外線は強い殺菌力をもつが，効果は表面にとどまる。菌の種類によって，多少その効果に差があり，特にかび類にはかなりの照射時間が必要である（p.210）。

⑩ 放射線照射法

食品への放射線の照射はコバルト60からのγ（ガンマ）線が利用されている。

実用化されているものには，食肉・魚介類・香辛料・乾燥野菜の殺菌，穀物や果実の殺虫，じゃがいも・たまねぎ・にんにくなどの発芽防止，バナナやパパイヤの熟度調整などがある。

日本では，じゃがいもの発芽防止の目的でのみ食品への照射が認められている。他の食品については食品衛生法で使用が禁止されている。

⑪ 牛乳の殺菌法

殺菌方法は，乳及び乳製品の成分規格等に関する省令（乳等省令）に基づき定められている。3種類ある。

❶低温保持殺菌法　LTLT法（パスツリゼーション），パスチャライズ法。65℃前後で30分間以上。たんぱく質が変性せず，乳本来の味が保たれる。消費期限は短くなる。ビールやワインの変敗防止にも使用されている

❷高温短時間法（HTST法）　75℃で15秒間

❸超高温瞬間殺菌法（UHT法）　120〜150℃で数秒間。一般的には，130℃前後で約2秒間。わが国では，牛乳の殺菌はほとんどUHT法で行われている

　　LL牛乳（ロングライフミルク）❶〜❸とは異なり，140〜150℃で2〜3秒滅菌し，アセプティク容器（紙にアルミ箔を貼り合わせたもの）に無菌的に充填して，光と空気を遮断したもの。常温[*3]で長期保存（3か月程度）が可能。ただし，開封後はすぐに消費すること（p.206）。

[*1]【Å】オングストローム
[*2]【nm】ナノメートル
[*3]【常温】JIS（日本工業規格）では20±15℃（5〜35℃）としている。普通牛乳では10℃以下での保存による賞味期限（開封前）が示されている。

3 食中毒

1 食中毒の概要

　食中毒とは，生きた病原細菌やウイルス，または病原細菌の産生した毒素，あるいは有害な化学物質によって汚染された食品や有毒物を含む食品を飲食することによって，一定の潜伏期間を経て，腹痛，嘔吐，下痢，発熱などの激しい症状や神経障害などの健康障害を生じる場合をいい，なかには死にいたるものもある。その原因によって，細菌性食中毒，ウイルス性食中毒，寄生虫による食中毒，化学性食中毒および自然毒食中毒，その他に分けられる。

2 食中毒の発生状況

　食中毒の事件数はゆるやかな減少傾向にある。患者数は大規模食中毒事件の発生を除けば，ほぼ2〜4万人の間で推移していたが，令和4年は1万人を切った。
　食品衛生法第63条により，医師は食中毒患者を診察した際は，直ちに（24時間以内に）保健所長に届け出ることになっており，これに基づいて毎年食中毒の実態が把握されている。保健所に届けられた患者は，令和4年で6,856人，そのうち死者は5人であった【表2】。すべての食中毒が届けられているわけではないため，実際の患者数は，相当数あるとされている。

表2　年次別食中毒発生状況（昭和30〜令和4年）

年　次	事件数 （件）	患者数 （人）	死者数 （人）	1事件当たりの 患者数（人）	罹患率 （人口10万対）	死亡率 （人口10万対）
昭和30（1955）年	3,277	63,745	554	19.5	71.4	0.6
40（1965）	1,208	29,018	139	24.0	29.5	0.1
50（1975）	1,783	45,277	52	25.4	40.4	0.0
60（1985）	1,177	44,102	12	37.5	36.4	0.0
平成 7（1995）	699	26,325	5	37.7	21.0	0.0
12（2000）	2,247	43,307	4	19.3	34.1	0.0
17（2005）	1,545	27,019	7	17.5	21.1	0.0
22（2010）	1,254	25,972	0	20.7	20.3	—
27（2015）	1,202	22,718	6	18.9	17.9	0.0
令和 2（2020）	887	14,613	3	16.5	11.6	0.0
4（2022）	962	6,856	5	7.1	5.5	0.0

資料）厚生労働省：食中毒統計調査

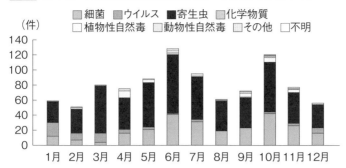

図3 食中毒　月別病因物質別発生状況：事件数（令和4年）

（凡例）■ 細菌　■ ウイルス　■ 寄生虫　■ 化学物質　□ 植物性自然毒　□ 動物性自然毒　□ その他　□ 不明

❶ 年次別・月別発生状況

　令和4年の食中毒の発生状況を月別にみると，発生件数が多かった順に，6月の128件，次いで10月の120件，7月の95件であった【図3，表3】。

　令和4年の病因物質別発生状況では，寄生虫食中毒が577件と全体の60.0%を占め，年間を通して発生している。平成29年から魚の生食が原因でアニサキス（寄生虫）による食中毒が多数発生しており，カンピロバクターやノロウイルスによる食中毒の発生も続いている。ノロウイルス食中毒は，12〜4月に発生が多い。

　過去の大規模な食中毒事件は，【表4】のようなものがあった。

❷ 病因物質〜何が原因で中毒を起こしたか〜

　【表5】のように，令和4年の病因物質が判明した食中毒事件数は99.1%，患者数6,754人，そのうち，事件数は寄生虫60.5%，細菌性27.1%，ウイルス性6.6%の順で，患者数では，細菌性52.5%，ウイルス性32.2%，寄生虫9.9%の順であった。細菌はカンピロバクター，ウイルスはノロウイルス，寄生虫はアニサキスが多い。

❸ 原因食品〜どのような食品を飲食して中毒を起こしたか〜

　【表6】のように，令和4年に原因食品が判明した事件数は715件（74.3%），患者数は6,532人（95.3%）であった。そのうち事件数では，魚介類（加工品を含む）54.3%，複合調理食品7.0%，野菜およびその加工品4.9%の順で多く，患者数では複合調理食品31.5%，魚介類（加工品含む）11.5%，肉類およびその加工品3.5%の順であった。

❹ 原因施設〜どこで飲食して中毒を起こしたか〜

　令和4年に原因施設が判明した事件数は673件（70.0%），患者数は6,487人（94.6%）であった【表7】。事件数では，多い順に飲食店，家庭，販売店，患者数では，飲食店，仕出屋，事業所であった。死者は家庭2人，飲食店1人，販売店1人であった。

3　食中毒の種類

　食中毒にはいろいろな種類があるが，一般に食中毒菌は，気温，湿度が高いと発育がよくなる。食中毒は，【表8】のように分類される。

3-1　細菌性食中毒

　細菌性食中毒は，病原細菌に汚染された食品の飲食により発症する食中毒である。

表3 食中毒 月別病因物質別発生状況（令和3年） 事件数

病因物質	総数	1月	2月	3月	4月	5月	6月	7月	8月	9月	10月	11月	12月
総　数	962	59	51	80	75	88	128	95	61	72	120	77	56
細菌　総数	258	12	7	4	16	21	41	31	19	23	42	26	16
サルモネラ属菌	22	—	—	—	1	—	4	7	1	5	4	—	—
ブドウ球菌	15	—	1	—	1	—	1	3	4	1	4	1	—
ボツリヌス菌	1	—	—	—	—	—	—	—	—	—	—	—	—
腸炎ビブリオ	—	—	—	—	—	—	—	—	—	—	—	—	—
腸管出血性大腸菌（VT産生）	8	—	—	—	1	1	2	3	1	1	—	—	—
その他の病原大腸菌	2	—	—	—	1	—	1	—	—	—	—	—	—
ウエルシュ菌	22	—	1	—	4	3	2	1	1	3	1	5	1
セレウス菌	3	—	—	—	—	—	—	2	—	—	—	1	—
エルシニア・エンテロコリチカ	—	—	—	—	—	—	—	—	—	—	—	—	—
カンピロバクター・ジェジュニ／コリ	185	12	5	4	9	17	31	15	12	13	33	19	15
ナグビブリオ	—	—	—	—	—	—	—	—	—	—	—	—	—
コレラ菌	—	—	—	—	—	—	—	—	—	—	—	—	—
赤痢菌	—	—	—	—	—	—	—	—	—	—	—	—	—
チフス菌	—	—	—	—	—	—	—	—	—	—	—	—	—
パラチフスA菌	—	—	—	—	—	—	—	—	—	—	—	—	—
その他の細菌	—	—	—	—	—	—	—	—	—	—	—	—	—
ウイルス　総数	63	18	9	12	5	3	1	3	—	—	2	3	7
ノロウイルス	63	18	9	12	5	3	1	3	—	—	2	3	7
その他のウイルス	—	—	—	—	—	—	—	—	—	—	—	—	—
寄生虫　総数	577	28	32	63	42	59	78	57	40	40	66	41	31
クドア	11	—	1	1	1	3	2	—	1	—	—	1	1
サルコシスティス	—	—	—	—	—	—	—	—	—	—	—	—	—
アニサキス	566	28	31	62	41	56	76	57	39	40	66	40	30
その他の寄生虫	—	—	—	—	—	—	—	—	—	—	—	—	—
化学物質　総数	2	1	—	—	—	—	—	—	—	1	—	—	—
自然毒　総数	50	—	2	1	12	4	6	2	1	7	8	5	2
植物性自然毒	34	—	—	1	9	4	2	2	1	5	6	4	—
動物性自然毒	16	—	2	—	3	—	4	—	—	2	2	1	2
その他	3	—	—	—	—	—	—	—	—	—	1	2	—
不明	9	—	1	—	—	1	2	2	1	1	1	—	—

資料）厚生労働省：食中毒統計調査

表4 過去の大規模な食中毒事件

昭和30年	ヒ素混入粉ミルク（12,344人）
平成 8年	腸管出血性大腸菌（VT産生）（14,486人，死者数8人）
8年	サルモネラ属菌（16,576人，死者数3人）
12年	加工乳の黄色ブドウ球菌（13,420人，死者数0人）
18年	ノロウイルス（27,616人，死者数0人）
23年	腸管出血性大腸菌（VT産生）（714人，死者数7人）
24年	腸管出血性大腸菌（VT産生）（392人，死者数8人）
27年	ヒスタミン（405人，1〜14歳で約60%）
28年	腸管出血性大腸菌（252人，死者数10人）
29年	ノロウイルス（1,000人以上，死者数0人）

表5 食中毒　病因物質別発生状況（令和4年）

	事件	%	患者	%	死者	%
総　数	962	100.0	6,856	100.0	5	100.0
病因物質判明	953	99.1	6,754	98.5	5	100.0
病因物質不明	9	0.9	102	1.5	—	—
細　菌	258	27.1	3,545	52.5	1	20.0
サルモネラ属菌	22	2.3	698	10.3	—	—
ブドウ球菌	15	1.6	231	3.4	—	—
ボツリヌス菌	1	0.1	1	0.0	—	—
腸炎ビブリオ	—	—	—	—	—	—
腸管出血性大腸菌（VT産生）	8	0.8	78	1.2	1	20.0
その他の病原大腸菌（p.177参照）	2	0.2	200	3.0	—	—
ウェルシュ菌	22	2.3	1,467	21.7	—	—
セレウス菌	3	0.3	48	0.7	—	—
エルシニア・エンテロコリチカ	—	—	—	—	—	—
カンピロバクター・ジェジュニ/コリ	185	19.4	822	12.2	—	—
ナグビブリオ	—	—	—	—	—	—
コレラ菌	—	—	—	—	—	—
赤痢菌	—	—	—	—	—	—
チフス菌	—	—	—	—	—	—
パラチフスA菌	—	—	—	—	—	—
その他の細菌	—	—	—	—	—	—
ウイルス	63	6.6	2,175	32.2	—	—
ノロウイルス	63	6.6	2,175	32.2	—	—
その他のウイルス	—	—	—	—	—	—
寄生虫	577	60.5	669	9.9	—	—
クドア	11	1.2	91	1.3	—	—
サルコシスティス	—	—	—	—	—	—
アニサキス	566	59.4	578	8.6	—	—
その他の寄生虫	—	—	—	—	—	—
化学物質	2	0.2	148	2.2	—	—
自然毒	50	5.2	172	2.5	4	80.0
植物性自然毒	34	3.6	151	2.2	3	60.0
動物性自然毒	16	1.7	21	0.3	1	20.0
その他	3	0.3	45	0.7	—	—

注）%の値は四捨五入のため，内訳合計が100%にならないことがある（表6，7も同様）。
　　各物質の「%」は「原因物質判明」を100とした割合である。
資料）厚生労働省：食中毒統計調査

表6 **食中毒 原因食品別発生状況（令和 4 年）**

	事件数	%	患者数	%	死者数	%
総　数	962	100.0	6,856	100.0	5	100.0
原因食品判明	715	74.3	6,532	95.3	5	100.0
原因食品不明	247	25.7	324	4.7	—	—
魚介類	384	53.7	745	11.4	1	20.0
貝類	5	0.7	52	0.8	—	—
ふぐ	10	1.4	11	0.2	1	20.0
その他	369	51.6	682	10.4	—	—
加工品	4	0.6	4	0.1	—	—
肉類およびその加工品	29	4.1	227	3.5	1	20.0
卵類およびその加工品	2	0.3	113	1.7	—	—
乳類およびその加工品	—	—	—	—	—	—
穀類およびその加工品	2	0.3	27	0.4	—	—
野菜およびその加工品	35	4.9	225	3.4	3	60.0
豆類	—	—	—	—	—	—
きのこ類	9	1.3	27	0.4	—	—
その他	26	3.6	198	3.0	3	60.0
菓子類	—	—	—	—	—	—
複合調理食品	50	7.0	2,060	31.5	—	—
その他	209	29.2	3,131	47.9	—	—
食品特定	15	2.1	444	6.8	—	—
食事特定	194	27.1	2,687	41.1	—	—

注）各食品の「%」は「原因食品判明」を100とした割合である。
資料）厚生労働省：食中毒統計調査

発症の仕方には感染型と毒素型があり，感染型は感染侵入型と感染毒素型に分けられる。

　細菌性食中毒は，気温が高くなり湿度が上がると起こりやすくなる。これらの細菌が増殖したり，毒素が発生したりして，中毒の原因となった食品でも，色，香り，味などに変化がないことが多く，安全なものとの区別が難しい。したがって，予防には，細菌をつけない，増やさない，殺すの3つが重要である。

❶ 感染型

　感染侵入型は，食品中に増殖した原因細菌が生きたまま摂取され，腸管内でさらに増殖して組織や細胞に侵入して発病する。原因細菌は，サルモネラ属菌，エルシニア・エンテロコリチカ，カンピロバクター・ジェジュニ/コリ，腸管侵入性大腸菌，リステリアなどである。

　感染毒素型は，食品中に増殖した原因細菌が生きたまま摂取され，腸管内での増殖または芽胞形成時に産生された毒素によって発病する。原因細菌は，腸炎ビブリオ，ウェルシュ菌，腸管出血性大腸菌〔ベロ毒素（VT）産生〕，セレウス菌（下痢型）

[表7] 食中毒　原因施設別発生状況（令和4年）

	事件数	%	患者数	%	死者数	%
総　数	962	100.0	6,856	100.0	5	100.0
原因施設判明	673	70.0	6,487	94.6	4	80.0
原因施設不明	289	30.0	369	5.4	1	20.0
家　庭	130	19.3	183	2.8	2	50.0
事業場	25	3.7	949	14.6	―	―
学　校	13	1.9	393	6.1	―	―
病　院	2	0.3	43	0.7	―	―
旅　館	8	1.2	245	3.8	―	―
飲食店	380	56.5	3,106	47.9	1	25.0
販売店	87	12.9	154	2.4	1	25.0
製造所	3	0.4	12	0.2	―	―
仕出屋	20	3.0	1,323	20.4	―	―
採取場所	0	0.0	0	0.0	―	―
その他	5	0.7	79	1.2	―	―

注）各施設の「%」は「原因食品判明」を100とした割合である。
資料）厚生労働省：食中毒統計調査

[表8] 食中毒の分類

細菌性	感染型	感染侵入型	サルモネラ属菌，エルシニア・エンテロコリチカ，カンピロバクター・ジェジュニ/コリ，腸管侵入性大腸菌，リステリアなど
		感染毒素型〔生体内毒素（腸管内毒素）〕	腸炎ビブリオ，ウェルシュ菌，腸管出血性大腸菌（VT産生），腸管毒素原性大腸菌，セレウス菌（下痢型）など
	毒素型（食品内毒素型）		黄色ブドウ球菌，ボツリヌス菌，セレウス菌（嘔吐型）など
	経口感染症		赤痢菌，コレラ菌，チフス菌，パラチフスA菌
ウイルス性			ノロウイルス，その他のウイルス
寄生虫			アニサキス，クドア，サルコシスティス，その他の寄生虫
化学性			有害化学物質による：水銀，ヒ素，銅，鉛，過酸化脂質，食品添加物，メタノール（現在，発症はみられない），ヒスタミン（アレルギー様食中毒）など
自然毒	植物性		毒きのこ，毒草
	動物性		フグ，貝毒
その他			クリプトスポリジウム（原虫），サイクロスポラ（原虫）など

などがある。

1　サルモネラ属菌食中毒（感染侵入型）

●菌の特徴　グラム陰性の桿菌であり，体のなかに入ったサルモネラ属菌が増殖して中毒が起こる。ほ乳類，鳥類，は虫類などが保菌している。なお，この中毒の原因となるサルモネラ属菌でよく知られているものは，腸炎菌（エンテリティ

ディス），ネズミチフス菌などである
- ●**感染源・原因食品**　保菌動物の肉や卵，鶏卵加工品を，加熱不十分のまま摂取して起こることが多く，ゴキブリ，ハエ，家畜からの汚染もある。牛乳・乳製品，肉製品などの動物性食品やあん類，野菜サラダ，納豆，ちくわ・かまぼこなどの魚肉練り製品などからの発生例もある。これは，製品の衛生管理が不十分なためである。近年は，生卵や卵使用のとろろ汁，ケーキ，洋生菓子，食肉からの発生が多い
- ●**主な症状**　他の食中毒に比べて経過が長く，症状は重い。腹痛，下痢（水様便），嘔吐，また，発熱も多い。大体10〜24時間で発病するが，2〜3日してから発病することもある。発病後は，3〜5日で快方に向かい，7〜14日くらいで治る
- ●**予防方法**　一番重要なのは，鶏卵の衛生的な取り扱いである。鶏卵の規格基準（p.233）では，成分規格，加工・調理基準が規定され，75℃で1分間以上の加熱が定められている。さらに，飲食物の衛生管理や，調理場からこの菌を媒介するネズミ，ハエ，ゴキブリなどを完全に駆除することが中毒の防止になる。

　また，この菌は熱に弱いため，食品などを十分加熱すれば安全である。しかし，加熱しにくい食品もある。また，加熱後の再汚染にも注意が必要である。

2　エルシニア・エンテロコリチカ食中毒（感染侵入型）

　ブタの糞便で汚染された食品や飲料水が主要な感染源となる。0〜5℃でも発育できるため，冷蔵庫などでも増殖する。十分な加熱で予防できる。

3　カンピロバクター・ジェジュニ/コリ食中毒（感染侵入型）

- ●**菌の特徴**　グラム陰性のらせん菌で微好気的条件でのみ発育し，芽胞は形成しない。なお，4℃以下の低温でもかなり長い間生存し，菌数が少量（500個程度）でも発病する
- ●**感染源・原因食品**　わが国では，昭和54年に報告されて以来，毎年みられ，事件数も近年は上位を占めている。家畜，ペットの腸管内に存在し，保菌率は鶏が高い。鶏の刺身，焼き鳥，バーベキュー，牛内臓などの加熱不足による感染が多い。サラダ，生水なども原因食品となる。潜伏期間は2〜5日
- ●**主な症状**　下痢，腹痛，発熱（38〜39℃）など，まれに関節炎，髄膜炎がある。下痢および一般症状は1〜3日で回復に向かうが，軟便が数日続く患者もいる
- ●**予防方法**　鶏肉をはじめ，食肉の生食を避け，十分に加熱することが重要である。汚染食肉から他の食品への2次汚染にも注意する。また本菌は，水環境下では長期間生存しているので，未殺菌牛乳を飲用しないことも重要である

4　病原性大腸菌食中毒（下痢原性大腸菌）

- ●**菌の特徴**　グラム陰性桿菌である。大腸菌（*E. coli*）は，動物の腸管や自然界に広く分布しており，普通，病原性はないが，乳幼児下痢症を調査している際，その原因が特殊な大腸菌であることが報告され，人に病原性を示すものがあることが明らかになり，このような大腸菌を病原性大腸菌と呼ぶようになった。しかし，一般的には下痢原性大腸菌をさすことが多い
- ●**感染源**　下痢原性大腸菌は，**通性嫌気性**（酸素があってもなくても増殖できる）の細菌で，家畜，ペット，人，自然環境に多く分布している

●**予防方法**　熱に弱いため，中心温度が75℃で1分間以上の加熱になるよう，十分に加熱する（すべての病原性大腸菌に対して）。低温には強く，家庭の冷蔵庫で生き残る菌があるとされる。酸性条件に強く，pH3.5程度でも生存する。水中でも長期間生存するといわれている。手洗いの励行と食事直前の十分な加熱が大切である

現在，5種類の下痢原性大腸菌が知られており，感染侵入型と感染毒素型がある[*]。

●**腸管出血性大腸菌O157（感染毒素型）**

　　●**主な症状**　腸管内で増殖した菌が産生するベロ毒素（VT）により，激しい腹痛と出血性大腸炎が起こる。潜伏期間は3〜5日。幼少児や高齢者が感染すると，腎臓障害（溶血性尿毒症症候群：HUS）を起こし，死亡することもある。他の下痢原性大腸菌下痢症とは異なり，ほとんどが先進国で発生する

　　●**感染源・原因食品**　ひき肉，レバー，ユッケなど生肉，あるいは加熱不十分であった焼き肉やハンバーグでは，動物の糞便中のO157が枝肉や肉製品を汚染し，感染源となる場合が多い。一方，有機肥料が用いられた，あるいは畑のすぐ横で牛が飼育されるなどでかいわれだいこん，アルファルファ，レタス，ほうれん草などの野菜，メロンやりんごジュースなどの果物が原因となる例もある。イクラ，浅漬けやポテトサラダなど，食品加工・調理中に，二次汚染されることも考えられる。保育園・老人養護施設では人から人への感染例も多発している。少量の菌（約100個）で発症するといわれ，ノロウイルスと並んで食中毒菌のなかでは最小数である

●**その他の病原性大腸菌食中毒**

　　●**腸管侵入性大腸菌（感染侵入型）**　赤痢のような症状を示す。潜伏期間は2〜3日。主に牛などの腸管内に存在している。アメリカでは，ハンバーガーなどが原因食品となることが多く，糞便などからの2次感染による食品が原因となることも多い。人から人への**2次感染**を起こす

　　●**腸管病原性大腸菌（感染侵入型）**　下痢，腹痛などの急性胃腸炎を起こす。潜伏期間は2〜6日。家畜の腸管に存在し，食肉などの畜産品から人に感染する。開発途上国の乳幼児によくみられる

　　●**腸管凝集性大腸菌（感染毒素型）**　開発途上国の乳幼児によくみられる。不明な点が多い。主な症状は，腹痛，水様性下痢

　　●**毒素原性大腸菌（感染毒素型）**　人の腸管内で毒素をつくり下痢を起こす。潜伏期間は1〜3日，熱帯・亜熱帯地方の開発途上国における最も重要な感染症の一つである。開発途上国では水系感染が多く，わが国では給食や仕出し弁当が原因となることが多い

---

[*]　**【下痢原性大腸菌の分類】**厚生労働省の食中毒統計では平成10年より，腸管侵入性大腸菌を病原性大腸菌による食中毒扱いとし，腸管病原性大腸菌，腸管集合性大腸菌，腸管毒素原性大腸菌を「その他の病原性大腸菌」によるものとして扱い，腸管出血性大腸菌O157の腸管出血性大腸菌（VT産生）と区別している。腸管出血性大腸菌による感染症は，感染症の予防及び感染症の患者に対する医療に関する法律で「3類感染症」に分類されている。

5　腸炎ビブリオ食中毒（感染毒素型）

●**菌の特徴**　菌体の一端に1本の鞭毛をもつ通性嫌気性のグラム陰性の桿菌である。3％食塩濃度の環境でよく増殖する（好塩菌）。最適条件下の分裂・増殖に要する時間は約10分で，発育速度はきわめて速い。菌の発育至適温度（37℃）において，腸炎ビブリオは1時間30分で発病可能数に増殖し，4時間30分で確実に発病する数に増殖する。一方，ほかの多くの細菌では，確実に発病する数に達するには9時間もかかる。このように，腸炎ビブリオは，ほかの細菌の半分の時間で確実に発病する数に増えることができるが，15℃以下では増殖しない

海水域に生息している。冬期は海底の泥中で越冬し，海水温度が17℃以上になると増殖を始めるといわれ，20℃以上になると急速に増殖する

●**原因食品**　主に，海産の魚介類およびその加工品である。調理器具や手指を介して2次汚染されたその他の食品が原因となることもある。主に，**アジ，イカ，タコ**のような近海産の魚介類などが原因食品である

●**主な症状**　経口摂取された腸炎ビブリオは，腸管内で増殖し耐熱性溶血毒と数種類の病原性物質を産生し，耐熱性溶血毒の作用で下痢などの症状が出ると考えられる。したがって，腸炎ビブリオは感染毒素型（生体内毒素型）食中毒菌である。

潜伏期間は10〜24時間。激しい上腹部痛と水様性下痢，ときに血便も起こる。通常1〜3日で回復するが，まれに死亡することもある

●**予防方法**　魚介類の調理は，飲用適の流水でよく洗うこと，低温（5℃以下）で保存すること，加熱処理することが重要である。魚介類を調理したあとは，容器，器具，まな板の洗浄，消毒を適切に行う必要がある。また，生食用の寿司や刺身の調理は迅速に行い，喫食直前まで低温で保存する。調理済みのものは喫食まで冷蔵保管すること。生食用生鮮魚介類（切り身またはむき身にした生鮮魚介類）に対して，腸炎ビブリオに関する基準（最確数1g当たり100以下）が設けられている。

加工基準については，加工に使用する水は飲用適の水，殺菌した海水，または飲用適の水を使用した人工海水を使用することが定められた（平成14年6月施行）

6　ウェルシュ菌食中毒（感染毒素型）

●**菌の特徴**　人の腸管内に常在する偏性嫌気性（酸素がない状態でのみ発育する）の芽胞形成菌で，食中毒の原因となるウェルシュ菌芽胞は，大部分が易熱性（100℃，数分の加熱で死滅）であるが，耐熱性（100℃1〜6時間に耐える）のものもあり，普通の調理では死滅しない。20〜50℃で発育可能であり，一度に大量調理する給食施設で発生する場合が多いため，注意が必要である

●**原因食品**　肉，魚介類，野菜類およびこれらの煮物，ちくわの煮物，カレー，シチュー，そうめんつゆなどの，前日調理したものが多い

●**主な症状**　下痢，腹痛を引き起こし，吐き気，嘔吐は少なく，発熱もあまりみられない。潜伏期間は8〜20時間で，普通は12時間前後が多い

●**予防方法**　この菌は嫌気性で酸素が少ない環境を好むので，大量調理する場合は，蒸気とともに失う酸素を補給するために，食品をかき混ぜて酸素を送り込むことと，急速に冷却することが必要である（加熱調理後，清潔な状態で30分以内に

中心温度20℃付近（または60分以内に中心温度10℃付近）にまで下げる（大量
調理施設衛生管理マニュアル））。そのため，肉類の調理には特に注意し，調理後
冷却する場合は小分けし，素早く冷却する。この菌は，10℃以下の低温では増
殖しないが，びん，ポリエチレン容器などの密閉容器を使うときは注意が必要で
ある

7　セレウス菌食中毒〔下痢型〕（感染毒素型）

●菌の特徴　土壌，河川，植物などに生存している通性嫌気性菌で，芽胞を形成す
る。4～50℃で発育し，35℃でよく発育する。なお，セレウス菌には下痢型と嘔
吐型があり，下痢型は熱に弱いが，嘔吐型は熱に強い

●原因食品　穀類，乾燥食品，香辛料，食肉製品および乳製品，弁当

●主な症状　生体内で下痢毒素を産生し発症する。下痢，腹痛，ときに発熱，嘔吐
がみられる。ウェルシュ菌食中毒の症状と似ている。潜伏期間は8～16時間であ
る

●予防方法　米飯中のセレウス菌は2次汚染によることが多いので，調理室内を清
潔に保つことが重要で，次の点に注意する必要がある

　　●一度に大量の炊飯をしない。米飯は常温で2時間以上放置しない。焼き飯
　　　（炒飯）などにするときは，加工までの時間を短くする

　　●米飯，焼き飯などは，10～50℃での保存を避け，5℃以下の冷蔵または65℃以
　　　上で保存する（焼き飯に加える卵などの副材料は，新鮮なものを使用する）

❷　毒素型

　原因細菌が食品中で大量に増殖し，その際に産生された毒素を食品とともに摂取
することによって発病する。発病までの時間が短いのが特徴である。ブドウ球菌，
ボツリヌス菌，セレウス菌（嘔吐型）などがある。

1　ブドウ球菌食中毒

　ブドウ球菌属には，黄色ブドウ球菌と表皮ブドウ球菌などがある。ブドウ球菌食
中毒の原因菌は，黄色ブドウ球菌である。

●菌の特徴　通性嫌気性の球菌（直径0.8～1.0μm）で，ブドウの房状の配列を示
す（μmはマイクロメートル。1/1,000mm）。毒素型食中毒の代表格であり，加
熱によっても破壊されない。黄色ブドウ球菌は食品に付着すると，さかんに増殖
しながらエンテロトキシンという毒素を産生し，これが食中毒の原因となる。
　黄色ブドウ球菌自体は煮沸により死滅するが，エンテロトキシンは熱に強く，
無毒とならないので，再加熱では不十分である。低温にも強く，5℃でも増殖する。
酸やアルカリにも強く（pH4.0～10.0で増殖），危険である

●感染源・原因食品　黄色ブドウ球菌はサルモネラ属菌などと比べると，はるかに
多く存在し，人の鼻腔内や，特に化膿巣には濃厚に存在している。また，卵焼き，
うな重，サラダ，おはぎ，焼き魚，弁当類，すし，おにぎり，調理パン，生菓子
類などで発生している。いずれも調理従事者の化膿巣などからの汚染と考えられ
ている。特に，調理の最終工程に手指による作業（握るなど）がある食品には注
意が必要である

●主な症状　吐き気，嘔吐が激しく，腹痛があったり下痢をしたりするが，発熱は

ほとんどない。嘔吐は，激しい場合には数十回のこともある。経過は非常に短く，大体24時間以内に回復する。死亡することはほとんどない。感染型のものに比べて発病までの時間が1〜5時間と短く，3時間前後が多い

●**予防方法**　黄色ブドウ球菌による汚染は，加熱調理後に調理従事者が手指で行うさまざまな作業や，使用後のふきん，調理機材などが原因となる場合が多い。

　清潔な使い捨ての調理専用手袋を着用したり，消毒済みトング（食品をはさむ器具）を使用するとよい。せき，くしゃみなどからの汚染防止には，マスクを着用する。

　また，調理済みの料理は30分以内に喫食するのがよいが，30分以後になる場合は冷蔵（10℃以下）または温蔵（65℃以上）が必要である。消費期限を過ぎた場合，時間が経ちすぎた場合は食べないようにする。さらに，手や指に膿の出るできものや傷がある人は，調理や食品の取り扱いに従事してはならない

2　ボツリヌス菌食中毒

●**菌の特徴**　土壌中に存在する**偏性嫌気性**（酸素のない環境でのみ増殖できる）のグラム陽性桿菌で芽胞形成菌である。毒素は，A〜Gの7型に分類され，人で中毒を起こすものはA，B，E，Fの4つの型で，わが国ではほとんどE型である。

　菌自体に害はないが，毒素は**強い**。また，菌自体は熱に強いが，毒素は熱に弱く，80℃で20〜30分くらい加熱すると無毒になるので，食前に十分に加熱調理すれば予防することができる

●**感染源・原因食品**　腸詰菌中毒ともいわれており，肉類，魚，豆，アスパラガス，キャビアなどの缶詰やソーセージなどのなかに混入した菌が，滅菌処理に耐えて生き残り，増殖して毒素を産生することによって起こる。

　わが国では，飯鮨やからしれんこんからの発生例がある。嫌気性菌のため，貯蔵食品に注意する

●**主な症状**　頭痛，めまい，吐き気があり，気分が悪くなる。さらに進むと，神経系がおかされ，言語，嚥下，視力障害が起こる。また，飲食後，発病までは大体12〜36時間はかかる。

　胃腸障害はあまりひどくなく，また**発熱がない**のが特徴で，軽い場合は2〜3日で治る。しかし，致命率は**高く**，わが国で20〜60％，平均30％である。

　ほかに乳児ボツリヌス症がある。主として，生後3週間〜8ヵ月の乳児が罹患する。原因食品はハチミツが多く（約25％），予防のため**ハチミツは満1歳まで使用しないこと**が，授乳・離乳の支援ガイドに示されている

グラム染色法による細菌の鑑別

　菌の鑑別方法に，特有の色素で染めて判別する**グラム染色法**がある。濃い紫色に染まるものを**グラム陽性菌**，薄いピンク色に染まるものを**グラム陰性菌**という。グラム陽性菌（ボツリヌス菌，ウェルシュ菌，セレウス菌）は芽胞をつくる。芽胞は熱に強く，芽胞を形成した細菌は加熱で殺菌できない。

3　セレウス菌食中毒 ［嘔吐型］

- ●菌の特徴　グラム陽性桿菌で芽胞を形成する。p.179の下痢型を参照
- ●原因食品　米飯，焼きそば，スパゲティなどの穀類の加工品が多い
- ●主な症状　食物内で嘔吐毒素を産生，発症する。嘔吐と悪心，ときに発熱がある。ブドウ球菌食中毒の症状とよく似ている。潜伏期間は1〜5時間
- ●予防方法　p.179の下痢型を参照

❸ 経口感染症

　経口感染症とは，飲食物により媒介される感染症であり，消化器感染症ともいう。代表的な原因細菌には，赤痢菌，コレラ菌，チフス菌，パラチフスA菌がある（p.21）。

　上記の4菌で汚染された飲食物を摂取して，急性下痢症などの健康障害を発生した場合は，食中毒として扱われる。

- ●感染源　患者や保菌者および保菌サルの排泄物（糞便と尿）で汚染された飲食物の摂取や，汚染された河川の水や井戸水を飲むことにより感染する
- ●予防方法　水質検査の定期的な実施。患者，保菌者の早期発見。手洗いの励行，食器・器具の洗浄・消毒を行い，保管を清潔に行う。媒介するネズミ，ハエ，ゴキブリを駆除し，ハンドタオルの共用を避ける
- ●赤痢菌，コレラ菌，チフス菌，パラチフスA菌の特徴（ほかの細菌性食中毒菌との相違点）
  - ・発病　少量の菌量で発病する（ほかの食中毒菌は多い）
  - ・感染　人から人へ感染する
  - ・潜伏期間　一般的に長い（ほかの食中毒菌は短い）
  - ・予防方法　感染経路の遮断，感染源の除去，抵抗力の増強など

3-2　ウイルス性食中毒

❶ ノロウイルス

- ●定義　ノロウイルスとは，非細菌性急性胃腸炎の原因で，ノーウォークウイルス，あるいはノーウォーク様ウイルスの総称である。小型球形ウイルスともいわれる。

　わが国では，冬期に，生カキによる家庭内や集団給食施設での食中毒として起こる。きざみのりが原因とされたこともあり，乾物からも感染する。しかし，学校給食や高齢者施設内給食で起こる場合など，原因となる食品が特定できないこともある。感染経路も不明な点が多い。人が唯一の感受性動物である。

　ノロウイルスは，カキなどの貝類，食品，河川水，海水中などで増殖することはなく，人の小腸のみで増殖する。ノロウイルスによる急性胃腸炎は年間を通じて発生するが，11〜3月にかけて乳幼児を主体として，多くみられる傾向がある。ほかのウイルスに比べ，例年多数の中毒発生がある（p.173）

- ●主な症状　吐き気，嘔吐，下痢，激しい腹痛，発熱，寒気，頭痛，のどの痛みがあり，血便はない。1〜2日で治り，後遺症はない
- ●感染力　感染力は強く，10〜100個程度で発病する
- ●感染源　カキやはまぐり，ほたて貝などの二枚貝を生で，あるいは加熱不十分のまま食べた場合，何らかの経路で非加熱食品が汚染された場合（調理する人の手が糞便で汚染されている場合，調理以前に食品が汚染されている場合，調理に使

用した水が汚染されている場合など），家族内や介護施設内などで，感染者の嘔吐物や糞便が飛散した場合（ウイルスが直接感染することがある）などが考えられる

- **潜伏期間**　ウイルスの量により通常24～48時間。ノーウォークウイルスは平均24時間。ノーウォーク様ウイルスのうちスノーマウンテンウイルスが平均27時間といわれている
- **感染期間**　症状が消えてから3日以内は，ウイルスの排泄は検出されにくい。しかし，回復して1週間が経過した患者の糞便から検出されることがある
- **予防方法**　手洗い設備の完備と手洗いの励行，給水施設の衛生管理，調理器具等による2次汚染の予防，食材の加熱調理，食品取り扱い者の衛生教育の強化，嘔吐物，排泄物などの衛生的処理（すみやかな廃棄や消毒）である
- **加熱**　85～90℃で90秒間以上の加熱で不活性化する
- **次亜塩素酸ナトリウム**　200ppm（200mg/L）濃度で不活性化する。希釈溶液（次亜塩素酸水）は不安定で時間の経過や有機物の存在，直射日光，高温により効果が低下する。酸化すると酸素と水に戻るため，器具・容器等の場合，消毒後のすすぎは不要である
- **酸**　強酸性水でも不活性の効果は少ない
- **消毒用アルコール，逆性せっけん**　消毒効果は期待できない
- **発生した場合**　隔離の必要はないが，保健所に届ける。ワクチンは未開発である

❷ その他のウイルス

1　A型肝炎（流行性肝炎）

- **定義**　A型肝炎ウイルスに対する抗体をもたない未感染者（多くは40歳以下）に多くみられる。人から人への接触感染や飲料水，カキなどの貝類，すしで経口感染する例がみられる
- **主な症状**　頭痛，悪心，食欲不振，胃腸障害，黄疸をともなう急性肝炎があり，不顕性感染*もよくみられる
- **潜伏期間**　2～6週間。1～2か月で自然に回復することが多い
- **感染源**　海外渡航者の発病や施設における集団発生などが増加している
- **予防方法**　耐熱性があり，60℃1時間または1ppmの塩素でも感染力をもつ。中心温度85～90℃90秒以上または100℃1分間で，感染力を失うといわれる。器具の消毒には，煮沸と次亜塩素酸ナトリウムによる消毒が有効であるほか，手洗いも励行される。また，不活化A型肝炎ウイルスワクチンは予防に有効である

2　E型肝炎

- **定義**　わが国では，平成15年に兵庫県で発生した，野生のシカ肉の生食による食中毒が最初に報告されている。北海道では市販の豚レバーの一部に存在が認められ，加熱不十分な豚レバーからの感染が心配された。
- **予防方法**　中心温度85～90℃で90秒間以上の加熱が必要。

---

* 【不顕性感染】微生物やウイルスなどに感染していても，発病していない状態。無症状感染ともいう。

開発途上国に常在しており，貝類や汚染された飲料水から感染することもある。また，豚，シカ，イノシシの肉やレバー等，豚由来の食品については十分な加熱が必要である。

3 急性灰白髄炎（ポリオ，小児麻痺）

● **定義**　ポリオウイルスの経口感染によって起こる。衛生状態のよくない国に多くみられる。不顕性感染が多く，小児（0〜10歳）で発症しやすい

● **主な症状**　神経症状をともなう急性熱性症状。四肢の麻痺を起こす

● **感染源**　糞便に汚染された飲食物などから腸管に侵入する。わが国では昭和35年より経口ポリオワクチンによる予防接種が行われて以来発生していない

● **予防方法**　ワクチンのほか，手洗いの励行など，日常生活の衛生面に気をつける

3-3 化学性食中毒

ヒスタミンによる中毒，不良添加物による中毒，故意または誤って混入した毒物による中毒，有害・有毒な容器や器具による中毒の4つがある。

過去にヒ素ミルク事件，PCB混入によるライスオイル中毒事件（カネミ油症）などがあった。現在は，食品衛生法により，使用油脂の酸価の規制や保存方法の改良で，わが国では大規模な食中毒は発生していない。

化学物質による中毒は，一度に多くの毒物が体内に入って起こる急性中毒と，少しずつ長期間連続して入って起こる慢性中毒とがあり，後者が重症化しやすい。

❶ ヒスタミンによる中毒

● **定義**　化学性食中毒の大半を占めている。赤身の魚肉に多く含まれているヒスチジン（アミノ酸の一種）からヒスタミン生成菌（モルガン菌など）によりヒスタミンが生成され，中毒が発生する

● **主な症状**　顔面などの紅潮，頭痛，じんましん様の発疹など。じんましんなどのアレルギー症状とよく似ているので，アレルギー様食中毒といわれている

● **原因食品**　マグロ，カツオ，サバ・イワシ・アジなどの加工品

● **潜伏期間**　食後30分〜1時間程度

● **予防方法**　漁獲直後の魚は室温放置を避けて速やかに冷却する。魚の干物などの加工品も低温保存する。ヒスタミン生成菌は，低温保存（5℃以下）しても5日以内に100g当たり100mgに達することがある。大量に増殖（10^8〜10^9/g）しても腐敗臭を発生しないので注意が必要である。ヒスタミンは調理加熱では分解されないので，鮮度管理が大切である

❷ 不良添加物による中毒

食品の製造や加工・保存のために添加物として用いられる甘味料，着色料，保存料，漂白剤，殺菌料，調味料などは食品衛生法で定められているが，その使用限度量を超えたり，使用が認められていないもの，不純なものを用いたことによって起こる中毒をいう。食品添加物は，食品衛生法で定めた基準に合格し，正しい表示のあるものを用いる。

❸ 農薬・殺虫剤・殺そ剤による中毒

● **農薬**　農作物の病害虫防除に用いられるものである。農作物に散布された農薬は，日光や微生物，農作物中の酵素により分解されるなど，多くは消失するが，分解

されなかったものが一部残留する場合がある。

　残留農薬が一定量を超えると健康被害につながるため，わが国では農薬の使用方法と食品中の残留農薬基準を設けている

●殺虫剤・殺そ剤　農業用以外に家庭用のものが多く販売されており，黄リン製剤を除いて，そのほとんどが人畜無害とされているが，その程度によっては危険である。殺虫剤・殺そ剤などの毒物や劇物は，わかりやすい目印をつけて，まちがえないようにしておく。殺そ剤などは，ネズミに食べさせるため，とうもろこしの粉末に混合して製剤されており，食品とまちがえることがあるため注意が必要である

❹ 有害・有毒な器具・容器による中毒

　調理器具や容器などから，有害・有毒な物質が溶出したり，化学変化により生成されることがあり，中毒を起こすことがある。これらを防ぐために，器具・容器などに規格規準が定められている。取り扱いについても注意が必要である。

1 銅

　銅やその合金は，食器や器具に用いられていたが，取り扱いが悪いとさび（緑青^{ろくしょう}）が出るので，スズや銀でめっきをするか，常に磨いて光らせておく。また，銅が食品中に入るのは，銅器具が調理のとき摩擦などで削られて混入する場合などである。

2 鉛

　鉛は，陶器やほうろうのうわ薬などに含まれており，酢や果汁など，酸の強い食品によって溶け出すことがある。この程度では急性中毒を起こすことはないが，長期間の摂取によって，慢性中毒になるおそれがあるため注意が必要である。

3 亜鉛

　亜鉛でトタン板をつくり，バケツ，水ひしゃくなどに用いられている。亜鉛びきの容器にジュースなどの酸性の食品を入れると，亜鉛が溶け出し，中毒を起こすことがある。

4 ホルムアルデヒド（ホルマリン）

　合成樹脂食器などの原料であり，成型の際に十分に加熱しないと，使用中に溶け出して中毒を起こすことがある。なお，ホルムアルデヒドは天然の食品中にも微量に存在する。

5 スズ

　スズめっき飲料缶では，開缶して放置するとスズが溶け出して，中毒の原因となることがある。

6 その他

　バリウム，アンチモン，カドミウム，ヒ素などが，食器材料あるいは添加物に混ざって口に入り，中毒を起こすことがあるため，疑わしい食品は十分調べる。

3-4 自然毒（天然に含まれる毒）による食中毒

❶ 動物性自然毒

1 フグ（河豚）

　昔から毒のあるものとして有名であるが，調理法が正しければ中毒の心配はない。

　フグの毒成分はテトロドトキシンといい，フグ全体に含まれているのではなく，内臓，特に卵巣に最も多い。次いで肝臓，胃腸などに多く，まれに生殖巣すべてに含まれる種類もある。クサフグ，コモンフグ，ショウサイフグの肉には，かすかに毒素があるようだが，ほとんどのフグの肉は毒を含んでいない。

　フグの毒は，フグの種類や，同一種類でも季節によって強さが違うが，熱に強く，煮沸しても無毒にならない。毒は水に溶けにくいが，有毒な内臓は捨て，肉を大量の水で洗って調理の万全を期す。

　フグ毒は神経毒で，30分〜3時間くらいで発症し，感覚麻痺から呼吸困難へ進み，多くは4〜6時間で，早くて約1時間半，長くて8時間程度で死にいたる。件数や患者数は，食中毒全体の割合としてはわずかであるが，致命率が高く，死者は食中毒全体の過半数を占める。フグ中毒の事例をみると，ほとんどが素人の調理によるものであり，フグの喫食が多い都道府県では，ふぐ調理師制度など，独自に条例を制定している。

2　その他の魚類

●シガテラ中毒　バラハタ，バラフエダイ，オニカマスなどの熱帯・亜熱帯に生息する魚類の喫食によって起こる中毒である。わが国では，南西諸島，伊豆七島，小笠原諸島などで発生する。有毒成分は，シガトキシン，マイトトキシンである。潜伏期間は1〜24時間であり，症状は下痢，腹痛からドライアイスセンセーション（知覚異常）を生じる。重症では言語障害が起きる。死亡率は低い。

　　シガテラ毒は，熱帯・亜熱帯の石灰岩藻に付着する有毒プランクトン（底生性ていせいせい渦鞭毛藻うずべんもうそう）が原因で，これを食べる草食性魚類が毒化し，さらに，この毒化した魚を食べる肉食性魚類が毒化する。シガテラ毒は一般に，内臓の毒化が高く，毒性は小型魚より大型魚のほうが強い。毒性には個体差や地域差がある

●いしなぎ中毒　イシナギの肝臓に多く含まれるビタミンAにより，過剰症状が起こる。イシナギの肝臓は，昭和35年以来食用禁止となっている

●ワックス含有魚肉による中毒　バラムツやアブラソコムツの含有する大量のワックスによる腹痛，下痢症が起こる。バラムツは1970年，アブラソコムツは1981年に食用禁止措置が取られている

●アブラボウズ中毒　筋肉に含まれる多量のトリグリセリド（約50％）により，腹痛，下痢症が起こる。

●アオブダイ中毒　毒の本体はパリトキシンとされている

3　貝類

　下痢性貝毒や麻痺性貝毒が問題となっている。これは有毒プランクトン（有毒渦鞭毛藻）を捕食した，ほたてがい，いがい（貽貝），あさりなどの二枚貝や，ばいがい（小型巻貝）により生じる。この毒は，貝の中腸腺に含まれており，熱に強く，調理のときに加熱しても無毒にならない。毒力が規制値を超えるものは，中腸腺を除去し，規制値以下にしたもののみ販売が許されている。

●麻痺性貝毒　いがい，あさり，まがきなどの二枚貝で，毒素はサキシトキシン。症状は，食後30分〜3時間で末梢神経麻痺を起こす。フグ中毒に似ており，重症時は12時間程度で死亡する

●**下痢性貝毒**　ほたてがい，むらさきいがい（ムール貝），あさりなどの二枚貝で，毒素はオカダ酸，ジノフィシストキシンで，通常の加熱調理では破壊されない。症状は，食後4時間以内に嘔吐，腹痛，下痢などがみられ，死亡者はみられない

●**ばいがい食中毒**　毒素はプロスルガトキシン，ネオスルガトキシンである。症状は，視力減退，排尿困難，口渇，言語障害などがみられる

●**あさり等食中毒**　あさり，カキ，はまぐりなどで，毒素はベネルピン。症状は，倦怠感（けんたいかん），嘔吐，頭痛，黄疸（おうだん）などがみられる

●**ひめえぞぼら等食中毒**　ひめえぞぼら（通称，赤ばい），えぞぼらもどき（通称，つぶ）で，毒素はテトラミン。症状は，ひめえぞぼらでは食後30分で頭痛，めまいなど，えぞぼらもどきでは食後30分～1時間で視力低下，吐き気などである。

❷ 植物性自然毒

1 きのこ

　わが国は，気温や湿度の関係で，きのこ類の発育に適し，食用になるものも多いが，有毒なきのこも多い。きのこの見分け方は素人では難しく，誤った判断により死者が出ることもあるため，はっきりしないものは**食べない**ことが大切である。

　毒きのこは約30種類以上あり，主なものは，くさうらべにたけ，てんぐたけ，べにてんぐたけ，せいたかてんぐたけ，たまごてんぐたけ，どくつるたけ，うろこつるたけ，からはつたけ，つきよたけ，にせしめじ，わらいたけなどである。

　毒成分には，ムスカリン，アマトキシンなどがあり，中毒症状には嘔吐，腹痛，下痢など胃腸障害のほか，腎臓，肝臓障害を起こし，死にいたることもある。

2 じゃがいも

　じゃがいもには通常毒性はないが，自家栽培の未成熟・小さく皮が緑色のものや，発芽時の芽に，**ソラニン**や**チャコニン**という毒成分をもっている。小学校などで小粒のうちに収穫しゆでて皮ごと食べる，あるいは飲食店や特定給食施設などでは調理量が多いので芽を取りきれず，中毒を起こすことがある。発芽したものは，芽の部分を十分取り去り，皮を厚くむき，十分に水洗いしたあと調理するとよい。症状は，摂取して30分～数時間で腹痛，吐き気，のどの痛み，めまいなどを起こす。

　わが国では唯一，じゃがいもの発芽防止（芽止め）に放射線（コバルト60のガンマ線）照射が認められている。

3 その他

●**五色豆（ビルマ豆）**　北海道で多く栽培されている。元来，南方産の豆で，白，黒，褐色，赤褐色など，さまざまな色がある。なかには有毒なものもあり，中毒を起こした例がある。毒成分は，**リナマリン**という**シアン**（青酸）配糖体である

●**ちょうせんあさがお**　種子をごま，根をごぼうとまちがえて食べる例がある。毒素はスコポラミン，ヒヨスチアミンである

●**青梅**　青酸化合物のアミグダリンが含まれているが，梅の実の成熟に従って減少する

●**イヌサフラン**　葉をギョウジャニンニクやウルイ（オオバギボウシ），球根をにんにく，玉ねぎ，じゃがいもとまちがえて食べる例がある。毒素はコルヒチンで，死亡例もある

表9 有毒植物の潜伏期・症状等

原因植物	有毒物質	潜伏期	症　状
青梅	アミグダリン	まちまち	消化不良，嘔吐，けいれん
トリカブト*1の葉・花粉	アコニチン	急速に発症	顔や四肢の麻痺，呼吸麻痺
ヤマゴボウの根茎	フィトラッカトキシン	2時間程度	嘔吐，血圧下降
ドクゼリ	チクトキシン	数分～2時間	嘔吐，めまい，けいれん
モロヘイヤの茎，さや，種子	ストロフェチジン（ストロファンチジン）	まちまち	牛の起立不能，下痢
ギンナン	メトキシピリドキシン	まちまち	脳内のビタミン B_6 欠乏によるけいれん（麻痺症状）
イヌサフラン*2	コルヒチン	まちまち	嘔吐，下痢，呼吸困難，重症は死亡
バイケイソウ類*2	アルカロイド	30分～1時間	上と同様
スイセン*3	アルカロイド	30分以内	悪心，嘔吐，下痢など

注）まちがえる食用植物：*1 ニリンソウ，*2 ギョウジャニンニク，ウルイ（オオバギボウシ），*3 ニラ

　その他の有毒植物の特徴を【表9】に示す。食用の判断が難しい場合には，必ず調べることが大切である。

❸ かびによる中毒

　食品にかびが付着して産生する毒による中毒があり，毒はマイコトキシンと呼ばれる。米に青かびの生えた黄変米による中毒や，こうじかびが産生するマイコトキシンの一種であるアフラトキシンによる中毒がある。アフラトキシンは発がん性が強く，主な汚染食品は，ピーナッツ，ピーナッツバター，とうもろこし，くるみ，ピスタチオなどのナッツ類，そば，はとむぎ，香辛料，牛乳，チーズなどである。なお，牛乳，チーズは飼料からの移行により汚染される（市販の白かびチーズや青かびチーズは問題ない）。

❹ 菌の寄生による中毒

　麦に麦角菌が寄生することがある。この小麦粉を食べて中毒を起こす。麦角には，エルゴタミン，エルゴトキシンなどのアルカロイドが含まれる。症状は，嘔吐，下痢，腹痛，知覚異常などがあり，ときには早産，流産を起こすことがある。

4　食中毒が起きたときの処理と注意

　食中毒の発生防止と措置については，国において食中毒処理要領が作成されている。特に食品を直接取り扱う調理師は，食中毒が起きた場合，軽い場合でも保健所に知らせ，医師の診察を受けなければならない。

　食中毒発生時には，発生後24時間以内に保健所に届出をする。また，患者を診察した医師は，保健所へ届け出る義務がある。医師以外からの保健所への通報協力も重要である。

　食中毒の原因と思われる食品や患者の嘔吐物や便などは保存し，速やかに調査者に提供するなどの協力が，食中毒の拡大防止のために大切である。また，食中毒を起こした営業者，従業者は，保健所の食品衛生監視員の調査に積極的に協力しなくてはならない。

4 食品による感染症・食品と寄生虫

　わが国では，過去に寄生虫感染者がかなり多く，特に第二次世界大戦後は非常に高い保有率を示していたが，その後，上下水道の普及，食品衛生の向上，肥料，医薬品の発達などにより著しく減少した。

　寄生虫感染症の多くは，感染源となる食品や飲料水を加熱せずに飲食して起こる【表10】。したがって，十分な加熱（中心温度75℃で1分間以上）をすることが大切である。また，生肉や魚介類を扱った場合には，そのつど手をよく洗い，使用したまな板，包丁，容器などをよく洗うなど，ほかの食品を寄生虫で汚染しないようにする。生野菜は，規定の消毒薬による十分な衛生的洗浄が必要である。予防方法としては，以下のものがある。

- ●アニサキス　海産魚介類（アジ，イカ，サバなど）の生食は避ける。－20℃で24時間以上の冷凍貯蔵で死滅する。60℃で1分間の加熱でも死滅する。酸に対して抵抗性がある
- ●クドア・セプテンプンクタータ　主に養殖ヒラメを生食して，中毒を発生する。－20℃で4時間の冷凍で死滅。加熱の際は，75℃で5分間以上で死滅
- ●旋尾線虫幼虫（スピルリナ）　ホタルイカの生食を避け，十分に加熱する
- ●日本海裂頭条虫　寄生のおそれがあるサケ，マスなどの生食を避ける。60℃で10分間の加熱と，－18℃で10～20時間の冷凍保存で死滅する
- ●横川吸虫　アユ，ウグイ，シラウオなどの淡水魚の生食は避ける
- ●顎口虫類（がくこうちゅう）　ドジョウ，ライギョなど，原因となるものの生食を避ける
- ●サルコシスティス・フェアリー（サルコシスティス）　馬刺し（馬肉の生食）で中毒を発生する。－20℃で48時間以上の冷凍で死滅。－30℃で36時間以上，－40℃で18時間以上で病原性を失う。液体窒素中では1時間以上で病原性を失う。急速冷凍では－30℃で18時間以上。潜伏期間は数時間。急激な一過性の下痢・嘔吐で，1日程度で軽快する
- ●トキソプラズマ　10℃で3日以上で死滅，－15～－10℃で無毒化する。ネコの糞に注意
- ●無鈎条虫（むこうじょうちゅう）　－10～－9℃では，牛の筋肉内嚢虫（のう）が死滅するまで6日以上かかる
- ●旋毛虫（せんもうちゅう）　肉の55℃以上の加熱，－38～－18℃での24時間の処理が必要である
- ●サイクロスポラ　クリプトスポリジウム（下記）と同様
- ●クリプトスポリジウム　水道水汚染予防対策では，浄水場で適切なろ過除去を行う。個人の予防対策では，汚染の可能性のある水，食物を摂取しない。手洗いを励行し，水道水汚染の心配があるときは，1分間以上煮沸してから飲用する
- ●日本住血吸虫　中間宿主の宮入貝（ミヤイリガイ）は水田や湿地帯に生息。門脈系静脈に寄生する。細静脈をふさぎ，壊死を起こすことがある。症状は，発熱，発疹，肝脾腫，神経症，肝硬変に移行する

表10　寄生虫病の感染源食品，寄生部位，症状

原因物質の分類	寄生虫	食品例	寄生部位	主な症状
海水魚介類	アニサキス	アジ・イカ・イワシ・カツオ・サケ・サバ	胃腸壁	胃腸症状
	クドア・セプテンプンクタータ	ヒラメ	消化管	急な激しい下痢・嘔吐
	旋尾線虫	ホタルイカ	皮下	皮膚爬行症・腸閉塞
	大複殖門条虫	イワシ・サバ・カツオ・アジ	小腸	下痢・腹痛
淡水魚介類	日本海裂頭条虫	サケ・マス	小腸上部	下痢・腹痛等消化器症状
	肝吸虫	フナ・コイ・タナゴ	胆管	肝臓腫脹・黄疸・下痢
	横川吸虫	アユ・ウグイ・シラウオ	空腸上部	下痢・腹痛
	有棘顎口虫	ドジョウ・ライギョ・ヘビ	皮下移行	皮膚腫脹
	日本顎口虫	ドジョウ・ナマズ・ネズミ	皮下移行	皮膚爬行症
	ドロレス顎口虫	ヤマメ・ブルーギル・ナマズ	皮下移行	皮膚爬行症
淡水産のカニ類	ウエステルマン肺吸虫	モズクガニ・サワガニ・猪肉（生食）	肺	喀血（吐血）・血痰
食肉・獣肉類	サルコシスティス・フェアリー	馬肉	人には寄生しない	一過性の下痢・嘔吐
	旋毛虫	熊肉	小腸粘膜	発熱・筋肉痛・眼瞼浮腫
	有鉤条虫	豚肉	小腸	腹痛・下痢・筋肉痛
	無鉤条虫	牛肉	小腸	腹痛・下痢・食欲減退
	トキソプラズマ	豚肉・羊肉・野生動物・猫の糞便	脳・リンパ節	脳障害・水頭症・流産・死産
	マンソン裂頭条虫	ヘビ・カエル・豚肉・熊肉・猪肉	全身の皮下	全身の皮下に腫瘤を形成
野菜類	赤痢アメーバ	人の糞便で汚染された野菜や水	大腸	下痢・腹痛・粘液便
	回虫	野菜類	小腸上・中部	腹痛・悪心・神経症状
	蟯（ぎょう）虫	野菜類	小腸下部・盲腸	不眠・頭痛
	ズビニ鉤虫	野菜類	小腸	貧血・めまい・浮腫肝臓障害・腹痛
	肝蛭（かんてつ）	野菜類・牛の肝臓	肝臓・胆のう	水溶性下痢・嘔吐
	サイクロスポラ	輸入ベリー類・洋野菜	小腸	
汚染水	クリプトスポリジウム（原虫類）	家畜や患者の糞便で汚染された飲料水	小腸・胃・胆管	水溶性下痢・胃腸炎
	エキノコックス（包虫）	キタキツネの糞で汚染された食品や水	肝臓・骨	上腹部膨満感
	ジアルジア（ランブル鞭毛虫）	感染哺乳動物の糞便による汚染水	十二指腸・小腸上部	腹痛を伴う粘液便や脂肪便

5 食品中の汚染物質

1 食品汚染物質

　食品汚染物質とは，農産物の生産に使用された農薬や工場の排水，煤煙，排気ガス，産業廃棄物などが自然環境を汚染し，そこに生息する魚介類や，生産される農産物，生育される家畜に生物濃縮され，最終的に人の食物中に残留する化学物質のことであり，残留農薬やPCB，カドミウム，ダイオキシン，水俣病の原因となったメチル水銀，シアン化合物，放射性物質などがある。これら，人の健康を害する汚染物質について，安全を守るための法的な規制（食品衛生法など）により，食品添加物も含めて規格や使用上の基準が定められている。

　規制では，コーデックス委員会（WHO/FAO）で規格が定められている食品は原則としてこの基準を採用。これが困難な場合にはALARA（合理的に達成可能な範囲でできる限り低値にするという，食品中の汚染物質対策の基本的な考え方）の原則に基づいて，汚染物質の低減対策や適切なガイドライン値の策定などを行っている。食品摂取量の実態調査によるデータも活用している。

❶ 残留農薬

　食物の生産に使用された農薬は，残留農薬として農産物や魚介類に蓄積され，食物連鎖により人が摂取して健康被害を起こす。農薬は食料の安定的な確保に欠かせないとの考えから，毒性が低く残留性の小さいものについては残留許容量を設けて法的に規制している。2006（平成18）年からはポジティブリスト制度（p.196）が実施されている。食品衛生法では残留許容量基準を，農林水産省では農薬取締法で農薬の使用時期と使用方法の規制を，環境省では環境保全の目的で農薬登録保留基準を定めている。

　牛乳といがい（貽貝）では，食物連鎖による農薬汚染の可能性から，数種の農薬に暫定許容量が定められている。

　食品中の残留農薬の現状と体内摂取量を知るために，厚生労働省では継続的に食品汚染物モニタリング調査と食品汚染物1日摂取量調査（マーケットバスケット調査）を実施している。調査の結果は基準（ADI，p.201）に比べてかなり低い摂取量である。

❷ PCB

　産業面で用途の広い化学物質である。環境汚染の代表とされている。

　わが国では昭和43年，PCBが混入した食用油による「カネミ油症」事件が発生し，多くの健康被害者が出た。その他，発がん性や催奇形性などが問題になっているが，現在，環境からの食品汚染は徐々に減少の傾向である。食品中のPCB暫定的規制値が定められている。（食品・食品添加物等規格基準）例：牛乳（全乳中）0.1ppm，

遠洋沖合魚介類（可食部）0.5ppm，育児用粉乳（全量中）0.2ppm，卵類（全量中）0.2ppm 等

❸ ヒ素

　昭和30年，ヒ素が混入した乳児用調製粉乳による中毒事件で，乳児130人余が死亡した。この事件後に食品衛生法が改正されて食品添加物の規格基準が設けられた。ヒ素は類金属（半金属）に属し，微量であるが多くの食品に含まれている。

❹ メチル水銀

　メチル水銀による中毒である水俣病が，昭和31年ごろ熊本県水俣湾付近で，昭和40年に新潟県阿賀野川流域の2ヵ所で発生している。主な症状は中枢神経系の障害である。合成樹脂製造用の水銀がメチル水銀に変化して排水され海水を汚染し，生息する魚介類に生物濃縮[*1]され，人が多量食べて発症した。食物連鎖[*2]により人の健康，特に胎児に影響を及ぼす恐れがあるので，妊婦が魚介類を摂食する際には注意が必要とされている。マグロ類と深海性魚介類以外の魚介類には暫定規制値が定められている。

●妊婦の魚介類の摂取●

　魚介類は，健やかな妊娠と出産に重要である栄養等のバランスのよい食事に欠かせない食材である。しかし，一部の魚介類は食物連鎖を通じて水銀濃度が高くなっている場合がある。この注意事項は，胎児の保護を第一に，食品安全委員会の評価を踏まえ，魚介類の調査結果等からの試算を基に作成された。妊婦が水銀濃度の高い魚介類を偏って多量に食べることは避け，水銀摂取量を減らすことで魚食のメリットを活かすことが期待されている。

妊婦が注意すべき魚介類の種類とその摂食量（筋肉）の目安

日常的な魚介類	摂食量（筋肉）の目安
キンメダイ，メカジキ，クロマグロ，メバチ	約80g 1週間当たり1回まで
キダイ，マカジキ，ミナミマグロ，クロムツ	約80g 1週間当たり2回まで

参考1）マグロ中，キハダ，ビンナガ，メジマグロ，ツナ缶は通常の摂食で差し支えないので，バランスよく摂食すること。
　　2）魚介類の消費形態ごとの一般的重量：寿司・刺身　1貫または一切れ15g程度，刺身1人前　80g程度，切り身　一切れ80g程度。
資料）厚生労働省：妊婦への魚介類の摂取と水銀に関する注意事項，2005（2010年改訂）

[*1]【生物濃縮】生物が，外界から取り込んだ物質を環境中よりも高い濃度で生体内に蓄積すること。
[*2]【食物連鎖】草を昆虫が食べ，その昆虫を別の昆虫や小動物が食べ，さらに小動物がより大型の肉食動物に食べられ，肉食動物の死体はバクテリアに分解される，といった「食べる・食べられる」関係。

⑤ カドミウム

長期間の摂取が原因でイタイイタイ病（腰痛・全身の疼痛・骨軟化症・腎臓障害）を発症する。食品衛生法で，玄米1ppm未満，精白米0.9ppm未満と定められている。

⑥ シアン（青酸）化合物

豆類や生あんに含まれるシアン化合物の基準値が設定されている。

⑦ スズ

缶詰内面のメッキ材として使用されている。野菜類の硝酸塩の影響でスズが溶出するので，清涼飲料水や粉末清涼飲料に暫定的規制値が定められている。

⑧ 放射性物質

平成23年3月11日に発生した福島原発事故により放出された放射性物質による食品の汚染が心配されて，平成24年4月より放射性セシウムの基準値が設けられ，規制が行われている（p.198）。マーケットバスケット法による調査（p.197）では，定められた線量よりきわめて小さいことがわかっている。

⑨ 環境ホルモン（外因性内分泌かく乱化学物質）

人に摂取されるとホルモンの働きを乱して生育や発育に影響を与える化学物質のことである。塩素系のごみの焼却により生成し，発がん性のある**ダイオキシン**や，環境から食物連鎖によるDDT，PCBのある種のものや，ビスフェノールA，フタル酸エステル類，イソフラボン類など，約70種類の化学物質について調査研究が推進されている。

⑩ かび毒（マイコトキシン）

かびの代謝産物で人や動物に対して健康被害を発現させるものの総称である。代表的なアフラトキシンは，魚類，鳥類，哺乳類などに毒性を示し，肝臓の急性障害や肝臓がんを発生させる。アフラトキシンは通常の殺菌工程では分解されない。高温多湿の環境での汚染が多く，アフラトキシンを産生する菌は，10℃以下，湿度80%以下では毒性を産生しない。ほかに，ステリグマトシスチン，オクラトキシン，黄変米毒，麦角菌，フザリウム毒素（赤かび病菌）がある。

⑪ 食品成分の変化で生じる有害物質

ヒスタミン（アレルギー様食中毒），ニトロソ化合物（発色剤の亜硝酸塩：発がん物質），過酸化脂質（油揚げ，油脂加工品，即席めんなど：老化・がん，p.202〜203），フェオフォルバイド（葉緑素の分解による：皮膚炎やがん），ヘテロサイクリックアミン類（肉や魚の焼け焦げ：発がん性），アクリルアミド（芋の揚げ物：発がんの危険性），トランス脂肪酸（マーガリン，ショートニングなどの硬化油：動脈硬化の危険性）などがある。

2　食品異物

食品衛生法第5条に「販売の用に供する食品または添加物の採取，製造，加工，使用，調理，貯蔵，運搬，陳列及び授受は，清潔で衛生的に行われなければならない」と規定されている。すなわち，加工や調理した食品のなかに髪の毛やハエなどが入っていたり，原材料のなかに虫の卵や幼虫が存在したり，また，貯蔵中にかびが生えたりしたのでは，清潔で衛生的な扱いをしたとはいえない。これらの毛髪，

ハエ，幼虫，かびなどが異物である。

　また，食品衛生法第6条第4号に「不潔，異物の混入または添加その他の事由により，人の健康をそこなうおそれがあるもの」は，販売し，また販売の用に供するために，採取し，製造し，輸入し，加工し，使用し，調理し，貯蔵し，もしくは陳列してはならないと定めている。

❶ 異物の種類

　食品中の異物は一般に，動物性異物，植物性異物，鉱物性異物に分けられる。主なトラブルは，料理のなかに毛髪や虫が入っていたり，缶詰のなかに金属片が入っていたり，かびが生えていたなどである。これら異物が人体に何らかの害を与えるものであれば，食品衛生法第6条第4号によって取り締まりの対象となる。

● 動物性異物　昆虫の破片，卵，幼虫，さなぎ，排泄物など。寄生虫の卵，動物の死がい，毛，排泄物，ダニ類など
● 植物性異物　植物種子，種子の殻，わら，かび，紙片，木片など
● 鉱物性異物　土，砂，ガラス，ボルト，ナット，缶くずなどの金属片，陶磁器片，針金，プラスチック，刃物など

❷ 異物混入の防止

　異物は，食品の種類，生産加工過程により異なるので，常に食品を異物検査し，混入の発見とその原因究明に努める必要がある。

　調理に関する異物混入の防止対策としては，次のようなことを心掛ける。

● 調理中は帽子などで頭を覆う
● 材料は厳選し，異物混入のおそれのあるものはふるい分け，ろ過，水洗いなどを行う。包装材料の付着にも注意する
● 調理場の窓には網戸をつけ，昆虫やネズミなどが入らないようにしておく
● 調理終了後は，調理台や器具など使用したものを洗浄し，残りかすなどのないように清潔にしておく
● 調理場や戸棚などをよく清掃する。また，調理場は定期消毒をする
● 料理を入れる器具，容器などは，使用前に異物が付着していないこと，破損がないことを確認する

❸ 衛生微生物（病原微生物）の分類

　微生物とは，我々の周囲のどこにでもいるごく細かい生物で，m（メートル）の100万分の1の大きさであるμm（マイクロメートル）や，10億分の1の大きさであるnm（ナノメートル）の単位で示される。動物に属するもの，植物に属するものといろいろある。また，酒やみそをつくるときに必要な発酵作用をもつ有用なものと，食物を腐らせる有害なものとがある。同時に，人や動物に病原性を示すものと，そうでないものがある。衛生微生物とは，これらのうち病原性を示すものをいい，次の5つに分類される。

1　原虫類

　単細胞の生物で，最下級の動物に属するものである。アメーバやマラリア原虫（クリプトスポリジウム，サイクロスポラ）などがこれに含まれ，その種類は多いが，人間の体に寄生して疾病を起こすものは少ない。例えば，クリプトスポリジウム

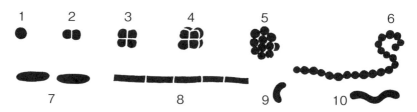

図4 細菌の基本形

1. 単球菌　2. 双球菌　3. 四連球菌　4. 八連球菌　5. ブドウ球菌
6. 連鎖球菌　7. 8. 桿菌　9. ビブリオ　10. らせん菌

（p.188）の大きさは4〜7μmである。

2 真菌類（かび，酵母）

　いわゆるかびのことで，食品について繁殖し，外見や味，香りなどをそこねるばかりでなく，ある種のかびは有毒物質を産生するので，食品衛生上注意しなければならない。大きさは数μm〜数10μmである。例えば，果物，野菜，チーズなどに繁殖するものとして，毛かび，くものすかび，青かびなどがある。酒，みそ等の製造に使用されるこうじかびなど，食品の製造上に有用なかびも多いが，人体に直接侵入して，病原となるものもある。

3 細菌

　細菌は分裂を繰り返しながら短時間で大量に増殖し，各種の病原体になっていく。食中毒を発生させる原因物質の主要を占めている。大きさは1μm前後である。

　細菌はその外形によって【図4】のように分けられ，大きくは次の3つに分けられる。

❶球菌類　その形から，ブドウ球菌，連鎖球菌，双球菌などに分けられるが，菌自体が球形であって，それがいくつか集まってぶどうの房状になっていたり，鎖状に長く連なっていたり，2個で1組になっていたりする

❷桿菌類　桿状（棒状）の形で，一方の端が連結して対となっていることがある

❸らせん菌類　コンマ状の形をしていて，単独でいたり，鎖状となったり，また2個でS字形をしていることもある。スピロヘータは，細長いらせん状の細菌の総称であり，顕微鏡で見ると，らせん状に何回も巻いていることがわかる

また，酸素要求性により次の3つに分類される。

❶好気性菌（酸素がある環境でのみ増殖できる）　かび，酢酸菌

❷通性嫌気性菌（酸素があってもなくても増殖できる）　サルモネラ属菌，ブドウ球菌，リステリア菌，腸管出血性大腸菌，セレウス菌

❸偏性嫌気性菌（酸素のない環境でのみ増殖できる）　ウェルシュ菌，ボツリヌス菌

　ある種の細菌（ボツリヌス菌など）は，特定の発育条件で自己の菌体内に耐久性の構造物をつくる。これを芽胞という。増殖型の菌に比べ，熱，乾燥，光線，化学薬品に対する抵抗性が強い。100℃にも耐えるため，芽胞を完全に死滅させる方法

としては，乾熱滅菌法（180℃で30分または160℃で2時間）と高圧蒸気滅菌法（121℃で20分間）の2種類がある。

4 リケッチア

普通の細菌よりもかなり小型で（約0.5μm），通常の顕微鏡では見ることができない。

5 ウイルス

通例の細菌を通さない，素焼きろ過器を通過してしまうほどのごく小さなもので，ろ過性病原体ともいわれていた。大きさは20〜350nmである。細菌などと比較して，その組成は単純で結晶型をしていることが電子顕微鏡によって判明した。

❹ 微生物が発育・繁殖するための条件

微生物（真菌類，細菌など）が発育し繁殖するためには，次の3つの条件が必要である。

❶栄養素　食品中の窒素化合物や炭素化合物，無機塩類やビタミンなど

❷適当な温度　低温微生物（20〜25℃），中温微生物（25〜40℃），高温微生物（55〜70℃）

❸要求性に適した酸素の有無　好気性（増殖に酸素が必要），通性嫌気性（酸素があってもなくても増殖できる。ある方が増殖しやすい），偏性嫌気性（酸素があると増殖できない）の3つに分類される

また，pH域は弱酸性〜弱アルカリ性（4.0〜10.0）と広く，水分活性は【表1】（p.167）のとおりである。

◉増殖方法　細菌の増殖は2分裂（1個の細胞が分裂して2個の娘細胞になって増殖）を繰り返す。短時間で分裂して増加する

◉世代時間（分裂増殖の速度）　1個の細胞が分裂して2個になるまでの時間。腸炎ビブリオは10分間，大腸菌は20分間，ブドウ球菌は30分間である

◉食中毒発生のための原因菌の量　一般に1,000,000（10^6）個以上。サルモネラ，腸管出血性大腸菌，カンピロバクターでは，100個以下で発症することもある

❺ 微生物の感染と伝播様式

体内に侵入した微生物が，それぞれ決まった体内の部位で増殖することを，一般に感染という。それにより人は発病する（感染症）。伝播様式は，直接伝播と間接伝播の2つに大別される（1章公衆衛生学，p.21）。

❻ 免疫

微生物が我々の体内に侵入しても，必ずしも発病するとは限らない。微生物によっては，牛，豚，ネズミなどの動物に対して病気を起こすが，人間には病気を起こさないものもある。また，人間のみ，あるいは人間にも動物にも病気を起こすものなどがある。

人間に病気を起こさせる微生物を「人間に対して病原性のある微生物」という。この微生物が，我々の体に侵入すると，体はこの病原体に抵抗するために，血液のなかにある物質をつくり，この微生物を無力にしようとする。この病原体を抗原といい，これに対抗するために，体内につくられる物質を抗体という。この抗体によって，発病を免れることを免疫という。免疫には先天免疫（自然免疫）と後天免疫（獲

得免疫）とがある。

3 食品残留農薬

❶ 農薬とは

農薬は，害虫，有害微生物，雑草などを防除し，農業の生産性を高めるために必要な薬剤である。

農薬の使用目的別の分類では，殺虫剤，殺菌剤，除草剤，殺そ剤など，化学構造的な分類では，有機塩素系，有機リン系，カルバメート系などがある【表11】。

❷ 農薬による中毒

食品汚染物質として問題視された農薬として，DDT，BHC，ドリン剤などの有機塩素系の殺虫剤がある。これらの農薬は，自然分解されにくいことや動植物の体内に蓄積されることから，食物連鎖により生物濃縮が起こり，動植物の摂取を通して人体に有害となるおそれのあることが判明し，使用・製造ともに中止となっている。

❸ 農薬の残留基準

農薬は，食品中に残留し，人体に有害な影響を与えるおそれがあるため，食品衛生法により残留基準が定められている。また，輸入農作物ではポストハーベスト農薬（農作物の貯蔵や輸送中の保存を目的として，収穫後に使用される農薬）の残留についても，日本で禁止されている農薬を使用している場合があり，厳重な注意が必要である。

平成15年の食品衛生法の改正に基づき，食品に残留する農薬，飼料添加物および動物用医薬品について，一定の量（人の健康をそこなうおそれのない量を一律基準0.01ppmとして設定）を超えて，農薬等が残留する食品の販売等を原則禁止するポジティブリスト制度が，平成18年5月から施行された。この制度の導入により，残留基準が設定されていない無登録農薬についても，一律基準を超えて，食品に残留していることが明らかになった場合などには，流通を原則禁止できるようになった。

ただし，特定農薬（p.197）など，通常の方法で使用され，食品に残留しても人の健康をそこなうおそれがないことが明らかな物質や，残留しないことが明らかな

表11 主な農薬の種類

	主なもの	主な用途	特　徴
有機塩素系農薬	DDT*1，BHC*2，ドリン剤	殺虫剤	環境中での残留性が高く，植物，動物体内に蓄積しやすく，生物濃縮が起こりやすい。日本では使用禁止となっている。
有機リン系農薬	マラチオン，フェニトロチオン，パラチオン*3	殺虫剤	環境や生体内で分解されやすく，蓄積性はないが，毒性は強い。中枢抑制による呼吸困難などを起こす。
カルバメート系農薬	カルバリル	殺虫剤，除草剤，殺菌剤	アセチルエステラーゼの活性阻害により，アセチルコリンが蓄積し，殺虫効果を示す。

注）*1 ジクロロジフェニルトリクロロエタン。　*2 ベンゼンヘキサクロライド。
*3 現在は特定毒物に指定され，使用禁止，製造中止となっている。

天敵農薬（下記）は，ポジティブリスト制度（p.198）の対象外になっている。

●特定農薬　原材料から，農作物等，人畜および水産動植物に害を及ぼすおそれの
ないことが明らかな農薬として指定されたもの。エチレン，次亜塩素酸水，重曹，
食酢の4種類と，天敵（特別に指定された天敵農薬）がある

●天敵農薬　農薬としての目的で生きた生物を利用する，生物農薬（生物的防除）
の一つである。生物農薬には，昆虫・線虫・菌類がある。天敵として主に昆虫が
利用される天敵農薬は，害虫に寄生したり，害虫を捕食したりする。

　生物農薬の利点として，化学農薬（薬剤などで科学的に防除する）に比べて毒
性が少ないことがあげられる。化学農薬は同一のものを繰り返し散布すると，害
虫や病原菌に抵抗性が生じることが多いが，生物農薬の場合は抵抗性が生じるこ
とはなく，むしろ生物農薬で使われる生物の密度が高くなることで，効果が高ま
ることが多い。

　生物農薬の欠点としては，効果の発揮が遅いこと，害虫を全滅できない場合が
あることがあげられる

　国民の農薬摂取量調査（マーケットバスケット調査は平成3年度から実施。消
費者が購入する食材等を一般的な方法で調理した後，残留農薬量を調査する方
法）では，実際の農薬摂取量は科学的に安全とされる1日摂取許容量（ADI，p.201）
に比べると大幅に低く，国民の健康確保に支障はないと考えられている。

●有機リン剤　メタミドホスによる健康被害●

　平成20年，中国産の冷凍ぎょうざからメタミドホスなどの有機リン系殺虫剤が検出され問題となった。平成18年5月より導入されたポジティブリスト制度（下記）により検疫体制は強化されている。

メタミドホス：野菜につく虫を駆除するための有機リン系の農薬。毒性が強く，わが国では使用が禁止されている。体内に取り込まれた場合，下痢や嘔吐のような食中毒症状のほか，瞳孔の収縮や徐脈（脈が遅くなる）がみられ，さらにはけいれん，呼吸困難，意識障害をきたすこともある。およそ10日以内に症状が改善することが多いが，ときには肺水腫（肺に水がたまる疾病）などにより死亡する場合もある。

●食品中の放射性物質の規制値●

　平成23年3月の東日本大震災による原子力発電所事故を受け，厚生労働省は食品の安全性を確保する観点から，食品中の放射性物質の規制値を設定した（平成24年4月施行）。年間の被ばく線量が1ミリシーベルト（mSv）を超えないように設定されている。今後も，食品中の放射性物質に関する通知等は常に確認することが重要である。

食品中の放射性セシウム基準値

食品群	基準値（Bq/kg）[5]
一般食品[1]	100
牛　乳[2]	50
飲料水[3]	10
乳児用食品[4]	50

注）[1]：2～4以外の食品。原材料を乾燥し，通常水戻しをして摂取する乾燥きのこ類・海藻類・魚介類・野菜については，原材料の状態と水戻しを行った状態に基準値を適用。また，食用米油の原材料となる米ぬかおよび食用植物油脂の原材料となる種子については，原材料から抽出した油脂に基準値を適用。

　[2]：牛乳，低脂肪乳，加工乳，乳飲料等（乳酸菌飲料，発酵乳，チーズは含まない）。

　[3]：ミネラルウォーター類と飲用茶（茶については，原材料の茶葉から浸出した状態に基準値を適用）。

　[4]：乳児の飲食に供することを目的として販売する食品。

　[5]：Bq（ベクレル）は，放射性物質が放射線を出す能力の強さを表す単位。

資料）厚生労働省：乳及び乳製品の成分規格等に関する省令の一部を改正する省令及び食品，添加物等の規格基準の一部を改正する件（食品中の放射性物質に係る基準値の設定）

ポジティブリスト制度

　使用を認めるもののリスト（ポジティブリスト）を作成し，それ以外の使用は原則禁止する制度。農薬では，残留基準があるもの以外は一律基準として0.01ppmが設定されている。

6 食品添加物

食品を，製造，加工したり保存するときに用いられる調味料，保存料，着色料などを食品添加物という。食品添加物は，人が長い間，摂取し続けても安全で，その使用が消費者に何らかの利点を与えるものでなければならない。

食品添加物は厚生労働大臣が公衆衛生の見地から安全上の基準を定め，添加物の成分について規格が定められている（食品衛生法第13条）。指定添加物と天然由来の既存添加物，一般に食品として使われる添加物，天然香料の4種類がある。指定添加物とは，天然・合成にかかわらず，安全性と有効性が確認され，厚生労働大臣により指定（ポジティブリスト制度による）されたもの，既存添加物とは，長年食経験のある食品からつくられ，天然添加物として厚生労働大臣が認めたものである。

使用が認められている指定添加物は475品目（令和5年7月現在），従来どおり販売・使用され，食品に含まれている既存添加物は357品目（令和5年3月現在）にのぼるが，現在これらの品目について毒性試験の実施など安全性の見直しを行っている。

食品添加物には規制があり，人の健康に害を与えないものとして，薬事・食品衛生審議会の意見を聞いて定められた場合のみ，添加物（天然香料および一般の食品に供されるものの添加物を除く）並びにこれを含む製剤および食品を販売できる。また，販売を目的として，製造，輸入，加工，貯蔵，陳列することができる。

天然香料は，動植物から得られたものまたはその混合物で，食品の着香の目的で使用される添加物をいい，食品添加物の規制の対象外である。これは，長年にわたる食経験のなかで使用されていても問題なく，使用量も非常に少ないためである。

一般に，食品として飲食に供されているが，添加物としても使用されるものは，食品をそのまま添加物として使用する場合である。例えば，オレンジジュースを着色の目的で使用する場合，紫じその葉を梅干しの着色の目的で使用する場合などがあげられる。

1 分類

食品添加物は，使用目的により，以下のように分けられる。種類と用途例は【表12】に示す。

● 風味，外観をよくする　調味料，酸味料，甘味料，着色料，発色剤，漂白剤，光沢剤など

● 保存性をよくし，食中毒を予防する　殺菌料，保存料，防かび剤，酸化防止剤など

● 製造に必要　凝固剤，乳化剤，膨張剤など

● 品質を向上させる　乳化剤，増粘剤，安定剤，ゲル化剤，糊料，品質保持剤など

● 栄養価を補充強化する　ビタミン，アミノ酸，無機質など

表12 食品添加物の種類と用途例

種　類	主要用途	品　名
甘味料	食品に甘味を与える。　食品の低カロリー化に有効。	アスパルテーム，アセスルファムカリウム，キシリトール，サッカリンナトリウム，スクラロース，ソルビトール，ステビアエキス
着色料	食品を着色する。	三二酸化鉄，アマランス，水溶性アナトー，タール色素の製剤，銅クロロフィリンナトリウム，カラメル
保存料	かびや微生物などの発育を抑制し，食品の保存性を向上させる。	安息香酸，ソルビン酸カリウム，デヒドロ酢酸ナトリウム，パラオキシ安息香酸，ヒノキチオール
増粘剤，安定剤，ゲル化剤，糊料	食品に粘性をもたせたり，なめらかにして食感をよくしたり，品質を安定，向上させる。	アルギン酸ナトリウム，アルギン酸プロピレングリコールエステル，カルボキシメチルセルロース，カゼイン
酸化防止剤	油脂などの酸化を防ぐ。	L-アスコルビン酸類，エリソルビン酸，グアヤク脂，ジブチルヒドロキシトルエン（BHT），dl-α-トコフェロール，亜硫酸塩類，カテキン
発色剤	肉類の色調を保持する。	亜硝酸ナトリウム，硝酸カリウム，硫酸第一鉄
漂白剤	食品のもつ色調を白く漂白する。	亜塩素酸ナトリウム，過酸化水素*，亜硫酸ナトリウム，次亜硫酸ナトリウム
防かび（防ばい）剤	柑橘類とバナナのかびを防ぐ。	オルトフェニルフェノール，イマザリル，ジフェニル，チアベンダゾール
ガムベース	チューインガムの基材に用いる。	エステルガム，酢酸ビニル樹脂，ポリブテン
膨張剤	ケーキなどに膨らみを与える。	酒石酸水素カリウム，炭酸水素ナトリウム，炭酸水素アンモニウム
酸味料	食品に酸味を与える。	アジピン酸，クエン酸，乳酸，コハク酸，リンゴ酸
調味料	食品に旨味を与える。	5′-イノシン酸ニナトリウム，L-グルタミン酸ナトリウム
乳化剤	水と油のように互いに混和しないものを均一に乳化させる。	プロピレングリコール脂肪酸エステル，レシチン，ショ糖脂肪酸エステル，ステアロイル乳化カルシウム
栄養強化剤	食品の栄養素を強化する。	L-アスコルビン酸類，L-イソロイシン，クエン酸鉄，乳酸カルシウム，チアミン塩酸塩
着香料	食品に香りを与える。	ギ酸シトロネル，バニリン，酢酸エチル，ベンズアルデヒド
殺菌料	飲料水などの殺菌に使用。	過酸化水素，高度サラシ粉，次亜塩素酸ナトリウム
品質保持剤	食品の保湿性や日もち効果をよくする。	プロピレングリコール
品質改良剤	食品のもつ欠点や短所を改良して有用にする。肉の結着など。	L-システイン塩酸塩，ポリリン酸ナトリウム
小麦粉処理剤	熟成期間の短縮，製パン効果阻害物質の破壊・殺菌。	過酸化ベンゾイル，過酸化アンモニウム
豆腐用凝固剤	豆乳を凝固させる。	塩化カルシウム，塩化マグネシウム
被膜剤	果実や野菜の鮮度保持の目的で表面に皮膜をつくる。	オレイン酸ナトリウム，酢酸ビニル樹脂
発酵調整剤	チーズ・清酒製造時の異常発酵を調整する。	硝酸カリウム
消泡剤	泡を消す，泡立ちを防ぐ。	シリコーン樹脂
食品製造用	食品の製造・加工に使用する。	塩酸*，硝酸*，クエン酸カルシウム，水酸化ナトリウム*

注）*最終食品の完成前に分解または除去する必要がある。

2　使用基準

　全く毒性のない化合物は存在しないが，食品添加物もその例外ではない。このため，食品添加物の使用に当たっては，食品衛生法でその使用基準が定められている。食品添加物の使用量は，**慢性毒性試験**ですべての有害な影響が認められない最大の投与量（無毒性量）に対し，安全係数1/100を考慮し**1日摂取許容量（ADI）**を設けた。人の摂取がこれを上回ることがないように，食品衛生法では，必要に応じ使用基準を設けている。添加物によって，使用してよい食品の種類，使用量，使用目的，食品中の残存量，使用方法の限定，使用している旨の表示が定められている。

　指定添加物のなかで，使用基準が定められているのは着色料や保存料などである。また，既存添加物でも珪藻土(けいそうど)やヘキサンなどの一部に使用基準が定められている。

3　表示

　食品に使用した添加物は，食品表示法により表示が必要で，❶物質名の表示，❷簡略名の表示，❸用途名の併記，❹一括名（イーストフードなど14種）が定められている。❸の範囲は，甘味料，着色料，保存料，増粘剤・安定剤・ゲル化剤・糊料，酸化防止剤，発色剤，漂白剤，防かび（防ばい）剤の8種類。

　一方，加工助剤[*1]，キャリーオーバー[*2]，栄養強化の目的で使用する添加物は，表示が免除されている。

❶　甘味料(かんみりょう)

　使用を許可されているのは，サッカリン，サッカリンナトリウム，グリチルリチン酸二ナトリウム（甘草(かんぞう)抽出物），アスパルテーム，キシリトール，スクラロース，アセスルファムカリウム，ステビアエキスなどである。サッカリンは砂糖の200〜

1日摂取許容量（ADI：acceptable daily intake）

　人がその食品添加物を一生食べ続けても，健康を害さない1日当たりの量のこと。さまざまな動物実験で，無毒性量に安全率（1/100）を掛けて，ヒトのADIとしている。ADIは国際的にJECFA（FAO/WHO合同食品添加物専門家会議）が定めた量が採用されている。

　実際の食品添加物の摂取量は，流通している食品を，通常行われる調理後に分析するマーケットバスケット調査（p.197）で把握されていて，ADIよりもかなり少ない。

[*1]【加工助剤】食品の加工の際に添加されるものであって，次のいずれかに該当するものをいう。
・最終食品の完成前に除去されるもの
・食品中に含まれる成分と同じ成分に変えられ，かつ，その成分量を明らかに増加させるものでないもの
・最終食品に含まれる量が少なく，かつ，その成分による影響をその食品に及ぼさないもの
[*2]【キャリーオーバー】食品の原材料の製造または加工の過程において使用され，その食品の製造または加工の過程において使用されないものであって，最終食品にはその添加物が効果を発揮することができる量より少ない量しか含まれていないもの。

700倍の甘さがある。これらは，いずれも甘味を与えるだけで，エネルギー源とはならない。また，食品衛生法の規定に合うものを使用しなければならない。サッカリンはチューインガムのみに，サッカリンナトリウムは清涼飲料水，つくだ煮，缶詰，アイスクリーム類などに使用され，使用量にも基準がある。グリチルリチン酸二ナトリウムについては，みそ，しょうゆのみに使用が認められている。アスパルテームなどは使用基準が定められていない。スクラロース，アセスルファムカリウムには，使用基準および規格が設定されている。

なお，サッカリンナトリウムの場合，最大残存量がたくあん漬けなどで2g/kg未満，粉末清涼飲料などで1.5g/kg未満，かす漬けなどで1.2g/kg未満，つくだ煮などで0.5g/kg未満，魚肉練り製品などで0.3g/kg未満と細かく決められている。

❷ 着色料

食品に用いられる着色料には，天然着色料と合成着色料とがある。合成着色料は，人工的，化学的に合成されたものがほとんどで，主にタール系色素が使用されている。タール系色素は，工業においても染料や塗料として用いられているものである。タール色素は，食品衛生法に基づく製品検査（タール色素の検査）により登録検査機関の行う検査を受け，合格の表示が付されていないものは販売できない。

合成着色料としては，タール系色素（食用赤色2号，3号など12種）とそのアルミニウムレーキ8種，そのほか鉄・銅のクロロフィリンナトリウムなどが指定されている。なお，タール系色素および二酸化チタンは，カステラ，きな粉，魚肉漬け物，鯨肉漬け物，こんぶ類，しょうゆ，食肉，食肉漬け物，スポンジケーキ，鮮魚介類（鯨肉を含む），茶，のり類，マーマレード，豆類，みそ，めん類（ワンタンを含む），野菜およびわかめ類には使用してはならない。β-カロテン，水溶性アナトー，ノルビキシンカリウム，ノルビキシンナトリウムは，こんぶ類，食肉，鮮魚介類（鯨肉を含む），茶，のり類，豆類，野菜およびわかめ類に使用してはならない。

❸ 保存料

食品を細菌から守り，できるだけ鮮度を保ち，食品の腐敗・変敗を防ぐために添加するのが保存料すなわち防腐剤である。保存料は，腐敗細菌の繁殖を防止するが，殺菌力は非常に弱い。保存料には，安息香酸，安息香酸ナトリウム，ソルビン酸カリウム，ヒノキチオールなどがある。

化学的合成品のすべての保存料には，使用してもよい食品と最大使用限度が定められている。例えば，安息香酸ナトリウムは，清涼飲料水，シロップ，しょうゆに用いる場合は1kg当たり0.6g以下に限って使用でき，ソルビン酸カルシウムは魚肉練り製品，食肉製品，ウニに用いる場合は1kg当たり2g以下に限って使用できるなどとなっている。

ヒノキチオールは，さまざまな菌の増殖をおさえるのに用いられる。使用基準はなく，広く用いられている。

❹ 酸化防止剤

油脂や油脂を含んだ食品は，やがて空気中の酸素によって酸化され，油焼けを起こし，色，味やにおいが変化する。油脂の酸化物（過酸化脂質，p.192）は毒性を示し，消化器障害や食中毒の原因となるので，食品の酸化防止は公衆衛生上も非常

に大切である。

　油脂の酸化の程度は，主に過酸化物の量を表す過酸化物価（POV）で示され，食用精製加工油脂の過酸化物価は3.0以下と決められている（JAS，2019年）。酸化防止剤には，ジブチルヒドロキシトルエン（BHT），ブチルヒドロキシアニソール（BHA），dl-α-トコフェロール（ビタミンE），エリソルビン酸，カテキン，L-アスコルビン酸などがある。

❺　発色剤

　硝酸カリウム，亜硝酸ナトリウムは，食肉製品，水産製品の色を赤く保つための発色剤として使われるが，同時に保存料としても，ボツリヌス菌による食中毒の予防に役立っている。硫酸第一鉄（硫酸鉄）は，黒豆，漬物，野菜・果物の変色予防に用いられる。

❻　漂白剤

　食品の色をきれいにするために，漂白剤が使われることがある。漂白剤には，亜硫酸ナトリウム，次亜硫酸ナトリウム，二酸化イオウなどがあり，すべて使用基準が定められている。漂白剤には，保存料や酸化防止剤，殺菌料として使われるものがある。

❼　防かび剤

　防かび剤は，かびの繁殖をおさえるもので，特にかびの生えやすい生鮮果物のかんきつ類とバナナに限ってその使用が認められている。

　オルトフェニルフェノール類はかんきつ類，ジフェニルはレモン，グレープフルーツとオレンジ類，チアベンダゾールはかんきつ類とバナナ，イマザリルはかんきつ類（みかんを除く）とバナナにのみ使用が許可され，それぞれ最大残存量が定められている。

7 飲食による危害の防止と衛生管理

1 飲食による衛生上の危害

　食品は生命の成長と健康を維持するために欠かせないものであり，栄養素を含有するとともに人体に有害な物質を含まず，安全であることが基本である。しかし，食品中にはそれ自体が毒性をもっているものもあり，病原性を有する微生物や有害な化学物質に汚染されていることもある。自然界にさらされている食品は絶えず微生物の汚染を受けることは避けられない。したがって，誤った扱いにより常にさまざまな衛生上の危害による健康障害を起こす可能性がある。

　（栄養学においては，食品中の栄養成分においても過剰摂取や不足による健康障害が発生するが，この件については栄養学の範疇と考える）。

　飲食を通して健康障害を発生する衛生上の危害は次の3つに分類される。

❶生物的危害　病原微生物（ノロウイルスなどのウイルス，サルモネラ属菌などの細菌など。p.193），アニサキスなどの寄生虫

❷化学的危害　有害金属（ヒ素・スズ・鉛，メチル水銀など），自然毒（毒きのこなどの植物性自然毒，フグなどの動物性自然毒），かび毒，食物アレルゲン，腐敗した魚中のヒスタミン，残留農薬，ダイオキシン，PCBなど

❸物理的危害　異物（人の毛髪や昆虫の破片などの動物性異物，植物種子やかびなどの植物性異物，土などの鉱物性異物に分けられる。p.192）

2 衛生管理：危害を防止するための衛生管理

　衛生管理の基本は，定められた安全基準（残留農薬など）に従った生産から運搬，受け渡し，保管，調理，加工，喫食にいたるすべての工程で予想される危害を取り除くための手段（運搬方法，保存時の温度管理や洗浄・消毒・加熱温度，施設の衛生管理など）を確実に実施することにより，危害が混入・付着しない安全な食品をつくることである。喫食する側においても，喫食前に手洗いを適正に実施する，喫食時間や喫食条件を守るなどして，危害を混入・付着させない衛生的な行動による安全な摂取が大切である。

　衛生上の危害防止の3原則

❶つけない，混入させない：清潔・洗浄　汚染物質や有毒物質，病原微生物，ガラスや金属片（ミキサーや包丁，缶詰蓋の破片），ヘアピンなどを付着・混入させない。洗浄，消毒を適切に行う

❷増やさない：調理・配送・保管時の温度管理　一般の食品には病原微生物が少量付着していることがあるので，これらが増殖するのを防ぐ。

　　調理の下準備中に，食材の品温を上昇させない工夫（生鮮魚介類の処理等・室

温に長時間放置しない）。保存温度は5℃以下，または10℃以下での冷蔵。冷凍の場合は定められた冷凍温度で保存する（保存時間を守る）。調理後直ちに提供される食品以外は，10℃以下または65℃以上で管理する。加熱調理後に食品を冷却する場合には，清潔な場所で衛生的な容器に小分けするなどして，30分以内に中心温度を20℃付近（または60分以内に中心温度を10℃付近）まで下げるようにする。

　　食中毒菌の発育至適温度帯（約20〜50℃）の時間を可能な限り短くする

❸殺す（やっつける）：的確な加熱　加熱可能な食品については付着・混入する病原微生物の殺滅のために次のように的確な加熱を行う。

●一般的には中心温度が75℃で1分間以上

●ノロウイルス汚染のおそれのある食品には中心温度85〜90℃で90秒間以上

　具体的な衛生管理は食品衛生対策が該当し，**大量調理施設衛生管理マニュアル**が基本となる（p.235）。

3 食品簡易鑑別法

　食中毒，感染症，寄生虫病の予防には，食品やその原料食品を購入する際などに衛生的に見分けることが大切である。食品の検査や鑑別には整った設備や技術だけでなく，簡単な見分け方の知識も衛生上役立つ。鑑別の方法は次のとおりである。

❶ 外観による各種食品の鮮度判定の目安

　鮮度判定の目安は【**表13**】に示す。

❷ 魚介類，肉類，乳類

1　魚介類

　魚介類の鮮度判定の方法を以下に示す。

●物理的方法　魚体のかたさや魚肉圧搾液の粘度変化などが測定される。魚の頭をもち，逆さに立てたとき，新鮮なものは曲がらない

●官能的方法　視覚，嗅覚，味覚，触覚により性状を調べる

●生物学的方法　魚肉1g当たり細菌数105個以下の場合は新鮮，10^7〜10^8個は初期腐敗とみなす

●揮発性塩基窒素量（VBN）　食肉，魚肉の鮮度を示す。腐敗が進行するとアンモニア，トリメチルアミンなどの揮発性塩基窒素量が増加する。新鮮魚は100g中10mg以下。初期腐敗では30〜40mgに増加する

●*K*値　魚肉中に含まれる核酸関連物質は，鮮度の低下とともに増加する。すし用の新鮮なものは*K*値が20%以下。一般の生食用は40〜60%。ただし，軟体動物や甲殻類には適用できない

2　肉類

　肉類などのたんぱく質性食品は鮮度が低下するとpHは初期にいったん下がり，その後高くなる（アルカリ性に向かう）。正常肉では5.5前後，腐敗初期では6.2〜6.3，腐敗後では6.5以上。

3　乳類

❶牛乳　牛乳は，無脂乳固形分8.0%以上，乳脂肪分3.0%以上，比重は15℃で1.028

表13 外観による各種食品の鮮度判定の目安

	良　好	中程度	不　良
野菜類	つやとはりがあり，みずみずしい	虫による食害，または傷があっても一部切除すればみずみずしい	1. 葉がしおれ，ぐったりし，弾力性がない 2. 葉先が変色している
大　豆，大豆製品	1. 外観，におい，味が正常 2. 製造後短時間		1. 表面に粘液が生じている 2. 異物が混入している
魚　類 （冷凍魚は解凍後）	1. 死後硬直中 2. うろこがしっかり皮膚についており，魚種特有の色をもち，みずみずしい光沢がある 3. 眼球は陥没せず，血液の浸出や混濁がない 4. えらが美しい赤色を示している 5. 外部から圧しても腹部に軟弱感がない 6. 肉質に透明感があり，骨から魚肉が取れにくい 7. 水中に沈む	1. 弾力性はややおとる 2. 眼球は突出せず，やや混濁している 3. えらは鮮明さを欠き，少量の粘着物を認める 4. 腹部はやや軟弱感が出てくる 5. 肉質はやや不透明となり，血管もやや不透明となっている 6. 臭気はやや生臭い感じとなる	1. 魚体は軟化し，自己消化が著しい 2. 眼球は陥没し，著しく混濁し，または脱離している 3. えらは暗緑色となり，不快臭を出す 4. 腹部はくずれ，軟弱となる 5. 肉質は白濁する 6. 水に浮かぶ
貝　類	1. 必ず生きているものを使用する 2. たたき合わせると，澄んだよい音がする 3. 新鮮な磯の香り		異臭がある
卵	1. 殻の表面がザラザラして光沢がない 2. 振って音がしない 3. 電灯の光に透かして明るく透けて見える		1. 割ったときに卵黄，卵白が広く広がる 2. 振って音がする 3. 電灯の光に透かして明るく見えない

注）容器等の表示に従った使用を守る。

〜1.034，酸度は乳酸として，ジャージー種以外は0.18％以下，ジャージー種は0.20％以下で，細菌数は1mL中5万以下，大腸菌群は陰性でなければならない。

　牛乳は，65℃前後で30分間以上加熱殺菌（低温保持殺菌）するか，またはこれと同等以上の殺菌効果をもつ方法（超高温瞬間殺菌法：120〜150℃で1秒以上3秒以内の加熱）で殺菌することになっている（p.169）。保存は10℃以下とし，賞味期限内に使い切る。牛乳を鍋に入れ，加熱したときに徐々に固まるものは，発酵して酸度が高くなっているため飲まないほうがよい。

　ロングライフミルク（LL牛乳）は，無菌充填包装したミルクである。超高温滅菌（140〜150℃で2〜3秒の加熱）してから，過酸化水素などで殺菌した容器包装のなかに充填包装する。食中毒菌や病原菌が存在せず，常温においても腐敗

をもたらす微生物が存在しないので，長期保存が可能となる。しかし，この無菌充填包装されたロングライフミルクも，開封後は普通の牛乳と同様に扱い，できるだけ早期に使用する

❷ バター　水滴を遊離することなく，香味がよく，酸味，変敗臭などがなく，色調，光沢が均等で，斑点（はんてん）や波紋（はもん）がないものがよい。保存は15℃以下がよい。

　口に含んでみて芳香があり，刺激のない味のものが新しい。古いものは，脂肪臭く，ロウのような香りや油焼けのにおいなどがあり，溶かすと少しにごって見える。

　純粋バターとマーガリンを見分けるには，溶かしたときに，純粋バターは上方に水油のような層と，下方に白っぽくにごった層とに分かれるが，マーガリンは上方の水油の層がひどくにごって見える。さらに熱を強めると，純粋バターは泡が出てなかなか消えないが，マーガリンはピチピチ音を立ててはね，泡はすぐ消える

❸ 缶詰

　缶詰による中毒は，腐敗したもの，製造中に毒物の入ったもの，開けた後の保存方法が適当でなかったことなどによって起こる。缶詰食品の良否を見分けるには，外観検査，打缶検査，真空度，内容検査などを行うが，簡単な方法は次のようなものである。

　缶の上下両面がへこんでいるものが良品で，缶が膨らんだものは，腐敗してガスが出ており食用不可である。果実類など酸を含む食品の場合には，水素ガスで膨らむことがあるが，これも缶の金属が溶け出しているためであり不良。缶の変型や傷のほか，外部がひどくさびているものは，小さな穴が開いて汁がこぼれたり，細菌が入りこんでいる可能性もあるため注意が必要である。

　打缶検査は熟練しないと難しい。良品はカンカンという音を立てて，内容が詰まっている感じがするが，不良品はボコボコとにごった音を立て，なかが空のような音がする。

缶詰の賞味期限等の表示

　缶の上面には通例として，記号が2段にしるしてある。
- 上段　賞味期限の年月日または年月
- 下段　ロット番号など

　一般的に，賞味期限は西暦年号と月日で表示されており，2024.1.15とあれば，2024年1月15日が賞味期限であることを表している。

注）賞味期限は，おいしく食べることができる期限であり，過ぎたら食べられなくなることを示すものではない。ただし，飲食可能か否かを確認する鮮度判定の知識（自己判断）が必要となる。袋や容器を開けた場合には期限に関係なく早めに食べることが大切である。

❹ 調味料，その他

1 みそ

みそは独特の色，味，香りをもっている。みそを10倍に薄めて熱すると，味や香りの良否がよくわかる。豆やこうじを指先でつぶしたとき，つぶれやすいものはよく発酵した良品である。よいみそは水によく溶け，煮たとき長くにごっているが，不良品は上のほうが早く澄んでくる。減塩みそなどもあるので，保存方法の表示確認が大切である。

2 しょうゆ

しょうゆの上等品は黒褐色で，試験管に入れて透かしてみると紅色を帯び，澄んだつやがある。下等品は黄褐色か黒青色である。辛味が強く，苦味があったり風味の悪いものも不良品である。また，煮るとにごりが出るしょうゆは，発酵の悪いものである。みそ同様，減塩しょうゆなどもあるので保存方法に注意する。

3 食用油

一般に透明でにごりがなく，食用油独特の香りがあり，淡黄色で粘り気の少ないものがよい。口に含んで少しでも苦味，酸味，または異臭を感じるものは品質がよくない。

4 飲料

❶アルコール飲料　貯蔵の際は，直射日光の当たらないように注意する。

ビールはにごったり，変敗することがある。よいビールは，よく透き通っているか，わずかににごっている程度で，細かい泡が続いてでき，喉ごしがよく，ほどよい苦味があるが酸味はない。ワインは酸味が出てくることがあるため，注意が必要である

❷清涼飲料水　よどみやにごりのないものが安全で，びんを透かしてみて，にごりやよどみのあるもの（果肉やパルプを含むものは除く），綿のような繊維およびガラス片や虫などが入っているものは不良品である

5 合成着色料の検査

ワイン，ジャム，ケチャップ，その他の飲料や調味料に合成着色料が使われているかどうかを見分けるには，以下のような方法がある。これらの食品を水に溶かして酢などを加え，酸性にしたものに白毛糸を3〜6mmに切って浸し，数分間煮る。毛糸を洗ってみて色が取れなければ，合成着色料（タール色素）が使用されている。

8 洗浄と消毒方法

1 洗浄

洗浄は，食品の原材料，調理器具，容器などから，異物や汚れを取り除くことを目的としている。洗浄には，食品製造用水や40℃程度の微温水のほか，中性洗剤や脂肪酸系洗浄剤（せっけん）を用いる。水は，大量調理施設衛生管理マニュアルに示される食品製造用水（衛生的で安全な飲用適の水，p.236）を用いる。

1 中性洗剤

ソープレスソープ，または合成洗剤ともいわれる。中性洗剤はせっけんより洗浄力が強く，食品や器具についた埃，脂肪などを除く力が強く，水にもよく溶け，硬水でも効力がある。また，野菜や果物類の洗浄にもよく，付着している回虫卵や農薬を洗い落とすこともできる。普通，水1Lに1mL（0.1%）以下の溶液にして用い，これに2〜3分間漬けてから十分に流水で洗い落とす。

市販の中性洗剤で，食品関係に使用するものは，水によく溶けて中性，無臭で蛍光染料の含まれていないものがよい。最近では，野菜，果物，食器洗浄専用のものが市販されている。中性洗剤は洗浄剤であり，消毒剤ではない点に注意する。

2 脂肪酸系洗浄剤（せっけん）

普通0.5%以下の溶液にして用いる。洗浄力は中性洗剤よりもおとる。また，硬水で使用すると，硬水中の無機質と結合して洗浄力が落ちる。

洗浄剤を使用する際，流水を用いる場合には，野菜または果実については30秒間以上，飲食器については5秒間以上すすぎ洗いをする。

2 消毒

❶ 消毒とは

一般に微生物を殺すことを殺菌と呼ぶ。殺菌は，単に微生物を死滅させる行為をさし，この手段には滅菌と消毒がある。

● 滅菌　すべての微生物を死滅または除去し，完全に無菌状態にすること
● 消毒　病原性のある特定の微生物のみを死滅させ，感染を防ぐこと。すなわち，消毒では一部の無害な雑菌が生き残ることがある
● 防腐　微生物を死滅，あるいはその発育を阻止することにより腐敗を防ぐこと

消毒の方法にはいろいろあるが，短時間で確実に病原体を殺し，しかも食品の原材料，調理器具，容器などを傷めないことが大切である。なお，消毒法には物理的消毒法と化学的消毒法の2つがある。ここでは主に調理器具と容器について述べる。

1 物理的消毒法

病原体は，一般に寒さに強く，熱には弱いものである。そのため，熱や光線を利

用した消毒法は効果がある。

　下記のほか，乾燥（木製器具，床など），希釈（うがい，換気など），加圧加熱（レトルト）殺菌法も物理的消毒法に入る。

● 焼却消毒　消毒すべきものをすべて焼き捨てる方法で，最も確実な消毒である。再び使わないものや，塵芥などの消毒に用いる

● 乾熱消毒　高熱の乾燥した空気による消毒で，ガラス，陶器などの消毒に適している

● 煮沸消毒　沸騰状態（100℃）の湯の中で5分間以上煮る方法で，ふきん，スポンジ，タオル，はし等の消毒に勧められる

● 熱湯消毒　85℃以上の熱湯中で5分間以上煮る方法で，まな板，ヘラ，包丁の消毒に勧められる

● 蒸気消毒　100℃以上の流通蒸気（蒸気が早く流れる）を用いる方法と，高圧水蒸気を用いる方法とがある。食器類，容器類，ふきん，タオルなどの消毒に適する。蒸気消毒には特別な装置が必要で，100℃以上で30分間以上，湿熱式食器消毒保管庫では80℃で30分間以上消毒する。なお，客用タオルの消毒は100℃以上でなければならない

● 日光消毒　直射日光を夏1〜2時間，冬5〜6時間当てる方法で，衣類，まな板，木製品，ふきん，包丁などに用いるが，その効果は太陽光線の当たる表面だけである。天気のよい日に衣類などを3時間以上日光にさらすと，結核菌などには効果があるが，消化器系感染症にはあまり効果がない

● 紫外線消毒　殺菌灯（波長2,600 Å（260nm）が殺菌力が最も高い）を包丁，まな板などに照射する方法で，太陽光線よりも強い殺菌効果が得られるが，その効果は光線の照射された表面だけであり，光線の当たらない陰の部分および内部には効果がない。殺菌灯は，透明で紫外線を透過する特殊ガラスで，有機物の溶解した水やガラスなどを透過しない

2　化学的消毒法

化学薬品による消毒法で，次のようなものが用いられている。

● 塩素剤　50〜100mg/L溶液を，食器，器具，まな板，水，ふきん，床などに用いる。金属は腐食するので避ける。サラシ粉（クロール石灰水），次亜塩素酸ナトリウム（ノロウイルスの予防に有効，p.182）などがある。

　次亜塩素酸ナトリウムは，殺菌料として食品添加物に指定され，食器・器具のほか，飲料水，生野菜などの食品の消毒殺菌に使用される。野菜（生野菜・刺身のつまなど）や果実の消毒の際には，有効塩素濃度100〜200ppmで5〜10分間浸し，流水（食品製造用水）でよく洗い流す。食器・器具の消毒には200ppmで3〜5分間浸し，乾燥させる

● アルコール　一般に消毒用エタノールが用いられ，手指や器具の消毒に適する。食品に直接噴霧できる製品もある。100%のものより約70%に薄めた溶液のほうが消毒力が強い。また，対象物の表面が異物で汚染されていたり，水分等がついていると殺菌効果が弱まる。ノロウイルスに対しては効果がない

● オゾン水　カット野菜，調理器具などの殺菌に使用される。酸化すると酸素と水

に戻るため，すすぎは不要である。殺菌作用・洗浄作用・脱臭作用・漂白作用・酸化作用がある

◉電解水　調理場の食材，調理器具の洗浄・殺菌と，調理従事者の手洗いに使用される

◉逆性せっけん（陽イオン界面活性剤）　普通のせっけんとは違い，洗浄力はほとんどないが，殺菌力が非常に強い。また，においや刺激性がなく人に対する毒性はきわめて弱いため，主に手指の消毒薬として使用されている。普通のせっけんと混合すると殺菌効果がなくなるため，普通のせっけん成分はよく洗い流してから使用する。アルコールと同様にノロウイルスなどには消毒効果がない。

　　食器には300〜500倍液，冷蔵庫，ごみバケツには33倍液を用いる

◉クレゾール石けん液　結核菌の消毒に有効。患者の吐物や排泄物，喀痰の消毒などに3%溶液が用いられる。1%溶液は手指，皮膚，家具，陶器の消毒に用いられる。芽胞やウイルスには効果がない

❷ 調理に必要な消毒

◉正しい手洗い　爪は常に短く切り，必要に応じて適切な手洗いをすることが大切。手洗い方法は【図6】「手の洗い方」（p.228）に従う

◉ふきん・タオルなど　煮沸殺菌（100℃で5分間以上）を行う

◉食器と調理器具　適切な洗剤と飲用適の水で洗浄後，80℃で5分間以上の殺菌を行う

◉まな板・包丁　食器と調理器具（上記）と同様に殺菌を行う

器具・容器包装の衛生

　営業上使用するものは，清潔で衛生的でなければならず，有毒・有害な器具，容器包装などの製造，販売，使用は禁止されている。器具・容器包装の規格基準については，食品衛生法第18条で以下のとおり定められている。

　器具とは，飲食器具，調理用，製造加工用，貯蔵陳列用のものである。また，容器包装とは，食品用カップ類，びん，缶詰試缶，箔（はく），ラップ類など多くの種類がある。

　この規格基準では，次のことについて定めている。

❶原材料一般の規格

❷試験法

❸試薬，試液等

❹原材料の材質別規格

❺用途別規格

❻製造基準

　❹では原材料として，ガラス，陶磁器（とうじき），ほうろう引き，合成樹脂（一般，ホルムアルデヒドを製造原料とするもの，ポリ塩化ビニル，ポリエチレンおよびポリプロピレン，ポリスチレン，ポリ塩化ビニリデン，ポリエチレンテレフタレート，ポリメタクリル酸メチル，ポリアミド，ポリメチルペンテン，ポリカーボネート，ポリビニルアルコール，ポリ乳酸，ポリエチレンナフタレート），ゴム（哺乳器具を除く器具・容器包装），金属缶について，材質試験と溶出試験が規定されている。

　なお，平成15年より，油脂または脂肪性食品を含む食品に接触する器具または容器包装について，フタル酸ビス（2-エチルヘキシル）を原材料としたポリ塩化ビニルを主成分とする合成樹脂の使用が禁じられている。

　学校給食用食器（メラミン樹脂とユリア樹脂）から，ホルムアルデヒドが溶出するかどうかは，この溶出試験によって判定される（浸出液：水，浸出条件：60℃30分間）。溶出規格に適合したものでなければ，販売や使用が禁じられている。

1 プラスチック製品

　近年，プラスチックは多種類が開発され，特性を生かした製品が数多くつくられ，金属，陶磁器，ガラスに代わって多方面で利用されている【表14】。電子レンジでの可熱が可能なものもあるが，120～140℃以上のオーブンでの加熱には適さない。

　酸素，水蒸気，臭気，紫外線などの透過性や耐熱性の問題点が指摘され，改良されている。

2 ほうろう製品・陶磁器・ガラス製品

　以下の製品は，鉛，カドミウムの規格試験に合格しなければ使用できない。

●ほうろう製品　鉄器の表面にうわ薬（特殊ガラス）をかけて焼いたもの。鉛，カドミウム，アンチモンなどを使用

表14 器具・容器包装素材の種類と使用例

種類〈略称〉	使用例
金属	鍋，やかん，ナイフ・フォーク，缶詰
紙	紙皿・紙コップ，ナプキン，シート
木・竹	盆，ます，箸，かご，しゃもじ
ゴム	ゴムベラ，手袋，哺乳瓶の乳首，パッキン
プラスチック（熱可塑性樹脂*）	
ポリ塩化ビニル〈PVC，塩ビ〉	ラップフィルム，卵パック，薄手手袋
ポリエチレン〈PE〉	ポリ袋，マヨネーズ容器，調味料チューブ
ポリプロピレン〈PP〉	食パンの袋，密封容器，食材トレイ
ポリスチレン〈PS〉	深皿，丼，食材トレイ，カップ，スプーン
ポリエチレンテレフタレート〈PET〉	ペットボトル，パックフィルム
ポリカーボネート〈PC〉	幼児用食器
ナイロン（ポリアミド）〈PA〉	ラップフィルム，ソーセージのロケット包装

注）*熱可塑性樹脂：再加熱で軟化し，冷却すると硬化する，という繰り返しが可能なもの。

- 陶磁器　絵づけを行った場合，カドミウム，鉛，銅，クロムなどを含む顔料を多く用いたものでは，高温（1,300～1,500℃）で焼いたものは溶出しにくいが，低温（1,000℃）で焼いたものは溶出のおそれがある
- ガラス製品　絵づけに用いられる有害性金属の溶出が問題である

3　金属製品

- 缶詰用缶　鉄板にスズめっきし，はんだづけでつくる。めっき中のスズは5％以下，はんだ中の鉛は20％以下に規定されている。果実缶詰，ケチャップ缶などは開缶後，すみやかにほかの容器に移し替えるよう表示されている。近年，アルミニ

メラミンによる健康被害

　わが国ではメラミン樹脂製の食器は，食品衛生法に基づき規格基準が定められており，基準に合格しないものは販売や使用等が禁止されている。

　メラミン製の食器等は，耐熱温度や使用上の注意（電子レンジ不可等）が記載されているので確認が大切である。

　メラミンの発がん性に関しては，国際がん研究機関からの報告はない。

　メラミン樹脂製食器に沸騰水を入れて，30分間放置した場合，食器からのメラミン溶出量は0.08～0.29ppmと微量であり，腎結石などの健康被害を発生させる量ではない。

　2008年，中国において乳児用調製粉乳による乳幼児の腎結石などの健康被害が報告された。WHOは，みかけ上のたんぱく質含有量を増やす目的で，工業用メラミンが生乳に故意に添加されたと報告している。

ウム缶が用いられるようになっている

● **アルミニウム** ほかの金属に比べて毒性が低く，さびにくく軽い。アルミニウム製なべのふたには，許可色素以外の使用ができない規定がある

● **銅** 空気中の炭酸ガス，水分と反応して，表面に緑青（塩基性炭酸銅）をつくり，酸性食品による溶出のおそれがある。溶出防止にめっき処理が行われる。めっき処理されていないものは，特に銅固有の光沢のあることが規定されている

4 木製品・紙製品・セロファン

● **木製品・紙製品** 許可されない色素や蛍光増白剤の使用規制がある

● **セロファン** 片面または両面に塩化ビニルなどの被膜処理をした防湿セロファンや，ポリエチレンを被膜としたポリセロがある。セロファンの安全試験は，プラスチック製品の規格試験と同様に行われる

5 ゴム

樹液を原料とする天然ゴムと，化学合成による合成ゴムがある。調理器具のほか，哺乳器具にも使用される。また，酸化防止剤など必要最小限の添加物が用いられている。有害物質の溶出試験が行われている。

6 シリコン

主成分はケイ素で，シリコンに有機化合物を結合させたシリコーンは低毒性で，幅広く弁当箱・容器などに利用されている（シリコンとも呼ばれる）。シリコーンは弾力性・耐久性に優れ，耐熱温度は－100～250℃。電気絶縁性，耐紫外線性，高ガス透過性がある。熱伝導率は低い。ガラス以外には付着しにくい。摩耗や引っ張り・引き裂きには弱い。

10 食品の安全・衛生に関する法律

1 食品衛生法

1947（昭和22）年，内閣府令により制定された。2018（平成30）年の改正では，HACCPに沿った衛生管理の実施，営業許可業種の見直しなどについて定められ，これらは令和3年6月から施行されている。

❶ 目的

この法律は，食品の安全性の確保のために公衆衛生の見地から必要な規制その他の措置を講ずることにより，飲食に起因する衛生上の危害の発生を防止し，もって国民の健康の保護を図ることを目的とする（法第1条）。「食品の安全性確保に関する基本法」である。すべての飲食物（医薬品，医療機器等の品質，有効性及び安全性の確保等に関する法律に規定する医薬品，医薬部外品および再生医療等製品を除く）のほか，直接・間接的にふれることによって，衛生上の危害が発生するおそれのある添加物，器具，容器包装，おもちゃ，洗浄剤（野菜や果実，または食器の洗浄用）に関して，製造，輸入，販売等営業にかかわるすべての安全・衛生にかかる必要な規定が盛り込まれている。

❷ 国・都道府県等・食品等事業者の責務

この条文は，国および都道府県，保健所設置市，特別区（以下，都道府県等という）の責務を明確化したもので，食品衛生に関する正しい知識の普及，情報の収集・整理・分析・提供，研究の推進，検査能力の向上，人材の養成等の措置を講ずることを規定している（法第2条）。

また，食品等事業者に対しても，責務を明確にしており，自らの責任において安全性を確保するため，知識および技術の習得，販売食品等の原材料の安全性の確保，自主検査等に努めると同時に，食中毒等の食品衛生上の危害発生時の原因究明・被害拡大防止に活用するため，仕入元の名称等の記録の作成・保存，さらには危害発生時の国等への関係資料の提供，問題食品の廃棄等に努めることを規定している（法第3条）。

❸ 有毒・有害・不衛生な食品および添加物等の製造・輸入・販売等の禁止

食中毒原因物質や発がん性物質など，不衛生または有害物質を含有，付着，混入する食品や人の健康をそこなうおそれが高い添加物の製造，輸入，販売，使用，陳列等を禁止している。不衛生食品または有害物質には，腐敗または変敗したもの，未熟なもの，ふぐ毒，かび毒，シアン化合物，植物アルカロイド等，病原微生物に汚染され，またはその疑いがある食品，異物（ガラス片，くぎ等金属片，毛髪，農業害虫など）混入，食品添加物に使用される硫酸や塩酸などがある（法第6条）。

④ 新開発食品の販売禁止

通常の方法と著しく異なる方法により飲食される食品（通常，健康食品をさす）において，人の健康をそこなうおそれがない旨の確証がなく，危害発生の可能性があるものについては，販売を禁止することができる規定が設けられている（法第7条）。

⑤ 特別の注意を必要とする成分等を含む食品による健康被害情報の収集

食品の安全性の確保を図るため，特別の注意を必要とする成分等を含む食品が人の健康に被害を生じさせたり，生じさせる恐れがある等の情報を得た場合は，営業者から都道府県知事等へ届け出ることが定められている（法第8条）。

⑥ 特定の食品または添加物の販売等の禁止

特定の国や地域において，あるいは特定の者により採取，製造，加工，調理，貯蔵される特定の食品または添加物で定められた検査の結果，販売禁止に該当する食品や添加物が相当数発見された場合，衛生上の危害発生防止に特に必要があるときは，厚生労働大臣は，薬事・食品衛生審査会の意見を聴き，該当する特定の食品または添加物の輸入，製造，加工，調理，販売等を禁止することができる（法第9条）。

⑦ 病肉等の販売等の禁止

と畜場法および食鳥処理の事業の規制および食鳥検査に関する法律に定める疾病にかかり，あるいは疑いのある家畜や食鳥（ニワトリなど），病死した動物，家禽の肉，骨，乳，臓器，血液などは調理，加工等により食品として販売してはならない（法第10条）。

⑧ 輸入食品の安全性確保

輸出国において検査や管理が適切に行われたことを確認し，輸入食品の安全性を確保するため，HACCPに基づく衛生管理や乳製品・水産食品の衛生証明書の添付を輸入要件化している（法第11条）。

⑨ 食品添加物等の販売等の制限

食品添加物（一般飲食物添加物および天然香料を除く，化学的合成品および天然物すべてが対象）として厚生労働大臣が指定していないもの（未指定食品添加物）に対する製造，使用，販売等が禁止されている（法第12条）。

現在，使用等が認められている食品添加物には，指定添加物（化学的合成品の添加物）と既存添加物（既存添加物名簿に収載された天然物）がある（p.199）。

⑩ 食品等の基準・規格の制定

定められた基準・規格に合わない方法による食品・食品添加物の輸入，加工，調理，保存，販売等をしてはならない（法第13条）。

⑪ 国際整合的な食品用器具・容器包装の衛生規制の整備

食品用器具・容器包装の安全性や規制の国際整合性の確保のため，規格が定まっていない原材料を使用した器具・容器包装の販売等の禁止等を行い，安全が担保されたもののみ使用できることとされている（法第18条）。合成樹脂については，原則使用を禁止した上で，使用を認める物質を定め，安全が担保されたもののみ使用できるポジティブリスト制度が導入されている。

⑫ 表示基準の設定および虚偽表示等の禁止

　内閣総理大臣は食品や添加物等の表示について必要な基準を定めることができ，その基準が定められたものについては，基準に合う表示がなければ，販売，陳列などをしてはならない（法第19条）。また，食品や添加物等に関して，公衆衛生に危害を及ぼすおそれがある虚偽の，または誇大な表示，広告の禁止が規定されている（法第20条）。

⑬ 広域連携協議会の設置（広域的な食中毒事案への対策強化）

　広域的な食中毒事案の発生や拡大の防止等のため，関係者の連携・協力義務が明記され，国と関係自治体の連携や協力の場を設置し，緊急時には，厚生労働大臣は協議会を活用し，広域的な食中毒事案への対応に努めることが定められている（法第21条の3）。

⑭ 輸入の届出

　販売または営業に使用する食品や添加物等を輸入する場合には，規則にもとづく輸入届出書を，そのつど厚生労働大臣に提出しなければならない（法第27条）。

⑮ 食品衛生監視員による監視指導

　厚生労働大臣，内閣総理大臣または都道府県知事等は，食品衛生に関する指導の職務を行わせるために命じた食品衛生監視員に，毎年度策定する食品衛生監視指導計画に基づく監視指導を行わせなければならない（法第30条）。

　食品衛生監視員は，主として保健所に配置され，食品衛生関係営業施設などの監視・指導を行っている。このため，立入検査，食品などの収去等の業務を行う。

⑯ 食品衛生管理者の設置

　乳製品，食肉製品，マーガリン，添加物など製造または加工の過程において特に衛生上の考慮を必要とするものの製造または加工を行う営業者は，その製造または加工を衛生的に管理させるため，その施設ごとに専任の食品衛生管理者を置かなければならない（法第48条）。なお，食品衛生管理者の設置が必要な施設は，粉乳，食肉製品，魚肉ハム，魚肉ソーセージ，放射線照射食品，食用油脂，マーガリン，ショートニング，添加物の製造施設である。

⑰ HACCPに沿った衛生管理

　厚生労働大臣は，食品や添加物の製造・加工過程で有毒・有害な物質の混入防止のため，必要な基準を定めることができる（法第50条）。原則として，すべての食品等事業者に，一般衛生管理に加え，HACCPに沿った衛生管理を実施することが求められている。都道府県知事等は，公衆衛生上必要な措置について条例で必要な規定を定めることができるとされている。これを受けて多くの都道府県では条例を定め，飲食店営業などの営業者は食品衛生責任者（p.218，ワンポイント）を定めなければならないとしている。食品衛生責任者の資格の1つとして，調理師を定めている都道府県は多い。

⑱ 営業施設の基準

　国は衛生的な管理のための措置について基準を定める（法第51条第1項）ほか，都道府県は，飲食店営業その他，公衆衛生に与える影響が著しい営業であって，政令で定めるものの施設につき，条例で業種別に，公衆衛生の見地から必要な基準を

定めなければならない（法第54条）。

⑲ 営業の許可

法第54条に規定する飲食店営業，魚介類販売業など32業種（令第35条）を営もうとする者は，省令の定めにより，都道府県知事の許可を受けなければならない（法第55条）。

令和3年5月31日時点で営業を行っていた者，新たに許可申請の対象となる者は，令和6年5月31日まで経過措置が設けられている（法第55条第3項）。

● 営業許可が必要な32業種
- ●営業（2業種）：飲食店営業・調理機能を有する自動販売機により調理した食品を販売する営業
- ●製造業（21業種）：菓子・アイスクリーム類・乳製品・清涼飲料水・食肉製品・水産製品・氷雪・液卵・食用油脂・みそまたはしょうゆ・酒類・豆腐・納豆・麺類・そうざい・複合型そうざい・冷凍食品・複合型冷凍食品・漬物・密封包装食品・添加物
- ●処理業（6業種）：集乳業・乳処理・特別牛乳搾取・食肉処理・食品の放射線照射業・食品の小分け業
- ●販売業（3業種）：食肉・魚介類・魚介類せり売り営業

⑳ 危害除去のための処置命令，営業の取消・禁止，改善命令等

厚生労働大臣または都道府県知事は，営業者が食品衛生法，同法施行令，規格・基準などに違反した場合には，食品などの廃棄命令（法第59条）や施設の改善命令，

食品衛生責任者（食品衛生法施行規則 別表第17，第66条の2）

食品営業者は，食品衛生責任者を定めること。なお，食品衛生管理者は，食品衛生責任者を兼ねることができる。守るべき事項は，
❶都道府県知事が行う講習会や，知事が認める講習会を定期的に受講し，食品衛生に関する新たな知識の習得に努め，営業者の指示に従い，衛生管理に当たること。
❷営業者は，食品衛生責任者の意見を尊重すること。
❸食品衛生責任者は，営業者に対し作業の衛生的な手順書の作成，食材の保存方法や温度等，記録の管理などについて必要な意見を述べるようにすること。

食品衛生推進員（食品衛生法第67条）

平成7年の食品衛生法改正によって設けられた都道府県等の努力義務。営業者，食品関係の仕事に携わっている者の中から社会的信望があり食品衛生の向上に熱意と識見がある者から都道府県等が委嘱する。主な仕事は，
❶営業者等からの相談に応じ，助言等を行う。
❷保健所が行う食品衛生の啓発活動事業に協力する。
❸地域の食品衛生に関する情報を収集する。

食中毒の発生や違反の程度によっては営業許可の取消や営業の全部もしくは一部の
禁止・期間を定めて停止ができる（法第60・61条）。

㉑ 食中毒患者の届出および食中毒原因調査の実施

　　食中毒患者等を診断し、またはその死体を検案した医師は、直ち（24時間以内）
に最寄りの保健所長にその旨を届け出なければならない（法第63条，規則第72条）。
また，保健所長は食中毒患者等が発生していると認めるときは，速やかに都道府県
知事等に報告し，調査を行わなければならない。都道府県知事等は厚生労働省令が
定める数以上の食中毒患者等の発生がみられる（または，発生のおそれがある）場
合には，直ちに厚生労働大臣に報告しなければならない（法第63条）。さらに，厚
生労働大臣は，食中毒患者等が厚生労働省令で定める数以上発生（またはそのおそ
れがある）し，それが広域にわたる場合には，都道府県知事等に対し，期限を定め
て，食中毒の原因を調査し，調査の結果を報告するように求めることができる（法
第65条）。また，厚生労働大臣は，必要に応じて協議会を開催し，必要な対策を協
議するよう努める（法第66条）。

㉒ 地域における食品衛生に関する助言・指導および食品衛生推進員

　　都道府県等は，食中毒の発生を防止するとともに，地域における食品衛生の向上
を図るため，飲食店営業者等に対し，必要な助言，指導その他の援助を行うよう努
めなければならない（法第67条）。

　　また，都道府県等は，飲食店営業者等の相談，助言，その他の食品衛生の向上に
関する自主的な活動を推進するため，社会的信望があり，かつ食品衛生の向上に熱
意と識見を有する者に対し食品衛生推進員を委嘱している（法第67条第2・3項）。

㉓ 罰則（調理師にかかわるもの）

●3年以下の懲役または300万円以下の罰金（法第81条）　有毒・有害・不衛生な
　食品および添加物等の製造・輸入・販売等の禁止の違反（法第6条）。通常の方
　法と著しく異なる方法により飲食される食品の販売の禁止の違反（法第7条）。
　食品の廃棄または危害除去の命令処分の違反（法第59条）
●2年以下の懲役または200万円以下の罰金（法第82条）　食品，食品添加物等に
　関する虚偽のまたは誇大な表示または広告の違反（法第20条）
●1年以下の懲役または100万円以下の罰金（法第83条）　ある特定の国もしくは
　地域において製造等された問題のある食品または添加物の販売等の違反（法第9
　条）
●法人等に対する1億円以下の罰金（法第88条第1項）　法第81条または第82条
　にかかる規定の違反

　　WHOによる「食品衛生」の定義

　●食品の生育，生産，製造から最終的に消費されるまでのすべての段階において，
　　食品の安全性，有益性，健常性を保持するために必要なすべての手段。

② 食品安全基本法

2003（平成15）年，内閣府令により制定された。

この法律は，食品の安全性の確保に関して，基本理念を定め，関係者の責務および役割を明らかにするとともに，施策の策定に関わる基本的な方針を定めることにより，食品の安全性の確保に関する施策を総合的に推進することを目的としている（法第1条）。基本理念のほか，国，地方公共団体，事業者，消費者の責務・役割，施策の策定にかかわる基本的な方針，内閣府所管の食品安全委員会設置などの規定が盛り込まれている。

❶ 基本理念：3つ

❶食品の安全性確保についての基本的認識（法第3条）　国民の健康の保護が最も重要であるという基本的認識に基づくこと

❷食品の供給行程の各段階における適切な措置（法第4条）　食品の生産から販売に至る一連の食品供給行程におけるあらゆる要素が食品の安全性に影響を及ぼす恐れがあるため，安全性確保は食品供給行程の各段階で適切に行われなければならない

❸国民の健康への悪影響の未然防止（法第5条）　食品の安全性確保のために必要な措置が取られ，国際的動向および国民の意見を十分に配慮して科学的知見に基づいた安全を確認し，食品を摂取する国民の健康への悪影響を未然に防止する

❷ 国および地方公共団体の責務

国は基本理念に従い食品の安全性確保に関する施策を総合的に策定し，実施する責務（責任を果たすべきつとめ）を有する（法第6条）。

地方公共団体は，基本理念に従い食品の安全性確保に関し，国との適切な役割分担により，その区域の自然的経済的社会的諸条件に応じた施策を策定し，実施する責務を有する（法第7条）。

❸ 食品関連事業者の責務（法第8条）

食品関連事業者は，その事業活動を行うに当たって，自らが食品の安全性の確保について第一義的（最も重要な）責任を有していることを認識して，必要な措置を食品供給行程の各段階で適切に行う責務を有する。

● 食品関連事業者は，事業に関連する食品その他の物に関する正確で適切な情報の提供に努めなければならない

● 国または地方公共団体が実施する食品の安全性の確保に関する施策に協力する責務を有する

❹ 消費者の役割

消費者は食品の安全性の確保に関する知識と理解を深めるとともに食品の安全性の確保に関する施策について意見を表明するように努めることによって，食品の安全性の確保に積極的な役割を果たすものとされている（法第9条）。

❺ 食品健康影響評価の実施（法第11条）

食品の安全性の確保に関する施策の策定に当たっては，人の健康に悪影響を及ぼす恐れがある生物学的，化学的もしくは物理的な要因または状態であって，食品に

含まれ，または食品が置かれる恐れがあるものが当該食品の摂取を通じて人の健康に及ぼす影響についての評価（食品健康影響評価）が施策ごとに行われなければならない。また，食品健康影響評価は，科学的知見に基づき，客観的かつ中立公正に行われなければならない。

　ただし，次の3つの事項においては，この限りではない。

❶当該施設の内容からみて食品健康影響評価を行うことが明らかに必要でないとき

❷人の健康に及ぼす悪影響の内容および程度が明らかであるとき

❸人の健康に悪影響が及ぶことを防止し，または抑制するため緊急を要する場合で，あらかじめ食品健康影響評価を行う時間的な余裕がないとき

❻ 国民の食生活の状況等を考慮し食品健康影響評価の結果に基づいた施策の策定（法第12条）

❼ 情報および意見交換の促進（法第13条）

❽ 緊急の事態への対処等に関する体制の整備等（法第14条）

❾ 関係行政機関の相互の密接な連携（法第15条）

❿ 試験研究の体制の整備等（法第16条）

⓫ 国の内外の情報の収集，整理および活用等（法第17条）

⓬ 表示制度の適切な運用の確保等（法第18条）

⓭ 食品の安全性の確保に関する教育，学習等（法第19条）

　食品の安全性の確保に関する施策の策定に当たっては，食品の安全性の確保に関する広報活動の充実により，国民が食品の安全性の確保に関する知識と理解を深めるために必要な措置を講じなければならない。

⓮ 環境に及ぼす影響の配慮（法第20条）

⓯ 措置の実施に関する基本的事項の決定および公表（法第21条）

　政府は第11条から第20条までの規定により行われる措置につき，それらの実施に関する「基本的事項」を定めなければならない。

●内閣総理大臣は，食品安全委員会および消費者委員会の意見を聴き，基本的事項の案を作成し，閣議の決定を求めなければならない

●内閣総理大臣は，閣議の決定があったときは，遅れることなく基本的事項を公表しなければならない

⓰ 内閣府の食品安全委員会の設置（法第22条）

⓱ 食品安全委員会の行う事項（法第23条）

　食品安全委員会は次の事務を行う。

❶基本的事項について内閣総理大臣に意見を述べる

❷自ら食品健康影響評価を行う

❸食品健康影響評価の結果に基づき，食品安全性の確保のために講ずべき施策について内閣総理大臣を通じて関係各大臣に勧告する

❹食品健康影響評価の結果に基づき，講じられる施策の実施状況を監視し，必要があるときは内閣総理大臣を通じて関係各大臣に勧告する

❺食品安全性の確保のために講ずべき施策に関する重要事項を調査審議して必要な時には関係行政機関の長に意見を述べる

❻②〜❺までに掲げる事務を行うに必要な科学的調査・研究を行う
❼②〜❻までに掲げる事務に係る関係者間の情報・意見交換を企画・実施する

3 消費者政策関連法規

　消費者政策には，消費者と事業者の間の市場ルールの整備・活用によって，消費者トラブルの防止および円滑な処理を図るとともに，消費者が自己責任において適切な消費行動が行えるよう，情報提供の体制整備や消費者に対する教育・啓発・支援などを施策の柱としている。消費者政策の中心は消費者庁である。以下は，消費者基本法，景品表示法，製造物責任法（PL法）について解説する。

❶ 消費者基本法

　この法律は，昭和43年，消費者利益の擁護と増進に関する対策を総合的に推進し，国民の消費生活の安定および向上を確保すること（法第1条）を目的として創設された。法第27条に規定する消費者政策会議が消費者政策に関する基本的施策を決定する。

　その主な内容は，安全の確保，消費者契約の適正化，品質規格・表示の適正化，公正競争の促進，啓発活動・教育の推進，苦情処理体制の整備等の法規定に係る施策の規格・実施である。各省庁はこの施策決定に基づいて，消費者政策を展開している。

❷ 不当景品類及び不当表示防止法（景品表示法）

　この法律は，昭和37年，不当な景品類や不当な表示を防止するために創設され，「商品及び役務の取引に関連する不当な景品類及び表示による顧客の誘引を防止するため，一般消費者による自主的かつ合理的な選択を阻害するおそれのある行為の制限及び禁止について定めることにより，一般消費者の利益を保護すること」（法第1条）を目的とする。この法律に係る「景品類」や「表示」は，内閣総理大臣が指定する。

　事業者が供給する商品や役務の取引について，不当に顧客を誘引し，一般消費者による自主的かつ合理的な選択を阻害するおそれのある次の表示を禁止している（法第5条）。

❶優良誤認表示（法第5条1項）　商品または役務の品質，規格等の内容について，実際のものまたは他の事業者に係るものよりも著しく優良であると示す表示（例：実際に治療効果等が確認されていないのに「この健康食品を飲めばがんが治ります」と表示した場合など）

❷有利誤認表示（法第5条2項）　商品または役務の価格や取引条件等について，実際のものまたは他の事業者に係るものよりも取り引きの相手方に著しく有利であると示す表示（例：実際の価格が1,500円程度のものを売る場合に，「小売り希望価格3,000円のものを1,500円で提供」と表示した場合など）

❸誤認されるおそれのある表示（法第5条3項）　商品または役務の取り引きに関する事項について，一般消費者に誤認されるおそれがあると認めて内閣総理大臣が指定するもの（例：商品の原産国を偽った表示を行う場合など）

◉措置命令（法第7条第2項）

　内閣総理大臣は，上記（第5条1項）の人をだますおそれのある表示を行った場合，表示の裏付けとなる合理的な根拠を示す資料の提出を求めることができる。

❸ 製造物責任法（PL法）

　この法律は，平成6年，製造者に過失がなくとも製造物の欠陥により，人の生命，身体または財産に係る被害が生じた場合，製造業者等にその損害賠償を負わせることにより，被害者の円滑かつ適切な救済を目的（法第1条）として創設された。

　被害者は，製品の欠陥によって生命，身体，または財産に損害をこうむった場合に，製造業者等に対して損害賠償を求めることができる。その際，製造業者等は，その製造，加工，輸入等による製造物の欠陥により他人の生命，身体または財産を侵害したときは，過失の有無にかかわらず，これによって生じた損害を賠償する責任がある（法第3条：製造物責任）。

　なお，製造業者等が，科学または技術に関する知見によって，当該製造物にその欠陥があることを認識できなかったこと等を証明したときは賠償が免責される（法第4条）。

❹ 食品表示法

　食品に関する表示が食品を摂取する際の安全性の確保および自主的かつ合理的な食品の選択の機会の確保に関し重要な役割を果たしていることから，販売する食品の表示について，基準の策定その他の必要な事項を定めて，その適性を確保し，一般消費者の利益の増進を図るとともに，食品衛生法，健康増進法，および農林物資の規格化等に関する法律（JAS法）による措置を統合（一元化）して，国民の健康の保護および増進並びに食品の生産および流通の円滑化並びに消費者の需要に即した食品の生産の振興に寄与することを目的とする（法第1条）。

◉基本理念：消費者の権利を尊重・利益の擁護（法第3条）

　　販売する食品に関する表示の適正を確保するための施策は，消費者基本法に規定する消費者政策の一環として，消費者の安全および自主的かつ合理的な選択の機会が確保され，並びに消費者に対し必要な情報が提供されることが消費者の権利であることを尊重するとともに，消費者が自らの利益の擁護および増進のため自主的かつ合理的に行動することができるよう消費者の自立を支援することを基本としなければならない

◉食品表示基準（法第4条）

　　内閣府令により，消費者が食品を安全に摂取し自主的かつ合理的に選択するために必要と認められる事項を内容とする，販売する食品に関する表示の基準を定めなければならない（p.100）

◉規定の表示基準事項　❶名称，❷アレルゲン（アレルギーの原因物質），❸保存方法，❹期限表示，❺原材料，❻添加物，❼栄養成分の量および熱量，❽原産地。その他，食品関連事業者等が食品を販売する際に表示されるべき事項

　❹は，食品が安全な一定の品質を有すると認められる期限である。食品の特性に応じて，消費期限・賞味期限のどちらかを表示する（p.100～101）。

　なお，店頭，朝市やお祭りの屋台等で，消費者が生産者や加工者から直接購入

できる場合は，直接情報を得ることが可能なため，食品表示法上の表示の義務はない。ただし，防かび剤など，一部の食品添加物はバラ売りであっても表示が必要になる

● **食品表示基準の遵守（法第5条）**

食品関連事業者等は，食品表示基準に従った表示がなされていない食品の販売をしてはいけない

● **新たな規定に基づく表示の施行**

加工食品および添加物のすべての表示

● **不正な表示に対する措置（法第6条，第7条）**

食品表示基準の遵守に反した場合は，内閣総理大臣または農林水産大臣はその食品関連事業者に対して遵守事項を遵守するように指示することができる。また，アレルゲン，消費期限，加熱が必要，生食可能の別等について適切な表示がされていない場合で，消費者の生命や身体への危害の発生，または拡大の防止を図るための緊急の必要があると認めるときは，当該食品関連事業者等に対し，食品の回収や業務停止の命令ができる（法第6条）。また，総理大臣等は上記の指示や命令をした旨を公表する（法第7条）。

食品関連事業者等は，食品表示基準に従った表示がされていない食品を販売し，回収するときは，回収に着手した旨とその状況を，遅れることなく総理大臣に届け出なければならない。内閣総理大臣は，届出があった旨を公表しなければならない（法第10条の2）。届出をしなかった場合や，虚偽の届出をした場合は，50万円以下の罰金が課せられる（法第21条第3項）。

● **適格消費者団体の差し止め請求権（法第11条）**

適格消費者団体は消費者からの通知などにより表示事項等に反した行為を確認した場合は，当該食品関連業者に対し，是正措置の申し込みおよび差し止め請求をすることができる

● **内閣総理大臣等に対する申出（法第12条）**

何人も食品・酒類に関する表示が適正でないため一般消費者の利益が害されていると認めるときは，総理大臣等に申し出て適切な措置を取ることを求めることができる

❺ その他の関連通知等

● **大量調理施設衛生管理マニュアル（p.235）**

平成9年3月24日付け衛食第85号別添

最終改正：平成29年6月16日付け生食発0616第1号

HACCPの考えに基づく衛生管理の手法が示されている

11 食品の安全・衛生対策

1 調理場の衛生管理

　調理施設の衛生管理は，食品衛生法を主体に行われるが，平成7年の改正により，HACCP（ハサップ）の概念を取り入れることが示された。平成30年の改正では，すべての食品事業者がHACCPに沿った衛生管理に取り組むことが定められている（p.160）。HACCPは，食品の安全衛生に関する危害発生を事前に防止することを目的とした自主的な衛生管理システムで，日本語では「危害分析重要管理点」となる。具体的には，食材料の受け入れから調理・喫食までの過程ごとに食中毒等の健康障害を発生させる原因となる危害（物理的危害，化学的危害，生物的危害。p.204）を分析し，特に注意が必要な衛生管理を行う重要管理点について科学的根拠に基づく管理基準を定め，安全措置などの実施記録を残す方法である。その基本概念は，1960年代，アメリカのNASAで高度な安全性の確保をめざした宇宙食開発のなかから考案された。厚生労働省は，平成9年，集団給食施設などにおける食中毒などを予防するため，HACCPの概念に基づいて，「大量調理施設衛生管理マニュアル」として調理過程における重要管理事項をまとめている（p.235）。大量調理施設（1回300食以上または1日750食以上提供）以外の調理施設においても，このマニュアルに基づいた衛生管理を行うことが重要である。

1 HACCPに沿った衛生管理の制度化

　食品衛生法等の一部を改正する法律案の改正（平成30年6月13日公布）により，すべての食品事業者が衛生管理計画書を作成することが定められた。

　すべての食品事業者とは，食品の製造・加工や販売などを行う飲食店，食品製造業者，食品販売業者などである。

　次の2つの基準パターンが示されている。

❶HACCPに基づく衛生管理　従業員50人以上の企業。対象事業者は，大規模事業者。と畜場，食鳥処理場（食鳥処理業者；認定小規模食鳥処理業者を除く）

❷HACCPの考え方を取り入れた衛生管理　従業員50人未満の企業。対象事業者は，小規模な営業者。各業界団体が作成し厚生労働省が確認した手引書を利用して，衛生管理計画を作成することができる。菓子の製造販売，食肉・魚介類の販売など，豆腐の製造販売，飲食店営業，そうざい・パン製造業，学校・病院等の営業以外の集団給食施設など

2 HACCPシステムの7原則・12手順

　HACCPシステムにおける自主的衛生管理を行うためには，次の7つの原則（❻〜⓬）を含めた12の手順が必要である。

　❶HACCPチームの編成，❷製品についての記載，❸意図する用途の確認，❹フ

ローダイアグラムの作成，❺フローダイアグラムについての現場検証，❻原則1：危害分析の実施（HA），❼原則2：CCP（重要管理点）の決定[*1]，❽原則3：各CCPに対する管理基準の設定（温度管理や消毒方法等）[*2]，❾原則4：各CCPに対する監視と測定方法の設定，❿原則5：逸脱発生時にとるべき修正措置（工程に間違いが生じた時の対処法），⓫原則6：検証方式の設定，⓬<u>原則7：記録保存（1年間）</u>および証拠文書作成規定の設定

3 一般的衛生管理プログラムの10項目

HACCPを実施するためには一般的衛生管理プログラムが整備され実行されていることが必要である。一般的衛生管理プログラムは次の10項目からなり，作業内容，実施頻度，実施担当者，実施状況の確認と記録の方法を定める必要がある。

❶施設・設備の衛生管理，❷施設・設備・機械器具の保守点検，❸ネズミ・昆虫の防除，❹使用水の衛生管理，❺排水および廃棄物の衛生管理，❻従事者の衛生管理，❼従事者の衛生教育，❽食品などの衛生的取り扱い，❾製品の回収プログラム，❿試験・検査に用いる設備等の保守管理

❶ 調理場外の環境衛生【図5】

1 倉庫，冷蔵庫

食品倉庫は乾物と生ものを区別して貯蔵しなければならず，そのための適当な広さが必要である。調理場に近く，なるべく北側に面した場所で，湿気が少なく，蒸気や熱が貯蔵した食品に影響しないような構造にする必要がある。さらに，床，壁，天井は凹凸をなくし，掃除がしやすいようにし，倉庫の窓は小さくして，防虫のため金網を張り，冷暗を保つ構造にして，換気窓を設け，ネズミが入らないようにすることが必要である。倉庫内は雑然としないようにし，材料は常に覆ってふたをして外部と遮断しておき，すのこなどを敷き，土間に直接置かないようにする。

調理場外の冷蔵庫も，火気や熱気からできるだけ遠いところにつくり，内部は排水，臭気などに注意し，常に適切な温度に保つことが大切である。庫内には<u>正確な温度・湿度計の設置が必要</u>である。また，低温を維持するためにも庫内に食材を詰め込まないようにする。定時に確認して記録する。

2 下水

下水にごみがたまると水はけが悪くなるため，常に掃除しておく。また，下水はネズミの通路となるため，金網などで排水口からのネズミの侵入を防ぐ必要がある。

3 ごみ，厨芥（廃棄物）

ごみや厨芥の入れものは必ずふたをし，ハエ，犬，猫などが入らないようにしておき，時々薬品による消毒を行う。ごみや厨芥は，汚物処理業者に連絡して，なるべく早めに取り去ってもらうようにする。また，灰類の処理にも注意し，不衛生にならないようにする。ごみや残渣は清潔な調理場内にもち込まない。

[*1] 【HACCPにおける重要管理点（CCP）】食材の採取・生産から食卓まで，調理上の処理工程における健康を保護する衛生面の科学的根拠に基づく食材の洗浄方法・保存温度（温度管理）・加熱温度と加熱時間など，食品の安全を完全に保持する条件。

[*2] 【各CCPに対する管理基準の設定（温度管理や消毒方法）】例：中心温度75℃・1分間以上，85〜90℃・90秒以上の加熱，次亜塩素酸ナトリウム液による洗浄方法と適正濃度など

図5 **汚染経路と衛生管理**

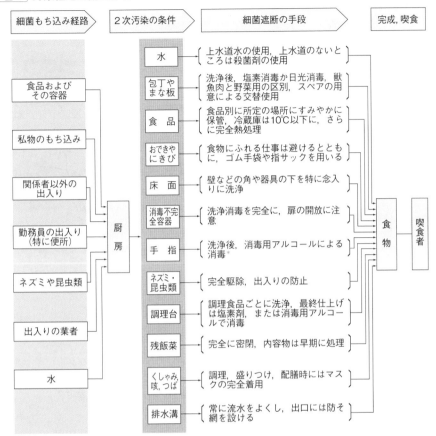

注)＊ ノロウイルス対策では，次亜塩素酸ナトリウム等の塩素系消毒剤やエタノール系消毒剤に変える。

4　便所

ハエなどの発生を防ぐ衛生的な構造で，調理場に影響のない位置および構造とする。手洗いや消毒用の薬剤を置き，使用の際は，便所用の履物を必ず使用し，適時に薬品による消毒を行う。調理用の白衣（外衣），前掛け，帽子，履物などははずす。

5　手洗い所

手洗い所は，便所にはもちろんのこと，その他，調理場の入り口など，なるべく多数設ける。蛇口は自在蛇口とし，ペーパータオルまたは温風乾燥機を設置する。自動水栓とするのが望ましい。せっけん，爪ブラシ，消毒液を用意しておく【図6】。タオルの共用は避ける。

6　休憩所

調理場での喫煙，雑談，その他を避けるため，調理に携わる人の休むところを設け，常に清潔にしておくことが大切である。

7　更衣室

調理場の近くに男女別につくる。そこで宿泊する場合には，寝具や用度品は常に清潔にしておかなければならない。

図6 手の洗い方

❶時計や指輪ははずす

❷流水で洗う（飲用に
適するもの）

❸せっけんを泡立て,両手の
指,腕（ひじから下）を
30秒以上洗う。特に指の間,
指先をよく洗う

❹爪ブラシで爪の間をよく
こすり洗いする

❺20秒ほど流水で洗い,
せっけんを完全に落とす

❻清潔なペーパータオル等で
ふくか,温風乾燥機で乾かす

❼消毒用アルコールをかけて
手指によくすりこむ

注）❷〜❺は,2回以上行う。

❷ 調理場の構造

1 場所,大きさなど

　乾燥した土地で西日が入らず,採光,換気の十分できるところが望ましい。不衛生な箇所から離すことや,食堂に近く,配膳に便利であることも必要である。

　調理場の内部は,調理室と**処理室**（下ごしらえ室）に区分し,調理室の大きさは客数に応じ,さらに洗い場,消毒,調理台などの設備に十分な広さが必要であり,住居の部屋とは完全に区別され,洗濯場とも離れていることが大切である。

　外部からもち込む材料は,そのまま調理室に入れずに処理室で水洗い,下ごしらえを行い,調理室では切ったり,煮焼きしたりするだけで済むように区別する。

　出入り口は,できるだけ少なくして,材料を運び込む場所と料理したものを出す場所とを区別する。また,出入り口はハエが入らないように網戸,エアカーテン,自動ドア等を設置する。縄ののれんはあまり効果がない。

2 床面,壁,天井,通風,採光など

●床面　コンクリートで高低のないようにつくり,掃除しやすくする。また,床はできるだけ**乾式**（ドライシステム）にするのが好ましい。湿式（ウェットシステム）の場合は,完全に排水できるように適度な勾配をつけ,汚水がたまらないようにする。床面を板張りにするときは,不衛生にならないよう十分に注意する

- **壁** 床から1mまでの高さはセメントや板張りなど，汚水が浸透しない不浸透性材料を用い，掃除がしやすいようにする。ごみや埃がたまらないようになめらかにつくり，明るい色がよい。1日1回以上は清掃し，必要に応じて洗浄，消毒を行うこと
- **天井** 埃，ごみ，ネズミの糞などが落ちてこないような素材でつくり，掃除ができるようにして，色は明るくする
- **通風** 蒸気や煙，熱気などがこもらないように，換気ファン，換気筒，換気窓を備え，高温多湿を避けること。調理場は，湿度80%以下，温度25℃以下に保つことが望ましい。火を使うところの上部には，レンジフードを設けて排気する。換気窓等は，定期的に清浄し，必要に応じて洗浄，消毒を行うこと
- **採光・照明** 自然光線を十分取り入れるような構造にして，調理室，給食室の全般的標準照度を150ルクス（lx）以上に保つ（労働安全衛生規則）。また，調理作業により異なるが，平均的にみて300ルクス程度の明るさが望ましい

3 防そ，防虫設備

出入り口，窓，その他のところに金網を張り，また，排水口には防そ（ネズミ）用のすのこや防虫用の目皿を設け，下水溝にはふたをする。天井，壁，床などは完全にすき間をなくし，壊れたところは完全に修理しておかなければならない。また，ネズミ，ハエなどの入らない食品保存庫（ハエ帳戸棚）を備えることも必要である。

4 排水溝

調理場内やその周囲には，掃除がしやすくなっているU字型の溝をつけ，適度な勾配をつけて排水しやすくなっていることが必要である。

5 手洗い設備など

手洗い設備などは，調理台や盛りつけ・加工作業台などから60cmは離して設置し，それが困難な場合は，飛沫で汚染されない対策をとる。流水式手洗い専用設備を適切な場所に設け，せっけん，爪ブラシ，消毒薬，ペーパータオルなどを備えること。

6 器具の洗浄設備

器具や容器の洗い場は3槽が望ましく，下洗いと仕上げ洗いを分け，水，熱湯の両方が使えるようにする。食器は洗浄後，消毒する必要があり，その設備も必要である。

③ 食品取り扱い設備

1 食品取り扱い器具の大きさと数

鍋，釜，食器類，器具類は，客数，食数などに適した数量をそろえる必要がある。特に，客用の食器は，必要量より25%多く用意しておく。

2 設備の配置

食品庫，冷蔵庫，下ごしらえ場，流し場，調理台，レンジ，配膳台，食品保存庫という順序に流れ作業ができるようにし，食品の移動を最小限におさえることが衛生上好ましい。流れ作業の配置は，コの字型，L字型などにすると能率がよい。

3 調理・加工台の高さ

床面からのはね水による汚染を防止するため，**床面から60cm以上の高さ**にする。なお，食品容器や調理器具などを保管する高さも同様である。ただし，はね水など

からの直接汚染が防止できる容器などで食品を扱う場合には，30cm以上の台の上でもよい。

４　食器類の貯蔵設備

　調理用器具や食器類はよく洗って消毒し，それぞれ専用の戸棚を設けて保管する。戸棚は汚れやすいので掃除のしやすい位置，大きさ，高さのものが望ましい。食器棚は，水切り構造で，食器や器具が外からわかる，ガラスの入った引き戸や開き戸のものがよい。

❹ 給水設備と廃棄物処理

１　給水設備

　調理の水は飲用適の水（食品製造用水）を用いる。色，濁り，におい，異物のほか，貯水槽を設置している場合や井戸水等を殺菌・ろ過して使用する場合には，遊離残留塩素が0.1mg/L以上であることを始業前と調理作業終了後に毎日検査し，記録する。

　水道事業により供給される水以外の井戸水等の水を使用する場合には，公的検査機関，厚生労働大臣の登録機関等に依頼して，年2回以上水質検査を行い，検査の結果は1年間保管する。

　貯水槽は清潔を保持するため，専門の業者に委託して，清掃を年1回以上行う。清掃の証明書は1年間保管する。

２　廃棄物処理の設備と便所

　ごみ，燃えがらなどの廃棄物は，ポリ容器，コンクリート製のふたのあるごみ箱などに捨て1日1回は処分する。

　便所は水洗便所が望ましい。作業場（調理場）に影響のない位置，構造とし，作業員（調理員など）に応じた数を設ける。また，防臭のための排気筒や流水式の手洗いと消毒薬の装置を設けるとともに履物も区別する。便所は感染症のもとになりやすいため，手，ゴキブリ，ハエ，ネズミ，井戸などを通して，調理場に細菌をもち込むことのないよう，特に厳重に注意する。

❺ 食器類の衛生管理

　食器や調理器具，保存用の皿，運搬用の器具などは，使用後，完全に洗ってから消毒するのがよい。特に，食品が直接ふれる面は，使う前に入念に清潔にしておく。営業者は衛生に心掛けなければならない。

　正しい洗浄は以下のとおりである。

● 洗浄前　残飯や汚れを落とす

● 1回目の洗浄　500倍希釈の洗浄剤に浸し，スポンジたわしで下洗いする（1槽目）

● 2回目の洗浄　洗浄剤を含ませたスポンジたわしで再度こすり洗いし，汚れや油を完全に落とす（2槽目）

● 3回目の洗浄　飲用適の水（40℃程度の微温が望ましい）で洗浄剤を十分に洗い落とす。

　殺菌は次のいずれかによる。

● 煮沸消毒　ふきん・タオルは100℃（沸騰点）に達してから5分間以上煮沸消毒し，清潔な場所で乾燥・保管する

●蒸気消毒　100℃（沸騰点）に達して
　から15分以上消毒し，自然乾燥させ
　て食器保管庫へ入れる（タオルなどで
　ふかない）

●薬剤消毒（煮沸消毒できない食器用）
　次亜塩素酸ナトリウム溶液（200mg/
　L）に5分間以上浸し，流水（飲用適）
　または40℃程度の湯でよくすすぎ，
　殺菌剤を十分に落とし，よく乾燥させ
　て食器保管庫へ入れる

図7　食器消毒保管庫

●食器消毒保管庫　洗浄した食器を金網かごに入れて収納し，80℃に達してから
　30分間以上殺菌し，そのまま保管する。食器消毒保管庫へ保管する際は，よく
　殺菌，乾燥させ，整とんして収納し，扉は必ず密閉する【図7】

❻ 調理加工食品の衛生管理

1 調理加工した食品の取り扱い

　調理加工した食品は，つくった人から食べる人にわたるまで，すべて清潔で衛生
的な方法で取り扱い，運搬用具や保存方法にも注意しなければならない。

2 食品の加工貯蔵の温度

　食品を衛生的に保つため，その種類によって適当な温度で調理加工したり，貯蔵
しなければならない。寄生虫や細菌は，温度が高いほど短時間で死滅するので，高
温処理は，殺虫，殺菌の効果がある。例えば，赤痢菌は60℃の湯では30分間で死滅，
100℃では即死する。しかし，食品や調理加工の種類によって，その温度と時間は
異なる。

　また，食中毒菌には芽胞をつくるものがあり，この菌は加熱調理で死滅しないた
め，調理後の取り扱いには注意しなければならない。調理後30分間以内に喫食し
ない場合は，60分間以内に10℃付近に冷却して10℃以下で保管，また，冷却しな
いものは65℃以上で保温が必要である。

❼ 食品・料理別の衛生管理

　食品の保存温度は，種類によって異なり，下記のようになっている。なお，冷凍
の場合は，すべて−15℃以下で保存（保管）する【表15】。

●野菜・果物　清潔な専用の容器に入れて，10℃前後で保管（保存）

●肉類　清潔な専用の容器に入れて，10℃以下で保管（保存）

●鮮魚類　清潔な専用の容器に入れて，5℃以下で保管（保存）

●卵類　殻つき卵，液卵（p.233）参照

1 野菜類・果物類

　野菜類・果物類の洗浄，殺菌には，以下のような点について留意する必要がある。

●洗浄　葉菜類は汚れた外葉を2〜3枚取り，全体か必要に応じて1枚ずつはがし，
　流水（食品製造用水）で3回以上よく洗う。中性洗剤で洗う場合は，0.1％に薄
　めた中性洗剤で手早く洗い（長く浸さない），流水で洗剤を十分に洗い流す

●殺菌　次亜塩素酸ナトリウム溶液（200ppm溶液で5分間，100ppm溶液で10分

表15 原材料，製品等の保存温度

食品名	保存温度	食品名	保存温度
穀類加工品（小麦粉，デンプン） 砂糖	室温 室温	殻付卵 液卵 凍結卵 乾燥卵	10℃以下 8℃以下 −18℃以下 室温
食肉・鯨肉 細切した食肉・鯨肉を凍結した ものを容器包装に入れたもの	10℃以下 −15℃以下	ナッツ類 チョコレート	15℃以下 15℃以下
食肉製品 鯨肉製品 冷凍食肉製品 冷凍鯨肉製品	10℃以下 10℃以下 −15℃以下 −15℃以下	生鮮果実・野菜 生鮮魚介類（生食用鮮魚介類を含む）	10℃前後 5℃以下
ゆでだこ 冷凍ゆでだこ 生食用かき 生食用冷凍かき 冷凍食品	10℃以下 −15℃以下 10℃以下 −15℃以下 −15℃以下	乳・濃縮乳 脱脂乳 クリーム バター チーズ 練乳	⎫ ⎬10℃以下 ⎭ ⎫ ⎬15℃以下 ⎭
魚肉ソーセージ，魚肉ハムおよび特殊包装かまぼこ 冷凍魚肉ねり製品	10℃以下 −15℃以下	清涼飲料水（食品衛生法の食品，添加物等の規格基準に規定のあるものについては，当該保存基準に従うこと）	室温
液状油脂 固形油脂（ラード，マーガリン，ショートニング，カカオ脂）	室温 10℃以下		

資料）厚生労働省：大量調理施設衛生管理マニュアル（平成9年3月24日衛食第85号別添，最終改正：平成29年6月16日生食発0616第1号）

間）に浸すか，これと同等の効果を有するもの（食品添加物として使用できる有機酸等）で殺菌を行った後，十分な流水（食品製造用水）ですすぎ洗いを行う

2　肉料理（焼きとり，とんカツ，ハンバーグ，もつ煮など）

肉類を料理，保存等する際には，以下のような点について留意する必要がある。

●生肉はサルモネラ，カンピロバクター，病原性大腸菌などの食中毒菌にすでに汚染されているものがあるので，まな板，包丁，バット，ボウルなどは生肉専用を使用する。使用後は十分な洗浄と消毒を行う

●内臓（きも，もつ）料理のときは，使用前内臓を流水で十分洗浄する。排水は汚染されているので，流しからほかの食品や食器を汚染しないよう注意する

●漬け込みのときは，必ず冷蔵庫に保管する

●保存の際，冷蔵保存の場合は，肉汁などが漏れないように，ふたがしっかり閉まる専用の容器やポリ袋に入れて10℃以下で保存し，冷凍品はラップあるいはポリ袋で密閉して−15℃以下で保存する

●解凍は時間に余裕をもって始め，冷蔵庫内で行う。室温放置や日の当たる場所での解凍は禁物である。余った分の再冷凍は避ける

●野菜など，ほかの材料と炒める場合は，まず肉に火を通してから野菜類を加える。途中で生肉を足すことはしない

●冷凍品は表面が解凍していても，なかがまだ凍っていることがあるので，注意が必要である。なかまで火が通っていることを必ず確認する

●調味液（たれ）をつけて加熱するときは，加熱前や加熱中につけるたれと，加熱済みのものにつけるたれを区別する

●加熱のばらつきを防ぐため，材料の大きさは一定にする

●加熱は，中心部温度が75℃で1分間以上行う（二枚貝等，ノロウイルス汚染のおそれのある食材では，85〜90℃で90秒間以上）。適正な芯温計（中心温度計）を用いるなどして厳重に行う。なお，大量を揚げ油に投入したときやオーブンなどで加熱する場合は，異なる3つ以上の場所の中心温度を確認する

●生の肉類を扱った手は，洗浄，消毒してから，次の調理に移る。なお，加熱済みの食品を取り扱うときは，消毒済みの器具を用いて2次汚染の発生を防ぐ

3 魚介類料理（刺し身，焼き魚，フライ，天ぷらなど）

魚介類を料理，保存等する際には，以下のような点について留意する必要がある。

●海産魚介類は，必ず水道水（真水）で洗浄する

●魚介類の下処理用の調理器具と，刺し身用の調理器具は分ける

●生魚介類を扱った後は，必ず手指の洗浄，消毒を行う

●魚の保存は，内臓，えら，うろこを取り除いてから行う

●冷蔵保存の場合は，汁が漏れないようにふたがしっかり閉まる専用の容器やポリ袋に入れて5℃以下で保存する

●解凍は冷蔵庫内で行い，ドリップ（解凍時に浸出する液）がほかの食品を汚染しないように包装や容器に注意する。余った分の再冷凍は避ける

●ゆでエビ・タコなどの加熱済みの冷凍品を使用する場合でも再加熱する。

●かば焼き，照り焼きなど調味液（たれ）をつけて加熱するときは，加熱前や加熱中につけるたれと，加熱済みのものにつけるたれを区別する

4 卵料理（生卵，目玉焼き，茶わん蒸しなど）

近年，鶏卵を使用した食品のサルモネラ属菌が原因で発生する食中毒が増加し，鶏卵の取り扱いが問題視されている。特に，わが国では卵を生で食べる習慣があるため，生食用卵の汚染防止や洗浄・消毒の対策が行われている。大量調理施設衛生管理マニュアル，食品衛生法「食品別の規格基準」に沿って衛生管理を行う。

●殻つき卵

●生食用と加熱加工用の別，賞味期限を確認する

●保存温度は10℃以下が望ましい

●生食用のものが賞味期限を過ぎた場合は，食べるときに加熱殺菌が必要である

●加熱加工用のものは，食べる前に加熱殺菌が必要である。したがって，生食するときには，賞味期限内の生食用の正常卵を使用する。正常卵とは，肉眼で卵殻にひび様のものが見えず，かつ，糞便，血液，卵内容物，羽毛などにより汚染されていないものをいう

●液卵

●殺菌・未殺菌の別，凍結卵・非凍結卵の別，全卵・卵黄・卵白の別，加糖または加塩したものはその糖分，塩分の重量%（パーセント）を確認する

- 未殺菌液卵は，食べる前に加熱殺菌が必要である
- 殺菌液卵には，加熱殺菌温度が記載されている
- 保存温度は，液卵が8℃以下，凍結卵は－18℃以下（大量調理施設衛生管理マニュアルでは－18℃以下，食品衛生法「食品別の規格基準」における，冷凍鶏液卵の保存基準は－15℃以下と示されている）である
- 加熱調理は，食品の一般基準で75℃で1分間以上と同等以上の加熱殺菌が必要である
- ゆで卵は，沸騰水中で5分間以上の加熱が必要である
- 製造工場において，サルモネラ属菌の汚染防止，増殖の抑制，死滅などの処理が行われているものを選択して求め，適正な保存基準に従って保存し使用する
- 鶏の液卵は，**殺菌液卵**と**未殺菌液卵**に分けて成分規格が定められている。殺菌液卵はサルモネラ属菌陰性（25g当たり），未殺菌液卵は細菌数100万/g以下
- 製造基準についても液卵は一般基準，個別基準が定められており，使用の際には食品の特性に応じた液卵を選択する

2 食品取り扱い者の衛生管理

1 衛生教育

　食品を取り扱う者が正しく衛生管理を行うには，教育訓練が欠かせない。食品衛生法施行規則においても，食品等取扱者に対して衛生管理に必要な教育を実施することが規定されている（別表17の13）。営業者は「一般的な衛生管理」および「HACCPに沿った衛生管理」に関する基準に基づき衛生管理計画を作成し，下記3，4も含め従業員に周知徹底を図る。

2 健康診断，その他

　食品を取り扱う者は自身が健康でなければならない。サルモネラ，赤痢，O157などの保菌者は調理に従事してはならない。このような病気にかかっていると衛生上危険なので，月1回（学校給食調理従事者は月2回）は検便を受けて，健康を確かめることが大切である。保菌していても症状が出ていない場合もあるので，検便は全員を対象とする。化膿菌が食物について口から入り，食中毒を起こす可能性があるため，手指にできものや化膿した傷のある者も，調理の仕事をしてはならない。体調の悪いときや下痢をしたときも，医師の診療を受けて完全に治ってから，仕事をしなければならない。

3 清潔な服装

　調理加工，配膳，詰め合わせ，その他食品を取り扱う仕事に従事する者は，すべて清潔で，洗濯できる仕事着・帽子を着用する。腕時計や指輪の着用，爪の化粧はしてはならない。また，作業内容によりマスクや使い捨て手袋も着用しなければならない。

　食中毒や感染症の原因菌などを調理室にもち込む結果となり危険であるため，仕事着や帽子などを着用したまま調理室から出たり，便所に行ってはならない（同様の理由から，調理関係者以外の調理場への出入りは厳禁である）。

　使い捨て手袋は必ず消毒してから作業を行い，ほかの作業に移るときは交換する。

4 清潔な習慣

食品を取り扱う仕事に従事する者は，仕事中，常に爪を短く切って手洗いや消毒に努めなければならない【図8】。便所に行った後は，必ず手を洗い消毒をする。また，食器やその他の調理器具が髪，鼻，口，耳などにふれないよう注意を払う。さらに，たんやつばを吐かない，タバコを吸わない，調理中の不用意な会話や手いたずらは避けるなど，仕事の第一歩として，清潔な習慣を身につけることが大切である。

図8 **手のひらの細菌検査結果の例**

注）細菌が多く付着している。

資料　大量調理施設衛生管理マニュアル（抜粋）

平成9年3月24日衛食第85号別添，厚生労働省
最終改正：平成29年6月16日生食発0616第1号

大量調理施設衛生管理マニュアルは，集団給食施設等における食中毒を予防するために，HACCPの概念に基づき，調理過程における重要管理事項を示したものである。なお，本マニュアルは，同一メニューを1回300食以上又は1日750食以上を提供する調理施設に適用される。

重要管理事項

1．原材料の受入れ・下処理段階における管理

(1) 原材料については，品名，仕入元の名称及び所在地，生産者（製造又は加工者を含む。）の名称及び所在地，ロットが確認可能な情報（年月日表示又はロット番号）並びに仕入れ年月日を記録し，1年間保管すること。

(2) 原材料について納入業者が定期的に実施する微生物及び理化学検査の結果を提出させること。その結果については，保健所に相談するなどして，原材料として不適と判断した場合には，納入業者の変更等適切な措置を講じること。検査結果については，1年間保管すること。

(3) 加熱せずに喫食する食品（牛乳，発酵乳，プリン等容器包装に入れられ，かつ，殺菌された食品を除く。）については，乾物や摂取量が少ない食品も含め，製造加工業者の衛生管理の体制について保健所の監視票，食品等事業者の自主管理記録票等により確認するとともに，製造加工業者が従事者の健康状態の確認等ノロウイルス対策を適切に行っているかを確認すること。

(4) 原材料の納入に際しては調理従事者等が必ず立ち会い，検収場で品質，鮮度，品温（納入業者が運搬の際，【表15】(p.232)に従い，適切な温度管理を行っていたかどうかを含む。），異物の混入等につき，点検を行い，その結果を記録すること。

(5) 原材料の納入に際しては，缶詰，乾物，調味料等常温保存可能なものを除き，食肉類，魚介類，野菜類等の生鮮食品については1回で使い切る量を調理当日に仕入れるようにすること。

(6) 野菜及び果物を加熱せずに供する場合には，流水（食品製造用水として用いるもの。以下同じ。）で十分洗浄し，必要に応じて次亜塩素酸ナトリウム等で殺菌した後，流水で十分すすぎ洗いを行うこと。特に高齢者，若齢者及び抵抗力の弱い者を対象とした食事を提供する施設で，加熱せずに供する場合（表皮を除去する場合を除く。）には，殺菌を行うこと。

2．加熱調理食品の加熱温度管理

加熱調理食品は，中心部温度計を用いるなどにより，中心部が75℃で1分間以上（二枚貝等ノロウイルス汚染のおそれのある食品の場合は85～90℃で90秒間以上）又はこれと同等以上まで加熱されていることを確認するとともに，温度と時間の記録を行うこと。

3. 二次汚染の防止

(1) 調理従事者等（食品の盛付け・配膳等，食品に接触する可能性のある者及び臨時職員を含む。以下同じ。）は，次に定める場合には，必ず流水・石けんによる手洗いによりしっかりと2回（その他の時には丁寧に1回）手指の洗浄及び消毒を行うこと。なお，使い捨て手袋を使用する場合にも，原則として次に定める場合に交換を行うこと。

①作業開始前及び用便後

②汚染作業区域から非汚染作業区域に移動する場合

③食品に直接触れる作業にあたる直前

④生の食肉類，魚介類，卵殻等微生物の汚染源となるおそれのある食品等に触れた後，他の食品や器具等に触れる場合

⑤配膳の前

(2) 原材料は，隔壁等で他の場所から区分された専用の保管場に保管設備を設け，食肉類，魚介類，野菜類等，食材の分類ごとに区分して保管すること。

この場合，専用の衛生的なふた付き容器に入れ替えるなどにより，原材料の包装の汚染を保管設備に持ち込まないようにするとともに，原材料の相互汚染を防ぐこと。

(3) 下処理は汚染作業区域で確実に行い，非汚染作業区域を汚染しないようにすること。

(4) 包丁，まな板などの器具，容器等は用途別及び食品別（下処理用にあっては，魚介類用，食肉類用，野菜類用の別，調理用にあっては，加熱調理済み食品用，生食野菜用，生食魚介類用の別）にそれぞれ専用のものを用意し，混同しないようにして使用すること。

(5) 器具，容器等の使用後は，全面を流水で洗浄し，さらに80℃，5分間以上の加熱又はこれと同等の効果を有する方法で十分殺菌した後，乾燥させ，清潔な保管庫を用いるなどして衛生的に保管すること。

なお，調理場内における器具，容器等の使用後の洗浄・殺菌は，原則として全ての食品が調理場から搬出された後に行うこと。

また，器具，容器等の使用中も必要に応じ，同様の方法で熱湯殺菌を行うなど，衛生的に使用すること。この場合，洗浄水等が飛散しないように行うこと。なお，原材料用に使用した器具，容器等をそのまま調理後の食品用に使用するようなことは，けっして行わないこと。

(6) まな板，ざる，木製の器具は汚染が残存する可能性が高いので，特に十分な殺菌に留意すること。なお，木製の器具は極力使用を控えることが望ましい。

(7) フードカッター，野菜切り機等の調理機械は，最低1日1回以上，分解して洗浄・殺菌した後，乾燥させること。

(8) シンクは原則として用途別に相互汚染しないように設置すること。特に，加熱調理用食材，非加熱調理用食材，器具の洗浄等に用いるシンクを必ず別に設置すること。また，二次汚染を防止するため，洗浄・殺菌し，清潔に保つこと。

(9) 食品並びに移動性の器具及び容器の取り扱いは，床面からの跳ね水等による汚染を防止するため，床面から60cm以上の場所で行うこと。ただし，跳ね水等からの直接汚染が防止できる食缶等で食品を取り扱う場合には，30cm以上の台にのせて行うこと。

(10) 加熱調理後の食品の冷却，非加熱調理食品の下処理後における調理場等での一時保管等は，他からの二次汚染を防止するため，清潔な場所で行うこと。

(11) 調理終了後の食品は衛生的な容器にふたをして保存し，他からの二次汚染を防止すること。

(12) 使用水は食品製造用水を用いること。また，使用水は，色，濁り，におい，異物のほか，貯水槽を設置している場合や井戸水等を殺菌・ろ過して使用する場合には，遊離残留塩素が0.1mg/L以上であることを始業前及び調理作業終了後に毎日検査し，記録すること。

4. 原材料及び調理済み食品の温度管理

(1) 原材料は，【表15】（p.232）に従い，戸棚，冷凍又は冷蔵設備に適切な温度で保存すること。また，原材料搬入時の時刻，室温及び冷凍又は冷蔵設備内温度を記録すること。

(2) 冷凍又は冷蔵設備から出した原材料は，速やかに下処理，調理を行うこと。非加熱で供される食品については，下処理後速やかに調理に移行すること。

(3) 調理後直ちに提供される食品以外の食品は，食中毒菌の増殖を抑制するために，10℃以下又は65℃以上で管理することが必要である。

①加熱調理後，食品を冷却する場合には，食中毒菌の発育至適温度帯（約20℃〜50℃）の時間を可能な限り短くするため，冷却機を用いたり，清潔な場所で衛生的な容器に小

　　　分けするなどして，30分以内に中心温度を20℃付近（又は60分以内に中心温度を10℃付近）まで下げるよう工夫すること。

　　　　この場合，冷却開始時刻，冷却終了時刻を記録すること。

　　②調理が終了した食品は速やかに提供できるよう工夫すること。

　　　　調理終了後30分以内に提供できるものについては，調理終了時刻を記録すること。また，調理終了後提供まで30分以上を要する場合は次のア及びイによること。

　　　ア　温かい状態で提供される食品については，調理終了後速やかに保温食缶等に移し保存すること。この場合，食缶等へ移し替えた時刻を記録すること。

　　　イ　その他の食品については，調理終了後提供まで10℃以下で保存すること。

　　　　この場合，保冷設備への搬入時刻，保冷設備内温度及び保冷設備からの搬出時刻を記録すること。

　　③配送過程においては保冷又は保温設備のある運搬車を用いるなど，10℃以下又は65℃以上の適切な温度管理を行い配送し，配送時刻の記録を行うこと。

　　　　また，65℃以上で提供される食品以外の食品については，保冷設備への搬入時刻及び保冷設備内温度の記録を行うこと。

　　④共同調理施設等で調理された食品を受け入れ，提供する施設においても，温かい状態で提供される食品以外の食品であって，提供まで30分以上を要する場合は提供まで10℃以下で保存すること。

　　　　この場合，保冷設備への搬入時刻，保冷設備内温度及び保冷設備からの搬出時刻を記録すること。

　（4）調理後の食品は，調理終了後から2時間以内に喫食することが望ましい。

5．その他

　（1），（2）略

　（3）検食の保存

　　　検食は，原材料及び調理済み食品を食品ごとに50g程度ずつ清潔な容器（ビニール袋等）に入れ，密封し，－20℃以下で2週間以上保存すること。*

　　　なお，原材料は，特に，洗浄・殺菌等を行わず，購入した状態で，調理済み食品は配膳後の状態で保存すること。

　（4）調理従事者等の衛生管理

　　①調理従事者等は，便所及び風呂等における衛生的な生活環境を確保すること。また，ノロウイルスの流行期には十分に加熱された食品を摂取する等により感染防止に努め，徹底した手洗いの励行を行うなど自らが施設や食品の汚染の原因とならないように措置するとともに，体調に留意し，健康な状態を保つように努めること。

　　②調理従事者等は，毎日作業開始前に，自らの健康状態を衛生管理者に報告し，衛生管理者はその結果を記録すること。

　　③調理従事者等は臨時職員も含め，定期的な健康診断及び月に1回以上の検便を受けること。検便検査[注7]には，腸管出血性大腸菌の検査を含めることとし，10月から3月までの間には月に1回以上又は必要に応じて[注8]ノロウイルスの検便検査に努めること。

　　④ノロウイルスの無症状病原体保有者であることが判明した調理従事者等は，検便検査においてノロウイルスを保有していないことが確認されるまでの間，食品に直接触れる調理作業を控えるなど適切な措置をとることが望ましいこと。

　　⑤調理従事者等は下痢，嘔吐，発熱などの症状があった時，手指等に化膿創があった時は調理作業に従事しないこと。

　　⑥下痢又は嘔吐等の症状がある調理従事者等については，直ちに医療機関を受診し，感染性疾患の有無を確認すること。ノロウイルスを原因とする感染性疾患による症状と診断された調理従事者等は，検便検査においてノロウイルスを保有していないことが確認されるまでの間，食品に直接触れる調理作業を控えるなど適切な処置をとることが望ましいこと。

　　⑦調理従事者等が着用する帽子，外衣は毎日専用で清潔なものに交換すること。

　　⑧下処理場から調理場への移動の際には，外衣，履き物の交換等を行うこと。（履き物の交換が困難な場合には履き物の消毒を必ず行うこと。）

　　⑨便所には，調理作業時に着用する外衣，帽子，履き物のまま入らないこと。

　　⑩調理，点検に従事しない者が，やむを得ず，調理施設に立ち入る場合には，専用の清潔

---

* 　マニュアルには規定されていないが，検食専用の保存庫を設置することが望ましい。

な帽子，外衣及び履き物を着用させ，手洗い及び手指の消毒を行わせること。

　⑪食中毒が発生した時の原因究明を確実に行うため，原則として，調理従事者等は当該施設で調理された食品を喫食しないこと。

　　ただし，原因究明に支障を来さないための措置が講じられている場合はこの限りでない。（試食担当者を限定すること等）

注7：ノロウイルスの検査に当たっては，遺伝子型によらず，概ね便1g当たり105オーダーのノロウイルスを検出できる検査法を用いることが望ましい。ただし，検査結果が陰性であっても検査感度によりノロウイルスを保有している可能性を踏まえた衛生管理が必要である。

注8：ノロウイルスの検便検査の実施に当たっては，調理従事者の健康確認の補完手段とする場合，家族等に感染性胃腸炎が疑われる有症者がいる場合，病原微生物検出情報においてノロウイルスの検出状況が増加している場合などの各食品等事業者の事情に応じ判断すること。

　(5)　略

Ⅲ　衛生管理体制

1.　衛生管理体制の確立

　(1)　～　(6)　（略）

　(7)　責任者は，調理従事者等を含め職員の健康管理及び健康状態の確認を組織的・継続的に行い，調理従事者等の感染及び調理従事者等からの施設汚染の防止に努めること。

　(8)　責任者は，衛生管理者に毎日作業開始前に，各調理従事者等の健康状態を確認させ，その結果を記録させること。

　(9)　責任者は，調理従事者等に定期的な健康診断及び月に1回以上の検便を受けさせること。検便検査には，腸管出血性大腸菌の検査を含めることとし，10月から3月までの間には月に1回以上又は必要に応じてノロウイルスの検便検査を受けさせるよう努めること。

　(10)　責任者は，ノロウイルスの無症状病原体保有者であることが判明した調理従事者等を，検便検査においてノロウイルスを保有していないことが確認されるまでの間，食品に直接触れる調理作業を控えさせるなど適切な措置をとることが望ましいこと。

　(11)　（略）

　(12)　責任者は，下痢又は嘔吐等の症状がある調理従事者等について，直ちに医療機関を受診させ，感染性疾患の有無を確認すること。ノロウイルスを原因とする感染性疾患による症状と診断された調理従事者等は，検便検査においてノロウイルスを保有していないことが確認されるまでの間，食品に直接触れる調理作業を控えさせるなど適切な処置をとることが望ましいこと。

　(13)　責任者は，調理従事者等について，ノロウイルスにより発症した調理従事者等と一緒に感染の原因と考えられる食事を喫食するなど，同一の感染機会があった可能性がある調理従事者等について速やかにノロウイルスの検便検査を実施し，検査の結果ノロウイルスを保有していないことが確認されるまでの間，調理に直接従事することを控えさせる等の手段を講じることが望ましいこと。

　(14)　(15)　（略）

　(16)　施設の衛生管理全般について，専門的な知識を有する者から定期的な指導，助言を受けることが望ましい。また，従事者の健康管理については，労働安全衛生法等関係法令に基づき産業医等から定期的な指導，助言を受けること。

　(17)　高齢者や乳幼児が利用する施設等においては，平常時から施設長を責任者とする危機管理体制を整備し，感染拡大防止のための組織対応を文書化するとともに，具体的な対応訓練を行っておくことが望ましいこと。また，従業員あるいは利用者において下痢・嘔吐等の発生を迅速に把握するために，定常的に有症状者数を調査・監視することが望ましいこと。

別添2

1.　野菜・果物

　①～⑥　（略）

　⑦必要に応じて，次亜塩素酸ナトリウム等[注4]で殺菌[注5]した後，流水で十分すすぎ洗いする。

注4はp.231，野菜類・果物類の洗浄，殺菌参照

注5：高齢者，若齢者及び抵抗力の弱い者を対象とした食事を提供する施設で，加熱せずに供する場合（表皮を除去する場合を除く。）には，殺菌を行うこと。

　（以下，略）

5

調理理論

調理の意義と目的

1 調理の意義

　人間は，自然界に存在する動植物（食品材料）を火や道具の利用によって調理・加工して食べる習慣を，食文化としてもっている。この食品材料に調理操作を加え食物に変えることは，ほかの動物にない，人間だけの行為である。

　長い歴史のなかでは，安定した食物の確保が重要な課題であったが，現代のわが国は飽食時代であり，食生活が多様化したことにより，生活習慣病の増加問題が浮上している。生活習慣病を予防するには，正しい食生活による健康の維持・増進が必要不可欠である。

　また，近年，大量調理・流通・消費のシステムが進展したことにより，外食や調理済み食品を利用すれば，食べるという行為のための家庭内調理は不要にもなってきている。しかし，調理は社会情勢がどのように変化しても，いずれの場合においても，行われていることに変わりはない。そもそも人間は，おいしい食物を求めることに対して貪欲であり，さまざまな調理法や食べ方を生み出してきた。また，おいしいものを食べるということは，命を支える糧である以上に，人々を幸せにし，豊かな生活を実現させ，多くの社会的・人間的意義をもたらした。食品材料にその意義を付与して食物にする調理は，人間生活にとって重要なものである。

2 調理の目的

❶ 調理とはどのような仕事か

　調理とは，各種の食品材料にいろいろな物理的・化学的処理をほどこして，摂取可能な「食物」につくり変える仕事である。すなわち調理という仕事は，人の食物摂取行動の最終段階を受けもつ。

❷ 調理と加工

　加工は，調理に先立って行う処理で，ある食品から次の段階の食品へと調製することである。加工された食品は，まだ，あくまでも調理の素材であり，これを食物として利用するためには，最終段階で必ず調理という手続きを必要とする【図1】。

　加工食品と調理した食物の区別が次第になくなり，もち帰り弁当のように盛りつけまで済ませた調理済み食品も普及してきた。しかし，不特定多数を対象に，主に保存・流通性を追求する加工と違って，特定の人々を対象に食事計画（献立作成）から食卓構成（盛りつけ，配膳）までを総合的に考える調理の仕事が消えることはない。

❸ 調理の役割

　米のでん粉，大豆のたんぱく質のように，生では消化されない栄養成分も，加熱により消化可能になる。また，包丁は人間の手や歯の機能を助け，鍋・釜は胃の延

図1 加工と調理のつながり

```
  食  品 ──────保蔵────── ┊ ──調理── 食  物
    │                      ┊              │
    │          食  品 ──── ┊ ──調理──     │調理
  一次加工        │         ┊              │
                二次加工 食  品 ─────────  （調理加工食品）
                                          （もち帰り総菜）
```

長として食品の利用効率を高める。

　調理の役割は，食品の栄養効率を高め，同時に安全性や嗜好性を向上させることにある。調理という仕事を科学の目でながめ，昔からの技術やコツを調べて，その根拠を解明し，調理技術の発展や進歩を図るのが調理理論を学ぶ目的である。

3　調理の方法

❶ 人類独自の調理技術

　人間が他の動物の食物摂取方法とは全く異なる独自の食文化を確立した要因は，道具の使用，加熱調理，調味料と味つけの3つの調理技術を獲得したことにあるといえよう（6章食文化概論，p.311）。

❷ 調理のコツと科学

　すべての調理操作には目的があり，ある食品を対象に調理操作をほどこしたとき，生じた結果が初めの目的に合致していれば，その調理は成功である。

　同じ1つの結果が，その調理の目的と合致しているかどうかは，調理ごとに異なっている。そのいくつかの例を【表1】に示した。目的に合わない変化をおさえながら，
目的に合致する変化が起こるように「手段」を選ぶことが，調理では大切である。

　「目的」と「結果」を一致させるために，昔から経験的に行われてきた「対象」と「手段」の組み合わせが，調理のコツとして受け継がれている。また，一方では調理技術や器具の進歩により生まれた新しい調理のコツも多い。これらを科学的に解明していくことは，貴重な生活文化の伝承に役立ち，調理技術の発展につながる。

表1 調理操作の「目的」と「結果」

結　果	目的と一致する例	目的と一致しない例
焦げる	トースト，焼き魚など	炊飯，一般の煮物など
くずれる	煮込み，マッシュポテト	含め煮，姿焼きなど
溶け出す	だし汁，あく抜きなど	ゆで物，炒め物など

調理の種類と特徴

1 調理の種類

　日常の食事には，多種多様な調理形態が入り混じっているので，調理理論を学ぶためには，これらのすべてについて，深い知識と理解が必要である。調理の種類を【表2】に示す。

　調理師に求められる調理理論とは，ある特定の料理の理論だけではなく，日常の食事で摂取している食物全般についての理論であることに注意しなければならない。

2 様式別調理の特徴

① 調理面からみた日本の食事の特徴

1 主食中心型献立パターン

　わが国では，料理が洋風化しても，一般に「飯，汁，副食（主菜，副菜）」という和風パターンのなかで，飯をパン，汁をスープに置き換えただけで，また，副食には明治以来わが国に入ってきたいろいろな洋風，中国風の料理を加え，それらを交互に食べるという和風の食べ方をする。食事の洋風化，あるいは米離れが叫ばれているが，現在でも，日本における家庭の夕食の多くは，米飯を主食にしている。

2 和・洋・中国混合型食事パターン

　日常献立には，和・洋・中国3様式の調理技術が，ほぼ対等に取り込まれており，日常料理を提供する食堂や給食には，和・洋・中国各様式の料理が用意されている。

3 和・洋・中国折衷型調理パターン

　明治以来，外来料理が急速に普及した結果，すき焼き，あんパン，とんカツ，ラーメンなど，日本独自の和洋折衷料理や和風化された中国料理が次々に生まれた。

② 和・洋・中国3様式の調理の比較

　日常食における和・洋・中国の調理は，それぞれの特徴を生かし，調和のとれた食卓を構成することが必要である。調理技術からみた，3様式の調理の特徴を【表3】に示した。

1 和式調理（日本料理）

　日本の在来の調理の形式である。汁と菜を基本に，数種の料理を並列にして，1人分ずつの食膳を構成する。魚を主材料とするため，鮮度と季節性を大切にする，

表2 調理の種類

目的別	普通食（常食）調理，特別食調理（治療食，携帯食，行事食，供応食など）
対象別	営業調理，集団調理，家庭調理
規模別	大量調理，小規模調理
様式別	和式調理，洋式調理，中国式調理

表3　和・洋・中国 3 様式の調理の特徴

	和　式	洋　式	中国式
性　格	素材中心	加熱法中心	調味中心
重視点	色, 形, 外観	香り	味
味つけ	淡白, もち味本位	濃厚, ソース本位	濃厚, 味つけ本位
主材料	魚介類, 野菜	獣肉, 生野菜	獣肉, 乾物
器　具	丸底鍋, 多種類の包丁	平底鍋, 鉄板, 包丁の種類は少数	丸底鍋, 包丁は 1 種
油　脂	植物油が主体	動物脂が主体	動・植物油脂併用
調理法	生食, 煮物	炒め物, 蒸し焼き	煮物, 炒め物, 揚げ物
供食法	個人別盛りつけ, 組み合わせ料理	個人別盛りつけ, (食べる) 順番に提供	大皿盛り, 取り分け
穀食の形態	米飯, 麺	パン, ケーキ, パスタ	米飯, 饅頭, 麺

素材中心の料理である。そのため, 視覚的要素が重視され, 包丁さばきが料理のポイントになる。

2　洋式調理 (西洋料理)

　ヨーロッパに発祥した調理の形式である。スープに始まり, 数種の料理を 1〜2 種ずつ順を追って食卓に出す。牛, 豚, 鶏, 羊など, 種類が比較的限られた肉を主材料とし, 季節性も乏しいため, 部位, 加熱法とスパイスやソースの組み合わせが料理のポイントになる。加熱道具のフライパンは, 西洋料理のシンボルとされる。

3　中国式調理 (中国料理)

　中国大陸で完成した調理の形式である。多種類の料理を大皿で食卓に並べ, 自由に取り分ける。海に遠い地域を抱える中国大陸では, 海産物の乾燥品, 例えば燕窩 (海つばめの巣), 魚翅 (ふかひれ), 乾鮑 (干しあわび), 海参 (干しなまこ), 貝柱などを主材料として多彩な料理をつくり上げる。また, これに海蜇 (塩くらげ) のような塩蔵品も加わって, 水もどしと煮物の技術を中心に, 味つけを重視する料理が完成した。

3　行事食, 供応食の調理

　行事食, 供応食はそのとき 1 回限りで, しかも特定の目的をもった食事なので, 祝日, 慶弔, 記念, 招待などといった目的や意思が食卓に反映されることが第一で, 視覚, 嗜好中心になる。盛りつけ, 配膳, 食卓, 食堂など, 環境要素も重要になる。宴の進行に合わせて供することができる調理のタイミングも大切である。

4　特別食の調理

　病院食は，食事であると同時に，治療としての性格をもあわせもっており，ときには嗜好を犠牲にすることもあり得る。この際，少しでも喜ばれる食事になるかどうかは，調理技術にかかっている。特に，1回限りの食事ではなく，毎日続く日常食なので，食べる人の心理を考え，温度，盛りつけなどを工夫し，なるべく飽きがこないように努める。

　また，乳幼児，妊産婦，高齢者，肥満者，特殊環境下の労働者などに対する食事は，その栄養上の要求をよく理解した上で，調理方法を選ぶことが大切である。

五法・五味・五色

　日本料理に大切な要素として五法・五味・五色（ごしき）があげられている。五法とは生（切る），煮る，焼く，蒸す，揚げる，五味とは甘味，酸味，鹹味（塩味），苦味，辛味，五色とは赤，黄，青（緑），白，茶（黒）。いずれも古代中国の「陰陽五行思想」によるもので，これらを意識して調理することで見た目，味，栄養面においてよい料理ができると考えられている。

行事食

　毎年決まった時期に行われる行事や催し物を年中行事といい，その日に供される料理を行事食という。日本では，平安時代に宮中で行われ，江戸時代になって広く大衆に定着していった。その後，生活様式や社会情勢が変化していくなかで，行事食にも多様なものが加わり，今日にいたる。

3 調理操作

1 調理操作の分類

　調理操作とは，献立作成に始まり，盛りつけ・配膳にいたる一連の調理過程の中心となる，1つ1つの処理（洗う，切る，煮る，焼くなど）をいう。食品材料の種類や調理の形式にかかわらず，そこに含まれる個々の調理操作には，共通の目的，原理がある。

　調理を科学的に解明して，大量化やシステム化を図り，さらに新しい調理方法の開発にまで広げていくためには，まず個々の調理操作の原理を明らかにする必要がある。

　調理操作は，大きく3つに分けられ，それはさらに，【図2】のように細かく分類される。

❶非加熱調理操作　食品に力学的エネルギーを加え，外観や物理性を変化させる調理操作。下ごしらえだけでなく，刺し身，握りずし，和え物，サラダのように仕上げを受けもつことも多い

❷加熱調理操作　食品に熱エネルギー（または電波エネルギー）を与えて温度を上昇させ，外観，性状，各種の成分に，広く物理的・化学的変化を起こさせる調理操作

❸調味操作　食品のもち味をひき出し，テクスチャーに変化を与え，風味を向上させる，仕上げの決め手となる調理操作

図2 調理操作の分類

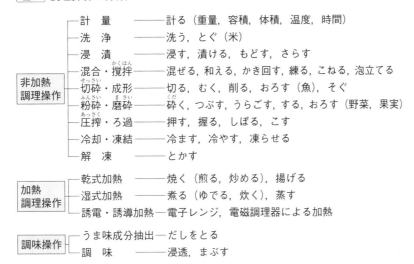

2　手法別調理

【**図2**】の調理操作の分類に従って，以下，各操作の原理と特徴を述べる。

① 非加熱調理操作

1　洗浄

　食品表面に付着した汚れを水で除去する操作で，調理の出発点となる。食品の安全性，嗜好性の一方または双方の向上を目的として行われる。

　洗浄の基本的な手段は水であるが，水だけで不十分なときには，道具，洗剤などを補助的に用いる。次のような条件を備えた食品は，水だけで汚れは落ちる。

- ●表面に凹凸がないこと
- ●組織がじょうぶで壊れにくく，また，表面が水を吸収しにくいこと
- ●材料が相互に付着しないこと
- ●ついている汚れが水溶性で，しかも食品と結合していないこと
- ●ついている汚れが細菌のように増殖するものではないこと

　多くの食品は，上記のどれかが欠けているので，ブラシ，たわし，塩，洗剤などの補助的手段を用いる。切り身の肉のように，上記のすべてに該当しない食品は洗わない。

　また，あまり吸水しては困るもの（洗米の1回目など）は手早く洗い，あくの強いもの（ふき，たけのこなど）は加熱して洗い，表面を引き締めたいもの（ゆで上げたそうめんなど）は冷水で洗うなど，材料と場面に応じた工夫が必要となる。

　水量は多いほど，水温は高いほど，水と食品を互いに動かすほど，洗浄効果は大きいが，食品の性状変化や成分の溶出も大きくなりがちである。また，同量の水なら，小分けにして回数を増やすほど，汚れをよく除くことができる。食品の洗浄方法を【**表4**】に示す。

2　浸漬

　固形の食品を水やその他の液体（調味料，酒類，油など）に漬ける調理操作を浸漬といい，【**表5**】のような目的がある。

　生鮮食品の細胞膜は水をよく通すが，食塩や砂糖などの分子を通しにくいので，野菜などを水に浸すと水が細胞膜を通って内部に入り込み，組織に張りが出てくる（p.294）。

調理操作の分類

　次のような調理操作の分類方法もある。
- ●物理的調理操作　洗浄，浸漬，ろ過，計量，切断，解凍
- ●化学的調理操作　乳化，凝固，防腐，漂白，着色
- ●加熱調理操作　ゆでる，煮る，焼く，揚げる
- ●美的調理操作　サービス

表4 各種の洗い方と主な食品

洗い方	主な食品
水だけで洗う（吸水するもの，塩や洗剤が浸透するもの）	米，乾物類，こんにゃく，練り製品，切った野菜や果実，ゆで麺類など
塩を使う（ぬめりのあるもの）	魚介類，さといも
ブラシなどを使う（表面がかたく，汚れの多いもの）	いも，根菜類（大根，ごぼう，にんじんなど），かぼちゃ
加熱後に洗う（あくの強いもの）	ふき，たけのこなど
洗わないもの	切り身の魚，肉など

　反対に，細胞内の液よりも濃い食塩水に漬けたり，塩をまぶしたりしておくと，組織内の水分が外に引き出され，しなびてくる。サラダや刺し身のつまの大根などは前者の例，きゅうりの板ずりや振り塩などは後者の例である。

乾物の吸水と膨潤

　乾燥食品は，たんぱく質の熱変性やでん粉の糊化が起こりにくくなっているので，十分に吸水させないと煮えにくい。そこで，乾物は加熱前に水に浸す。
　普通の食品の水分量は約60～90%，乾物は約10～30%なので，乾物を水に浸しておくと，水分を吸収して重量が増加する。目安となる吸水時間と，その後の重量変化の一例を下表に示す。
　吸水速度と吸水量は，食品の組成，組織状態，表皮の有無によって異なり，表面が広く組織のないものほど吸水が速い。また，同一食品では，水の温度が高いほど吸水速度も速い。

食　品	吸水時間	重量増加（概数）	もどし方
凍り(高野)豆腐*	数分	5～6倍	水（浮かせる）
平ゆば	3分	3倍	水
大豆	1晩	2倍	水（大豆の4倍量）
あずき	60～90分（ゆで時間）	2.5倍	浸漬せずに，あずきの4～5倍の水量でゆでる
切り干し大根	15分	4.5倍	水
きくらげ	20分	7倍	水（ひたひた）
干ししいたけ	20分	5.5倍	水（ひたひた）
昆布(日高産)	15分	2.5倍	水
ひじき(芽ひじき)	20分	8.5倍	水
即席わかめ	5分	10倍	水

　注）数値は概数。実際の乾物の吸水時間，重量増加は，各包装の表示を参照。
　　＊ 製法の違いにより，時間のかかるものもある。

表5 **浸漬の目的と例**

目　的	例
吸水・膨潤・軟化	米の浸漬，乾物の水戻しなど
食品中の成分の抽出	野菜のあく抜き，魚の塩出し，昆布や煮干しのうま味成分の抽出など
物理性の改善・向上	野菜の水浸（酢水などの場合もある）など
褐変防止	野菜，果物，いもなどの水浸（塩水，酢水などの場合もある）など
味つけ・防腐	酢漬け，しょうゆ漬け，梅酒（焼酎に漬ける），いわしの油漬けなど
化学物質による組織の軟化・硬化	大豆の重曹水，いも類のみょうばん水への浸漬など

3　混合・撹拌

　2種以上の食品や成分を均一にさせようとする調理操作である。撹拌は，混合の手段であるが，混合をともなわない単なる撹拌もある。調理過程で比較的意識されないのは，洗浄，浸漬，加熱など，ほかの操作と並行して，その補助手段として行うことが多いからである。この操作には，次のような目的がある。

- **温度の均一化**　対流しにくい粘性液などを撹拌し，鍋底の焦げつきなどを防ぐ
- **材料分布の均一化**　炒め物の肉，野菜など，ムラのある状態をなくす
- **成分の移行**　調味料を浸透させる，ある食品の味をほかの食品に移す

エマルション

　水と油のように混ざり合わない2つの液体を，撹拌などにより，強制的に混合させると，水の中に油が分散した状態，あるいは油の中に水が分散した状態となり，これを乳化という。この乳化したものを**エマルション**という。食品では，エマルションは水と油でできており，下表のような型がある。

　例として，マヨネーズは，水（酢）の中で油滴が分散した水中油滴型（O/W）であり，卵黄中に含まれるレシチンの乳化作用により，酢と油が安定して存在している。

型	状　態	例
水中油滴型（O/W）	水の中に油が粒子となって分散している	マヨネーズ，牛乳，生クリームなど
油中水滴型（W/O）	油の中に水が粒子となって分散している	バター，マーガリンなど

注）Oはoil，Wはwater。

表6　調理における混合，撹拌の例

混合系	分散状態		混合後の状態	調理の例
液体－液体	分散	可溶	溶液	果汁飲料など
		不溶	乳濁液	マヨネーズ，生クリームなど
固体－液体	分散	可溶	溶液	食塩液，砂糖液など
		不溶	懸濁液	でん粉液，ゼラチン液など
		不溶	ペースト	天ぷらの衣など
	分離	不溶	溶液＋固形物	汁の実，煮物など
固体－固体	分散	不溶	粉体	ケーキミックスなど
	分離	不溶	粉体＋固形	塩蔵魚，砂糖漬けなど
			固形＋固形	炒め物，煮しめなど
気体－液体	分散	不溶	気泡	メレンゲ，ホイップクリームなど
単一成分系	（撹拌のみ）			汁，湯などの撹拌

●**物理性の改善**　溶解，乳化，ゲルの形成，泡立て，粘弾性の変化などを促進する

●**放熱，放湿**　米飯（すし飯）などを冷ましたり，余分な水蒸気を放出させる

◉混合・撹拌の対象　**【表6】**に混合，撹拌の例を示す。これらは，あくまでも考え方の上での区別であり，実際は連続していて，どちらとも受け取れる場合が多い

◉その他の混合・撹拌　小麦粉を水でこねると，たんぱく質がグルテンを形成し，粘弾性を増す（p.289）。また，卵白の泡立ては，たんぱく質の表面変性を利用したもので，撹拌により空気を取り込んで，スポンジケーキなどでは，その空気と水蒸気の熱膨張力で小麦粉生地を膨張させる。イーストや膨化剤に比べて，膨張力が弱いので，卵白だけで膨らませるスポンジケーキでは過度の撹拌を避ける

4　切砕・成形

皮むきからみじん切りまで，刃物やその他の道具を用いて食品を分割する操作の総称で，実用性とともに嗜好性を大きく支配する。その目的は次の3つに大別される。

❶形や大小を整え，食べやすく外観のよいものにする　姿づくり，むき物など

❷不要部を除き，可食部を利用しやすくする　3枚おろし，皮むきなど

❸食品の表面積を広げる　熱の伝達や調味料の浸透，食品成分相互の移行を容易にする

包丁は機械化された大量調理が，どれほど普及しても不要になることはない。使用の際は，目的と対象となる食品にうまく合った包丁と切り方を選ぶことが重要である。

◉包丁のもち方　❶人指し指を出して支え，刃先で切る，❷柄のつけ根を握り，刃のなかほどで切る，❸柄の全体を握り，振りおろす，の3通りがある**【図3】**。

AとCの中央付近にBが来ると，てこの支点と力点の関係から少ない力で切れる。

図3 包丁のもち方と力の関係

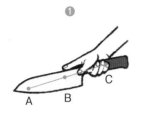 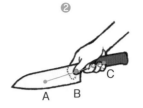 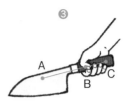

A：食品に当たる部分，B：人差し指の先端，または親指のつけ根の部分，C：小指の部分

そこで，❶と❷では人指し指や親指をなるべく前のほうに出す。❸は，出刃包丁のように重い包丁の場合なので，力を必要とする。柄を全部握り，上から刃の重みを利用してたたき切る

●**切り方** 主な切り方には，押し切り（垂直圧し切り，押し出し切り。野菜など），引き切り（魚（刺身など），肉など），たたき切り（魚の頭，骨などのかたいもの）がある。

やわらかく粘着力のある食材は，刃の切れ味がよい場合でも，切り口と刃の面の摩擦が大きいので非常に切りにくい。このときは，切れ味より摩擦の小さいことが大切で，鋭利な包丁より細い糸や針金のほうがよく切れる。チーズやようかんは，その例である。また，ゆで卵切りも同じ原理である。もち，のり巻き，ケーキなどを切るときには，刃を湿らせて摩擦を少なくする。

和・洋・中国各様式の調理には，目的に応じたさまざまな切り方がある。これらの一例を次頁のワンポイントに示した。このほかにも，多くの基礎的な切り方とさまざまな飾り切りがあり，特に日本料理の飾り切りは**むき物**と呼ばれる

魚のおろし方

●2枚おろし…包丁を中骨に添わせて，上身と下身（中骨つき）におろす。
●3枚おろし…2枚おろしの下身から中骨をとる。
●5枚おろし…幅の広い魚に用いられるおろし方で，3枚おろしの上身，下身をそれぞれ背身，腹身の2枚に切り分ける。
●背開き…背びれの上に包丁を入れ，中骨に沿って尾びれまで切り開く。
●腹開き…腹から包丁を入れ，中骨に沿って尾びれまで切り開く。

| 2枚おろし | 3枚おろし | 5枚おろし |

●隠し包丁　大型の食品の姿や形を保ちながら，内部まで熱を伝え，味をムラなく
浸透させたいときに，見えない部分に包丁で切り目を入れることをいう。ふろふ
き大根では輪切りにした大根の裏側に十文字を，煮魚ではひれのつけ根に切り目
を入れる。

　いかの切り身にあらかじめ，表，裏，2方向に包丁を入れて線維を短くしてお

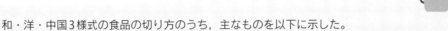

各種調理で用いる食品の切り方

　和・洋・中国3様式の食品の切り方のうち，主なものを以下に示した。

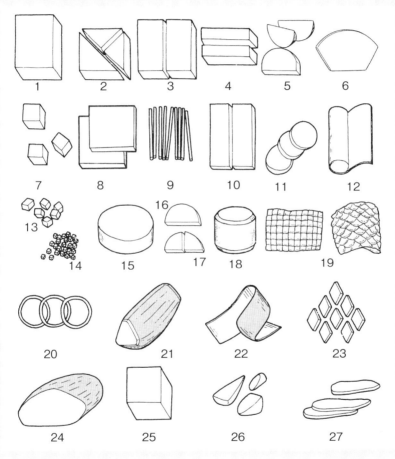

和　式	1. 角切り　2. うろこ切り　3. 四半切り　4. 拍子木切り　5. くし形切り　6. 地紙切り　7. 小角　8. 色紙切り　9. せん切り　10. 短冊切り　11. 小口切り　12. かつらむき　13. あられ切り　14. みじん切り　15. 輪切り　16. 半月切り　17. いちょう切り　18. 面取り（むき物）　19. 鹿の子切り，松笠切り
洋　式	（9. ジュリエンヌ）　20. リング　21. シャトー　22. リボン　23. ロザンジュ
中国式	（9. 絲：スウ）　24. 塊（クワイ）　25. 方塊（ファンクワイ）　26. 旋刀塊（ツェンタンクワイ）　27. 片（ピェン）

| 表7 | 圧搾・ろ過の種類と例 |
種　　類	例
本来の圧搾（加圧と分離）	しぼり汁（汁と固形部分の分離），こし餡（固形部分相互の分離），裏ごし（組織の破壊・均一化）
ろ過のみ（圧搾せず）	コーヒー・紅茶こし（成分の抽出）
圧搾のみ（分離せず）	小麦粉のドウ（物理性の改善），押しずし・握りずし・ぎょうざの皮（変形・成形），漬け物の重し（味の浸透）

くと，後で焼いたり，天ぷらなどにしたとき，反り返るのを防いで衣がはがれない。また，いかの松笠焼きは，あらかじめ片面だけに切り目を入れてから焼くと，反対側に反って切り目が開き，松笠のような模様になる

●刺身（造り）　鳴門づくりは，渦巻き状に細工する手法（いかなど）。皮霜づくりは，皮目を上にして布巾をかけ，上から熱湯をかけ皮を食べやすくする手法（たいなど）。あらいは，そぎ切りした身を氷水などで引き締め歯ごたえをよくする手法（すずき，こいなど）

5　粉砕・磨砕

粉砕とは，固形の食品に力を加えて，粉状，パルプ状（大根おろしなど），ペースト状（ひき肉など）に変形させる操作である。

磨砕は，切砕と混合の目的をさらにおし進めたものと考えることができる。切る操作をどこまでも進めたものが，おろし金やミキサーであり，混ぜる操作をどこまでも進めていくと，すり鉢やマッシャーに到達する。磨砕の目的を以下に示す。

❶食品の有効利用　そのままでは食べられないものを食用可能にしたり，食べられる部分を分離回収して，味つけや消化を容易にする

❷均一化　2種以上の食品を同時に磨砕すると混合され，単一の食品のようになる

❸化学反応の促進　食品成分が互いに接触し合い，酵素反応等がすみやかに起こる

❹物理性の改善　舌ざわりや粘弾性，その他の物理的な性質に好ましい変化を与える

❺嗜好性の向上　外観や組織上，味覚的にも心理的にも好まれるように変化させる

　例えば，小麦の製粉は❶，❹，ソーセージの製造は❶，❷，❺の利用例である。この例からも，この操作が調理より食品加工に適していることがわかる。わさびや大根をすりおろしておくと，ミロシナーゼという酵素の作用で辛味が出るのは❸の例である。

磨砕により，食品の原形は消えて，もとの香りや色を保ったまま，形だけが無定形化する。その結果，自由な形に成形でき，ほかの食品との組み合わせも容易になり，口当たりがよく，消化しやすくなる。

6　圧搾・ろ過

圧搾は，食品に圧力を加え，汁を分ける操作である。圧力を加えず自然の重力で液を分けることをろ過と呼んで区別する。また，押しずしや握り飯のように，圧搾による変形だけを目的とする場合もある。まとめると【表7】のようになる。

表8　冷却の手段と方法

手　段	方　法
水　冷	流水またはため水に接触させる
氷　冷	食品に氷を接触させるか，または氷水中に入れて，温度を0℃近くまで下げる
空　冷	常温にて放冷，または冷蔵庫や急速冷却機（ブラストチラー），冷凍庫内で冷気に接触させる

表9　寒天，ゼラチンゲルの凝固・融解温度

濃度（%）	寒　天		ゼラチン	
	凝固温度（℃）	融解温度（℃）	凝固温度（℃）	融解温度（℃）
0.5	28	78	—	—
1.0	33	79	—	—
2.0	35	81	3	20
3.0	—	—	8	24
5.0	—	—	14	27

注）「—」の濃度は，ゼリーとして使用濃度範囲外である。

7　冷却・凍結

　冷却とは，食品の温度を下げるための処理をいい，冷却によって水分が氷結する場合を凍結と呼ぶ。

　冷却の手段には【表8】の3種があるが，いずれの場合も，食品との接触面が動くほど冷却速度は速いので，ためてある水より流水がよい。また，熱いものをいきなり冷蔵庫へ入れるより，水で予備冷却をしてからのほうが速い。この処理を，あら熱をとるという。

●寒天，ゼラチン，カラギーナンの凝固　寒天は0.5〜1%以上，ゼラチンは2〜3%以上の濃度になると，冷やせば凝固してゼリー状になる。ゼリーとして使用される濃度は，液に対して寒天で0.5〜1.5%，ゼラチンで1.5〜4%，カラギーナンで0.5〜1.5%である。濃度は高いほど固まりやすい。また，砂糖を入れるとゲルが安定する。寒天，ゼラチンの凝固・融解温度の関係については，【表9】に示す。カラギーナンの凝固・融解温度は，ミネラルなどの共存物質によって異なるため，一様ではないが，ゲル化温度は35〜45℃，ゲルの融解温度は50〜65℃程度である。

　寒天ゼリーは時間が経つと，ゼリーから水が出てくる。この現象を離漿といい，寒天濃度，砂糖濃度が高いほど，起こりにくい。そのため，砂糖を多く使っているようかんなどでは離漿は起こらない。

　2色かんや2色ゼリーをつくるとき，寒天の場合は下層がまだ固まらないうちに上層に流し込み，ゼラチンの場合は反対に下層を完全に冷やし固めてから上層を入れるようにすると，うまく2層が接着する。果汁を加えた寒天液は，あまり

長く煮ると果汁中の有機酸により寒天が分解し，固まりにくくなるため，火からおろして果汁を加える。

寒天とカラギーナンは紅藻からとるのに対し，ゼラチンは動物の皮や腱，骨からとった，たんぱく質の一種であるコラーゲンを加水分解してつくったものなので，キウイフルーツ，生パインアップルの果汁のようにたんぱく質分解酵素を含むものを加えると分解し，固まらなくなる。

カラギーナンは寒天より酸に強いが，果汁を用いる場合は50℃以下で加える。また，牛乳を加えるとゲル化しやすくなる。常温で速やかに固まって安定し，食感はやわらかい

●**冷凍食品の解凍**　刺し身のように生食する冷凍魚介類，または肉類は，組織の破壊や汁の流出が起きないよう，なるべく低温で時間をかけて解凍する。

一方，調理冷凍食品や衣をつけたフライは，凍ったまま焼いたり蒸したり揚げたりするほか，電子レンジによる解凍調理を行う。

野菜や果実は，みかんやいちごのように，しぼったりつぶしたりするものは別として，多くは冷凍により新鮮な歯ざわりを失う。特に，青菜類は色を保持するため，ブランチングといって，ごく短時間に60℃以上の熱を加え，酵素を失活させなければならないので，生食用の冷凍品というものはない。グリンピース，コーン，ポテト，かぼちゃなど，加熱して食べるものは容易に冷凍でき，使用するときは，解凍せずにそのまま加熱する。解凍中の食品の変化を最小限にとどめるには，短時間で内部から発熱する電子レンジをうまく使うと効果的である

❷ 加熱調理操作

1 加熱調理の目的

熱源の熱エネルギーを食品に移行させて温度を上昇させ，たんぱく質の熱変性，でん粉の糊化など，望ましい各種の変化を期待する調理法を総称して加熱調理操作と呼ぶ。

加熱調理操作の目的は，調理そのものの役割である安全，栄養，嗜好の条件を実現することにある。しかし，熱による変化は，形や性質の物理的変化から各種成分の化学変化まで，きわめて多岐にわたるので，先の条件すべてが加熱により必ず向上するとは限らない。栄養素の損失や嗜好的価値の低下も，加熱によって起こることがある。

2 乾式加熱と湿式加熱

加熱調理操作では，熱源またはそれに代わるエネルギー源（マイクロ波など）から発生したエネルギーが，直接あるいは中間体を経て間接的に食品に移行していく。中間体の役割は，温度の急変を防ぎ，熱源からの加熱方向を調節し，ときには上限温度を設定して温度制御を容易にすることにある。

中間体として水を用いると，次の性質から，温度管理や味つけがきわめて容易になる。

●100℃を保つことができ，また沸とうにより，その温度に到達したことがわかる。熱源の温度が100℃を超えて上昇しても，水温は100℃を超えない

●上下左右から一様に加熱できる

●対流により，加熱容器内の温度分布を一様にすることができる

●食品が焦げないので，長時間の加熱が可能で，中心部まで一様に加熱できる

●熱効率がよく，熱源の種類が自由になる

●調味料や食品成分を溶かし，味つけの媒体となる

　以上より，加熱調理操作は，水を直接の熱媒体としない乾式加熱と，水を主な熱媒体とする湿式加熱に大別することができる（下記，ワンポイント参照）。なお，マイクロ波（電子レンジ）やIH方式（電磁調理器，p.270，272）による加熱は，両者の中間的な特徴をもつ。

3　焼く

　火の発見とともに始まった最古の加熱法であるが，肉や魚介，香りの高いのりやきのこなどのもち味を生かす加熱法として，いまだにおとろえていない。温度管理も，古い直火焼きから，新しいガス高速オーブンによる蒸し焼きまで，さまざまな段階がある。

　一方，鉄板に油を引いて焼くことから，材料を細かく切って撹拌しながら焼くことへと進んできたのが炒め物で，これに野菜の水分などが加わると炒め煮となり，どちらにしても湿式加熱法につながってくる。

　このように，ひとくちに焼くといってもその範囲は広いので，これを中間体や支持体の種類により，【表10】のように分類する。

　焼き物の加熱温度は，200℃以上にのぼるため表面は焦げやすい。そこで，適度の焦げ色になったら加熱をやめるが，このとき内部が食べられなければ，その材料は焼き物には向かない。したがって，焼いて食べる食品には次のような条件が必要になる。

加熱調理操作の分類と特徴

　乾式加熱と湿式加熱は下表のように，さらに2つの系列に分類できる。これに，マイクロ波とIH方式を加え，その特徴を以下に示す。

分　類　＼　特　徴	乾式加熱		湿式加熱		誘電・誘導	
	焼　く 炒める	揚げる	煮　る ゆでる	蒸　す	マイクロ波	IH方式
中間体の種類	なし，または鉄板など	鍋および油	水（液体）	水（気体）	なし（水が発熱）	専用鍋（発熱体）
加熱温度（℃）	150〜200	160〜190	95〜100	85〜100	100〜	100〜
伝熱基本方式	放射，伝導	対流	対流，伝導	対流	発熱	発熱，伝導
温度管理　温度の保持	困難	困難	容易	容易	困難	容易
温度管理　温度の調節	困難	困難	容易	困難	困難	困難
温度管理　材料内温度差	大	大	小	小	小	小
加熱中の味つけ	容易	困難	容易	困難	困難	容易
成分の移行	小	小	大	小	小	大
形状・組織の破壊	小	小	大	小	小	大

注）IH方式（電磁調理器）は，専用鍋により，乾式，湿式ともに可能だが，ここでは鍋に水分が入るものとした。

表10 **焼く操作の分類**

焼き方			例	使用器具
直接加熱		串焼き	焼き魚, バーベキュー	串
		網焼き	焼きもち	焼き網
		機械焼き	トースト, その他	焼き物器
間接加熱	油不使用	いり焼き	いり米, いり豆	ほうろく, 鍋
		石焼き 砂焼き	焼きいも, 甘ぐり	鍋
		包み焼き	魚のホイル焼き	アルミ箔など
	油使用	鉄板焼き	ビーフステーキ, チキンソテー, ホットケーキ	鉄板, フライパン
		炒め焼き	ソテー	鉄板, 鍋
		蒸し焼き	ローストチキン	オーブン, ロースター

● 内部が生でも食べられるもの　肉, 魚, 卵, 貝, なすやピーマンなど
● 小形, 薄形で内部まですぐ熱が伝わるもの　のり, きのこなど
● 一度加熱してあるもの　もち, 食パン, 握り飯など
● 水分を多く含み, 水蒸気を発生するもの　ケーキ類

　上の条件に合わないものは, 切り方, 中間体の種類, 加熱法などでそれをおぎなう。例えば, 薄く切る, 石や砂に埋めて焼く, ぎょうざを焼くときに水を加えるというように, 乾式加熱にも水の働きを利用することが多い。

　肉の大きな塊をローストにするときは, 野菜を一緒に入れると水蒸気を補給でき, 肉の表面が乾燥するのを防ぐ。しかも, 野菜は肉汁を吸収して, よいつけ合わせになる。

● **炒め物**　広い意味で焼く操作の1つであるが, 加熱中に味つけが可能なこと, 材料相互間に成分の移行が起こることなど, 煮る操作とよく似た特徴をもつようになる。高温短時間で行うのがコツである

● **ルウ**　小麦粉をバターで炒めたもので, 粉の1つ1つの粒の周りを油が取り囲んだ状態になっている。粉にいきなり汁を加えると, 粒同士が付着してダマができるが, よく炒めたルウではさらりと分散する。小麦粉のでん粉は, 150℃の高温によって一部分解しているので風味もよく, しかも粘りがない。色の白いものが**ホワイトルウ**, 褐色になるまで炒めたものを**ブラウンルウ**という。ホワイトルウを牛乳やスープストックで伸ばしたものがホワイトソースであり, グラタン, コキール, チャウダーなど, いろいろな料理の出発点となる

4　揚げる

　高温の液状油脂の対流により食品を加熱する。揚げ油は, 熱媒体にとどまらず, 素材の一部として吸収され, 栄養的, 嗜好的価値を高める。わが国では, 日常の食事に天ぷら, フライ, から揚げと, 和・洋・中国の多彩な揚げ物がそろっている。

　揚げ物は180℃前後という高温で加熱され, この間に食品および衣の脱水・吸油

が行われる。したがって，加熱時間は短く，栄養成分の損失や形状，組織などの変化は少ない。たいていの揚げ物は，数分間で加熱を終えるので，この間で食べられる状態になる食品だけが揚げ物の対象になる。すなわち，食材の範囲は次のように限定される。

❶**生でも食べられる動物性食品**　魚，貝，肉類

❷**表面が広く，厚みのない食品**　野菜，のり，きのこ

❸**切ったり伸ばすことで❷の状態にできる食品**　野菜，いも，麺類，ドーナツ

❹**一度加熱してある食品**　コロッケ，下ゆでした野菜

　これらの条件以外のものを揚げるには，表面の焦げを遅らせ，内部まで熱が伝わる時間をかせぐため，二度揚げや三度揚げを行って表面と内部の温度差を解消する。

●**揚げ物の温度管理**　揚げ物の温度は160～190℃，特に180℃前後が適温とされる。食用油は水に比べて比熱が小さく，温まりやすく冷めやすいので，適温を保つのはかなり難しい。したがって，揚げ物のコツは**温度管理**にある。このため，原則として厚手の揚げ鍋とたっぷりの油を用意し，少しずつタネを入れるようにして温度の急変を防ぐ。フライヤーを使用する場合は，揚げ油の温度と1回の投入量を標準化する。主な揚げ物の適温と揚げ時間を【**表11**】に示す

●**衣の役割**　揚げ物中に起こる最大の変化は水分の蒸発であり，これを防ぐのが衣の役割である。衣は，食材と油との間に，いわば水気の多い壁をつくり，高温の油が直接食品にふれるのを防ぐ。衣の内部は水が蒸発して，その蒸気で"蒸している"ような状態になり，エビでもイカでも，もち味を保持できる。そして，衣自身はカラリと焦げることで風味を助け，油脂を吸収するなど，栄養上役立つ

　天ぷらの衣は，材料に"つかず離れず"の状態でカラリとしていることが求められるため，粘りの少ない薄力粉を低温の水であまり撹拌せずに溶き（グルテンの粘性をおさえるため，p.289），溶いたらすぐ揚げる。このため，天ぷらは衣のつくり置きやつけ置きができず，揚げた後も長く置くとしっとりしてくるので，小麦粉の調整や衣のつくり方の工夫が必要である。これに対して，フライは粉をまぶし，卵の水溶きなどをくぐらせた後，パン粉をまぶす。小麦粉を撹拌しないので，衣のつけ置きや冷凍も可能で大量調理にも向いている

衣による揚げ温度の判定

　油の適温は，衣の1粒を油中に落とし，その浮き沈みで判断することができる。落ちた瞬間の水の蒸発状態が温度によって異なり，低温のときほど鍋底まで沈んでいく。逆に，高温では水が瞬間的に蒸発して衣は沈まない。

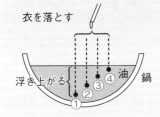

衣を落とす

浮き上がる　②③④　油鍋

① ② ③ ④

①160℃　下まで沈み，ゆっくり浮き上がる

②170℃　なかほどまで沈み，すっと浮き上がる

③180℃　少し沈み，すぐに浮く

④200℃　沈まずに表面に散る

表11 主な揚げ物の温度と時間

揚げ物	温度（℃）	時間（分）
天ぷら（魚介）	180〜190	1〜2
精進揚げ（いも，れんこん）	160〜180	3
かき揚げ	180〜190	1〜2
フライ	180	2〜3
コロッケ	190〜200	0.5〜1
ドーナツ	160	3
鯉から揚げ（二度揚げ）	①140〜150 ②180	10〜15 0.5
ポテトチップ	150〜170	2〜3

● **揚げ油の劣化** 揚げ物を長く続けると油が酸化され，色や香りが悪くなり，粘り
を増してくる。そのため，油の表面には持続性の泡立ちが起こるようになる。不
純物が混じると酸化は進むので，揚げかすは，こまめにすくう

● **揚げ物の吸油量** 普通の衣つきの揚げ物は，揚げ終わったとき約20%の水分が
蒸発し，5〜15%の油を吸収している。したがって，揚げた後は揚げる前より軽
くなるのが普通である。なお，吸油量は，温度が高く揚げ時間が長いほど大きく，
また，食品の組織が粗く乾燥しているほど，材料の内部まで油が吸収される

5 煮る

液体の対流を利用して食品を加熱する操作で，ゆで物も広い意味の煮る操作の1
つといえる。熱源も材料の範囲も広く，自由に好みの味をつくり出せるので，加熱
調理の中心となっている。どんな食品も煮る操作の対象になるが，そのなかでも，
次のような条件の材料は煮る必要がある。

● **でん粉質食品** 穀類，いも類

● **煮るとゼラチン状になる食品** 動物のすじ，皮，骨，ふかひれなど

● **繊維質の食品** 煮豆，餡

煮る操作は，水があるため温度管理が容易である。しかし，汁に粘りがあったり，
材料に対して煮汁の量が少ないときは，加熱や調味が不均一になり，また，焦げつ
いたりするので，大量調理では難しい調理操作の1つになる。

これを防ぐには撹拌を行うしかないが，その場合には当然，食品の形がくずれる。
形をくずしたくないときには，やつがしらのように汁をかぶるまで加えて含め煮
にするなど，対流なしでも材料に火が通り，煮くずれしないような工夫が必要にな
る。煮魚などでは，煮汁が多いとうま味が汁のほうへ溶出するので，なるべく汁を
少なくする。落としぶたや紙ぶたは，少ない汁で材料全体にうまく味つけしようと
いう工夫である。

● **ゆで物への添加材料** ゆで物のゆで汁には，次のような材料を加えることがある

● **食塩** 青菜をゆでるときは，ゆで汁の2%の食塩を加えると，クロロフィルが
安定化し，色がきれいに仕上がる（p.276）。しかし塩味がつく等の難点もある

●**米糠**　たけのこのようにえぐ味の強いものは，米糠を加えてゆでると味もよく，多少やわらかくなるといわれている

●**重曹**　わらび，ぜんまいなどをゆでるときは，0.2～0.3％の重曹を加えると，重曹のアルカリにより，繊維が軟化すると同時にクロロフィルの緑も鮮やかになる

●**みょうばん**　やつがしらは，みょうばんを加えてゆでると細胞膜のペクチン質が不溶化し，煮くずれを防げる（p.290）。くりの甘露煮の場合にも応用される

●**だしのとり方**　うま味をもつ材料から水を使ってその味を引き出した汁を，日本料理ではだし汁，西洋料理ではスープストック（ブイヨン），中国料理では湯（タン）という

●**日本料理のだし**　目的のうま味成分を汁のほうへ短時間に引き出し，残りは捨てるという，ぜいたくなとり方をする。かつお節は薄く削って沸とう水に入れたらすぐ加熱を止め，かつお節が沈んだらこすのが普通である。また，こんぶは水に浸漬して30～60分間置くか，水から浸漬し，静かに加熱して汁が沸とうしないうちに取り出す。水中で時間をかけて加熱することで，うま味成分であるグルタミン酸が溶け出す。だし汁の分量により，火加減の調節が必要である。煮干しは，常温の水でうま味成分を浸出させると風味のよいだし汁となる。十分に抽出するには水に浸漬なら約1時間，沸騰させると約10分である。味も香りもよくするには，水に浸漬して30分後，98℃で1分間加熱する

●**西洋料理のだし**　スープストック（ブイヨン）は，骨やすね肉などを何時間もかけて水中で加熱し，うま味成分やゼラチン質などを汁のほうに引き出す。フォン・ド・ボーは子牛肉からとっただしである。にごりを除くには，卵白を

加熱調理の適温

　調理には，それぞれ加熱の適温がある。そのうちのいくつかを下表に示す。
　この数値はあくまでも調理の適温であり，食べごろ，飲みごろの温度とは必ずしも一致しない。適温には，調理時，供食時，喫食時の3種類がある。

	調　理	温度（℃）		調　理	温度（℃）
飲み物	緑茶浸出（玉露） （煎茶） 日本酒の燗 紅茶浸出（茶こし） コーヒー浸出 （ドリップ）	65 70～90 50～60 95～100 85～95	焼き物	焼き肉，ソテー	230
			蒸し物	茶わん蒸し，卵豆腐	85～90
			砂糖の煮詰め	フォンダン（冷却直前） あめ，抜絲（バース―） カラメル	105～115 140～150 170～190
汁　物	すまし汁，みそ汁 だし汁（こんぶ*） だし汁（かつお節） スープ（とりがら）	80 常温，90 95～100 90～95	蒸し焼き	カステラ ケーキ一般 パン パイ	160～170 170～200 200～220 200～240

注）* こんぶは，水抽出の場合（常温）と沸とう直前まで（90℃）の場合とがある。

溶いて入れ，静かに固めて吸着させる

●**中国料理の湯（タン）** 鶏や豚骨などを長時間煮出してとる

6 蒸す

　沸とうした水から発生する水蒸気の潜熱で食品を加熱する。蒸気は，容器のすみずみまで均一に届き，水が沸とうしている限り100℃を維持できる。100℃では食品は焦げないため，形，色，香り，栄養価などを保って長時間の加熱ができる。すなわち，蒸し物は，材料の特徴を失わずに中心部まで加熱するのに最適な方法である。その代わり，自由に味つけすることは難しく，素材のもち味本位の料理にはよいが，味つけ本位の料理には向かない。このような観点から，蒸し物に適する材料の範囲は次のようになる。

●**大形の食品，あるいは小粒でも一度に大量に加熱したいもの**　いも，もち米
●**長時間加熱したいもの**　いも，もち米，中国料理の蒸し鶏
●**焦げたり煮くずれたり，成分が溶出しては困るもの**　饅頭，しゅうまい
●**適度の水分を含むもの**　再加熱食品

　つまり，でん粉質の食品，小麦粉をこねたようなもの，さらに調理済み食品の再加熱などがよい。なお，日本料理の蒸し物で代表的な茶わん蒸しは，100℃で加熱するとすが立ってしまうので，蒸し器のふたをずらしたり，火かげんしながら85〜90℃で加熱する。茶わん蒸しの加熱は，汁の入った容器を温める熱源として水蒸気を利用している。

　蒸し物の加熱中の水分の増減は，組織がくずれたりしない限り，普通は材料の10％前後にとどまる。このため，栄養成分の損失は煮物に比べてずっと小さい。

　ただし，もち米のように，でん粉の糊化に多量の水を必要とするものには，途中で何度も振り水をしなければならない。一方，油脂の多い食品は，その一部が組織から流出して減ることもある。これは，うなぎの油抜きなどに利用される。

　蒸し物は，色，味，香りを保つにはよいが，生臭みも残るので，白身の魚など，淡白な材料だけに向いている。なお，蒸す操作を行うときは，必ず水が沸とうして蒸気が立ってから材料を入れる。冷たいうちに入れておくと，食品の表面で蒸気が水に戻り，水っぽくなる。途中で急にふたを開けるのも，同じ結果を招くので避ける。

　スチームコンベクションオーブンのスチームモードの加熱では，温度管理が容易で，一定の品質のものができる。

7 マイクロ波加熱

　電子レンジによる加熱である。電子レンジは，水や水分を含む食品を短時間で加熱でき，焦げ目がつかず，色や香りの変化が少ないのが特徴である（p.269）。水分を適度に含み，焦げ目をつける必要のない食品が向いており，一般的に，調理済食品や調理加工食品の再加熱に適している。

　電子レンジ調理に使える容器は，陶磁器，ガラス，木，竹，紙，プラスチック等で，使えない容器としては，金・銀の飾りのある容器，うるし塗り容器，熱に弱いプラスチック容器（メラミン，ポリエチレン等）である。びん類を加熱する際は，必ず栓を抜くか，コップに移し替える。

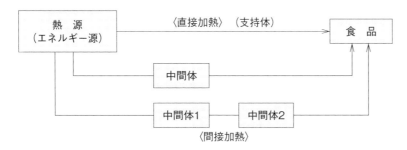

図4 加熱調理における熱の移行

③ 熱源の性質と熱効率

14.5℃の水1gの温度を1℃上昇させるのに必要な熱エネルギー量を1calという。また，1,000calを1kcalという。これを仕事量のエネルギーの国際単位ジュール（J）で示すと，1kcal＝4,184J（4.184kJ）となる。固体と液体燃料は1kg，気体の燃料では1m³が完全に燃焼したときに発生する熱量を，発熱量または燃焼熱量という。また，物質の温度がある限界を超えて燃焼が始まる温度を着火温度という。燃料の性能は，この2つの値から推定できる。

しかし，熱源から発生する熱量すべてが食品の加熱に役立つことはない。燃料の全発生熱量と，実際の食品の加熱に利用された熱量の比を熱効率という。この値は，熱源の種類，器具の種類，材質，形，大きさ，熱を受ける食品の量や性質によって変わるため，一定の値は出しにくい。

④ 加熱調理の温度管理

熱源から発生したエネルギーは，【図4】のように，直接あるいは間接的に食品に伝わっていく。熱源上で単に食品を支えるだけの器具（串，網など）を支持体といい，熱源と食品との間で熱の受け渡しを行う器具（鉄板，鍋など）を中間体と呼ぶ。中間体は1つとは限らず，多くの場合，支持体もかねており，ときには熱源も組み込まれている。また，鍋，釜，フライパンなどのなかに入れる油や水は，熱の移動の中間体でもある。熱の移動には，放射（輻射），対流，伝導の3つの形式があり，加熱調理ではこれらが単独で，あるいは組み合わされて熱が伝わっていく。

●放射　熱源から出る赤外線エネルギーが，熱媒体を介さず食品に吸収され，熱エネルギーに変化する現象。炭火直火焼き，対流式オーブンでみられる。マイクロ波のような電磁波も放射または輻射と呼ばれる

●対流　液体や気体などが高温によって上昇し，冷たい流体が下方に流入する現象。ゆでる，煮る，揚げる，蒸す，オーブン料理でみられる

●伝導　静止した物体内に温度差がある場合，高温から低温へ熱が伝わる現象。ステンレス，鉄よりもアルミニウム，銅で熱伝導率が高く火加減の影響が大きい
この熱の移動を円滑にするための工夫が温度管理であり，次の3つが含まれる。

❶一定温度を保持する
❷望みの温度に調節する
❸温度分布を均一にする

中間体は，これらの条件をうまく制御するのに役立つ。もちろん，❶と❷は互い

表12 主な調味料の分類

分　類	調味料	主要呈味物質（または原料）
塩味料	食塩 しょうゆ* みそ* （ウスターソース）	塩化ナトリウム 食塩，有機酸，アミノ酸 食塩，有機酸，糖類，ペプチド，アミノ酸 （食塩，食酢，砂糖，野菜，香辛料混合物）
甘味料	砂糖 ブドウ糖 異性化糖 みりん* サッカリン グリチルリチン ステビオサイド アスパルテーム 糖アルコール	ショ糖（さとうきび，てんさい） ブドウ糖（でん粉） ブドウ糖，果糖（でん粉） 麦芽糖，アルコール（もち米，焼酎） サッカリン グリチルリチン（甘草） ステビオサイド（ステビアの葉） アスパルテーム（ジペプチド誘導体） ソルビトール，マルチトール，エリスリトール
酸味料	食酢（穀物酢，果実酢） かんきつ搾汁 加工食品用酸味料	酢酸 クエン酸 有機カルボン酸（乳酸，酒石酸，クエン酸）
うま味料	グルタミン酸ナトリウム 核酸系調味料 複合うま味調味料 風味調味料	グルタミン酸ナトリウム（糖みつ，でん粉） 5′-リボヌクレオチド（イノシン酸，グアニル酸など） グルタミン酸ナトリウム，核酸系調味料 天然エキス，うま味調味料，アミノ酸類

注）* うま味料でもある。

に矛盾しており，また，いつも❸のように均一化するほどよいというわけでもない。ビーフステーキや揚げ物では，むしろ表面と中心の温度差が大きいほうがよいことが多い。この，料理ごとに異なる複雑な要求を満たすのが中間体の役割で，その結果，加熱温度が安定する，熱が周囲全体から加わる，熱源の種類が自由になるなど，温度管理はきわめて容易になる。

❺ 調味料

1 調味料の役割と味つけ

調味料は，甘・酸・塩・うま味などの呈味物質（p.274）を含み，食物を嗜好に合わせ，次の目的で味つけに使用する食品である。

●素材になかった味を付加する

●素材のもち味を強調または抑制する

●素材のもち味との複合により新しい味を創造する

調味料は，呈味物質により【表12】のように分類する。表にはないが，日本酒やワインは，嗜好飲料であると同時に風味調味料としての役割をもつ。

2 味つけ以外の調味料の役割

多くの調味料は，味つけ以外にも食品としてのさまざまな機能をもつ。砂糖はエネルギー源，食塩は無機質としての役割のほか，天然の防腐剤としても食品の保存に役立つ。さらに，光沢，硬軟，粘性などの物理性，たんぱく質，でん粉などの成

分変化，食品中の酵素作用などをおさえる役割もある。食塩，砂糖，食酢の味つけ以外の役割を【表13】に示した。

3　調味料の使用量と浸透速度

加工食品や料理において，適度と感じる調味料の濃度は，ヒト体液の浸透圧（7.65気圧）に近いものといわれている。食塩は約0.85%，砂糖では約10%に相当する。しょうゆとみそは，食塩相当量で使用量を決定する。なお，うすくちしょうゆは，こいくちしょうゆより食塩量が多い。

調味料は水に溶けて食品内に浸透する。生の食品では，内外の浸透圧に応じて，調味料の浸透と材料からの脱水が起こる。加熱後は細胞膜が生理的活性を失い，調味料は拡散によって浸透する。広い意味では，拡散による浸入も含めて味の浸透と呼ぶ。

浸透速度は，温度が高く，食品内外の濃度差が大きく，食品の表面積が広いほど速い。また，物質の分子量が小さく，分子またはイオンが球形であるほど，浸透速度は速い。食塩は，砂糖の約4倍の速度で吸収される。

4　調味料の使用時期

食品内外の味の分布を均一にしたい煮物は，加熱後，十分に軟化してから調味料を加える。ジャムや煮豆など，大量の砂糖を加える場合は，数回に分割し，急速な脱水を防ぐ。調味料が浸透しにくいいもなどは，早くから調味液を加えて含め煮にする。

味を内部まで浸透させたいが，長い加熱を避けたい焼き物などは，あらかじめ調味液に浸漬して下味をつける。加熱中，変形や脱水を避けたい野菜の炒め物などでは最後に加え，内部まで味の浸透が不要な焼き肉や焼き魚は，加熱直前か数十分前に添加する。

複数の調味料を別々に加える場合，分子量が大きく浸透の遅い砂糖は，食塩より先に加える。酢，しょうゆ，みそは，揮発性香気成分（きはつ）を含むため，加熱の最後に加える。ただし，みそ煮のように脱臭が目的の場合は，大部分をあらかじめ加えておき，残りを仕上げに加える。さ（砂糖），し（塩），す（酢），せ（せうゆ；しょうゆのこと），そ（みそ）の順に加えるとよいと伝えられているのは，このような理由である。

調味料の分量を%で示すときは，全体に対してか，主材料に対してか，汁だけに対してか，はっきりと区別して理解しておくことが大切である。また，はじめの配合が同じでも，加熱時間や火かげんが違うと最終濃度は異なってくるため，注意しなければならない。主な調味料のおよその使用濃度を【表14】に示した。

5　合わせ調味料

調味料は単独で用いることは少なく，数種を配合することが多い。和食では合わせ酢，調味みそ，調味しょうゆ，たれ，つけ汁などがこれに当たり，洋食ではサラダドレッシング，各種ソース類がこれに相当する。ごく一部の例を【表15，16】にあげる。

西洋料理では，ソースやスープを濃く，なめらかにするため，小麦粉，米，かたくり粉などを使ったリエゾンを用いる。

表13 味つけ以外の調味料の役割

		作　用	調理，加工の例
食塩	防腐作用	●微生物の発育をおさえる	各種の塩蔵品，特に塩辛，塩魚
	たんぱく質への作用	●熱凝固を促進する ●すり身の粘着力を増す ●小麦粉生地の弾力を増す	卵，肉，魚料理一般 練り製品，すり身料理，ハンバーグステーキ パン，麺類
	組織への作用	●水分を外へ引き出す ●細胞膜の活動を止める	振り塩，塩もみ，和え物 漬け物
	酵素への作用	●酸化酵素をおさえる ●アスコルビナーゼをおさえる	野菜，果物の褐変防止 果汁のビタミンCの保持
	その他の作用	●緑色を保持する ●ぬめりを除く ●低温をつくる（氷に混合）	青菜のゆで物 魚類，さといもなどの洗浄 家庭用アイスクリームの冷却
砂糖	防腐作用	●微生物の発育をおさえる	砂糖漬け，高糖度ジャム
	物理性の改善	●粘りやつやを出す ●乾燥を防ぎ，湿気を保つ ●いろいろな結晶になる ●ゲル（ゼリー状態）を強くする ●滑らかなクリーム状になる	あめ煮，シロップ，抜絲，きんとん 和菓子，ケーキ ボンボン，金平（米）糖，ドロップ，氷砂糖 寒天・ゼラチンゼリー フォンダン，カスタード
	たんぱく質への作用	●卵白の泡を安定させる ●熱凝固を遅らせ，やわらかく固める ●アミノ酸と結合し，よい色と香りを出す（アミノ・カルボニル反応）	メレンゲ，泡（淡）雪かん 卵焼き，プディング スポンジケーキ，カステラ，ドーナツ
	炭水化物への作用	●でん粉の老化を防ぐ ●ペクチンと結合してゼリー化（ゲル化）する（酸性の条件下で起こりやすい） ●小麦粉生地の発酵を助ける	ようかん，餡 ジャム，ゼリー，マーマレード パン，饅頭
	その他の作用	●高温で分解，きれいな色を出す ●生臭みなどを隠す	カラメルソース 煮魚
食酢	防腐作用	●微生物の発育をおさえる	酢魚，酢漬け，マヨネーズ，ピクルス
	たんぱく質への作用	●熱凝固を促進し，固くする ●金属への付着を防ぐ ●凝集させ，身を引き締める	ポーチドエッグ，ゆで卵の湯など 焼き魚の網や串に塗る 魚の酢じめ
	組織への作用	●水分を引き出し，しんなりさせる ●やわらかく，味を浸透しやすくする ●骨まで食べられるようやわらかくする	なます，酢の物 こんぶの煮物，こんぶ巻き 小魚のマリネ
	色素への作用	●フラボノイドに作用し色を白くする ●アントシアニンに作用し色を赤くする	酢れんこん，カリフラワーのゆで物 紅しょうが，ずいきの煮物
	酵素への作用	●酸化酵素をおさえて褐変を防ぐ ●ミロシナーゼをおさえ辛味を防ぐ	ずいきの色止め 大根おろし
	その他の作用	●辛味成分を安定に保つ ●あく抜きを助ける ●生臭みを除く ●ぬめりを除く	マスタード，練りからし ごぼう，うど，やまのいもの洗浄 魚の酢洗い さといも，あわび

表14 主な調味料の使用濃度

調　理	砂糖（%）	食酢（%）	食塩（%）	備　考
汁　物	—	—	0.6〜0.9	汁に対して
煮　物	2〜8	—	0.8〜1.2	材料に対して
飲み物	8〜10	—	—	汁に対して
二杯酢	—	6〜8	1.0	材料に対して
三杯酢	2〜3	6〜8	1.0	材料に対して

表15 ソースの基本

温・冷	名　　称	内　　容	調理の例
温ソース	ベシャメルソース ブルーテソース ブラウンソース トマトソース	牛乳の白ソース ブイヨンのソース ブラウンルウのソース トマトピューレ入り	}鶏，魚介，野菜料理 主に獣肉料理 料理一般
冷ソース	ビネグレットソース マヨネーズソース	酢とサラダ油 酢とサラダ油と卵黄	野菜サラダ 前菜，サラダ

表16 主な合わせ調味料（材料 200g に対し）

	名　　称	しょうゆ (mL)	みそ (g)	食塩 (g)	食酢 (mL)	砂糖 (g)	みりん (mL)	だし汁 (mL)	その他
合わせ酢	二杯酢	15			15				
	三杯酢*1	4		1.5	15	6	(24〜42)		
	甘　酢			2	15	8〜14			
	ごま酢			2	15	4〜12			ごま 10〜20g
	ぽん酢*2	15							かんきつ類の汁 15mL
	吉野酢*3	4		1.5	15	6			吉野くず 1g
調味しょうゆ	割りじょうゆ	7.5						15	清酒
	ごまじょうゆ	15				6			ごま 15g
	砂糖じょうゆ	15				1〜5	15		酒 15mL
	合わせしょうゆ	15						15	酒 15mL
	照りしょうゆ（たれ）	15					15		水あめ
調味みそ	酢みそ		15(30)*4		12	8			
	からしみそ		15(30)*4				15		からし 9g
	ごまみそ		15(30)*4			6			ごま 15g
	田楽みそ		15(30)*4			10			酒 15g
	ゆずみそ		15(30)*4			8		15	ゆず汁 15mL

注）分量は好みで調節可能。しょうゆは食塩の6〜7倍，みりんは砂糖の3倍を使用。
　*1 三杯酢は，しょうゆ，食酢，みりん（現在は，砂糖の場合が多い）の合わせ調味料。
　*2 ぽん酢は，食酢ではなく，だいだい，ゆず，すだちなど，かんきつ類の汁を使用。
　*3 吉野酢は，三杯酢に少量のくず粉またはかたくり粉を溶き入れて加熱したもの。
　*4 辛みその場合である。（　）内は甘みその数値。

4 調理器具

　調理器具には，家庭や小規模の厨房で使うもの，大量調理にだけ使用する業務用，給食用のもの（または機器）とがある。小規模用の調理器具は，もちろん大量調理にも使われる。これらをまとめて【表17】に示す。和・洋・中国と多種類の調理器具を折衷した使い方は，わが国の特色である。

　これらの調理器具は，手や歯など，人の機能の代行として，あるいは調理の手間をはぶく道具として，さらに大量調理のための省力手段として用いられる。そのなかで，保有率，利用頻度とも最高の器具は，包丁（下記，ワンポイント参照）と鍋類である。

1 包丁

　大量調理，小規模調理を問わず，基本的な調理操作に欠かせない。和・洋・中国式があり，材質（鉄，ステンレス），刃型（両刃，片刃），刃の厚さ，刃先の型，刃幅，刃渡り，柄の止め方などにより使い分ける。洋式の牛刀（フレンチ）は，和・洋・中国の日常調理で，薄刃としても菜切りとしても使える万能型である。

　片刃の包丁は，切り分ける力が一方にかかり，両刃は左右両側にかかる。同じ力で下へ押し下げたとき，片刃では一方に2倍の力が働くので，両刃のときと同じ力で切る場合，押し下げる力は半分ですむ。

　片刃の包丁は，切り口の一方にだけ力が加わるので，刺し身のように塊をその一端から切っていくのによい。両刃は両側に力が加わるので，いも，野菜など，組織

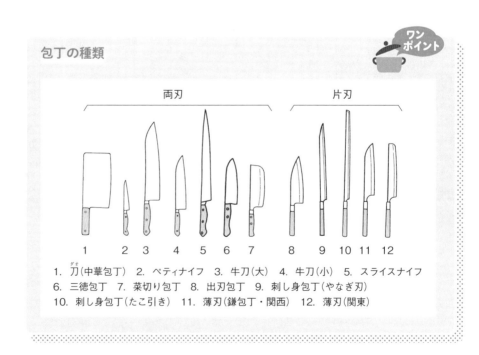

ワンポイント

包丁の種類

両刃　　　片刃

1　2　3　4　5　6　7　　8　9　10　11　12

1.　刀（中華包丁）　2.　ペティナイフ　3.　牛刀（大）　4.　牛刀（小）　5.　スライスナイフ
6.　三徳包丁　7.　菜切り包丁　8.　出刃包丁　9.　刺し身包丁（やなぎ刃）
10.　刺し身包丁（たこ引き）　11.　薄刃（鎌包丁・関西）　12.　薄刃（関東）

表17 主な調理器具

分 類			小規模調理用	大規模調理用
非加熱調理操作		洗浄用器具	洗い桶，水切りかご，ざる，たわし類，ふきん，びん洗い，コップ洗い	洗米機，ピーラー（根菜洗浄剝皮機），食器洗浄機，食器消毒機
		切砕・成形用器具	包丁（刺し身，菜切り，出刃，牛刀，スライスナイフなど），まな板，皮むき，卵切り，パイ切り，チーズ切り，細切り器，しん抜き，野菜抜き，ポテトカッター，料理ばさみ，かつお節削り器，氷かき，フードミル	フードカッター，合成調理器，フードスライサー，フードプロセッサー，ブレッドスライサー，さいの目切り器
		混合・撹拌用器具	泡立て器，しゃくし，しゃもじ，へら，フライ返し類，ハンドミキサー，シェーカー	フードミキサー，ケーキミキサー，ミルク撹拌機
		磨砕用器具	おろしがね，チーズおろし，すり鉢，すりこ木，ごますり器，ポテトマッシャー，ミンチ，ミキサー（ブレンダー），ジューサー	ミキサー，ミートチョッパー
		ろ過用器具	裏ごし器，粉ふるい，みそこし，すいのう，こし器（スープこし，茶こし，油こし），シノワ，ストレーナー	
		圧搾用器具	のし棒（めん棒），のし板，肉たたき，押し枠，ライス型，菓子型，絞り出し，巻きす，卓上漬け物器	
		計量用器具	はかり，計量カップ・計量スプーン【表18】，温度計，タイムスイッチ，時計	秤量（ひょうりょう）装置，配米配水機
		運搬・保存・供卓用器具	缶切り，栓抜き，ボウル，バット（流し箱），冷蔵庫，冷凍庫，温蔵庫，レードル	保温配食機，配膳車，盛りつけ機，冷凍機
加熱調理操作	熱源専用器具（授熱器具）		コンロ（ガス，石油，木炭），電熱器，アルコールランプ，かまど，七輪，電磁調理器	平釜，回転釜，スープ釜，ミルク釜，スチーマー，煮物釜，焼き物器（魚焼き器），オーブン，ブロイラー，連続フライヤー，電子レンジ，炊飯器（蒸気，立型，連続式），スチームコンベクションオーブン
	直接加熱用器具	支持体用	焼き網，串	
		熱源・支持体兼用	トースター，ロースター（グリル），ブロイラー	
	間接加熱用器具	支持体・中間体兼用（受熱器具）	鍋（煮物鍋，ソース鍋，シチュー鍋，ミルクパン，中華鍋，揚げ鍋，すき焼き鍋，無水鍋，フォンデュ鍋），フライパン，卵焼き器，鉄板，ほうろく，天火（コンロ用），羽釜，蒸し器，せいろ，やかん，ポット，コーヒーサイフォン	
		熱源・支持体・中間体兼用	オーブン（熱源つき），レンジ，電子レンジ，自動炊飯器，パーコレーター，ホットプレート，グリル鍋	

のかたいものを両切りや輪切りにするのによい。やわらかいものは引き切り，かたいものは押し切り，さらにかたい魚の骨などはたたき切りにする。同じ包丁でも，材料と切り方の組み合わせが悪いと切れない（p.250）。

2 鍋類

　鍋類の材料は，鉄，ステンレス，アルミニウム，アルマイト，銅，ガラス（耐熱），陶磁器（土鍋）などがあり，形は両手鍋と片手鍋，底は平底と丸底，深さは深鍋と浅鍋，厚さは厚手と薄手で，それぞれに直径の異なるものがある。用途，価格，耐久性，熱源の種類などを考えて使い分ける。中華鍋は，1つで汁物，煮物，揚げ物，炒め物にまで使える万能鍋である。

　加熱容器の材質は，熱伝導率と比熱（ある物質1gの温度を1℃上昇させるのに必要な熱量の比）の大きいことが望ましい。熱伝導率は，熱の伝わりやすさを示し，比熱は温まりにくさ，冷めにくさを示す。各種の物質の比熱と熱伝導率を【表19】に示した。アルミニウムや鉄の表面にフッ素樹脂（テフロン）を塗装して焦げつきにくくした鍋もある。塗装がはがれると効果がなくなるので，金属性のへらや金だわしでこすったりしないようにする。

　一般にアルミニウム鍋が冷めやすいといわれるのは，アルミニウム鍋が鉄より熱伝導が速いほかに，同じ大きさの鉄鍋や土鍋より薄く，保持できる熱量が少ないためである。

　一方，比熱の小さい材料で冷めにくい鍋をつくるには，厚手にするとよい。質量が大きくなる分だけ多量の熱を保持できる。これが熱容量である。土鍋は熱伝導率が低いので温まりにくいが，いったん温まると冷めにくいのは，厚手で熱容量が大きいからである。

3 オーブン（天火）

　熱源からの熱と内部に入れた食品から出る水蒸気を利用して，食品を蒸し焼きにする器具である。熱源は，ガスまたは電熱で，ガスの場合はバーナーからの熱の取り入れ方により，直火式，半直火式，間接式がある。また，電磁弁で温度を自動調節したり，ファンにより熱風が循環して庫内温度を均一化し，タイマーで加熱の自動化を図ったコンベクション（強制対流）式のオーブン（コンベクションオーブン）もある。これらはオーブンのタイプによって異なり，加熱の能力にも差がある。近

表18 **計量スプーン・カップの容量**

計量器	容量	1杯のグラム例
小さじ	5mL	砂糖3，食塩・しょうゆ・みそ6
大さじ	15mL	砂糖9，食塩・しょうゆ・みそ18
計量カップ	200mL	砂糖130，食塩240，しょうゆ・みそ230
米計量カップ	180mL	米150

表19 **鍋材質の熱伝導率と比熱**

材　質	熱伝導率 (W/(m・K))	比熱 (J/(kg・K))
銅	398	386
アルミニウム	237	905
鉄	80.3	442
ステンレス（SUS304）	16	499
チタン	21.9	552
耐熱ガラス	1.1	730
陶　器	1.0〜1.6	〜1,000
ホーロー*	78.7	440

資料）杉山久仁子：加熱調理と熱物性，日本調理科学会誌，**46**，299-303（2013）

* 辰口直子，渋川祥子：材質及び厚さの異なる鍋の調理適性に関する研究，日本調理科学会誌，**33**, 157-165（2000）

年では，放射熱効率を高めるため，内部にセラミックの放射体を取りつけたものや，電子レンジと一体のオーブンレンジが多くなった。

　オーブンの火力と温度との関係および主な調理の例を【表20】に示した。

4　スチームコンベクションオーブン

　コンベクションオーブンにスチームが組み込まれ，それぞれの単機能と同時併用機能をもつ。さらに付属機能として，マイコン，調理センサーがついており，庫内温度や料理の芯温など，調理中の調理要素がデジタル表示され，自動調理が可能である（p.270，ワンポイント）。オーブン加熱の最高温度は300℃，スチームでは30〜130℃，コンビモード（オーブンとスチーム）では設定温度100〜300℃に対してスチーム量を調節できる。これらの機器は品質管理が容易であるが，料理ごとに調理機能の選択と加熱温度および時間などのマニュアル化が必要である。熱源は電気とガスがある。

5　電子レンジ

　マグネトロンから発生するマイクロ波（極超短波）を食品に照射すると，そのエネルギーが食品中で熱に変わり，非常に速い速度で発熱が起こる。この原理を利用したのが電子レンジである。マイクロ波は，金属に当たると反射し，木，紙，プラスチックなどに当たると通過し，いずれも発熱しない。水や水分を含む食品に当たると吸収され，その分のエネルギーが熱に変わる。普通の食品には，表面から数cmの深さまでマイクロ波が進入するため，表面も中心も同じように発熱するが，表面の熱は空気中へ逃げるので，電子レンジでは見かけ上，食品の中心部のほうが速く熱くなることが多い。

　温度上昇はきわめて速く，加熱時間は短い。また，容器や包装のまま食品内部まで加熱でき，栄養損失や色，香りの変化も少ない。ただし，表面に焦げめがつかないこと，小きざみな温度調節がしにくいこと，食品の量や質で加熱時間が変わる（水分量が増えると加熱時間が増加する）ことなどを，よく知って使うことが必要である。

　市販のほとんどの機種は，マグネトロン出力変換（強弱の調節），電熱オーブン組み込み（オーブンレンジ），マイコンやセンサーによる材料別の自動温度制御など，幅広く使えるよう工夫をこらしている。

表20 オーブンの内部温度

火の強さ	温度（℃）	調理の例
ごく強火	230〜250	メレンゲ色つけ，ホイル焼き，焼きいも
強　火	200〜220	ロースト，グラタン，パン，パイ，ピザ
中　火	160〜200	シュー，ケーキ，クッキー，焼きりんご（皮つき，丸ごと）
中弱火	130〜160	プディング，卵豆腐
ごく弱火	100〜120	トースト，料理の加温

　磁力線を発生する一種のコンロで，硬質セラミックのトッププレート上に磁性体（鉄，ほうろうなど，磁石に吸い着く金属の鍋やプレート）を置くと，電磁誘導により発生したうず電流のため，磁力線のエネルギーに相当する発熱（ジュール熱）が起こる。この発熱方式を，IH方式（induction heater）という。

　コンロ本体は，発熱しないため安全かつ清潔で，室内空気の汚染もない。発熱は電子レンジ並みにすみやかで，ガスコンロに比べ熱効率がよい。しかも100℃以下から300℃付近まで任意の温度に調節，保持できるので，これからの加熱器具として伸長が著しい。この原理を利用した自動温度調節機能つきのフライヤー（揚げ物器）も，大量調理のための業務用機器を中心に開発されている。また，昭和63年以降，自動炊飯器にIH方式の機種が登場して，普通の電熱より速度，加熱能力ともに優れていることから，大量炊飯用も含めて急速に普及した。現在，電気炊飯器はIH方式が主流になっている。

　電磁調理器は，使用できる鍋に制限があり，鍋底が平らで電気抵抗の大きい鉄，ホーロー，ステンレス製などが適し，抵抗の小さいアルミニウム鍋や銅鍋は，オールメタル対応のIHの場合も発熱量が落ちる。IH対応でない土鍋やガラス鍋などは使用できない。鍋と電磁調理器との密着面が大きいほど，発熱が大きくなる。

スチームコンベクションオーブンの温度設定

　蒸す，焼く，煮るなどの加熱調理を1台でこなし，温度と時間管理（T・T管理）を適切に行えるため，新調理システム（p.300）を飛躍的に伸ばしたのがスチームコンベクションオーブン（スチコン）といえる。特徴は，蒸気と熱風を調節するコンビモードと呼ばれる機能をもっていることである。

調理設定	温度帯	調理例
スチームモード	30〜99℃（低温） 100℃ 105〜130℃（高温）	茶碗蒸し，プリン，真空調理の低温加熱時 通常の蒸し物，赤飯，冷凍食品の加熱など 根菜類の加熱，ご飯類の温め直しなど
熱風モード	80〜120℃ 140〜200℃ 160〜210℃ 160〜300℃ 200〜300℃	肉類のローストでの低温加熱 菓子類の焼成 魚・肉類の照り焼き，みそ焼きなど 肉類のローストでの高温加熱 魚類の塩焼き・ローストなど
コンビモード	100〜300℃	肉じゃが，煮魚などの煮物 炊飯，炊き合わせなどの炊き物 焼きそばなどの炒め物 とんカツ，から揚げなどの揚げ物風

5 調理施設・設備

1 調理室の構造と食品取り扱い設備

家庭の厨房から大食堂の調理室まで，次のような基本的条件がある。
- 安全面　防火設備，消火設備，救急設備など
- 機能面　作業動線の形と距離，台や戸棚の高さと位置，熱源・動力源・水源・排水・照明などの位置と数，床の構造，室の広さと位置，配膳・盛りつけのスペース，運搬や輸送の距離など
- 衛生面　通風，採光，換気，防虫，防そ，給排水，汚物・廃棄物処理設備，更衣・履物収納，清掃設備，消毒設備など。大量調理施設では，汚染作業区域と非汚染作業区域を区別する

事務室や便所，倉庫，廃棄物処理設備など（付帯施設），調理器具，運搬容器，食器なども含めて，食品取り扱い設備に求められるのは，やはり衛生的にも機能的にも安全で使用しやすいことである。さらに，HACCPの概念を取り入れた大量調理施設衛生管理マニュアル（p.235）が実施できる施設・設備とする。

調理前，調理後の食物の接触を避け，日々の危害防止点検をおこたらないようにする。

2 給排水および汚物処理設備，空調・換気設備

1 給水設備

厨房で使用する水は，調理用，洗浄用，清掃用に分けられるが，わが国の上水道では，普通は区別せず使われている。なお，水栓を十分確保し，給湯設備を併用することが望ましい。

2 排水・汚物処理設備

固形物が入らない流しの構造が求められる。排水は，逆流による汚染防止や油脂の流出防止などのために，グリストラップ（グリス阻集器）を設備し，たまった汚物を定期的に除く。水に溶けない油脂類を流し込まないようにする。一方，厨芥はなるべく厨房内にたまる時間を少なくし，密閉可能な容器やダスターなどで処理する。

3 空調・換気設備

空調設備とは，作業者の快適な作業のため，また食中毒防止のために，温度，湿度，空気清浄，気流を調節する設備のことをいう。大量調理施設衛生管理マニュアルでは，調理室内の温度は25℃以下，室内湿度は80%以下が望ましいとしている。

換気は，燃焼空気の供給，酸欠防止，熱・水蒸気・CO_2・臭気等の除去を目的に行う。

換気設備には，排気フード，排気ダクト，ファン（換気扇）などがある。

3 調理と熱源

❶ 調理用熱源の種類

調理におけるエネルギー源は，非加熱調理操作の動力として利用される場合と，加熱調理操作の熱源として用いられる場合とがある。また，冷蔵庫のように，エネルギーが冷却に使われることもある。調理用の熱源には，【**表21**】のようなものがある。なお，それらの熱源には次のような条件が求められる。

❶入手しやすく，取り扱いが容易なこと
❷発熱量が大きいこと
❸点火しやすいこと
❹火力調節が容易なこと
❺一定温度を保持できること
❻安価であること
❼保管や輸送・補給が容易であること
❽煙，廃ガス，臭気が少ないこと
❾安全であること

これらすべてを満たす熱源はほとんどないが，ガスは❾の点さえ注意すれば，ほかはほぼ当てはまる。また，電熱も❹と❺を調節装置でおぎなえば，ほかの条件によく当てはまる。この両者が調理用熱源の主力である。電熱では，効率よく放射熱を発生するセラミック利用の遠赤外線ヒーターや，磁力線を利用して金属鍋自体を発熱させる（電磁誘導），安全な電磁調理器（p.270）などが多く用いられるようになった。都市ガスは，石炭や石油を原料とするガスから，高熱量で低公害の液化天然ガス（LNG）に移行が進んでいる一方，都市ガスの配管がない地域では，液化プロパンガス（LPG）が使われている。

表21 **主な調理用熱源**

燃料	固　体	まき，木炭，練炭，石炭，コークスなど
	液　体	石油（灯油），アルコールなど
	気　体	都市ガス（天然ガス，石炭・石油ガス），液化プロパンガス（LPG）
その他の熱源		電熱，マイクロ波，電磁誘導，水蒸気熱（ボイラー）など

6 調理に使う食材の特徴

1 調理特性

❶ 食品群の調理特性

　食品の種類は，「日本食品標準成分表（八訂）増補2023年」に記載されているものだけでも，加工食品を含め，2,538食品にのぼっている（p.79）。これらは主として，栄養的な特徴から18の食品群に分かれているが，調理の立場からみると，同じ群でも用途が全く異なっていたり，逆に異なるグループの食品でも，調理上の用途はよく似ている場合がある。

　このように，栄養素の給源としての食品と，調理材料としての食品の価値判断とは，視点がかなり異なる場合が多い。調理上の用途を支配する決め手となるような食品の性質を，調理特性（あるいは調理性）という（8. 調理技術，p.288～296も参照）。

2 調理科学：調理と香り・味・色

❶ 嗜好成分とは

　食品の香り，味，色などのように，嗜好性，すなわちおいしさを支配する成分を嗜好成分という。

　しかし，栄養成分と嗜好成分とを完全に区別できるわけではない。食塩や砂糖は，栄養成分であると同時に嗜好成分でもあり，また，栄養成分の代表であるたんぱく質，脂質，炭水化物なども，その物理性の変化が食物の味に大きく影響している。

❷ 香り

　香りは，ごく微量の揮発しやすい物質によるもので，食品の香りは一種ではなく，必ず数十種の香気物質が混合して形成されている。したがって，1つの食品の香りに1つの香気物質を当てはめるのは難しい。そのなかで，比較的特徴のあるものだけを【表22】に示す。

　魚の生臭みのように，時間とともに臭気成分が増加する場合を除き，時間が経つと香りは次第に失われるので，果実や野菜のように香りを求める食品は早めに供する。香りは，加熱により一時的に揮発するので，のり，まつたけなどはさっとあぶると香りが強まる。また，新たな香気物質が生成しない限り，加熱を続けると消失する。みそやしょうゆも，あまり長く煮すぎないほうがよい。

　液体中の香気成分は，振動により発散しやすくなり，ゆり動かすと香りが高まる。カクテルは，その性質を利用した例であり，ワインのテイスティングや清酒のきき酒のときも同様に，グラスなどをゆらすことで香りをたちやすくしている。

　においを消したいときや隠したいときは，より強い香りを使う。香辛料や薬味はその例である。また，さばのみそ煮やムニエルでは，みそや牛乳のたんぱく質が生

表22 食品中の主な香気成分

食　品	主な香気成分
青野菜 まつたけ 大　根 たまねぎ にんにく しいたけ	β-ヘキサナール 桂皮酸メチル メチルメルカプタン プロピルメチルジスルフィド ジアリルジスルフィド, アリシン レンチオニン
桃 りんご バナナ アプリコット かんきつ類	ギ酸エチル ギ酸アミル, 酪酸エチル, 酢酸イソアミル 酢酸イソアミル 酪酸アミル リモネン, シトラール
香料（バニラ） はっか 香辛料	ワニリン（バニリン） メントール 各種テルペン類
魚	トリメチルアミン（生臭み）

臭みの成分を吸収してくれる。

❸ 味

1 味の分類

　味という言葉は，一般的に味覚で感じる甘い，辛いという感覚をいうが，広い意味で味がよいというときには，食物のうまい，まずいを支配する性質一切を含めて味といい，我々はこれを味覚ばかりでなく，五感や心理全体で感じとる。そこで，広い意味の味（すなわち，おいしさ）を分類すると，【表23】のような要因が考えられる。そして，その総合された味に対する評価の結果生まれる，好き嫌いの感覚を嗜好と呼ぶ。

2 呈味物質とその感じ方

　食品中に含まれ，味としての刺激を与える物質を呈味物質という。味の種類は，甘味，酸味，塩味，苦味の4つが基本味とされ，すべての味は，この4つの味の組み合わせで得られると考えられていた。現在では，うま味（こんぶ，かつお節，うま味調味料などの味）を加えて，5つの基本味と考えるようになった。主な呈味物質を【表24】に示す。

　これらの味は，唾液や水に溶けて，口腔内に存在する味蕾の味細胞を刺激し，その刺激が味覚神経やいくつかの神経を経て，大脳に伝わって味が認識される。味蕾は，舌の前方部，舌縁部，舌根部の乳頭と呼ばれる突起の内部に存在するほか，軟口蓋，咽頭部に存在する【図5】。したがって，料理の味見は，舌の一部にのせるのではなく，口全体に含ませ，すばやく味わう必要がある。

3 各呈味物質の味の性質

●甘味　主に，炭水化物のなかの単糖類，二糖類やその誘導体の示す味で，糖類は即効性のエネルギー源となる。糖類のなかでは，砂糖の主成分であるショ糖の甘味が最も安定している。

表23 **食物の味の構成要因**

化学的要因	呈味物質による舌表面への刺激	甘味，酸味，塩味，苦味，うま味，辛味，渋味など
物理的要因	口腔内に与えられる物理的刺激	温度，触感，粘弾性，テクスチャーなど
生理的要因	生理的条件による刺激の感じ方	空腹感，渇感，疲労感，健康状態など
心理的要因（環境要因）	心理的条件による味覚への影響	外観，形状，色彩，香り，連想，食習慣，摂食環境など

表24 **主な呈味物質**

甘　味	糖類 糖アルコール アミノ酸誘導体 その他	ブドウ糖，果糖，ショ糖[*1]，麦芽糖，乳糖など ソルビトール，マルチトール，エリスリトールなど アスパルテームなど サッカリン，ステビオサイド，グリチルリチンなど
酸　味	有機カルボン酸	酢酸[*2]，乳酸，クエン酸，リンゴ酸など
塩　味	無機質	塩化ナトリウム[*3]
苦　味	植物成分 その他	カフェイン，カテキン，クロロゲン酸，テオブロミン 胆汁酸，塩化マグネシウム（にがり）
うま味	アミノ酸類 ヌクレオチド その他	グルタミン酸[*4]，各種アミノ酸など イノシン酸[*5]，グアニル酸[*6]など コハク酸[*7]，ベタインなど
辛　味	含硫配糖体[*8] 側鎖環式化合物[*9]	シニグリン，シナルビンなど チャビシン，カプサイシンなど
渋　味	植物成分	タンニン[*10]，カテキンなど

注）[*1] 砂糖，[*2] 食酢，[*3] 食塩，[*4] こんぶ，[*5] かつお節，[*6] しいたけ，[*7] 貝，[*8] わさびや大根，
　　[*9] とうがらし，[*10] 茶や渋柿などの呈味物質。

図5 **舌表面の乳頭分布および味蕾**

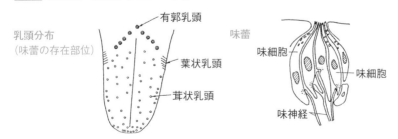

乳頭分布
（味蕾の存在部位）

有郭乳頭
葉状乳頭
茸状乳頭

味蕾
味細胞
味細胞
味神経

ほかにも，糖類とは無関係な化学物質に強い甘味をもつものが発見されている。【表24】（p.275）のように，古くはサッカリン，新しいところではアミノ酸誘導体であるアスパルテームなどがその例である

●酸味　各種の有機酸のもつ味で，代謝を促進させる物質の信号であると同時に，未熟な果実や古くなった食品への警告信号でもあるといわれる。酢酸を約4%含む食酢が調味料の主役である。甘味を引き立て，塩味をおだやかにするなどの効果をもつ

●塩味　純粋な塩味は塩化ナトリウムのみである。栄養的にも嗜好的にも，ほかの物質では代用できず，甘味，酸味，うま味など，ほかの味をつけるときにも，同時に塩味だけは欠かせない

●苦味　辛味や渋味と同様，もともと食べられないものへの警告信号だった苦味も，茶，コーヒー，ビールなどに欠かせない味として，いつしか嗜好品となり，愛用されるようになった。人類の食文化の発展を特徴づける味といえる

●うま味　だし汁やスープストックの味の成分で，食物の塩味，酸味，苦味などを和らげておだやかな味にするほか，食事の塩味を強調して減塩効果を高めるともいわれる。市販のうま味調味料は，ほとんどグルタミン酸とヌクレオチド（イノシン酸，グアニル酸など）を配合してつくられる

●辛味　香辛料の刺激成分で，口中に熱さと痛さが複合された刺激を与える。苦味と同様に，薬用，保存料として用いたものが，嗜好品になったと考えられる。

　辛味には，【表24】（p.275）に示したように2つの系統がある。側鎖環式化合物を含むとうがらし，こしょう，しょうがなどは，熱を加え乾燥させても辛味に変化がないが，含硫配糖体であるわさび，からしの辛味は，ミロシナーゼなどの酵素作用によって強まるので，わさびはゆっくりとすりおろし，からしはぬるま湯で溶いて，時間をかけて酵素を働かせると辛味が強まる。大根も同様である。この辛味成分は，揮発性なので強く加熱したり長時間放置すると辛味を失う

❹ 色

1 天然の色

食品中には，各種の天然色素が含まれ，色彩を豊かにして，嗜好性を高める役割を果たしている。

●クロロフィル（葉緑素）　野菜に含まれる緑色の脂溶性色素で，光，酸や加熱により退色し，黄褐色になる。ゆでる場合は，熱湯を多くするか，材料を小分けに

味と温度

　呈味物質の濃度が同じでも，料理，飲み物の温度により，感じる味の強さが異なる。
●甘味…30〜40℃で最も強く感じる。
●塩味と苦味…高温で弱く，温度が下がると強く感じる。

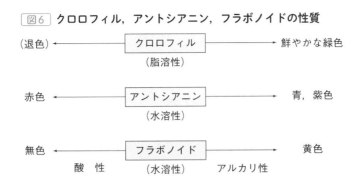

図6　クロロフィル，アントシアニン，フラボノイドの性質

するとよい。熱湯に緑色の野菜を加えたとき，一時的に鮮緑色となる(クロロフィルがクロロフィリドになるため)。酸性では色があせ，アルカリ性では色が鮮やかになる【図6】。食塩を加えると，多少色が安定化するといわれる。

　青菜をゆでるとき，ふたを取ったほうが有機酸が揮発して退色しにくいといわれる。アルカリ（例えば重曹）の使用は，野菜の繊維が軟化しすぎて食感をそこない，緑色も汁に流出するので好ましくない。しかし，わらびのような組織のか

味の相互作用

　食物には，素材の味に加えて，調味料による複数の味が共存している。
　複数の呈味物質が共存するとき，その味の強さが変化して感じられる現象を，味の相互作用といい，大別すると次のような3つの効果がある。調理では，これらの相互作用をうまく利用して，それぞれの料理に望む味を経験的につくり出している。
❶対比効果　2種以上の異なる味を混合したとき，一方が他方の味を引き立てる現象。甘味に塩味が少し加わると，甘味が強まる
❷抑制効果　2種以上の異なる味を混合したとき，一方が他方の味をおさえ，緩和する現象。苦味や酸味は甘味によって緩和され，塩味はうま味によって緩和される
❸相乗効果　同じ味をもつ2種以上の呈味物質を混合したとき，相互に味を強め合う現象。こんぶとかつお節の混合だしや，うま味調味料，甘味料などにみられる

対比効果	甘味と塩味	餡に塩
	うま味と塩味	だし汁に塩
抑制効果	苦味と甘味	コーヒーと砂糖
	酸味と甘味	レモン果汁と砂糖
	塩味とうま味	塩辛中の塩とうま味
相乗効果	うま味とうま味	グルタミン酸とイノシン酸
	甘味と甘味	砂糖とほかの甘味料

たいものには，軟化と緑色の保持との両方に効果があり，一石二鳥である

●**カロテノイド** 緑黄色野菜や，かんきつ類に含まれる橙色の色素で，このうちの一部（β-カロテンなど）が体内でビタミンAに変化する。脂溶性で，加熱に対して安定しているので，にんじんやかぼちゃは長い加熱調理でも色を失わない。

　エビやカニの色も，アスタシンという動物性の**カロテノイド**で，生のときは色が隠されているが，加熱すると結合していたたんぱく質が熱変性を起こし，色素と離れて同時に酸化が起こり，鮮やかな赤色が現れる

●**アントシアニンとフラボノイド** アントシアニンは，野菜や果物の赤，青，紫色，フラボノイドは，穀類，豆類，果物，野菜などに広く含まれる黄色い色素で，色は全く違うが，化学的には同族で性質も似ている。ともに**水溶性**で，果実，黒豆，なすなどを煮ると汁へ色が溶け出す。また，酸やアルカリで【図6】(p.277)のように変色する。

　梅干しをしそで包んでおくと，しそのアントシアニンが酸のために赤くなる。また，れんこんやごぼうを酢で煮ると色が白くなるのは，フラボノイドのためである。中華めんが黄色いのは，小麦粉のフラボノイドがアルカリ性の**かん水**で黄色くなるからである。アントシアニンもフラボノイドも，鉄やアルミニウムなどの金属イオンと反応して色が鮮やかになるので，なすの漬け物にみょうばんを入れたり，黒豆を煮るのに古釘を入れたりする

●**ミオグロビン** 肉や赤身の魚の色で，加熱によりメトミオクロモーゲンに変わり，灰褐色になる。ハムやソーセージは，発色剤の**亜硝酸ナトリウム**が加えられているので，加熱してもピンク色を保持している

2 調理による褐変

●**酵素による褐変** 野菜，果実，いもなどは，皮をむいて空気中に放置すると褐色になる。これは【図7】のように，食品に含まれているポリフェノール系の物質が空気にふれると酸化酵素の作用で酸化され，褐色物質に変化するためである。

　これを防ぐには，**酸素を遮断する**か**酵素作用をおさえる**とよい。できるだけ食

主な天然色素とそれを含む食品

食品中の主な天然色素および含まれる食品を以下に示す。

色　素	色合い	食　品
クロロフィル系	緑	緑色野菜，未熟な豆，海藻，一部の果物
カロテノイド系	橙	かんきつ類，にんじん，とうがらし，かぼちゃ
アスタシン	赤	甲殻類（カニ，エビなど）
アントシアン系	赤〜紫	果物，しそ，なす，黒豆，ブルーベリー
フラボノイド系	黄	大豆，小麦，れんこん，ごぼうなど
ミオグロビン	赤	肉，赤身の魚

図7　ポリフェノールの酸化による褐変

ポリフェノール系物質　←空気中の酸素／酸化酵素→　褐色物質
（褐変の原因物質）

べる直前に切り，すぐに水（または食塩水）に漬けたり，短時間加熱するのはその例である。ビタミンCは強力な還元作用をもっており，褐変を防ぐ効果がある

●酵素によらない褐変　砂糖を加熱すると褐色のカラメルができる。たんぱく質やアミノ酸，ブドウ糖や麦芽糖などの糖類が一緒になって加熱されると，**アミノ・カルボニル反応**という現象が起こり褐変する。ケーキ，かば焼き，みそ，しょうゆの色などがその例であり，好ましい焼き色を利用している

3　調理による食品成分の変化

食品は水分と固形物からなり，固形物はたんぱく質，脂質，炭水化物の3成分と灰分（無機質）とに分けられる。ほかにビタミンが微量に存在し，計6成分になる。

これらの栄養成分は，調理によっていろいろに変化するが，それらは食品の栄養価値ばかりでなく，むしろ嗜好的価値に影響を及ぼす。

❶　たんぱく質

たんぱく質は，すべての動植物性食品に含まれている。このうち重要なのは，肉，魚，卵などに含まれる**アルブミン**，**グロブリン**系統のたんぱく質で，ほかに小麦粉の**グルテン**（p.289），動物の皮，すじ（筋），骨などに含まれる**コラーゲン**，牛乳中の**カゼイン**（p.293）などが調理と関係が深い。また，大豆のたんぱく質（グリシニン）は，肉や魚とよく似たグロブリン系統である。

1　アルブミン・グロブリン

両者はたいてい一緒に含まれ，アルブミンは水に，グロブリンは塩類の溶液に溶ける。肉や魚に塩を振って長く置くと，この系統のたんぱく質が溶け出す。また，この両者はともに加熱により凝固する。調理における動物性食品の加熱は，これらのたんぱく質を目的どおりに熱凝固させるために行っているといってもよい。ゆで卵，茶わん蒸し，卵焼き，ビーフステーキなど，熱凝固の仕方が調理の決め手になる。熱凝固の温度は60〜70℃で，この温度を過ぎると肉や魚は色が変わり，身が締まって煮えた状態になる。熱凝固の速度や程度は，次のように調味料の影響を受ける。

●食塩　熱凝固を速め，凝固物をかたくする
●食酢　食塩と併用すると，熱凝固をさらに促進する
●砂糖　熱凝固を遅らせ，凝固物をやわらかくする

塩を入れた卵焼きはかたく，砂糖を入れた卵焼きは軽くフワリと固まる。また，水中に塩や酢を加えておくと落とし卵（ポーチドエッグ）は固まりやすい。生魚も塩と酢でしめることができる。

一方，カルシウムやマグネシウムのような無機質も，たんぱく質を凝固しやすくする。蒸し大豆をつぶしてしぼった熱い汁に，にがり（塩化マグネシウム）やすま

し粉（硫酸カルシウム）を加え，大豆たんぱく質のグリシニンを凝固させたものが豆腐である。

たんぱく質は，熱凝固により消化時間が多少長くなるが，吸収率にはほぼ変化がない。

2 コラーゲン・ゼラチン

動物の皮やすじに含まれるコラーゲンは冷水には溶けないが，長時間加熱を続けると，次第に溶けてゼラチンになる。煮込み用の肉にはすじの多いものが向くのはこのためで，肉や魚の煮こごりは汁に溶け出したゼラチンが冷えて固まってできる。

3 グルテン

小麦粉に水を加えてこねると，たんぱく質が凝集し，弾力のある塊になる。これがグルテンで，パン，ケーキ，天ぷらなどに利用される（p.289）。

❷ 脂質

1 脂質の融点と調理

食品中の脂質のほとんどは油脂である。植物性の油脂は液体で，サラダ油，天ぷら油などに使われる。動物性の脂質は固体で，バター（乳脂），ヘット（牛脂），ラード（豚脂）など，調理一般に用いられる。

この固体の脂は温めると融解する。バターは28〜36℃，ラードは28〜40℃で溶けるので，口に入れるとその体温で軟化するが，ヘットの融点は40〜50℃で，冷えて固まると口に入れても溶けない。そこで，ハム，ソーセージなど，脂身を冷たいままで食卓に出す料理は豚肉に限られ，牛肉はステーキやすき焼きなど，熱い料理に向く。

牛肉を冷たい料理に用いるときは，脂肪の少ない部位を利用する。あるいは，脂身を除き，すじの多い部分を煮込んだときにコラーゲンから生じるゼラチンを利用して，とろみをつける。コンビーフ，寄せ物，大和煮などがその例である。

2 油脂の酸化

油脂は空気中に放置するか，長時間加熱すると空気中の酸素によって酸化され，【図8】のように，分解したり，分子がいくつかつながる，重合という変化を起こす。このような現象を油脂の劣化といい，劣化が進んで食用にならなくなる現象を，変

油脂の劣化・変敗の防止

油脂の劣化や変敗を防ぐには次の点に注意する。
● 空気になるべくさらさないこと
● 長時間の加熱をできるだけ避けること
● 直射日光に当てないこと
● 不純物を混ぜないこと

揚げ物をする場合，調理中はなるべく揚げかすをよくすくい取りながら揚げ，作業後の油は早くこして容器の口元まで入れ，密栓して冷暗所に保存することが大切である。

図8 **油脂の酸化**

酸　化
- → 分解：色が濃くなり，不快なにおいと刺激性の味をもつようになる
- → 重合：粘りが出て，揚げ油などに細かい持続性の泡立ちが起こる

敗という。

❸ 炭水化物

1　でん粉の糊化と老化

炭水化物には，エネルギー源になる糖質と，ヒトの消化酵素によって消化されない食物繊維とがあるが，調理で変化するのは主に糖質で，そのなかでも，でん粉とショ糖が中心である。でん粉は，穀類などの主成分である。生のでん粉は冷水に溶けず，そのままでは食べられないが，水を加えて温度を上げていくと，でん粉の細かい粒子が次第に水を吸収して膨らみ，60〜75℃以上の温度が続くと粘りが出て，やがて全体が透明な糊の状態になる。この現象をでん粉の糊化という。糊化したでん粉はα（アルファ）-でん粉といい，生のでん粉をβ（ベータ）-でん粉という。

α-でん粉は酵素（アミラーゼ）の作用を受けやすく，消化されやすい。炊飯をはじめ，でん粉質食品の加熱調理は，ほとんどこの糊化を目的に行われている。糊化したでん粉は，水分を含んだまま放置すると，やがてβ-でん粉に近い状態に戻り，生の状態に近づく。これを老化という。

これを防ぐには，糊化が終わった直後に急速に乾燥させて，水分を15％以下まで引き下げておくとよい。せんべい，ビスケット，即席麺などがその例である。また，餡やようかんのように大量の砂糖を一度に加えた場合にも，でん粉は糊化状態を保つ。さらに，急速冷凍で水分子の働きを一時停止させることでも同じ効果が得られ，冷凍米飯（ピラフ等）の製造などに利用される。

じゃがいもでん粉は，糊化開始温度が低く，粘度・保水力が高い。糊の透明度も高いので，片栗粉として料理のとろみづけに利用される。コーンスターチは，とうもろこしのでん粉で，粒子が細かく，ゲルは不透明でもろく，かたい。カスタードクリームなどの滑らかなとろみ付けやブラマンジェに利用される。タピオカ（キャッサバでん粉）は，キャッサバの塊茎から得られるでん粉で，アミロース含量が低く，粘着性が高い。これを湿らせて粒状に成形し，加熱して半糊化，乾燥させた製品がタピオカパール，タピオカフレークで，デザートなどに用いられる。

2　繊維の軟化

繊維は，植物性食品の組織をしっかりと保ち，シャキッとした歯ざわりを与えている。水を吸うとやわらかくなり，長く加熱すると組織がくずれる。アルカリで軟化するので，山菜や野草をゆでるとき，重曹0.2〜0.3％を加えるとよい。煮豆に重曹を加えると，表皮の繊維が軟化し，黒豆では色も鮮やかになる。

❹ 無機質（ミネラル）

調理で破壊されることはなく，食品からゆで汁や煮汁に溶け出して損失が起こる程度である。海藻や乾燥野菜を水で戻すときなどに，ヨウ素やカルシウムの損失が大きい。

❺ ビタミン

ビタミンは，調理損失が起こりやすい上に，損失が起こっても，色，味，香りは変化しないので，注意しないと欠乏症を起こしやすい。

●ビタミンA　空気（酸素）にふれなければ，熱，酸などに対して安定である。脂溶性ビタミンなので，調理損失は少ない。ほうれんそうのカロテンは，ゆでても10〜20%，油炒めで5%ほどの損失である。ただし，光，酸素には弱いので，調理形態，時間により大幅な損失も考えられる

●ビタミンD　ビタミンAの安定性に準じる。Aよりも含有食品が限られている。調理損失はそれほど気にしなくてよい

●ビタミンB₁　水溶性ビタミンの特徴でアルカリに弱い。豆を煮るときに重曹を加えると，B₁の損失は40〜90%にも及ぶ。煮汁，ゆで汁への溶出も20〜40%で，洗米では50〜80%が流出する。ただし，精白米のB₁はもともと少ない。加熱には中性，酸性において比較的安定しており，普通損失は20%どまりである。アノイリナーゼというB₁分解酵素が，貝類，淡水魚，シダ類に含まれるが，生食しない限り心配ない

●ビタミンB₂　B₁と同様，アルカリに弱く，さらに光，特に紫外線に弱い。煮汁などへの溶出も30〜50%と大きいが，熱には中性，酸性においてB₁よりもやや強く，煮汁を利用すれば損失はほとんどない

●ビタミンC　食品中のビタミンCは，空気中の酸素により酸化されやすく，それが加熱により促進される。また，アルカリ性では分解が著しい。ゆで汁などへの溶出や分解も50〜70%に及ぶ。焼く，蒸すなどによる損失は10〜30%で，空気にふれない丸ごとの調理や油を使う調理では残存率が高まる。逆に，ミキサーにかけた野菜，果実の酸化は急速に進む。この酸化は，銅イオンの存在やにんじん，きゅうりに含まれるアスコルビナーゼ（ビタミンC酸化酵素）により促進される。にんじんを混ぜた大根おろしでは，30分で90%のビタミンCが酸化される。

　ビタミンCは酸化されても効力に変わりないため，調理後，短時間で食べる場合は，酸化による損失を心配しなくてもよい。ただし，酸化されたものを長時間放置すると，分解されて効力を失っていく

●ナイアシン　化学的にきわめて安定なビタミンで，調理による変化はほとんどみられない。しかし，水溶性で，ゆで物などでは汁へ溶出するため，20〜60%の損失が起こる。ただし，ゆで汁中のナイアシンを合わせると，損失は10%どまりである

7 献立作成

1 献立の意義，役割

　調理の目的は，安全，栄養，嗜好といった条件を満たす食物をつくり上げることにあるが，これらの条件は単一な食品や料理で満たすのではなく，組み合わされた毎回の食事を総合して満たされるものである。この食事全体の計画が献立である。

　献立作成は，各種の食品材料からつくり上げた料理を組み合わせ，充実した食事を構成することである。食事の目的，対象に合った食事計画や調理法を選択するためには，民族や地域の伝統的な食文化の研究と調理技術の科学的研究とが欠かせない。

　献立は，上述のような基本的条件を満たしながら，費用，時間，設備，労力などの枠内で立案されなければならず，しかも，人の生活の一部として食事が果たすいろいろな機能（娯楽的要素，社交的要素，芸術的要素など）も求められることが多い。

　献立の方針は，その食事の目的によって異なるが，原則として1回限りの食事（飲食店，宴会，行事，供応食など）は嗜好中心に考え，継続的な普通の食事（家庭の日常食，集団給食など）は栄養と嗜好の双方に重点を置く。さらに，特別食のような治療などの目的がある場合には，それを優先しながら，少しでも嗜好に合うものに工夫する。

2 食品群別摂取量の基準と食材料費

　たんぱく質や脂質のみからできている食品は少なく，いろいろな栄養素が1つの食品を構成しているのが普通である。したがって，栄養バランスのとれた献立を作成するためには，食品中の各栄養素量を知って組み合わせる必要がある。

　そこで例えば，主として含有する栄養素ごとに食品をいくつかの群に分類しておき，毎日各群から必ず何かを決まった量だけ摂取するように献立を組めば，そのつど計算しなくても栄養的な偏りを起こすことがない。このような目的のためにつくられた食品群別摂取量の基準（目安）を食品構成という。食品群には，対象や食事の性格・栄養教育などの使用目的により，いろいろな群の分類がある。数例を次に示す。

1　3色食品群（栄養改善普及会）

● 赤のグループ　血や肉をつくる食品（たんぱく質系）
● 黄のグループ　力や体温のもとになる食品（炭水化物，脂質系）
● 緑のグループ　体の調子を整える食品（無機質，ビタミン）

2 4つの食品群（香川綾）

1群　乳，乳製品，卵

2群　魚介，肉，豆・豆製品

3群　緑黄色野菜，淡色野菜，いも類，果物

4群　穀物，砂糖，油脂

3 6つの基礎食品（厚生労働省）

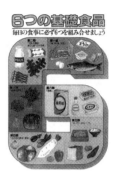

1群　たんぱく質（魚，肉，卵，大豆）

2群　無機質（カルシウム）（牛乳・乳製品，小魚，海草）

3群　カロチン（カロテン）（緑黄色野菜）

4群　ビタミンC（淡色野菜，果物）

5群　炭水化物（穀類，いも類，砂糖）

6群　脂質（油脂）

　このほか，日本食品標準成分表（文部科学省）に採用されている**18群分類**（2章食品学，p.79），学校給食，病院給食などのためにそれぞれの公的機関で作成した食品群などがある。食材料費の総枠は，この食品群別の摂取量を目標に考えられるべきである。

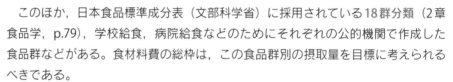

3 年齢別・性別による献立

　普通の人が健康に生きていくための栄養素の種類は，男女別や成人と小児で極端に異なるわけではない。ただ，その量や質は性別や年齢を考慮する必要がある。特に，小児や高齢者の食事，妊娠・授乳期の女性の食事は特別な配慮が必要になる。

❶ 小児の献立

　離乳に始まり，学齢前までの献立は，成長，発育のためエネルギーの必要量を体重1kg当たりに換算すると大人の2倍以上となる。また，消化のよいたんぱく質と脂質を組み合わせる。この時期の食物への体験が，成人後の嗜好を大きく支配するので，なるべくいろいろな食品を取り入れ，偏食になることを防ぐ。濃い味つけや強い刺激物は，避けたほうがよい。一度に多量を与えるより，おやつを含め回数を増やす。

❷ 児童・生徒の献立

　小学校から中学校，高校にかけての時期に成人後の体位が決まる。成長が急速なので，特に**動物性たんぱく質**を十分に摂取させるようにする。カルシウムやビタミンの必要量も，この時期には成人よりずっと多くなる。主食より副食の充実を図り，食事を十分与える。味つけはあまり濃くしないようにする。

❸ 高齢期の献立

　一般に内臓機能もある程度おとろえ，エネルギー消費量も少なくなるので，生活活動内容に見合ったエネルギー，咀嚼力や消化吸収機能に応じた食事を摂取する。

　たんぱく質やエネルギーの摂取量が不足している高齢者もいるので，たんぱく質の不足と動物性脂肪のとりすぎに注意し，無機質，ビタミンを十分摂取するようにする。また，長年にわたっての食嗜好にも配慮が必要である。

❹ 妊娠・授乳中の献立

　胎児，乳児の発育に必要な栄養素と母体の消耗をおぎなうため，エネルギー，たんぱく質のほか，無機質（特にカルシウムと鉄），ビタミンを十分に摂取できるよう配慮する。また，極端な刺激物を避ける。

4　家庭の献立

　家庭の食事は，宴会や行事の食事と異なり，連続性と一貫性をもった献立作成が求められる。楽しめる食事であると同時に，変化があり，量，質ともに満足が得られる献立がよい。そのためには，肉，魚，卵，豆製品などを中心とした主菜に，できるだけたくさんの種類の野菜類を副菜として取り合わせた献立であることが望ましい。

　家庭とは，性別や年齢が異なる集団なので，なるべく全員の嗜好に合い，一人ひとりの分量や供食方法がある程度調節できるような献立がよい。

5　特別食の献立

❶ 特別食とは

　病気，特殊な労働環境，運動時など，普段と異なる条件下に置かれたとき，栄養面で特別に配慮された食事を必要とすることがあり，これを，一般の食事に対して特別食ということがある。

❷ 治療食の献立

　病院における治療食は，一般食（一般治療食）と，特別食（特別治療食）に分けられる。一般食は特定の栄養素の制限がなく，日常食に近いバランスのよい食事である。

　特別治療食には次のような目的があり，それぞれに応じた食事とする。
- 疾病の治療を行う　腎臓病，糖尿病，高血圧，動脈硬化症など
- 食事で体力の消耗をおぎなう　外科手術後など
- 消化器に負担をかけないようにする　胃潰瘍など
- 栄養素の欠乏または過剰により起こる疾患を治す　貧血，脚気，肥満症など

　医師の処方，あるいは管理栄養士などの栄養指導により，それぞれの疾患や症状に応じた栄養上の対策を講じ，かつ，嗜好に合う献立であることが望まれる。

❸ 特殊な労働環境，運動時の献立

　エネルギーを多く使う肉体労働には，食事の量を増やし，高エネルギーの献立とする。エネルギーを使わず，しかも疲労の激しい精神労働には，エネルギーを控え，良質たんぱく質とビタミンの豊富な食事を，なるべく快適な環境で摂取できるよう配慮する。

　また，運動時は運動にともなうエネルギー消費量の増加分を主食と副食でバランスよく増やす。特に，ビタミン，無機質を多く摂取し，水分補給に気をつける。

6　行事食，供応食の献立

　日常食とは異なり，栄養より嗜好的価値が重視される。それも，単に味の善し悪

しではなく，行事食では，正月料理，クリスマス料理のようにその行事にちなむ特定の食品や献立があり，供応食では，客を正式にもてなすための献立パターンが長年にわたり積み上げられてきている。和・洋・中国の供応食献立を次に示す。

●日本料理　本膳料理，懐石料理，会席料理，普茶料理，郷土料理（例えば，卓袱,
皿鉢，各種の鍋料理）など

●西洋料理　フランス料理，イタリア料理，ドイツ料理，スイス料理，イギリス料理，アメリカ料理，スペイン・メキシコ料理，ロシア料理，スカンジナビア料理，地中海料理など

●中国料理　北京料理，山東料理，上海料理，四川料理，福建料理，広東料理など

7　献立作成の手順

献立作成にはまず，食数，喫食者の年齢，性別，生活内容，必要栄養素量を考え，次に費用，調理者の人数，技能，調理設備，調理にかけられる時間，食事室の環境条件などを考慮して方針を定める。次に食品の選定では，価格，出回り期，入手と保存の難易，取り扱いの難易，好まれるかどうかなどを目安に，食品群別の摂取量を目標に品質や鮮度のよいものを選ぶ。調理の立場からみた，各食品の特徴をよく知ることが大切である。

日常的な調理は，基礎的な技術のほか，季節感覚，材料の鮮度や品質に応じた調理法，献立間の連絡や余った材料の使いみちまで考慮した献立であることが望ましい。

主な治療食

主な治療食の種類とその栄養上の配慮を以下に示した。

疾　病	十分摂取したいもの	制限するもの
腎臓病	エネルギー，脂質，炭水化物，ビタミン	食塩，水分，たんぱく質
糖尿病	良質たんぱく質，無機質，ビタミン	総エネルギー
肝臓病	良質たんぱく質，炭水化物，ビタミン，無機質	動物性脂質，アルコール類
高血圧症	ビタミン，無機質（野菜，果物）	食塩，動物性脂質，総エネルギー，アルコール類
動脈硬化症	ビタミン，無機質	コレステロール，動物性脂質，総エネルギー，食塩，砂糖
肥満症	たんぱく質，ビタミン，無機質	総エネルギー（炭水化物，脂質）
消化器病	軟食，消化のよいもの	食塩，脂質，刺激物，かたいもの

供応食献立の一例

　和・洋・中国の供応料理の献立を一例ずつ，以下に示した。また，このほかに各種の**エスニック料理**がある（食文化概論の項を参照）。

日本料理 （江戸期高級 料亭の酒宴膳， 会席膳つき本 膳料理）	本膳 二の膳 三の膳 吸物膳（中酒膳） 後段会席膳	鱠，汁，飯，坪，香の物 平皿，二の汁，猪口 焼き魚 吸物，口取，刺し身，焼き物，酢の物，茶わ ん，うま煮，吸物（再） 向，汁，飯，椀盛，焼き物，和え物，香の物
西洋料理 （フランス料 理ディナー コース）	オードブル スープ 魚料理 ソルベ 肉料理 野菜料理 サラダ デザート	アントレ，冷前菜，温前菜，シェリー ポタージュ ポワソン，白ワイン 魚料理と肉料理の間の口直し ヴィヤンド，ロティ，赤ワイン つけ合わせ 野菜 アントルメ（菓子）またはチーズ，フルーツ， コーヒー
中国料理 （卓料理）	^{リャンツァイ}冷菜 ^{ダアジェン}大件[*] ^{ダアツァイ}大菜[*] ^{ティエヌツァイ}甜菜 ^{タンツァイ}湯菜（スープ） ^{ティエヌシヌ}点心 ^{シュイグオ}水果	盛り合わせ（偶数） 燕窩（海つばめの巣），魚翅（ふかひれ），海 参（干しなまこ）などのうち1種 主材料と調理法，味つけを変え数種 甘味の料理 飯，粥，饅頭，飯菜，漬け物などの併用 菓子，小麦粉製品など フルーツ

注）[*]メインとなる料理

8 調理技術

1 食品別調理

❶ 穀類

　でん粉を主成分とした穀類の加熱調理の主目的は，でん粉の糊化にある（p.281）。そのため，蒸す，煮るなど，湿式加熱を原則とする。

　米と小麦は，外皮と胚乳部のどちらがかたいかで，一方は粒食，他方は粉食と用途が分かれている。このことが，それぞれを主食とする世界各地域の食文化の形成に影響をもたらしている。米は，粒をこすり合わせるだけで，外皮を除き内部の胚乳を残して精白できるが，小麦は外皮が強靱で胚乳部がもろく，しかも溝があって皮はむけない。そこで逆に，胚乳をつぶしてふるい分け，粉食する。

1　米

　米は，ほとんどが炊飯によって食用にする。在来のかまどによる炊飯条件が，現在でも炊飯の原理とされ，自動炊飯器はもちろん，業務用の大量炊飯装置もすべて，かまどと同じ条件をつくり出すように設計されている。炊飯は次の3つの段階からなる。

❶洗米と浸漬　米粒表面の糠を洗い落とし，吸水させる
❷加熱　でん粉の糊化が完了するには，98℃以上で20分間の加熱が必要
❸蒸らし　糊化を完成させ，米粒表面の水分を除く

　洗米の初めの1〜2回は，たっぷりの水を加え，米粒表面の糠が離れたらその水を手早く捨てる。洗米後，次の水温に応じて1〜3時間水に浸して吸水させる。すぐに加熱を始めると，表層部だけ早く粘りが出て内部への吸水が遅れ，炊き上がりの米飯にムラができる。

炊飯の水加減・炊き込み飯の塩加減

　吸水の際，加熱段階ででん粉が糊化することにより吸水される水量と，加熱中に蒸発する水量を予測し，過不足なく水を加えておくことを水加減という。水加減は，重量で米の1.4〜1.5倍，容量で米の1.1〜1.2倍（新米では同量程度）である。炊き上がりの米飯の量は，もとの米の重量の2.1〜2.3倍になる。さらに，大規模の炊飯では，計量から洗米，水加減まで自動化することが最も望ましい。

　ちょうどよい炊き込み飯の塩分濃度は，飯のでき上がり重量の約0.7%である。米重量に対して1.5%，あるいは炊き水に対して1.0%を基準にして加えると，0.7%に炊き上がる。なお，しょうゆや塩は吸水を妨げるので，調味は加熱前に行う。

水温23〜30℃（夏期）30分〜1時間　┐
水温 5〜10℃（冬期）1〜3時間　　┘吸水率20〜30%（米重量に対して）

　加熱後の蒸らしの段階は，温度をゆっくりと下降させるのが目的なので，途中でふたを取ることは禁物である。急に冷えると，水蒸気が液化して米粒がぬれ，蒸らしの効果はなくなる。蒸らしが終わったら，軽くかき混ぜて余分な水蒸気を逃がす。かつては乾いた木の容器（おひつ）に移して保存したが，現在ではすべての自動炊飯器が保温機能を備えている。もち米は，加水量が少ないので蒸したほうがよい。この際，不足する水は何度か振り水をして補充する。

　下記のような米も出回っている。使用の際には特性を理解しておく必要がある。

● 無洗米　ぬかを除去した米で，研き洗いを必要としない。ぬかの除去方法には，水洗いするものと，水洗いしないものがある。無洗米では，洗米時の栄養の流出がなく，とぎ汁が出ない利点がある。炊飯時の加水量は，やや多めにする

● アルファ化米　炊飯で米をアルファ化（p.281）させた後に乾燥させたもの。水や湯を加えると米飯として食べることができる

● 強化米　精米にビタミンB₁，ビタミンB₂などの栄養素を添加したもの。白米に混ぜて炊飯する

● 発芽玄米　玄米をわずかに発芽させたもの。玄米と比べ栄養価が高く，玄米の場合のような長時間の浸水は必要ない

2　小麦粉

　小麦は粒の構造上，必ず粉食する。小麦粉に水を加えて撹拌していると，粘りと弾力が増す。これは，小麦のたんぱく質が水を吸収して分子がからみ合い，グルテンという弾力のある塊を形成するためである。グルテンの多い強力粉は，主にパン用，それに次ぐ中力粉は麺用，グルテンの少ない薄力粉は菓子，天ぷら用などと使い分ける。デュラム種の小麦粉はスパゲティの製造に適している。グルテンは撹拌するほど強度を増すので，粘りや弾力を嫌う天ぷらの衣やケーキ，パイなどでは，冷却したり，あまりこねないようにする。

　小麦粉に水を加えてこねた生地をドウ（流動性なし），ドウよりゆるい生地をバッター（流動性あり）という。ドウは，食塩の添加で粘弾性が強くなり，砂糖や油脂の添加で，粘弾性が弱まるが伸展性が増す。次のように変形させ消化しやすくする。

● 薄く伸ばして加熱　ホットケーキ，お好み焼き，ぎょうざの皮など

● 細く切るか伸ばす，または穴から押し出す　各種の麺，パスタ類

● イースト（酵母），ベーキングパウダー，泡立て卵白などで，スポンジ状に膨張させる　パン，饅頭，ケーキ。イースト発酵ではイーストを活性化するために砂糖が必要である。スフレやスポンジケーキは，生地に混ぜ込んだ気泡の熱膨張と生地の水蒸気圧を利用して膨化させたものである。シュー生地は，生地内に発生する強い蒸気圧でキャベツ状に膨化し，空洞ができる

　このほか，小麦粉には次のような役割もある。

● とろみをつける　ルウ，スープなど

● 肉や魚にまぶし，水分を吸収する　ムニエルなど

● 粘りを防ぐ　麺やぎょうざの皮の打ち粉

❷ いも類

主に，さつまいも，じゃがいも，さといも，やまのいもの4種類がある。主成分は，いずれもでん粉であり，さといも，やまのいもは粘質物を含むため，ぬめりがある。

さつまいもは，甘味が特徴で，ゆっくり加熱するとアミラーゼが働き，でん粉が分解されて糖に変わり，甘味が強くなる。電子レンジで急速に加熱したいもは，アミラーゼの作用時間が短く，ゆっくり焼いた普通の焼きいもより甘味が少ない。

じゃがいもは，甘味よりうま味が強いので調理用に使われる。マッシュポテトや粉吹きいもは，成熟した粉質のいも（男爵など）を水からゆで，熱いうちに手早く組織を壊し，細胞をバラバラに離す。新じゃがいもや冷えたいもでは，細胞膜が破れやすく，内部のでん粉が流出して糊のようになってしまう。

生のいもは，空気にふれると褐変するので，切ったら水にさらすが，長時間水にさらすと，細胞膜のペクチンが水中の無機質と結合してかたくなり，煮えにくい。これを逆に利用して，細切りじゃがいもを炒めるときは，十分水にさらして組織をシャキッとさせる。牛乳で煮たじゃがいもが水煮よりかたくなるのはこのためである。また，さつまいもややつがしらの含め煮では煮くずれを防ぐため，みょうばんを加えたりする。

❸ 種実類

くりは，甘味とでん粉が主体で，これを強調するため甘露煮などにする。また，煮くずれを防ぎながらムラなく味をしみ込ませるには，みょうばんを加えて細胞膜を強化したり，紙ぶたを用いたりする。

一方ごまは，油脂と風味を主体とする種実類で，皮がかたいので，彩りに散らす場合を除いて，油がにじみ出るくらいよく磨砕して用いる。色や形と風味のすべてを求めるときは，半ずりや切りごまといった手法を用いる。

❹ 豆類

大豆は，たんぱく質と脂質を，また，あずき，えんどう，いんげん，そらまめなどは，でん粉を主成分とする。

米と異なり，豆には表皮があるので吸水に時間がかかる。なお，吸水完了までに15～16時間以上を要する。大豆は表皮が先に吸水してしわが寄り，次いで内部の子葉に水が入って膨潤するが，あずきは胚座という黒いすじの部分から内部へ先に水が入り込み，やがて内部の圧力から表皮が切れ，急激に吸水が進む。これを胴割れという。煮豆をつくるとき，大豆は，少なくとも一夜水に浸漬して十分膨潤させてから加熱するが，あずきは，洗ったらすぐに火にかけて，初めからゆるやかに加熱して表皮をやわらかくする。このとき，表皮と内部の温度差を少なくするため，途中で冷水を加えることがある。これをびっくり水という。これにより，表層と中心部を均一に加熱できる。

煮豆に調味料を一度に加えると，急激な脱水のため，しわが寄りやすい。数回に分けて加えるか，分量の調味料を加熱前に加えてから一夜放置して，ゆっくりと浸透させた後，加熱を始めるようにする。

煮豆に重曹を加えると，重曹のアルカリにより表皮の繊維は軟化し，内部の子葉のたんぱく質は膨潤する。そのために，やわらかく，しわもなくなるが，ビタミン

B₁はかなり減少する。黒豆の色は，重曹や古釘を入れると鮮やかになる。

❺ 魚介類

　魚介類は種類が多く，魚ごとに旬があるので，一般に魚の調理は素材のもち味を重視する。筋肉は，捕獲後すぐに死後硬直を起こし，直ちに軟化が始まるので鮮度に注意する。新しいものは生食可能で，これが日本料理を代表する刺し身である。魚はいったん切り身にすると洗浄は困難なので，初めによく洗っておく。赤身魚は加熱するとかたくなる。一方，白身魚は加熱時にそれほどかたくならず，煮魚では身のくずれや割れが生じやすい。

1　焼き魚と塩

　魚のもち味を最もよく生かす加熱法は，直火焼きである。高級な焼き魚では，備長の堅炭が使われてきたが，現在はガスまたは電熱が多い。強い火力で放射熱を与えることが望ましく，炭ならば強火，ガス・電熱では赤外線方式とする。炭火の場合，もし強すぎても火はそのままにしておき，魚体を火から遠ざけて調節する（強火の遠火）。

　焼く20〜30分前に，魚の1〜2%程度の食塩をまぶす。これは，魚体表面のたんぱく質を溶かすと同時に，焼いたときの表面の熱凝固を助ける。精製塩より，多少のマグネシウムやカルシウムを含む粗製塩のほうが風味がよい。

2　煮魚と落としぶた

　煮魚は煮汁を少なくし，煮立ってから魚を入れる。それによって，表面のたんぱく質が熱凝固し，うま味の溶出を防ぐことができ，溶け出したうま味も再び煮詰まって魚体に戻る。赤身魚の煮つけは魚臭を抑えるために，しょうがやみそを加えたりして煮る。少ない煮汁で味をムラなくつけるため，鍋より一回り小さい落としぶたをする。皮や骨のある魚を長時間煮ると，コラーゲンというたんぱく質がゼラチンに変化して汁に溶け，冷えると煮こごりとなって固まる。

3　酢じめ

　魚肉を食塩で締めた後，食酢に浸して肉質を引き締める方法で，しめさばがこれにあたる。食酢に浸すことで魚臭が減少し，うま味が増し，保存性も向上する。魚肉は白く凝固してもろいテクスチャーとなる。

❻ 獣鳥肉類

　肉と魚は，同じような筋線維構造やたんぱく質組成をもちながら，調理特性は全く対照的である。肉は，牛，豚，鶏と素材の種類が少なく，季節性も乏しいため，加熱法，味つけ，部位の使い分け，スパイスやソースの工夫で料理に変化や個性をもたせる。これは，魚が鮮度のよい素材をそろえれば，刺し身，塩焼きのように素材本位の料理ができるのと対照的である。さらに，筋線維の長さ，死後硬直とそれに続く熟成や軟化の時期，食べごろの違いなど，調理材料としての肉と魚は，同じたんぱく質食品とは思えないほど差が大きい（6章食文化概論，p.308）。

　肉の各部位は【表25】のように，調理によっていろいろに使い分けられる。

　肉の筋線維は魚より長いので，あらかじめ直角方向に切って短くしておく。焼くときは，初めに強火で両面を焼いて凝固させ，内部のうま味の流出を防ぐ。皮つきの魚と異なり，塩，こしょうは焼く直前にする。ビーフステーキは肉のもち味を味

表25 肉の部位と使い分け

使用部位	調理目的	加熱法	例
ロース，ヒレ*など	肉そのものの味	焼く，揚げる	ステーキ，ロースト，バーベキュー，カツレツ
すね，ばら	肉の味を汁に移す	煮る，炒める	シチュー，スープ，角煮
かた，もも	肉と副材料の組み合わせ	炒める，漬ける	焼き肉，串焼き，つくだ煮，みそ漬け

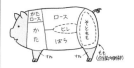

* ヒレは，きめが細かくて脂肪が少なく最もやわらかい。
1頭から少量しか取れない。

表26 ビーフステーキの焼き加減

焼き方	肉の中心温度（℃）
レア（生焼け）	55〜65
ミディアム（中くらい）	65〜70
ウェルダン（十分に）	70〜85
ベリーウェルダン（完全）	85〜95

わう料理なので，焼き加減は【表26】のとおり，食べる人の好みに合わせて調節する。

　肉のたんぱく質は60℃付近で凝集・凝固が起こり，肉が収縮して小さくなる。また加熱により，色素たんぱく質（ミオグロビン）が変性し，灰褐色になる。

　スープストックや煮込み料理のように水中で長く加熱するときは，すじの多い，かたい部分を使ったほうが，コラーゲンのゼラチン化により普通の肉と比べてやわらかくなる。

　融点の高い脂肪を含む牛肉や羊肉は，加熱して熱いうちに食べる調理に適する。

　ひき肉は食塩を加えると粘性を生じるので形をつくりやすくなる。また，ひき肉にすると脂質の酸化・劣化が早く，旨味が溶出しやすい。

死後硬直と食べごろ

　肉は食肉処理直後より，死後硬直が終わり軟化・熟成を経てからのほうがやわらかく，うま味成分も多く味もよい。魚はとれたてほど味がよい。

使用部位	最大死後硬直	食べごろ（冷蔵）
牛（馬）肉	12〜15時間	7〜13日
豚　肉	2〜3日	4〜5日
鶏　肉	6〜12時間	1〜2日
魚　肉	1〜4時間	直後（硬直中）

注）冷凍品には当てはまらない。

●**肉の軟化**　❶ひき肉にするか，筋線維に対して直角に切る，❷長時間煮込む（結合組織の軟化），❸マリネにする（pH降下），❹アルカリ性にする（pH上昇），❺しょうが汁に漬ける（酵素利用）などの方法がある

❼ 卵類

　卵類は，生食も加熱調理も可能で他の食品の味ともよく合い，きわめて利用価値が高く，栄養価も優れている。鶏卵のほか，うずら，あひるなどの卵が食用にされる。ただし，魚卵は魚介類に分類される。

1　卵の加熱

　卵白は，57〜58℃で凝固し始め，65℃ではまだ流動性を保ち，70℃でほぼ凝固するが，80℃以上にならないと完全には凝固しない。

　一方，65℃を過ぎると卵黄はほとんど凝固する。65〜70℃の湯のなかに20〜30分保つと，卵黄はほぼかたまり，卵白のほうがどろどろした，いわゆる温泉卵ができる。卵の加熱調理のコツは，たんぱく質をいかに目的どおりうまく熱凝固させるかにある。12分ほどゆでると完全な固ゆで，3分以上で好みに応じた半熟卵になる。

　卵を長時間ゆでると，卵白のたんぱく質から発生したイオウ分（硫化水素）が卵黄中の鉄分と結びついて硫化第一鉄になり，青黒く変色する。この黒変は古い卵ほど起こりやすい。ゆでてすぐ冷水で冷やすと，多少は防ぐことができる。茶わん蒸し，卵豆腐，プディングのすだちを防ぐには，85〜90℃になるよう火力を調節する。

　茶わん蒸しに加える食塩（Na^+），カスタードプディングに加える牛乳（Ca^{2+}）は，熱凝固を促進させている。

2　起泡性と乳化性

　卵白の泡立ちは，たんぱく質が激しい撹拌により一種の変性を起こし，きわめて薄い膜状になって空気を包み込む現象である。スポンジケーキは，この泡に包まれた空気の熱膨張を利用して膨らませたものである。砂糖は卵白の起泡性を阻害するが，気泡の安定性を高めるという作用があるので，メレンゲをつくる際は途中から加える。油脂は，気泡膜を破壊する作用をもっている。また，レモン汁など酸性のものを少量加えると，弱酸性になり泡立ちやすくなる。卵黄中のレシチンには，水分と油を結びつける乳化作用がある（p.248，ワンポイント）。

❽ 牛乳

　そのまま飲用するほか，飲み物に加えたり，ホワイトソースやいろいろな菓子類の材料にも用いる。レバーや魚の臭いを除きたいときは，浸すと臭いを吸着する。

　牛乳を静かに加熱すると，表面に皮膜ができる。これは，たんぱく質が熱凝固し，乳脂肪（乳清たんぱく質に脂肪球などが吸着したもの）が吸着されて液面に集まるためである。75℃以上で長時間加熱すると，牛乳たんぱく質が変質して硫化水素などが発生し，不快臭が感じられる。牛乳の主要たんぱく質であるカゼインは，単独では熱凝固しにくいが，酸を加えるとたちまち固まる。ヨーグルトは，乳酸発酵によりカゼインを凝固させたものである。

●**バター**　牛乳からつくられるバターは，自由に形を変えられる可塑性があり，生地にバターを折り込んだパイ生地は伸びやすく，成形しやすい。また，よく混ぜると空気を含むクリーミング性があり，パウンドケーキなどに用いると気泡が膨

張して生地が膨らみ軽い食感になる。空気を含まないクリーム状にしたバターを
クッキーなどに用いると，ショートニング性によりサクサクとした口当たりに仕
上がる

❾ 野菜類

　栄養的には無機質，ビタミンの給源であり，調理材料としては典型的な副菜型，
日常型の食品で，主料理のつけ合わせに欠かせないものである。生食，ゆで物，和
え物，煮物，炒め物，揚げ物など，さまざまな調理法が可能である。

1 野菜の変色

　食卓に緑色を提供する野菜の加熱調理では，緑色の保持が要点となる。

　緑色野菜は，なるべく短時間でゆで，すぐ水で冷やす。クロロフィル（葉緑素）
は，長い加熱と酸により退色する。汁物に青菜を入れるのは，火からおろす真際に
する。早く入れると，みそやしょうゆに含まれる酸のため色があせる。ゆでるとき
は，ふたをせず有機酸を蒸発させるほうがよいといわれる（p.277）。

　れんこん，ごぼうなど，空気中の酸素で褐変しやすい野菜は，切ったらすぐ水に
漬けるとあく抜きにもなる。煮るときに酢を加えると，褐変が止まるだけでなく，
フラボノイドも無色になるので，白く煮上がる（p.278）。

2 ビタミンCの損失

　ビタミンCは水溶性で，しかも空気にふれると酸化されやすいため，調理損失が
大きい。酸化が起こっても，すぐに効力を失うものではないが，長く放置するとさ
らに分解が進んで効力を失う。そこで，大根おろしやミキサーで砕いた野菜は，で
きる限り調理直後に食べるようにする（p.282）。

　ビタミンCは水に溶けやすいので，煮たりゆでたりすると大幅に損失する。一方，
揚げ物や炒め物では損失が少ない。ただし，大量調理の炒め物は時間がかかり，野
菜の組織がくずれるので，やはり損失はさけられない。

3 野菜の物理性

　生野菜を冷水に漬けると吸水し，パリッとして歯切れがよくなる。逆に塩を振っ
ておくと，細胞内の水分が外へ引き出され，しんなりしてくる。板ずり，塩もみ，
塩漬けなどはこの例である。水が引き出された後は，外からの味がしみ込みやすく
なる。サラダドレッシングは，なるべく食べる直前に野菜にかけるのがよい。また，
野菜を煮ると，細胞膜の成分であるペクチンが溶けて組織がくずれ，やわらかくなる。

❿ 果実類

　果実の特徴は，❶色，❷香り，❸歯切れのよさ，❹甘味，❺酸味などである。こ
のうち，皮をむくと❶が失われ，熱を加えると❷と❸がなくなり，残るのは❹，❺
だけである。そこで，果実の一番よい食べ方は，そのまま食卓へ出すことである。
果実の味は，原則としてほかの食品と一緒に調理するより単独のほうが好ましいの
で，デザートや間食として，ほかの料理から独立した性格をもつ。

　果実の甘味は，ブドウ糖と果糖が中心で，ともに低温のほうが甘いので，果物は
冷やして食べる。ミキサーで果汁をしぼると，ビタミンCはかなり酸化される。

　果実に砂糖を多量に加えて煮詰めると，果実中のペクチンが砂糖・酸と反応して
ゼリー状になる。汁だけでつくるとフルーツゼリー，果肉ごとゼリー化させたもの

がジャムである。また，かんきつ類は皮にペクチンが多いので，これを切って一緒に煮詰める。これがマーマレードである。

⓫ きのこ類，藻類

きのこ類，藻類は，食物繊維の多いところは似ているが，藻類のほうが無機質は豊富である。ともに香り，味，舌ざわりが求められ，香りでは，のりやまつたけ，味では，こんぶやしいたけ（ともにだし汁のうま味成分），舌ざわりでは，わかめやひじき，マッシュルームなどが，それぞれあげられる。

2　調味料と香辛料の調理特性

❶ 主な調味料の調理特性

1　砂糖

呈味成分はショ糖で，おだやかな甘味をもち，水に溶けやすい。温度，pHなど，調理条件の変化に対して安定で，調味料として使いやすい。粘性，結晶性など，特有の物理性が加熱法の変化で制御できる。

砂糖は，温度が高いほど溶解度が大きく，溶解速度も速い。100gの水に溶ける砂糖の量は，0℃で約180g，100℃では487gも溶ける。そこで，コーヒー，紅茶などに砂糖を入れるときは熱いうちがよく，冷めると溶けるのが遅い。温度が同じなら，結晶粒子が小さいほど溶解速度も速まる。グラニュー糖，上白糖，ざらめ，氷砂糖の順に溶解速度が速い。

砂糖液を煮詰め，砂糖の濃度が50%を超えると沸点が急に上がりだし，90%では124℃にも達する。この間のいろいろな沸点（煮詰め温度）で加熱をやめて冷ますと，その煮詰め温度によりフォンダン，キャンデー，ボンボンなど，自由にいろいろな性質の結晶や塊をつくることができる。目的どおりに固まるよう，加減して煮詰めるのが砂糖の調理のコツである。170〜190℃では砂糖は分解し，褐色のカラメルになる。

2　食塩

呈味成分は塩化ナトリウムで，純粋な塩味はほかの物質では代用できず，すべての調味料の基本となる。調理の味つけに単独でも複合でも使用でき，甘味や酸味を料理に用いるときにも，必ず食塩を併用する。

食塩は水によく溶け，味つけは容易で，加熱によって変化することもない。適度と感じる食塩濃度は0.8〜1.2%であるが，加工食品中には保存性をよくするため，より多くの食塩が含まれている。一般細菌は，5%程度の食塩で生育が抑制され，15〜20%で繁殖が停止する。20%ではカビを含め，ほとんどすべての微生物が生育できない。

生鮮食品に塩を加えると，浸透圧の関係で細胞内の水分が細胞外に浸出する。細胞内の水が失われると原形質分離が起こり，細胞壁と細胞膜の間に食塩が拡散する。また，切った果物に塩を加えると酵素作用を抑え，褐変を防ぐ。

食塩はたんぱく質の熱凝固を促進する。茶わん蒸し，ゆで卵や落とし卵の湯に入れておく塩などはその例である。また，肉，魚などに塩を加えると，筋肉たんぱく質が可溶化して嗜好性が向上し，同時に，加熱したときの熱凝固も速まる。

表27 香辛料，香味野菜の作用

作　用	香辛料，香味野菜	
焼けるような辛味 （ホットな辛味） （持続性）	とうがらし類 こしょう類 さんしょう類 しょうが類	とうがらし 白こしょう，黒こしょう さんしょう しょうが
鼻へ抜ける辛味 （シャープな辛味） （揮発性）	からし類 ねぎ類	からし，わさび ねぎ，にんにく，たまねぎ
香り	バニラ，オールスパイス，ミント，タイム，セージ，ベイリーフ（ローリエ），シナモン，ナツメグ，バジル，キャラウェイ，セロリ，パセリ，コリアンダー，しそ，みょうが，うど，ゆず，だいだい	
色	パプリカ，ターメリック，サフラン	

3　食酢

主成分は酢酸で，食塩や砂糖のような純粋物質ではなく，うま味や香気成分の複合体で，複雑な味，香りをもつ。揮発性成分が多く，加熱すると味，香りが変化する。単独ではなく，他の調味料（食塩，砂糖，みそ，しょうゆなど）と併用することが多い。酸味と塩味は，相互に刺激を抑制し，おだやかな混合味になる。食酢の酢酸濃度は3〜5％で，これを材料の約1割使うので，適度と感じる酢酸濃度は0.3〜0.5％である。食酢の作用には，防腐，殺菌，食品中の酵素作用の抑制がある。大根おろしに酢を入れると，ミロシナーゼによる辛味の増加を抑制する。また，たんぱく質の変性を容易にする。焼き魚の網や金串に酢を塗ったり，ゆで卵や落とし卵の熱水中に酢を入れるのは，たんぱく質の熱凝固を促進するためである（食塩の作用も同様）。砂糖溶液に食酢を加えて加熱すると，結晶化を防ぐことができる。

4　みりん，酒

みりんは，もち米に米麹，焼酎もしくは醸造アルコールを加え熟成させたもので，アルコールが11〜14％含まれる酒類調味料である。加熱してアルコールをとばすと，うまみと甘みの残る煮切りみりんになる。みりん風調味料は，製造方法が異なり，アルコール度数は1％未満である。みりんの甘みは主にブドウ糖によるもので，糖分により，料理に，てり・つやが出る。

日本酒が魚の煮物などの調理のほか，飲料とされるのに対し，料理酒は，日本酒の製造過程で塩などを加えた調味料であり，一般的に飲用には適さない。

5　みそ

みそには魚や肉の臭いを消す作用があり，日本の伝統的な発酵食品である（p.96）。

❷ 香辛料の役割と種類

料理の風味を引き立て食欲を刺激する，芳香や辛味をもった植物の種子や葉の部分を，香辛料（スパイス）と総称する。植物本体をそのまま用いる香草（ハーブ）または薬味と呼ばれるものもある。動物性食品の臭気を消すため，肉や魚料理には欠かせない。

香辛料，香味野菜の作用には，【表27】のようなものがあり，用途で使い分ける。

9 集団調理

1 給食の献立と食事管理

特定多数人を対象に継続的に供給される食事を給食（特定給食）という。同じ大量調理でも，飲食店のように不特定の人や，大宴会のように1回限りの人を対象にする場合は，給食とはいわない。給食には，次のように普通の食事と異なる特徴がある。

1 献立面の特徴
- 栄養量と予算を考慮する
- 食品構成に基づいて献立を決めるが，これはある期間の平均的な目安であり，料理の組み合わせは毎日変化する
- 衛生的安全性を重視するため，献立に取り入れる料理が限定される
- 献立作成者と調理従事者が分かれているため，レシピ（作業指示書）に従って調理すれば，能率的においしい料理に仕上がる

2 調理面の特徴
- 調理従事者は，和・洋・中国すべての日常食を習得する必要がある
- 調理所要時間が厳しく制約される（時間内に調理しなければならない）
- 飲食店と異なり，同じ器具で毎日違う料理をつくらなければならない
- 嗜好の異なる多くの人に適合する味つけを考慮する
- 大量調理としての技術的な制約が多い

3 供食面の特徴
- 適温で供食できるように，温蔵庫，冷蔵庫および温冷配膳車の活用が必要である
- 取り扱いの簡便な食器で種類も限られる
- 1日3食の給食では，勤務体制などから夕食時間が早くなりがちである

以上のように，給食を満足できるものにするためには，家庭その他の小規模な食事の場合より，はるかに調理従事者の役割が重要になる。

2 給食の調理

❶ 給食の調理の性格

給食には，学校，事業所，病院，福祉施設，寮など，目的や性格の異なるいろいろな場があるので，それぞれの特性を理解し，安全，栄養，嗜好を満たした給食が望まれる。

給食に対する不満は，次の点に集約される。
- 即時性に欠ける　調理完了から喫食まで，時間的，距離的に差がある
- 個別性に欠ける　味つけなど，個人に合わせて提供しにくい

これに前記のような諸特徴を加えて考えると，変化や期待感に富む食事にするには，次のような点が考えられる。

- 栄養素量や費用の枠における1日ごとの変動を大幅に認める
- つくり置きを可能とする保管設備や，ときには調理済み食品や半調理食品を活用し，口に入る最終段階だけを，なるべく食べる直前に行えるように工夫する。例えば，新調理システムを導入することなどが考えられる
- いくつかの料理から，ある程度の種類，分量を選べること。卓上調味料なども，豊富にそろえること

❷ 日本の給食と主な給食用調理機器

わが国の給食は，諸外国と異なり，和・洋・中国という3つの形式の調理が混合しているため，調理機器の種類もきわめて多様なうえ，1つの機器が多目的に用いられる。また，大量調理であっても，刺し身のように機械では切れない料理も献立に入ってくるので，包丁はやはり必要である。したがって，日本の給食に従事する調理師は，和食，洋食など，特定の専門料理だけをつくる人とは異なる調理技術が求められることを忘れてはならない。

給食の作業区分別の使用機器一覧を【表28】に示す。

❸ 大量調理の特徴

大量調理は，1つの料理の調理量が多く，調理操作の時間が長くなる。そのため，複数の調理従事者の協同作業や機械化を行って，調理操作時間を短縮する。さらに，調理後から喫食までの時間が長いために起こる，品質の変化や作業能率，衛生的安全性の面からも検討が必要になる。大量調理の特徴をまとめると以下のようになる。

- 調理量が大量であるため，調理する量によって，調理過程の食品および料理の重量変化が異なる。炒め物は，1回に炒める量を少なくすると仕上がりがよい
- 加熱中の蒸発率が低いため，加える水（だし汁）の量が少ない。そのため，煮

表28 給食の作業区分別の使用機器一覧

作業区分	内 容	主要機器	備 考
搬入，検収	搬入，荷さばき，検収，一時格納，包材整理	検収台，計量器，ラック，荷さばき台	ハッチ方式の場合もある 規模により検収事務室を設ける
格納，他	食材別・温度別の格納，雑品（食器類，消耗品類，他）の格納	乾物庫，調味料庫（戸棚），野菜漬物庫（ラック），冷凍・冷蔵・保冷庫（室），貯米庫（室），雑品庫（ラック）	規模により，室型，庫型に分ける 黒板など記録用具があれば便利 食材料と雑品は区別する 大規模施設ではカートイン方式が便利
下処理	材料の洗浄，切砕，皮むき，成形，浸漬（予備解凍），洗米	シンク，調理台，水切り台 フードカッター，スライサー類，ピーラー，ミートチョッパー，ミキサー，フードプロセッサー，洗米機（手洗いの場合はシンク）	機械類は規模に合わせて選定する シンク，調理台は魚，野菜，肉用に区分する 洗浄用シンクは，2槽以上で水切り台をつける

作業区分	内　容	主要機器	備　考
主調理	炊飯	炊飯器（立型，連続）	大規模の場合は連続自動炊飯器を使用 小規模の場合は卓上型でよい
	煮る，ゆでる，焼く，炒める，揚げる，蒸す，冷凍品の解凍，加熱調理全般	平釜，回転釜，スープケトル，スチームケトル，グリルトップ・オーブン，サラマンダー，フライヤー，スチーマー（蒸し器），魚焼き機，コンベクションオーブン，電子レンジ，ガスレンジ，ガス台，ブレージングパン，スチームコンベクションオーブン，ティルティングパン	サーモスタット，タイマーつき，自動化されたものが便利 釜類には，撹拌機つきもある 冷菜コーナーを別室とする場合もある（コールドテーブル，冷蔵庫，シンク，調理台，ミキサーなど）
	冷却	ブラストチラー（空冷式） タンブルチラー（水冷式）	急速冷却器
温度管理，盛りつけ，配膳	保温，保冷，盛りつけ，配膳	温蔵庫，冷蔵庫 ウォーマーテーブル，コールドテーブル，コールドショーケース，アイスパン 盛りつけ台（コンベア） 配膳台（カウンター，戸棚） カフェテリアレーン	配膳形態により異なる（定食制，カフェテリア方式など） カフェテリアの場合：トレイスライド，スニーズカバー 病院給食では，食数板，食札カード入れも必要 麺類を給食する場合：ゆで麺機，シンク，調理台
サービス	サービス	給茶機，冷水機，製氷機 タオルウォーマー，サービステーブル 配膳車（ラック）	喫茶のあるところではコーヒーマシン，ボトルクーラーなど 保温・保冷配膳車，温蔵配膳車など種類が多い。配膳形態より選定 適温給食用に保温トレイ，保温食器が用いられている
洗浄，消毒	下膳，洗浄，消毒，保管，残菜処理	ダストカート（ラック），シャワーシンク，ダストテーブル，クリーンテーブル 浸漬槽，洗浄機（食器，食缶），煮沸消毒機，食器消毒保管庫，食器戸棚（ラック），残菜処理機	規模，食器の種類・材質などによって，機器の選定が変わってくる 残菜処理室を設け，ポリバケツの洗浄，整理などをしているところもある 病院給食では，配膳車の洗浄，消毒室を設けている場合もある 汚水処理設備も必要になってきている
その他	清掃用具の格納[*1] 床洗い 手洗い[*2] 給湯 履き物整理，前掛け類の整理，更衣[*4]，事務	モップシンク，掃除用具ロッカー フロアースプレー（移動式，壁掛式） 手洗器，手指乾燥機 湯沸器（瞬間，専用ボイラー）[*3] 下駄箱，ロッカー類，机，椅子，本箱，エアシャワー	[*1]厨房の出入口，大施設では各セクションに必要 [*2]手指消毒コーナーの設置 [*3]全体ボイラーがあれば不要 [*4]休憩室をかねる場合もある

資料）鈴木久乃，太田和枝，殿塚婦美子編：給食管理（2011）第一出版より一部改変

物では加熱ムラや調味の不均一が起こりやすく，炊飯では沸騰までの時間管理が大切になる

●加熱機器の性能および熱容量と加熱する分量との関係によって，食品の温度上昇速度が異なるため，加熱の所要時間が違ってくる。そのため，加熱時間の指示は沸騰後，または，ある温度に達してからの所要時間を示す必要がある

●水を媒体とする加熱調理操作では，少量調理と比べて温度上昇速度が緩慢であるため調理時間が長くなり，酵素の作用する温度帯の通過時間が長く，料理の品質に影響することがある

●加熱条件が色，かたさ，テクスチャー，味および栄養成分の変化に顕著に影響する

●余熱が大きいため，加熱時間が短縮できる。煮物は，煮くずれを防ぐため，八分通り煮えたところで消火する。余熱を考慮した加熱条件にする

●和え物は，時間経過による脱水現象を避けるため，提供直前に調味する。

❹ 給食と新調理システム

1 新調理システムとは

　喫食者ニーズの多様化，料理の衛生的安全性，経済性を追求し，従来の調理方式であるクックサーブ（当日調理，当日喫食）に加え，クックチルおよびクックフリーズシステム，真空調理法，外部加工品の活用という4つの調理，保存，食品活用を組み合わせ，システム化した集中計画生産方式である。

　新調理システム導入のためには，専用機器の使用と厳密な温度と時間の管理（T-T・T：time-temperature tolerance）に基づいた作業工程の衛生管理が必要である【図9】。

2 クックチルシステム

　食材を加熱調理後，冷水または冷風による急速冷却（90分間以内に中心温度3℃以下まで冷却）を行い，冷蔵（3℃以下）により運搬・保管し，提供時に再加熱（中心温度75℃以上で1分間以上（二枚貝等ノロウイルス汚染のおそれのある食品の

図9 **新調理システムの作業工程**

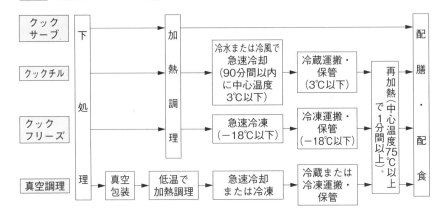

注）＊ 二枚貝等ノロウイルス汚染のおそれのある食品の場合は85〜90℃で90秒間以上。
資料）韓順子，大中佳子著：サクセス管理栄養士講座 給食経営管理論（2017）第一出版を改変

場合は85〜90℃で90秒間以上))する調理方式である。クックチル，クックフリーズシステムの衛生管理基準は，各国においてもイギリス保健省より出されたガイドラインに基づいている。わが国では，院外調理における衛生管理指針（ガイドライン）に示されている。

3　クックフリーズシステム

クックチルシステムの急速冷却の工程から，さらに冷却を続け，最終的な品温を－18℃以下としたものである。冷凍により保存期間が延長する。冷凍することにより方法や食材によっては，本来の味や食感が失われる場合がある。

4　真空調理法

食材を生，あるいは表面に軽く焦げ色をつけるなどの処理をした後に，調味液と一緒に専用の袋に詰めて真空包装し，低温（58〜95℃）で一定時間加熱する。低温加熱のため，食材の重量減少は小さく，やわらかい仕上がりになり，調味料の浸透も均一になる。加熱温度が料理のテクスチャーを特徴づけるため，加熱温度に対する加熱時間の厳密な管理が品質管理の要点である。給食での活用においては，衛生管理の面から，再加熱は食材の中心温度75℃以上で1分間以上（二枚貝等ノロウイルス汚染のおそれのある食品の場合は85〜90℃で90秒間以上）とする。

5　外部加工品

外部の食品加工業者の加工した冷凍・チルド状態の調理済み食品を利用することで，既製品をそのまま利用する場合と，仕様書により生産を委託する場合がある。

10 調理施設の洗浄・消毒・清掃

1 衛生管理の基本

　厚生労働省は，食中毒発生防止を目的として1997（平成9）年「大量調理施設衛生管理マニュアル」を作成し，HACCP概念を導入した。このマニュアルは同一メニューを1回300食以上，または1日750食以上を提供する調理施設に適用されるが，それ以外の施設であってもこのマニュアルに基づいた衛生管理に取り組むよう指導されている。

2 施設設備の洗浄・殺菌・清掃

　洗浄の対象となるものは，直接，食品と接するものと接しないもの（オイルトラップや排水マスなど）がある。接しないものは洗浄を忘れることが多いが，異臭の発生や昆虫の誘引などの原因になるので留意が必要である。

　施設の清掃，整頓は，日間・週間・月間の清掃計画を立て，落ち度がないようにし，それらが実行されているかの点検が必要である。施設は，内壁のうち床面から1mまでの部分および手指の触れる場所は1日に1回以上，施設の天井および内壁のうち床面から1m以上の部分は1カ月に1回以上清掃し，必要に応じて洗浄，消毒を行う。施設の清掃は，すべての食品が調理場内から完全に搬出された後に行う。トイレは，業務開始前，業務中および業務終了後等定期的に清掃および消毒剤による消毒を行って衛生的に保つ。

　食品倉庫内の食品は，種類ごとに区分して整理し，定期的に清掃する。冷凍・冷蔵庫は，保管中に食品が汚染されないように使用区分を決めておく。週に1回は内部を清掃し，壁面は消毒液でふいておく。

3 調理台および調理機械の洗浄・消毒

　通常，洗浄・殺菌の工程は，すすぎ→洗浄→すすぎ→殺菌→すすぎ→乾燥である。
　調理台は，飲用適水で3回水洗い，次に適度に希釈した中性洗剤または弱アルカリ洗剤をつけて洗浄する。次に飲用適水で洗剤を洗い流す。乾燥させて最後に70％アルコールを噴霧する。噴霧したあとは水ぶきしない。
　調理機械は，本体・部品を分解し，調理台と同様な方法で洗浄する。部品は，80℃で5分間以上またはこれと同等の効果を有する方法で殺菌し，乾燥させ，組み立てる。作業開始前に70％アルコール噴霧かこれと同等の効果を有する方法で殺菌する。

11 接客サービス・食事環境

1 接客サービスの方法

① 接客サービスの基本

　料理を最高の状態で味わってもらうには，心をこめた丁寧なサービスが必要である。サービスをする人は，機敏な動作でたえず食事の進行に気を配り，目立たぬようにし，食事をしている人に十分配慮することが大切である。

② スタイル別サービス

1　ブッフェスタイルのサービス

　料理はテーブルにまとめられ，客が自ら取りにいく形式である。メインテーブルの料理は，コース順（前菜，主菜，サラダ，デザート）に並べる。料理は適温で供卓する。原則として立食で，人数の増減に対応しやすく，料理のロスが少ない。食卓セッティングが比較的簡素な形式である。周囲に寿司などの模擬店を設けて，パーティーを盛り上げることもできる。

2　着席スタイルのサービス

　日本料理の宴席での会席料理の配膳方法には，一度に料理を並べる場合と，一品ずつ間隔をおいて料理を供する酒宴向きの配膳がある。給仕はすべて主客から行う。座敷では原則として客の前方から料理を供する。日本茶は最後に供する。

　中国料理は，1卓6～8人の円卓を用いることが多い。出入り口から遠いところが主客で，それに相対するところに主人が座る。大皿に盛った料理を卓の中央に置き，各自が自分の小皿に取り分ける方法や，テーブルを右回転させて料理を主客の前で止め，サービス係がサイドテーブルで料理を取り分ける方法がある。いずれも主客から給仕する。食器は，料理が変わったり，汚れたりしたら取り替える。

　西洋料理では，飲み物は，客の右側より給仕をする。食事の途中で飲み物が不足しないようにたえず気を配り，おぎなうようにする。料理は，一品ずつ各人の皿に盛って順番に供し，食べ終えたら次の料理を供する。料理は，客の左側から給仕することが原則とされている。やむを得ないときは右側から給仕してよいが，客と体が触れ合わないように注意する。食事が終わった皿は左側から取り下げるが，食器の音をできるだけ立てないように手早く下げる。ただし，給仕の方式は国により，またホテルや店舗により異なる。サラダが終わったら，グラス類，デザート用食器を除いて，料理に使用した食器類を下げ，パンくずなどもかたづける。

2 食事環境

　食事を心豊かにおいしく食べるためには，食事を食べる場所の雰囲気などの外部環境も影響する。

❶ 室内のコーディネート

　食卓の美しさを引き出し，心地よい空間づくりを心掛ける。暖色の光は食べ物を
おいしそうに感じさせ，気持ちをリラックスさせる。ゆっくりしたリズムの音楽も
音量を下げて流すと，さらに効果的である。料理の香りを楽しむために，香りの強
い室内用芳香剤やコロンの使用はさける。ハーブなどの食欲をそそる草花を，食卓
に飾るとよい。

　また，配色は，暖色系は温かい雰囲気を，寒色系は落ち着いた雰囲気をつくる。
テーブルクロスやナプキン，食器の色をコーディネートすることにより，食卓のコ
ンセプトを主張することができる。

❷ 料理様式別コーディネート

1 和風

　食器類は，主に磁気・陶器の焼き物と漆器を用いる。ガラスを使う場合は，現代
風にアレンジができる。青竹や朴葉などをあしらうと，風流な味わいをかもしだせ
る。箸先が膳や食卓に触れて汚れるのを防ぐために，箸置きを使う。

2 洋風

　テーブルセッティングによって食卓の雰囲気は異なる。テーブルクロスの素材に
は麻・綿・化繊混紡や，これらにはっ水加工したものがある。グラスの下に敷くコー
スターは，グラスのしずくや熱が，直接テーブルに伝わるのを防ぐ。ナプキンは口
元や指先をふいたり，衣服を汚さないためにも使用する。

　センターピースは，テーブルの中央に置く飾りのことである。生花，果物の盛り
合わせ，キャンドルなどが使われる。

　カトラリーは，刃物の総称であるが，通常は食べ物を口に運ぶための道具をさす。
フィギュアは，塩・こしょう入れ，ナプキンリングなど，テーブルの上に飾る小物
類をさす。

3 中国風

　食器は陶磁器が一般的であるが，銀やすずの金属器も使われる。箸は，日本の箸
より長く，銀や漆塗りがある。れんげは，大きいサービス用と小さい個人用がある。

6

食文化概論

食文化の成り立ち

1 食文化の定義

① 文化と文明

　人類は，地球上に誕生以来今日まで，ほかの動物一般とはやや異なる進化の過程をたどってきた。直立歩行を始め，その結果得られた手指の発達と脳の働きで，あらゆる時代を通じて地上の自然に働きかけてきた。さまざまな知識や技術を習得し，さらに言語という手段によって1つの社会を形成し，そこから多様な習慣，道徳，法律，信仰，芸術など，人類だけがもつ能力を創造してきた。

　このように，人間が自らの知恵によって創り出してきた，物質的・精神的な一切の成果の総称が文化（culture）と呼ばれるものである。

　道具の使用や火の利用のような，人間生活の向上に直結する技術の発達は，すべての人類に共通の利益をもたらす。しかし，社会集団の中の風俗・習慣や人間関係のような精神活動には，集団ごとに自然と価値観の差が生じてくる。すなわち，文化には人類共通の物質的，技術的な部分と，地域や民族ごとに異なる精神的な部分とがある。かつては物質や技術に基礎を置く実用的な文化を「文明（civilization）」と呼んで，精神的な文化とは別ものとして区別する考え方もあった。

　しかし，現在では，広い意味の文化のなかに，人類に共通な技術体系の文化（すなわち文明）と，地域や民族によって異なる固有の価値体系の文化とが，ともに含まれるという考え方が一般的である。

② 人の食物摂取行動と加工・調理

　衣食住など，人間の生活行動に関する技術や意識の文化を生活文化という。そのなかでも，食物摂取行動に関する文化を食文化あるいは広く食生活文化と呼ぶ。

　すべての動物は生存のために，ほかの動植物を栄養源として摂取しており，その食物の範囲はほぼ一定である。ところが，人類は地上のあらゆる動植物を栄養源として摂取している。日常の食卓に登場するものだけでも，穀類，豆，野菜，果実，肉，魚介，乳，卵，海藻，きのこなどがある。近年では昆虫が食料として見直されつつあり，ときには爬虫類までもが食用になる。発酵食品や漬け物のなかの酵母や乳酸菌などの微生物も，人の食料の一種ということができる。

　このような食生活が成り立つ背景には，人類だけが行う加工・調理の存在がある。100万年近くにも及ぶ原始人類の時代を経て，約1万数千年前からは狩猟，採集に続いて計画的な栽培や飼育が始まり，今では目的に合うように改良された品種を食料として生産し，消費している。生産した食料の一部は，生鮮食品としてそのまま食卓まで運ばれるが，多くは不要部分を除き，貯蔵，輸送が可能なように乾燥，加熱，調味などの加工処理をほどこして食品の形にする。これを材料にして調理が行われ，食物として利用される。すなわち，人の食行動は，加工・調理によって成り

図1　人体と食物のつながり

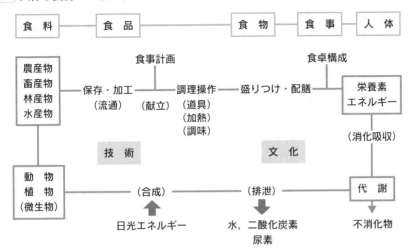

立っている【図1】。

❸ 食事の機能と食文化

　人の食事に求められる機能をまとめて【表1】に示した。

　安全性，栄養性，嗜好性の3つは，食物の基本的な条件であり，地域や民族を問わず人類共通の文化に属している。これらの条件は，一定の食事計画のもとに構成され，日々の食事のなかで満たしていくべき条件である。

　次に，制限条件としてあげられる経済性，簡易性，利便性など，食物調製の作業効率にかかわる条件は，地域社会の環境条件などに支配されるので，個々の生活文化の要因も加わってくる。この日常の食事に，趣味，娯楽，団らんなど付加価値的な要素が加わる。

　パーティーの食事やいろいろな行事食は，決して飢えを満たすための食事ではなく，その価値判断には，明らかに地域，民族に固有の食文化が関与してくる。

表1　食事の機能とその条件・要素

生命維持機能	食物の基本的条件	安全性，栄養性，嗜好性
	食物の制限条件	経済性，簡易性，利便性
付加価値機能	生活要素	趣味，娯楽，団らん，体験，流行，交流
	特殊要素	信仰・節制，行事，保健，医療

2　食文化の多様性

❶ 風土・環境と食文化

1　米と小麦

　米は，高温多湿，豊富な水分を必要とする農作物である。狭い土地からの収量も多く，同じ田に連作が可能で，自給率が低下している日本において，唯一の自給可能な食料である。なお，イネの系統には，主に下記の3種がある。

●形が丸く，短いジャポニカ種は，炊くと粘り気がある。日本で主流である

●形が縦長で，粘りが少ないインディカ種は，世界的に生産量が多く，約80％以上を占める

●ジャバニカ種は，ジャワ島やインドネシア，イタリアなどで栽培される。形はインディカ種とジャポニカ種の中間で，粘りはジャポニカ種に比べて少ない

一方小麦は，冷涼で乾燥した地域に適し，連作は困難なので，日本の風土では自給は難しい。

米と小麦はともにでん粉質食品で，日本食品標準成分表（八訂）2023年増補（以下，食品成分表）でみる限り栄養価に大差はないが，米は外皮がもろく内部の胚乳がかたいので，粒をこすり合わせるだけで外皮を除き，粒のまま炊飯できる。逆に小麦は，外皮が強靱で溝があり精白は難しい。しかし，内部の胚乳はもろく，ローラーで粉砕してふるい分ける。米と違って小麦粉は，水とともにこねると，たんぱく質がグルテン（5章調理理論，p.289）を形成し，それがパンや麺類の製造に利用される。

両者は同じ穀類であるが，【表2】のように調理特性は対照的である。

2 肉と魚

肉は，素材の種類が少なく，料理に変化や個性をもたせるためには，加熱法，味つけ，部位の使い分け，スパイスやソースの工夫などが必要である。一方魚は，日本近海だけでも数百種を数えるほど種類が多く，それぞれ旬の時期があり，刺し身，塩焼きのように，切るか焼くだけ，味つけもしょうゆと塩だけで，多種類の違う料理ができあがる。魚を中心とする日本料理が素材に重点を置き，料理人が包丁人と呼ばれるのも納得がいく。

肉と魚は同じような筋線維から成り立っているが，肉の線維は長く，卓上でもナイフで切って食べる。一方魚は，線維が短く，切り身のままで食卓に出しても箸でほぐして食べられる。肉は，死後硬直がゆるやかで，硬直，熟成，軟化を経て食べごろになるまで数日はかかるが，魚は硬直と軟化が速く魚臭が出やすいので，硬直中に食べるのが理想である。活造りは，魚の鮮度のよさを強調した日本独特の食べ方である。

両者は，筋肉の構造も基本的には同じで栄養成分も似ているが，調理特性は米・小麦と同様，【表3】のように全く対照的である。そのため，これらを用いた料理

表2 **米と小麦の調理特性の差異**

	米	小 麦
生産環境	●高温多湿の地域，連作可能	●冷涼乾燥の地域，連作困難
穀粒構造	●外皮がもろく胚乳部がかたい	●外皮がかたく胚乳部がもろい
利用形態	●精白して外皮を除去，粒食	●製粉して胚乳を採取，粉食
調味の必要性	●ほとんど不要	●必要
味の組み合わせ	●すべての料理と合う	●主に西洋料理と合う
物理性の特徴	●でんぷんによる粘弾性	●たんぱく質グルテンの粘弾性
たんぱく質の栄養	●小麦よりアミノ酸スコアは高い	●アミノ酸スコアは低い

の特徴も異なり，肉では主にソース中心，魚では素材を重視する料理が多い。

このように，米と小麦，肉と魚の食文化圏など，各地域の風土，環境に合った食文化圏が形成され，それぞれが独自の食文化を伝承している。

3 世界の主作物

世界各地の主作物と食べ方をまとめた。

- ●米　日本をはじめ，朝鮮半島，中国南部，東南アジア，インド南部などで，飯や粥にして食べる
- ●小麦　ヨーロッパやロシア，北アメリカ，インド西部，西・中央アジア，中国北部などで，地域によってパンや麺類，ナンといった特色のある方法で食べられている
- ●大麦　ヒマラヤ地方（チベット周辺）やヨーロッパ北部で，粗挽き粥にしたり，湯で練って食べる（日本では「おねり」ともいう）
- ●とうもろこし　北アメリカ，メキシコなどで，粗挽き粥やトルティーヤにして食べる
- ●雑穀（もろこし，きびなど）　主にアフリカ大陸で，だんごにしたり，粉粥やおねりにして食べる
- ●いも類　キャサバ（キャッサバ）はブラジルやインドネシア，ヤムいもはアフリカ大陸やオセアニア（オーストラリアとニュージーランドを除く）で，石で蒸すなどして食べる。このほか，じゃがいもやタロいもなどを食べる地域もある

これらのほか，アラビア半島やアフリカ大陸のサハラではなつめやし，ミクロネシアやポリネシアなどではパンノキの実が，いずれも石蒸しや石焼きで食べられている。

❷ 宗教と食物禁忌（タブー）

食事は生きるための基本的な行為として健康に直結するものだけに，食中毒の不安や宗教上の理由などから，特定の食物を習慣的に禁止したり，避けたりする食物禁忌も多い。宗教上の食物禁忌としては，【表4】のようなものが広く知られている。

わが国でも仏教の影響を受けて，為政者が肉食を禁じていたため，明治期の文明開化の時代まで表立った肉食は行われなかった。鎌倉初期の禅宗の寺院では，植物性食品だけを素材にして，中国伝来の調理法を応用した日本独自の精進料理を開発

表3 **食肉と魚介類の調理特性の差異**

	食　肉	魚介類
種類の多少	●牛・豚・鶏など種類が少ない	●季節ごとに種類が多い
生産の安定性	●計画的な飼育が必要	●飼育しにくい，生産が不安定
季節性	●変動が少ない	●変動が大きい
筋肉の構造	●繊維が長く，切る必要あり	●繊維が短く，切る必要なし
死後硬直と軟化	●ゆるやかに進行	●急速に進行
味・においの特徴	●おだやか。複合体による	●特定のうま味や魚臭の成分あり
調理の必要性	●スパイス・ソースで変化	●単純ですべて同じ調味でも可
加熱の必要性	●多くは加熱が必要	●鮮度がよいものは生食可

した。さらに，この精進料理の工夫から，豆腐，みそ，納豆などの大豆加工品が発達した。大豆加工品のなかでも，中国大陸から伝来した醤（みそ状の発酵食品）から発達したといわれる醤油（以下，しょうゆ）は精進料理ばかりでなく，ほかのあらゆる料理にも用いられ，日本の食文化を支える要となった。

　一方中国では，「食」を不老長寿，健康の基本として，医薬と同等にみる医食同源あるいは薬食同源（ともに日本でつくられた言葉ともいわれる）の思想があり，食品材料の薬効を説く本草学では，食物を薬効によって陰，陽，温，冷に分けて，その調和を図ることを重視している。そこから生まれた近代中国の薬膳料理は日本にも伝えられ，急速に普及してきた（p.337）。

　陰陽，温冷の考え方は，ラテンアメリカなど諸外国にもあり，わが国でも近世以降に定着した民俗信仰によるさまざまな食物禁忌のなかに，食物の相性による食べ合わせの戒めがみられる。ほかに，ユダヤ教やイスラム教国では，定められた期間に断食を行う習俗（習慣・風俗）もあり，人間の生理的栄養要求に逆らうような食に関するタブー，禁忌の存在も，ほかの動物とは異なる人類の食文化の特徴を示している。

❸ 世界の食事様式

　世界の食事様式には，手食，箸食，ナイフ・フォーク・スプーン食があり，これを三大食法という。現在，世界全体の約40％が手食で，箸食，ナイフ・フォーク・スプーン食はそれぞれ約30％と推測されている。

表4 宗教と主な食物禁忌

	ユダヤ教	イスラム教	ヒンズー教
食用可	●ひづめが割れた反芻獣（牛・羊・鹿など） ●うろことひれのある魚	●教徒自身が殺した動物	●殺生によらない動植物（乳製品は可）
食用不可	●豚肉 ●ラクダ肉 ●血液（放血・浄化が必要） ●肉と乳製品の同時摂取（調理器具も区別） ●複数の肉の組み合わせ ●鴨，はと，鶏を除く鳥類	●豚肉 ●死獣の肉 ●血液 ●非教徒が殺した動物 ●アルコール	●牛肉 ●殺生による動物一般 ●にんにく，にら，たまねぎ，きのこ（例外あり）

4系統の農耕文化圏の栽培作物

●根栽農耕文化：タロいも，ヤムいも，さとうきび，バナナ
●地中海農耕文化：大麦，小麦，ビート
●サバンナ農耕文化：雑穀（あわ，ひえ），豆類（ササゲ，小豆）
●新大陸農耕文化：とうもろこし，いんげん豆，落花生，かぼちゃ，トマト，さつまいも，じゃがいも

　手食は人類食文化の根源であり，現在，アフリカ，オセアニア，中南米の先住民，イスラム教徒やヒンズー教徒を中心とするインドや東南アジア，西アジアの人々の間に浸透している。イスラム教圏やヒンズー教圏では，食事に使うのは右手のみで，左手は不浄なものとされているため，使用しない。旧石器時代には，人間はすべて手食をしていた。日本でも，『魏志倭人伝』に書かれているように，卑弥呼のころには手食であり，ヨーロッパでも200〜300年前までは手食であった。

　箸は，古代中国に起源があり，その周辺の文化に伝播した。現在，日常の食事に箸を使用するのは，中国，朝鮮半島，日本，ベトナムなどである。ヨーロッパでは長い間，手食で食事をしていたが，17世紀以降になって，ナイフ，フォーク，スプーンの3種類を使用して食事をする習慣が上流社会から始まった。今日，世界でこの3種類を食事の必需品としているのは，ヨーロッパ，スラブ圏，およびアメリカなどと，そのかつての植民地である。

3　調理の起源と役割

❶ 人の食文化を象徴するもの

　人は加工・調理により，自然の食品にさまざまな処理をほどこし，食物の範囲を大幅に広げることができた。そのなかでも，特に人類の食文化を象徴しているのは，道具の使用，火の利用，食物の味つけの3つであるといえる。

1　道具の使用

　調理の道具には，皮をむく，切る，きざむ，混ぜるなど，人間の手，指，歯などの機能を代行するものや，人力では不可能な大量処理を目的とするものなどがある。
　包丁を駆使してつくる刺し身は，切るだけで仕上がる日本料理の代表である。日本の料理人は，下ごしらえとして，この単なる切るという変形処理に何年も包丁さばきの腕を磨いてきた。

2　火の利用

　火の利用，すなわち加熱調理は，穀類やいも類のでん粉，豆類や動物の皮，すじなどのたんぱく質のように，人間にとってそのままでは消化が困難な食品成分の利用を可能にして，動植物を問わない雑食性の食生活を完成させた。

3　食物の味つけ

　味つけ，すなわち調味操作は，食物の味を素材だけで味わうものではなく，調味料との組み合わせによって成立するものとした。秋の新米も，獲りたての季節の魚も，塩やしょうゆによって，その味をさらに満足させる。調味料は，食物に新たな味をつくり出し，食生活を豊かなものにする一方で，過度の使用により食品の栄養成分と，その味との不調和を生じさせ，人間の食嗜好を素材の味から遠ざける原因となった。

　道具や火の利用が，どちらかといえば，人類共通の利益を代表する文化であるのとは対照的に，味つけは個別的な価値体系の食文化を代表するものともいえる。

❷ 食文化に及ぼす調理の影響

　食べるという行為は，原理的には生きるために必要な栄養素を体内に取り込むという単純な営みにすぎない。調理を一種の創造活動とすれば，栄養素の摂取は逆に

食物を口のなかに取り込み，消化・吸収という過程を経る，いわば個々の食物の特徴をなくすような作用である。

したがって，栄養素への価値判断と食物全体への総合的な価値判断とは，自然と基準が異なっている。後者は，地域や民族に固有の食文化による判断と考えられ，それを創造するのは調理である。すなわち，食文化による食物の価値判断は，必ず調理の段階で行われることになる。

人間以外の動物は，食物の基本的条件である安全，栄養，嗜好を自己の感覚で判断し，望ましい食物を摂取する。つまり，食べたいものが体にもよいものというのが理想である。しかし，加工や調理により，天然とはかけ離れた食物を摂取している人類は，安全性や栄養価値の判別が困難な上に，栄養要求と嗜好要求との間にズレを生じている。このようなズレを解消するためには，知識による食事計画の設定が必要である。

4 食物の組み合わせと評価

❶ 献立と食文化

さまざまな条件を一品だけで満たす食物はなく，食事計画に基づく食物の組み合わせによって充実した食事が完成する。この食事計画，すなわち献立作成が調理の出発点となる。食べる人の状況や個々の食事の目的，性格に合った食事計画や調理法を選択するためには，栄養，食品，調理に関する基礎的知識に加えて，調理技術の科学的研究と，食に関する生活文化の視点が必要不可欠である。

古くは中国大陸から，近世には南蛮文化の影響を受けて完成した江戸期までの日本の料理は，明治期以後，文明開化とともに西洋の食材や調理法を取り入れ，明治期の終わりには中国料理も加わって，必然的に新しい折衷型の食文化を生み出した。

❷ 食味の形成と食文化

調理とは，栄養物質を望ましい形で口に運ぶための処理であり，異なる調理法で多種多様な料理をつくり出したとしても，食材そのものに基本的な差はない。

調理には，構成や造形の要素も含まれ，その結果，食物の価値は総合的な生活文化に根ざす価値観から判断されるようになる。食文化は，単にグルメ志向に沿う美

人類独自の食文化の成立要件

「道具の使用」，「火の利用」，「食物の味つけ」は，実用的な必要性から始まり，やがて文化の領域に入ってきたばかりでなく，人間社会の形成や食習慣にも影響を与えた。
● 手を用い，道具を使用する：切る，混ぜる，つぶすなど形態の変化
　　　　包丁さばきの文化―――実用から技能へ
● 火を使い，加熱調理を行う：焼く，煮る，蒸すなどによる成分の変化
　　　　加熱と人間社会の成立――穀類，豆類の有効利用
● 調味料を使い，味つけを行う：食塩，砂糖，食酢，みそ，しょうゆなど食味の変化
　　　　味つけと食習慣―――調味料の役割と過剰摂取の問題

表5 おいしさにかかわる形成要因

	刺激や条件など
化学的要因	基本五味（甘味，酸味，塩味，苦味，うま味），渋味，辛味などの呈味物質，香り（匂い）などの香気成分の刺激
物理的要因	温度，テクスチャー*，音などの刺激，外観（色・形状）
生理的要因	加齢，空腹感，渇感，疲労感，健康状態などの身体的な条件
心理的要因	感情，気分，緊張，食環境，食体験などの条件
文化的要因	気候，風土，歴史，宗教，食習慣，生活文化など

注）* 食品の口あたり，歯ごたえ，食感などの口中感覚に対応する物理的特性。

図2 調理過程と食物の味の形成要因

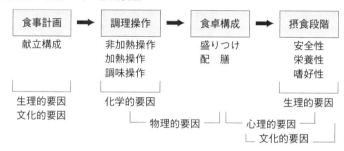

味追求だけではない，「食」という人間生活の根幹の部分に基礎を置く総合的な文化である。食物の味は調理によって最終的に完成する。食事のおいしさに関与するさまざまな要因を【表5】に示した。

　食品が最終的に食卓に運ばれるまでには，食事計画（献立）に始まり，調理操作を経て，盛りつけ，配膳にいたる過程が必要である。このなかで，個々の調理技術のよし悪しより，むしろ食卓空間の演出まで含めた計画および供食段階に，それぞれの要因がかかわり，おいしさを含めた食事の成否が決まる【図2】。

　味の構成要因のうち，化学的・物理的要因は加工・調理技術により，ある程度制御することができる。調理操作の段階では，すべての調理に共通の非加熱操作や加熱操作によって起こる成分変化や物質，熱エネルギーの移動などに変化の重点がある。これに対して，食卓構成の段階では文化的要因はもちろん，生理的要因，心理的要因まで，ほとんどが生活文化の価値観に依存しているといえる。

5 食文化の伝承と変容

❶ 技術の発達と食文化

　ある地域の人々の食文化は，風土や環境が変わらない限り次の世代に伝承されていく。生活環境は時代とともに必ず変化するので，それにともない生活文化にも変容が起こり，必然的に新しい食文化が生まれる。その変化の大きな要因となるのは，社会の技術的変化である。人の意識や思想は，技術文明と直接には無関係にみえる。おいしい食物への評価基準も，人間が不変である限り基本的には変わらないようにみえる。しかし，すべての人間文化は，技術文明の進歩に多大な影響を受ける。

例えば，厨房の設備や機能が変化すれば，調理の仕事の内容も当然変わってくる。それはすぐに，食べる人々の食生活や食文化に影響を及ぼす。厨房とは，調理に必要な水と火の供給および制御のための設備を備え，多様な料理をつくり出すための空間である。

明治期の文明開化から第二次世界大戦後の技術革新まで，科学技術の進歩にともなって，厨房を取り巻く条件に顕著（けんちょ）な変化が起こった。変化の内容は，主に食品の保存手段，調理のエネルギー源，広域流通の輸送手段，食情報の管理などである。その結果として，人々の生活習慣や意識も大きく変化した。

人類の食文化は，いろいろな道具とともに火を使いこなすところから始まったが，電子レンジや電磁調理器を駆使（くし）する現代の調理には，炎どころか煙も生じない。一方，最新の電化製品と並んで，たき火を囲むバーベキューや，備長炭（びんちょうたん）で焼く昔ながらの串焼（くし）きが一向にすたれない。飽食の現代では，ますますさかんになる傾向さえある。

新しい文明は，原則として古い生活技術を衰退させる。蛍光灯（けいこうとう）や冷暖房装置が実用化すれば，昔ながらの提灯（ちょうちん）や火鉢には戻らない。

しかし，食物の世界に限っては新旧の調理法が共存している。伝統的なかまどによる炊飯法（すいはん）は，今日では自動炊飯器に置きかえられたが，最新型の大量炊飯用連続式自動炊飯装置がめざしているのは，昔ながらのかまどのご飯である。時代が変わっても，おいしい米飯の理想は従来の炊飯で，その再現を目標に開発努力が行われているだけである。

❷ 調理のコツの変化

伝承された調理法で，今日なお残されているものは，多くの人々が工夫改良を加え，その結果を熟練するまで反復学習し，調理技術として定着したものである。したがって，その時代のある環境条件下では，それが最善の方法だった。このような体験の蓄積から生まれた技術を，科学的な根拠に基づいて明らかにしたのが調理科学の学問分野であり，これを一般には**調理のコツ**といっている。調理道具の変化や調理理論が時代とともに変化するなかで，調理のコツも変化してきた。例を【**表6**】に示す。

表6 **調理のコツの変化（例）**

温泉卵	温泉の湯を利用してつくられる温泉卵は，卵白と卵黄の加熱凝固の温度帯が異なることを利用した半熟卵である。温度と時間の設定が難しいため，一般家庭での調理は困難だった。 ↓ 一定の温度と加熱保温時間が明らかとなり，温度計とタイマーを用いて容易に調理できるようになった。
米飯（冷や飯）	冷や飯を再加熱する際は，蒸し器を用いていた。 ↓ 時間と出力を設定した電子レンジを用いての再加熱が可能になった。

6 食の環境と食文化の未来像

① 食の社会化と調理の大量化

　食事の役割には，❶飢えを満たす，❷健康を保つ，❸生活を充実させるという3段階がある。

　❶は動物に共通な食事の基本目的のみを達成しようとしており，限られた食料の有効利用が最優先となる。❷は基本的には人間が生きるための食事で，❶と共通の部分を含むが，食物を選択する余地が生まれる。❸の段階で，人は初めて生活文化に基づくさまざまな付加価値を食物に求めるようになる。

　しかし，現代の食生活で，❷と❸は明確に区別されるわけではない。初めに述べたように（p.307,【表1】），食事の機能は生命維持機能と並んで付加価値機能が大きな部分を占めるようになってきている。すなわち，現代の食志向は安全，健康をベースに簡便化・効率化と高級化・多様化の両極が対立することなく分離しながら並立する，いわゆる二極分化現象を示している。食の文化は，単にグルメ志向に沿う美味追求だけではない。食という人間生活の根幹の部分に基礎を置く，総合的な文化である。

　もともと家庭内の行為であった食事が，社会の変革とともに次第に外食に移行し，逆に家庭の食卓には外で調理された食物が進出してきた。この要因には，❶食品加工技術の進歩とそれにともなう効率・経済性の追求，❷家族関係の変化と家事労働の社会化，❸調理の多様化・高級化志向の高まりによる外食の増加などがあげられる（1章公衆衛生学，p.71〜72）。

　その結果，外食や給食産業が発展し，食品関連企業から家庭への働きかけもさかんになり，加工調理食品，もち帰り惣菜（特にもち帰り弁当）などは，社会生活との両立を求める人々の簡便化志向に応えている。

　このような現象は，当然の結果として調理の大量化を招く一方，家庭料理や専門料理とは異なる，新しい調理技術を生み出しつつある。

日本の食文化と料理

1 日本の食文化の成立と発展

❶ 調理の起源と火の利用

有史以前の人類は，狩猟，漁，植物採集による食生活が中心で，栃，くり，椎の実などの木の実，やまのいも，鳥などを食用にしていた。また，昆虫食もさかんに行われていたことが知られている。

日本列島には，氷河期に一部地続きだった大陸から先住民族が移動し，石器を使い狩猟や漁を行っていたといわれている。調理は，食物を水で洗ったり，かたいものを石でたたき割るところから始まったと考えてもよい。

しかし，数十万年前の北京原人の時代には，すでに火が使われ，約1万年余り前の人類は，直火焼きだけでなく，焼け石で大きな動物を蒸し焼きにする石蒸し料理を始めていたといわれている。

やがて，土器の出現により直火焼きや石蒸しでは考えられなかった，穀類や豆類のような粒状の食物の水中での加熱ができるようになり，同時に熱の付与も自由になった。

この時期は，日本では縄文時代に相当すると考えられているが，大陸と違って，日本の縄文時代は食物の獲得手段の大部分が，狩猟や採集中心であった。以下，日本の調理変遷の概略を，【表7】のような時代区分に従って述べる。

❷ 縄文・弥生・大和（古墳）・飛鳥時代

縄文時代は，いわば自然食の時代である。くり返された氷河期が終わって，それまで一部がつながっていた大陸から，日本列島が切り離された。その時代，縄文人は温帯性の野草や木の実を主体としながらも，鹿，猪，鳥類，昆虫類，豊富な魚介類などを，弓矢や釣針で手に入れ，それを食料とし，縄模様のついた縄文式土器【図3左】を用いて，焼く，煮るなどの加熱調理を行っていた。

この植物食と魚介食が，日本料理の基盤になったともいえる。この縄文時代の後期，日本に水稲が伝わったといわれる。

やがて，安定した農業が食料生産の柱となり，穀物は縄文時代より進歩した薄く硬質の土器で煮て食べられ，それに合う料理が工夫された。すなわち，主食と副食が分離して米依存型食生活が形成され，欧米とは異なる日本料理の性格が方向づけられた。

新しい土器は，初めて発見された東京都文京区の弥生の地名をとって，弥生式土器【図3中央】と呼ばれ，この時代を弥生時代という。この時期には，中国，朝鮮半島から，青銅器，鉄器が伝来し，器は弥生式土器のほか，木製の器具（木器）もつくられた。

穀物栽培は，土地さえあれば安定した収穫を得られ，作物の貯蔵も可能だが，山

表7 日本の歴史の時代区分

①縄文時代	紀元前3世紀以前	縄文式土器（約1万年前）〜紀元前約300年ころ
②弥生時代（やよい）	紀元前3〜紀元後4世紀	弥生式土器（紀元前約300年）〜大和朝廷（約350年）ころ
③大和時代（やまと）	紀元後4〜7世紀	大和朝廷成立（約350年）〜大化改新（645年）ころ
④飛鳥時代（あすか）	6〜7世紀	聖徳太子摂政就任（しょうとくたいししせっしょうしゅうにん）（593年）〜以後は③の後半と重複
⑤奈良時代	8世紀	平城京（奈良）遷都（せんと）（710年）〜
⑥平安時代	8〜12世紀	平安京（京都）遷都（794年）〜鎌倉幕府成立（1185年）＊
⑦鎌倉時代	12〜14世紀	鎌倉幕府成立〜北条氏滅亡（1333年）
⑧室町時代	14〜16世紀	室町幕府（1338年）〜足利氏滅亡（1573年）
⑨安土桃山時代（あづちももやま）	16世紀	織田信長政権掌握（しょうあく）（1573年）〜豊臣秀吉死去（1598年）
⑩江戸時代	17〜19世紀	徳川幕府成立（1603年）〜徳川慶喜大政奉還（よしのぶたいせいほうかん）（1867年）
⑪明治時代以後	19〜20世紀	明治維新（1868年）〜大正・昭和期〜現代

注）1. ⑧室町時代は，初期約50年を南北朝時代（一般に1336〜1392年），後期約100年を戦国時代（一般に1467〜
　　　　1573年）ともいう。
　　2. さらに時代を大きくくくるときは，①〜⑥を古代，⑦，⑧を中世，⑨，⑩を近世，⑪を近代という。
　＊　鎌倉幕府の初代将軍は，1185年に幕府の制度を整え，1192年に征夷大将軍になった。

図3 縄文〜大和時代ころの食器

縄文式土器　　　　　弥生式土器　　　　　須恵器（高坏）（たかつき）

ではなく広い低地が必要で，必然的に田畑の縄張りの確保から，土地の所有や人々
が共同で仕事をする集落の発生へ進み，農業社会はやがて国家の形成にまで発展し
た。
　米づくりから生まれた村は，強い力をもつ豪族（ごうぞく）のもとにまとまり，強い村が弱い
村を従えて国に成長していった。
　各地の豪族のなかで，最大の力をもっていた大和朝廷の王（大王）（おおきみ）は，国家を統
一して現代の天皇家の祖（そ）となった。この時代を**大和時代**という。また，豪族は勢威
を示すために巨大な墓を築いたことから，考古学ではこの時期を**古墳時代**（こふん）という。
　この時期には，甑（こしき）による蒸し米や魚介のなれずしなども伝えられた。古墳内には，
炊飯具や魚介入りの蓋坏（ふたつき）が見出され，当時の上層階級は，米を主食に魚介料理を副
食にしていたことがうかがえる。**磐鹿六雁命**（いわかむつかりのみこと）が白蛤の膾（うむぎ）（なます）の献上で 膳 大伴部（かしわでのおおともべ）を賜っ（たまわ）
た話（日本書紀，p.326）などから，生鮮魚介の膾は古代の代表料理だったこと，
料理人は重要な地位についていたことがわかる。

大和時代の後半，聖徳太子の摂政就任以後，大陸（中国，朝鮮半島）から伝来した仏教が厚く保護され，飛鳥寺，法隆寺などの寺院が建てられて仏教文化が栄えた。この時代を飛鳥時代ともいう。仏教とともに，漢字，養蚕，機織り，製陶技術などが伝えられた。この時期につくられた須恵器【図3右】という青灰色の陶器は，平安時代までつくられ，盛りつけや貯蔵に使われていた。そのほか，大陸から木製器，銅椀，銅盤が伝来し，上流階級では，ガラス器も使われ，甘酒，濁酒，穀醤，肉醤，草醤が出現した。一般には，米のほか，麦，粟，ひえ，そば，燕麦などがつくられ，加工食品も発達した。穀類の食べ方は，干し飯，粥，雑炊などであった。

❸ 奈良・平安時代と中国大陸文化

7世紀初めの遣隋使派遣，630〜894年までの遣唐使派遣を通じての中国との交流によって，国全体が隋や唐の文化を模倣したことから，日本の食には大きな変化が起こった。これは，唐風食模倣時代ともいわれる。帰国した遣唐使はもちろん，連れ立った渡来僧や渡来人などによって，大陸の食物がさかんにもたらされ，日本料理に吸収されていった。貴族は，漆器，青銅器，ガラス器を使い，庶民は，古墳時代以来の土師器，大陸渡来の須恵器，木製器を用いた。食器の形では，盤，杯が現れ，箸が出現し，竹，柳，銀製が使われていた。中国からは，みそ・しょうゆの原形となるものが伝わり，わが国の食物に大きな影響を与えた。

仏教興隆と農耕推進のため，675年に初めて肉食禁止令が出され，以来たびたび発令された。これは必ずしも一般化しなかったが，平安時代になると貴族の間で徐々に浸透して，少なくとも正式な食事からは獣肉が除かれた。乳製品は，乳汁を精製した酪や，乳汁を煮詰めて濃くした酥（蘇とも書く）が用いられた。

794年，桓武天皇は都を平安京に移し，律令制度が再建された。租庸調の制度のほか，貴族のなかで最高権力を得た藤原氏には，地方の荘園から多額の産物が捧げられた。

律令国家の現存唯一の法典といわれる延喜式（907年）が編纂され，そのなかには，宮中の各種行事の饗応食などの細則が記されている。貴族の宴会は，きわめてさかんになり，故実（古いしきたり）を重視する，みる料理をつくるようになった。宮中に大膳職という役ができ，大饗という宮中貴族の饗宴が行われた。1116年に藤原忠通が開いた大饗料理をはじめとして，料理を形式化し，色，形，盛りつけの美しさを重視した平安貴族の大饗料理は，現代まで続く日本料理の原形となった【図4】。

一方，日常料理は，高盛飯，汁，菜の組み合わせで，庶民の食生活は貴族とはかけ離れたものであったが，獣肉の禁忌などは，庶民にはあまり浸透せず，粗末でも自由な食事であった。この時期には，箸台，箸箱，台盤，懸盤，折敷が使われ始めた。

❹ 鎌倉・室町時代と武家の食事

鎌倉時代から室町時代にかけて，貴族式ではない和食*が発達した。武家社会に

---

*【貴族式ではない和食】鎌倉時代以前は，貴族が政権をにぎっていたので，貴族のために考えられた食事や饗応食が発達した。

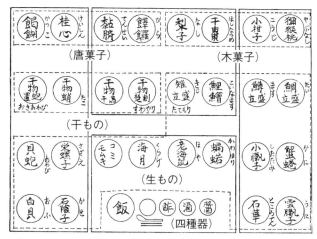

図4　大饗料理の献立

注）1116年，藤原忠通が行ったもの

なって，上層階級の食生活も簡素化し，形式にとらわれない合理的な食生活が発達した。

　鎌倉時代の初期に，中国から渡来した禅宗では，食事の調製を修行と見なし，四季の新鮮な材料のもち味を生かした調理を工夫し，やわらかく清らかで，ていねいな料理を教えた。これは1237年に，曹洞宗永平寺の開祖，道元禅師が中国での見聞をもとに，禅寺の食事を司る役僧（典座）のために著した教訓書『典座教訓』によく現れている。

　仏教の教義に従って，動物性食品と五葷（にんにく，ねぎなどの薬味）を禁じ，植物性食品と中国伝来の調理法とを組み合わせ，日本独自の工夫をほどこした精進料理が開発された。僧侶の点心として，羊羹，饅頭，うどん，素麺などがつくられ，豆腐，納豆，金山寺みそなどの大豆加工品が発達し，調味料を用いた多彩な料理が工夫され，さまざまな特色ある内容に発展した。精進料理は元来，寺院のなかだけに存在した料理だったが，やがて禅宗の発達とともに庶民にも広まり，一般化してさまざまな流派を生じた。このころの食事は，僧侶が1日3食，庶民は2食が一般的で，食器は寺院や武家のハレの膳には漆器，一般には木製で，ともに箸が用いられた。

　このように，鎌倉初期には質実剛健だった武家社会の食生活も，公家社会との交流もあって，やがて徐々に華美で形式的なものに変化していった。儀式料理を司る専門の家柄として，宮中の有職故実では四條家，高橋家，武家故実では小笠原家，大草家などがそれぞれの調理法を確立し，料理書を著している。各流派は競い合い，専門の庖丁人が活動して，貴人の前で庖丁さばきをみせる庖丁式を生み出した。

　室町時代には，本来は狩猟に長じ，獣肉食をとっていた武家の食事も，正餐は魚，鳥となり，書院座敷で儀式料理を供するようになった。儀式用日本料理の基本は本膳料理と呼ばれるものである（p.321，ワンポイント参照）。

❺ 安土桃山時代と南蛮文化の伝来

　鎌倉初期に，僧栄西により禅寺に伝えられた抹茶法は，次第に武家や豪商に広ま

り，安土桃山時代に茶の湯として大成した。それにともなって，茶事の際，茶の前に供する食事として茶会席料理が生まれた。料理は，素朴で簡素なものをよしとし，一汁三菜が基本，千利休の侘茶の心を基本として，亭主の手料理，給仕を原則とする。精進料理とも共通な基盤に立ちながら，動物性食材である魚，鳥も用い，簡素ではあっても温かいものは温かく，冷たいものは冷たく，形だけにとらわれず，心を込めた料理を順を追って出すというものであった。

　1543年，ポルトガル船が種子島に漂着し，鉄砲の伝来とともに，これが南蛮貿易の契機となり，鎖国が始まる江戸時代初期まで続いた。宣教師達が来日し，布教活動が始まると，ポルトガルやスペインから輸入品がもち込まれ，食べ物では，かぼちゃ，じゃがいも，とうがらし，とうもろこしなどの食品，南蛮料理としては，天ぷら，南蛮漬け，鶏の水炊きなど，菓子はカステラ，ビスケット，金平糖などが入ってきた。そのなかには，天ぷら，カステラなどのように，日本の食べ物として変容し，定着したものも多かった。また，トマトも観賞用植物として入ってきた。ナイフ，フォーク，スプーン，ワイン，ブランデー，ウイスキーなども，このころ輸入された。

❻ 江戸時代と日本料理の完成

　徳川幕府の鎖国政策により，1639年にポルトガル船の来航が禁止されたのを最後に，貿易の相手は従来からの中国のほかに，長崎にオランダのみが残った。鎖国時代は，独自の日本料理が発達，完成した時期といえる。

1 普茶料理

　江戸初期には，中国風料理である普茶料理も発達した。これは江戸時代，宇治の黄檗宗万福寺に中国僧隠元禅師が伝えた精進料理の一種で，野菜，大豆製品，ごま，油脂，くず粉などを用いた中国風料理を，一卓に4人1組で着席して卓袱料理（下記）と同様に大皿から取り分けて食べる。全員に茶を供することから，普茶料理の名がある。

2 卓袱料理

　江戸中期から後期にかけて，長崎に開業した西洋料理店のオランダ料理が，唐料理と折衷して長崎名物の卓袱料理となった。中国風の朱塗りの円卓（卓袱）を囲んで，おひれ椀というすまし汁のあと，さまざまな和風，南蛮風，中国風の料理が大皿で出され，2枚の小皿と箸，陶製匙で食べ，最後は梅椀という汁粉で終わる。

3 本膳・会席・懐石料理

　室町時代の大名屋敷を中心に饗応食として本膳料理がつくられたが，江戸時代には，一汁三菜から伸縮自在の儀式料理になっていた。一方，庶民の間では会席料理が広まった。会席は，本来俳句の席のことで，初めは会の終わりに出る少量の酒を意味していたといわれるが，このころには，茶道とともに発達した茶会席料理を，町民の酒宴料理に改新させた，気軽な宴席をさすようになっていた。

　これに対し，本来の質の高い茶会席料理をこれと混同されるのを嫌った茶人が，名称を懐石料理と改めたといわれる。茶道は庶民にも浸透し，茶懐石がさかんになった。本来の懐石は，禅宗の僧侶が修行中に温めた石を懐に入れて寒さと空腹をしのいだといういい伝えから，飢えをしのぐ程度の簡素な食事という意味をもつ。

また，茶道とともに食器も発達し，各地に窯が築かれて鉄釉の陶器が製造された。

4　調味料の発達

　この時期に，濃口しょうゆが江戸で発達し，和製の砂糖，みりん，粕酢などの調味料の発達も著しく，その普及が握り寿司，うなぎ蒲焼き，つくだ煮など多様な日本の料理を生み出した。そして次第に，西日本の在来の料理と異なる関東風の調理法や味つけが生まれ，やがて，いろいろな料理が東と西に分かれて独自の食文化を競うようになる基盤をつくった。人口の多い江戸のような都市では，料亭だけではなく庶民の日常生活のために，町中に一膳飯屋や煮売り屋が登場して，茶や飯，豆腐汁，煮しめなどを販売していた。また，江戸の末期には，寿司，天ぷら，そばなどの屋台が現れ，庶民に簡便な軽食を提供していた。

5　料理書の出版

　料理書が多数出版され，都市の市民の食生活は明らかに向上したが，一方では白米食が進み，江戸患いと呼ばれる脚気の増加をみるなど，調理や食事構成上の偏食による害なども現れ始めた。医師人見必大の『本朝食鑑』（1697年），貝原益軒の『養生訓』（1713年）などに代表されるように，食生活上の注意が説かれるようになった。

本膳料理

　本膳料理は，室町時代に武家社会の饗応食として確立し，江戸後期には簡略化されたものが各地域の農村部にまで浸透したといわれている。江戸時代になると，次第に簡略化され，現代ではあまりみられなくなった。
　形式は，室町時代に成立した式正料理という儀式料理の一部として確立。本膳（飯，汁，菜，香の物のついた膳）を中心に，膳を重ねていく形式の食事で，多いものは七の膳まであり，膳の形，給仕法，食べ方などを細かく規定した，きわめて複雑な饗膳形式であった。汁と菜の数から，一汁三菜，二汁五菜などと呼ぶ。
　江戸時代中期には，本膳料理を簡略化した袱紗料理が広まった。武士などが裃でなく，普段着の袱紗袴を着てくつろいで食べたことから呼ばれた。後に懐石料理に発展する味本位の料理である。

〈本膳料理の配膳例〉

焼き物膳

本　膳

二の膳

一の汁：みそ仕立て
なます：生の魚介類や野菜を酢で調味
坪：汁気のない煮物
焼き物：尾頭付き魚
二の汁：すまし仕立て
平椀：汁気のある煮物
猪口：刺し身，酢の物，和え物

一汁三菜：本膳と焼き物膳，二汁五菜：二の膳が付く（香の物は菜に数えない）

❼ 明治期の西欧文化の導入

　明治維新となり，近代国家として第一歩をふみ出した日本が行った最初の仕事は，欧米文化を無差別に取り入れることで，徐々に全国大衆の間にこの風潮が浸透し，明治時代中期にようやく落ち着いた。これを文明開化という。政府は，旧来の制度や思想に急激な改革を進め，これは生活に大きな変化をもたらした。

1　肉食の発達

　公式にはタブーとされていた肉食が文明開化とともに開放され，公然と肉を食べられるようになった。各地に屠畜場が開かれ，肉牛の飼育がさかんになり，牛肉小売店と牛なべ屋が都市に増加した。文明開化をめざす新政府は，明治天皇の牛肉の試食や，僧侶・尼僧に肉食を許すなど，肉食へのタブー視を除くため，懸命に啓発を行った。牛肉料理は，牛なべという，わが国独特の形に発達した。欧米のような食べ方をするには，フライパン，バター，こしょうなどが必要だったが，それらがない状態で肉食だけが先行したため，在来の材料である，みそ，しょうゆ，ねぎ，豆腐を加えた，和風の調理法による牛なべ，あるいはすき焼きという調理形態が完成した。

　かた苦しい西洋料理と違い，形式も作法もいらず，しかも文明の香りがただよう牛なべは，当時の若い学生に人気となり，関東と関西で発展の形に違いはあったが，すっかり庶民の間に定着した。よく知られた仮名垣魯文の『牛店雑談安愚楽鍋』〔1871（明治3）年〕には，当時の牛なべ屋の様子がよく描かれている。明治時代の牛なべは，関東では，みそ仕立て，やがて，みりん・しょうゆ・砂糖の割り下を用いる煮込みなべになったが，関西では，熱した鉄なべに牛脂を溶かし，薄切り肉を焼いた上から，砂糖，みりん，しょうゆなどを注いで味を調えるすき焼きが発達した。このすき焼きは，やがて関東に進出し，現在では牛なべという名称は消えて，割り下を使うものもすき焼きといわれる。

2　洋食のはじまり

　すでに江戸期から，外国居留民相手の西洋料理店が長崎，横浜などに開店していたが，明治初年には日本人のための西洋料理専門店が開店した。1880（明治13）年代を過ぎると，庶民向けの西洋料理店が次々に開店，1883（明治16）年の鹿鳴館の開館ごろまで，連日，新聞に開業広告が掲載された。

　相次ぐ西洋料理店の開業で価格は次第に下がり，明治初期に1人前40〜90銭だったものが30銭以下になった。このころ，やっと日本に入ったばかりの中国料理が，1人前1円20銭以上もしたのに比べると，西洋料理の急激な大衆化がうかがえる。

　大衆化にともなって食卓作法も気楽になり，箸で食べられる店も増えて，西洋料

文明開化直後の実際の食生活

　文明開化当初に，畜肉，乳製品，ビール，パン，洋菓子などの生産が始まり，西洋料理店が開業したが，西洋料理や洋菓子を一般の人が口にするまでにはいたらず，庶民の食生活はほとんど変わらなかった。

理への垣根は次第に取り去られてきた。そして，一般の人が気軽に入れる店はユニークな和風洋食屋として繁盛し，ここからわが国の特色となった和洋折衷型の洋食が発達した。

一方，明治初期以来，西洋料理店は，次第に大衆洋食店と本格派に分かれていった。

3 折衷型食文化のはじまり

中国大陸や南蛮文化の影響を受けて完成した江戸期までの日本の料理は，文明開化とともに，このような新しい和洋折衷型の食文化を生み出した。明治期の終わりから，これに中国料理も加わり，和・洋・中国が一体化した新型の日本料理が数多く生まれた。

8 戦時下の食事と戦後の食事

1 戦時下の食事

1931（昭和6）年の満州事変以来，1941（昭和16）年12月8日の日米開戦・第二次世界大戦の開始まで，ひたすら戦争への道をたどった日本は，以後久しく体験することのなかった食料不足に見舞われた。1939（昭和14）年には，米穀配給制度が実施され，1945（昭和20）年の終戦時には，ついに米（七分づき米や胚芽米）1人1日2合1勺（約300g）まで落ち込み，それもとどこおりがちで，粟，ひえなどの雑穀や，いも，乾パンなどが代わりに配給された。食料を節約し，同時に日本人の魂も忘れないようにと，開戦の8日にちなみ，毎月8日には米飯と梅干しだけの日の丸弁当が奨励され，やがて駅弁にも現れた。都市ではデパートなどを使って，雑炊食堂が開設された。

困窮状態は家庭でも同じで，都市では麦飯やいも飯が当然となり，戦況が厳しさを加え，食料のまずしさが一層激しくなると，大根やその葉も飯に炊き込まれた。雑炊のほか，米の代わりに配給された小麦粉や雑穀粉を使って，すいとんがつくられ，そのなかには，さつまいも，かぼちゃなどのほか，いものつるまで入れて食べた。婦人雑誌には，「決戦食生活の特集」として，いもや大根を使った節米戦時食が紹介された。

2 戦後の食事

第二次世界大戦は，1945（昭和20）年8月，日本の無条件降伏で幕を閉じた。その直後から，数年間，街には栄養失調の人々があふれ，餓死対策国民大会などが開かれる一方で，ヤミ米などの不正規ルートの食料品が横行した。そのなかで，アメリカからの救援小麦，国連児童基金（ユニセフ）からのミルクなどにより，1947（昭和22）年には学校給食がコッペパンと脱脂粉乳で再開した。やがて，食料品への統制が少しずつ外され，1950年代に入ると，食料事情は家庭も外食産業もようやく落ち着きを取り戻した。1955（昭和30）年の自動炊飯器，1958（昭和33）年の即席ラーメンの発売に続き，1965（昭和40）年には食卓に革命をもたらした2ドア冷凍冷蔵庫と家庭用電子レンジが発売され，1971（昭和46）年にはアメリカのマクドナルド社が日本に進出，食の国際化とファストフードブームの火つけ役となった。

2 近代日本の食文化の形成

❶ 文明開化と折衷料理の発生

1 文明開化における調理変化の条件

　明治初期の文明開化にともない，調理が大きく変化するためには，鉄道の開通による食品流通，ガスによる加熱法と電力の供給，低温による保存技術など，技術面の革新に加え，書籍，雑誌などによる活字文化が，知識の伝達手段として必要であった。

2 西洋料理の普及

　1872（明治5）年には，敬学堂主人『西洋料理指南上・下』や仮名垣魯文『西洋料理通』など，専門家のための西洋料理の解説書が早くも出版され，西洋料理の用語を日本語に訳すのに苦心しながらも，材料，調理法，食べ方までていねいに解説されたほか，調理器具や食器も絵入りで解説された。

　1880年代の後半ごろから，西洋料理の普及を意識した在来の日本料理店は，客層のニーズに応えようとさまざまな工夫をした。茶席の料理を格安の値段で食べさせたり，飲み物・洋食のもち込みを自由としたり，和洋折衷滋養料理と銘打った，肉や卵の改良料理を本業のほかに食べさせたりした。

3 折衷料理のはじまり

　一般家庭の日常の食事は，江戸時代と変わらなかったが，時代の先取りを使命とする雑誌などでは，しきりに西洋料理の記事を取り上げた。学校教育がある程度軌道に乗り，西洋料理の知識も活字による伝達が可能になったが，日常の食事に西洋料理をつくる家庭は都市でもほとんどなかった。

　天火（オーブン）もフライパンもない家庭の台所に，記事の内容がそのまま通用するはずもなく，料理は必然的に日本的な変形をたどったが，やがて台所の実情に合わせた折衷料理が，家庭にも生まれてきた。1904（明治37）年から雑誌『女鑑』に連載された料理記事「実験牛乳日本料理」では，牛乳入りみそ汁，そばがき，白玉餅，だし汁と牛乳を混ぜて，わさびとこしょうをそえた，まぐろ山かけなど，あらゆる日本料理に牛乳を加え，味はともかく徹底した和洋折衷料理が発表された。

4 折衷料理の普及・発展

　このころには，料理書を執筆する専門教師も，西洋料理を無視できない時代に入っていた。料理人の開く割烹教場や，高等女学校の教師，上流階級の女性が開い

> **ワンポイント**
>
> ### 現代の日本の食生活と今後の課題
>
> 　現代の食志向は，「安全」，「健康」，「簡便」，「グルメ」と多彩になり，飽食の時代にあって，どれもが並行して進んでいく多様化と二極分化の道をたどっている。健康食品，無農薬・有機栽培，ファストフード，もち帰り惣菜，グルメブームなど，多様な価値観の象徴が入り乱れている。そのなかで，地球レベルの資源と環境の問題が今後の最大の課題となるであろう。

た料理学校，料理塾などで教える人々から，料理人とは異なる料理教師という職業が生まれつつあった。そのなかで，筆の立つ人々は，教えた料理を本にまとめて料理書を出版した。いずれも家庭でできる惣菜料理を目標に，台所の実情に合わせたいろいろな折衷料理を取り上げており，和・洋・中国様式が並立する現代の食生活に次第に近づいてきていた。

　これらの書籍の内容をみると，素材，調理法，調味・香辛料の組み合わせで，すき焼き以来の和洋折衷料理が積極的に提案されている。明治末期になると，中国料理も普及し，これらが一体化した新型の日本料理ともいうべき料理が数多く生まれ，次の項目で述べるような数々の日本化された洋食を生み出す素地となった。

❷ 日本の食事パターン

1 献立とは

　献立という言葉は，室町時代に武家社会の礼法であった式正料理（しきしょう）（p.321，ワンポイント参照）に由来する。膳の式，三献の酒につける酒肴（しゅこう）の記録が献立である。

2 献立における和・洋・中国料理と和洋折衷料理

　わが国の日常献立の構成は，和・洋・中国三様式の調理技術が，ほぼ対等に並んでいるのが特徴である。簡単にすませることの多い朝食だけでも，電気炊飯器やトースターという2通りの加熱器具と，それにともなう2系列の食器を必要とする。

　本来の和・洋・中国三様式の料理（5章調理理論，p.243，【表3】）の基本的な特徴はかなり異なるが，現在までに，外来の料理を日本風に改良した独自の和洋折衷料理や，和風化された中国料理が数多く生み出されてきた。天ぷら，すき焼きに始まり，あんパン，ラーメン，肉じゃがなど，日本の食文化を象徴する料理は，すべて折衷型の料理である。さらに，とんカツ，コロッケ，ライスカレーは，明治時代の3大洋食と呼ばれ人々に親しまれた。

　明治末期には，折衷料理は日本と西洋料理の間の「和洋折衷」という1つの分野として扱われ，料理書の目次も独立していた。

3 わが国における献立計画

　日本における献立計画は，主食だけでも米飯，パン，麺の3種類があり，汁やそ

ワンポイント

日本食の食卓構成

　現代の日本の日常食には，和・洋・中国の料理やそれらが折衷した料理が並存（へいぞん）しており，日常献立に取り入れられる料理の選択肢は広い。

　しかし，見かけの変化とは反対に，日本人の食事意識は基本的にはあまり変わらず，日常食の組み合わせパターンは主食・副食（主菜と副菜），すなわち，飯・汁・その他の副食という，いわゆる「定食パターン」で構成され，そのなかにあらゆる和・洋・中国の料理が多彩に取り込まれている。

の他の副食も三様式の多様な料理のなかから選ぶ。そのため選択肢は多く，献立作成も調理技術の学習も，他国一般と比べて非常に煩雑である。その代わり，適切な選択を行えば，他国にはない変化と多様性に富む食事を構築することができる。日常食では三様式それぞれの特徴を生かし，調和のとれた食卓構成を図ることが望ましい。

3 調理師と食文化

① 調理師のはじまり

食生活と文化とのかかわりは，食物摂取の最終段階である調理によって実現する。この調理を職業として行うのが調理師である。

職業としての料理人が増加したのは，江戸期に入ってからといわれている。しかし，それ以前から宮中や大名に仕える，いわゆるお抱え料理人は存在していた。

1 宮中，大名に仕える料理人の誕生

古くは景行天皇の時代（108年）に，磐鹿六雁命が白蛤の膾を天皇に捧げたとされ（p.317），これが料理の開祖といわれている。その11世の子孫，小錦上国益は，大化改新後まもない683年に，天武天皇より高橋朝臣の姓を賜り，本朝御食料理人の長として，代々宮中の公式料理を担当し，その家系は幕末まで続いた。

一方，平安時代に入って800年代の光孝天皇の時代に，以前から宮中で調理に関心の深かった四條中納言藤原山蔭は，日本の家庭料理の源流となる四條流を興した人物と伝えられ，今も本朝料理人の祖とされている。ただし，四條流という名称は，鎌倉・室町時代以後に生まれたものである。

この流派は，日本料理の本流として発展し，室町時代には四條流庖丁式の形式も確立した。そして，安土桃山時代を経て，江戸時代には大草流，園部流，生間流など，その流れも多岐に分かれている。明治・大正期には，8代石井治兵衛が四條流を受け継ぎ，9代石井泰次郎ともども専門的な日本料理の一般化にも力を注いだ。

四條流庖丁相伝の最後となった石井泰次郎は，大日本割烹学会を興して，調理技術の普及啓発に力を注いだ。1953年，石井泰次郎が没した後，四條流の後継者は特定できないが，さまざまな記録に残された庖丁式の形式は今も各地で伝承されている。

2 調理によって収入を得る料理人の誕生

江戸期に入ると，本膳料理の浸透，会席料理の発展など，現在の日本料理の形式がおおむね完成した。また，貨幣経済が発達し，江戸や大阪などの都市を中心に屋台や料亭が増えたことから，かつて大名などのお抱えに限られていた料理人が少しずつ職業として成り立つようになり，そうした人々による料理書も数多く出版された。

明治維新とともに藩制が崩壊すると，大名などに召し抱えられていた料理人の一部が，部屋と呼ばれる調理師紹介所を開いた。これは，料理店の求めに応じて，所属している料理人を派遣するといったものであった。

3 司厨士の誕生

明治維新後，西欧文明の導入とともに，南蛮料理とは異なる近代的な西洋料理が

伝来して急速に普及し，前記の石井治兵衛をはじめ，日本料理の料理人も競ってそれに目を向ける一方，西洋料理の専門料理人（コック）を志す人も増え，大正期には，国内各地の有名なレストランやホテルの厨房には，必ずコックが置かれるようになり，日本語で司厨士と呼ばれた。

司厨士は，各地でグループを結成して連絡や情報交換を行い，やがて全国組織をつくろうという動きが高まり，1925（大正14）年に日本司厨士協同会が発足した。当時，食生活における栄養知識の普及啓発に注力していた，栄養研究所の佐伯矩所長がこの会の後ろ盾となった。

4　給食と調理師

上記のほか，軍隊，工場，病院などの団体炊事の調理にも，調理の技術者が必要であった。こうした人々は，一般に炊夫と呼ばれたが，栄養管理に基づく給食の重要性が次第に認識されてくると，料理人とは別の角度から調理技術の向上が求められるようになり，それを裏づけるような公的な身分制度を求める声が高まってきた。これらの要望が実り，現在のような調理師という名称が与えられるようになったのは，第二次世界大戦後，調理師法が制定された1958（昭和33）年からのことである。

❷ 調理教育の発展

1　日本料理の普及

調理技術の伝達は，かつては体験に基づいて家庭内あるいは地域社会単位で行われていたが，料理人の場合は，比較的最近まで秘伝として，徒弟制度のなかで限られた者だけに伝承された。しかし，明治期以降になると，未知の外来料理の秘伝を経験だけで伝えることは困難な上，それらと競合関係にある日本料理も安閑と旧来の技法を守っていくだけでは，文明開化の世に取り残されるという危機感もあって，伝統的な日本料理に携わる料理人が調理の技法を書物にまとめ，公開，普及，啓発を図る動きが起こった。

2　和・洋・中国料理の普及

学校教育が整備され，女学校の女子教育では，家事の科目のなかで割烹が教えられるようになった。一方で，明治期に伝来した外来料理も次第に一般化し，家庭の日常料理も婦人雑誌の記事などを通じて，和・洋・中国の料理が伝えられた。

料理書や雑誌には，西洋料理，中国料理の解説が不可欠で，料理教師も旧来の日本料理に加えて，西洋料理の資格や実力を問われるようになった。明治初期の西洋料理書が，西洋料理のみの解説書であったのに対し，大正期の書籍の多くは，一冊のなかに和・洋・中国の料理様式が並んでいた。大正・昭和初期までに出版された料理書には，日本料理中心の書籍でも，「和洋料理」，「和洋菓子」のように，ほぼ「洋」の文字が入っている（p.324）。一般家庭への西洋・中国料理普及に貢献したのは，1925（大正14）年のラジオ放送と1953（昭和28）年のテレビ放送開始による料理番組の広がりである。

3　大量調理技術教育

明治期の日清・日露の戦いを通じて，日本軍の兵食に関する研究が進み，大正期には大量調理技術の重要性が認識されるようになった。調理経験のない炊事担当兵に，大量炊飯や副食の調理技術を伝えるには，素人にも理解できる再現性のあるマ

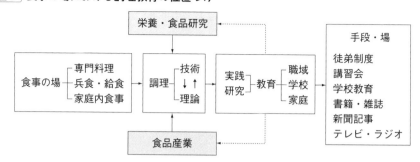

図5 食事の場における調理教育の位置づけ

ニュアルが必要になり，そのため，日常食に関する理論的な研究成果が求められた。

大正の半ばから，陸軍の糧秣本廠（兵や馬の食糧を管理する部署）では，全国各師団の炊事担当兵に対する調理講習を始めて成果を上げた。その後，1925（大正14）年に，糧秣本廠の外郭団体として発足した糧友会がこの講習を引き継ぎ，さらに雑誌『糧友』を発行して，昭和初期から1945（昭和20）年ころまで，軍隊をはじめ広く集団給食施設，一般の給食担当者や一般家庭の読者までを対象に，団体炊事（大量調理）やその基礎となる調理科学に関する記事や論文を毎号掲載した。糧友会はやがて，『調理士教程』を作成して，専門職としての調理士教育をはじめ，その内容は現在の栄養士・調理師教育に受け継がれている。本書『調理師読本』も，初版以来その流れをくむ，歴史ある調理師教育の教科書である。

第二次世界大戦後，その理論的な調理技術教育は戦後の集団給食に生かされ，栄養士教育にも調理理論が必須となった。こうして生まれた大量調理技術は，戦後の外食産業や食品企業における大量加工調理技術の発展にも大きく貢献した。また，ここで用いられた調理操作の分類は，現在の調理学教育にも採用されている。

これまでの調理の研究・教育の広がりとその伝達経路を【図5】に示す。

3 伝統料理・郷土料理

1 伝統料理

　さまざまな伝統料理は，風土や習慣，歴史，思想などの影響を受け，長い年月をかけて形成され，時代を超えて受け継がれている。現代では，特別な日にあたる年中行事の行事食や通過儀礼の儀礼食，また，地域の気候・風土・生活環境のもとで生まれた郷土料理に伝承されている。

　年中行事は，江戸時代に五節句が定められ，それらの行事食が広まっている。誕生・成人・結婚・死などの通過儀礼には，会食が必須であった。

　郷土料理は地域特有の食形態を形成し，地域の食材に知恵と工夫を加えてつくり出された料理であった。江戸時代から明治時代に引き継がれた産物は，現代でも数々の名産品や郷土料理として伝えられている。

2 生活のなかのケとハレの食事

　人間の食事には，日常の食事と行事などの特別な日の食事があり，民間の習俗（習慣・風俗）を研究する民俗学では，それぞれをケ（ふだん，日常）の日とハレ（あらたまった）の日に区別する。

1 ケの食事

　身辺で手に入る穀類，野菜類，魚介類などから構成され，それぞれの地域に生まれた庶民の生活文化の実態を反映している。ケの食事は，現代につながる日本人の食事意識が形成され，代々受け継がれてきたものであるため，その食べ方の作法や意識には，日本人独自の食文化が根強く残っている。

2 ハレの食事

　集落，村落など社会集団が仕事の節目にともに祝ったり，祈願したりするためのもので，神人共食という思想から始まっている。祭りの日に，酒，野菜，果実などを神饌として神に供え，その神に捧げた食べ物を下げて人々が合同で食べるのを直会と呼んだ。食事の内容は，ケの食事より当然豪華なもので，それらはやがて行事と切り離されて独立し，現代の日本料理の文化的特徴をつくり出した。したがって，ハレの日の食事は，各時代の食文化の水準を表しているといってよい。現代のハレの日は，大きく3つに分かれる。

❶伝統的な慣習や制度（民俗）として受け継がれてきた年中行事　正月，節分，節句（五節句として，人日，上巳，端午，七夕，重陽がある）などで，時代とともに移り変わりはあるが，形は変わっても，行事そのものは伝承されていくものである。

❷新しい風俗としての年中行事　日本では，母の日，父の日，敬老の日，クリスマスなどがこれに当たり，時代により変化していく。

月	行 事	行事食例		月	行 事	行事食例
1月	正 月	雑煮, おせち料理 (三が日)	7月	七 夕	そうめん
	七草 (人日)	七草がゆ (7日)		土用の丑の日	うなぎ
	鏡開き	汁粉	8月	お盆	精進料理, 白玉団子
2月	節 分	福豆, 恵方巻き	9月	重陽の節句	菊酒, 栗ごはん
	初 午	いなり寿司		十五夜	月見団子
3月	桃の節句 (上巳)	はまぐりの吸い物, 菱餅, ちらし寿司		秋 分	おはぎ
	春 分	ぼたもち	10月	十三夜	月見団子
4月	花祭り	甘茶	11月	七五三	千歳飴
	花 見	花見団子	12月	冬 至	かぼちゃ, 小豆がゆ
5月	端午の節句	柏餅, ちまき		大晦日	年越しそば
6月	夏 至	たこ (関西地方)			

表8 日本の行事と行事食例

❸個人や家族の通過儀礼としての年中行事　誕生日，結婚記念日のように，地域や季節とは無関係に行われる年中行事で，還暦，喜寿，米寿など，人生の節目の行事もこれに準じる。今では民俗として定着した七五三の行事も，子どもの成長を祝って晴れ着で氏神に参詣した「袴着，帯祝い，紐直し」が，明治期の東京で1つになって生まれた新しい風俗であるという。

　これら季節の区切りや人生の節目には，それぞれに古くから伝承され，あるいは新しく生まれた行事食が発達した【表8】。その変化をたどることは，食文化を通して生活文化の変容と伝承を探ることにつながる。なかでも，新年の雑煮やおせち料理は，日本の代表的な行事食で，日本全国共通に存在しながら，その形態・内容が地域ごとに異なっている。すなわち，風土や食習慣から生まれた地域の食文化を反映しており，これらを相互に比較することも，食文化研究における1つの大切な方法である。

春の七草

　早春の七草に無病息災の祈りを込め，1月7日（人日）には粥に煮込む。これを食べることによって1年の邪気を払い，万病を防ぐといわれており，奈良時代から続く伝統行事である。正月のごちそうで疲れた胃を休める意味もある。七草は，せり，なずな，ごぎょう，はこべら，ほとけのざ，すずな（かぶ），すずしろ（だいこん）の7種。

また，このような地域に固有の伝承文化を，世界各地の民族について地球規模で調査している文化人類学（民族学）の研究成果は，食文化研究の進歩に大きく貢献している。

3　食習慣の地域差と郷土料理

食生活におけるさまざまな習慣は，風土や歴史，思想の影響を受けて，長い年月の間に形成される。伝承された食習慣も，時の流れとともに消滅，あるいは変形していく。そのなかで，過去から現在まで受け継がれてきたそれぞれの地域の料理が民族料理，国内的には郷土料理と呼ばれるものである。

日本でもなお，東日本と西日本の差が消滅せずに残されていることが明らかになっている。富山，岐阜，愛知の3県を結んで東西に分けたとき，食習慣だけではなく，方言や考古学遺跡にも明確な違いがあり，それらについての調査結果も多い。

食習慣における東西の差は，新年の雑煮の汁や入れる餅の形など，伝統的な年中行事に現れることが多い。江戸期の書，喜多川守貞の『守貞漫稿（近世風俗志）』（1810年）にも，雑煮をはじめ，江戸と京阪の食べ物を比較して，その違いが述べられている。

このように，職業人として料理に携わるときには，食習慣による嗜好傾向の差が存在することも心得ておくことが必要である。

日本の主な郷土料理を【表9】に示した。

和食／「和食」の日

　2013年，「和食；日本人の伝統的な食文化」が，ユネスコ無形文化遺産に登録された。「無形文化遺産」とは，伝統的な芸能や工芸技術などの形のない文化であって，その土地の歴史，文化，生活風習と密接に結びついたものをいう。

　農林水産省のホームページには，「自然を尊ぶ」という日本人の気質に基づいた「食」に関する「習わし」と位置付けられる「和食」の特徴として，以下の4点があげられている。
- 多様で新鮮な食材とその持ち味の尊重
- 健康的な食生活を支える栄養バランス
- 自然の美しさや季節の移ろいの表現
- 正月などの年中行事との密接な関わり

さらに，日本の食文化にとって大切な日として11月24日（いい日本食）を『「和食」の日』と定めた。「自然」に感謝し五穀豊穣を祈る行事が全国各地で行われる「実り」の秋の日に，「和食」文化の保護・継承の大切さについて改めて考えてほしいとの願いから，認定された。

表9 日本の主な郷土料理

地　方	都道府県名	料理名	内　容	番　号
北海道	北海道	石狩鍋	さけと野菜などでつくる鍋料理	(1)
		ジンギスカン鍋	溝のあるかぶとのような独特な鍋で羊肉などを焼く料理	(2)
東北	青森	たらのじゃっぱ汁	たらの捨てる部分でつくるみそ風味汁	(3)
	秋田	いぶりがっこ	燻製たくあん	(4)
		きりたんぽ	飯を粗くつぶして，秋田杉の串にちくわ状につけて焼いたもの	(5)
		しょっつる鍋	魚の塩漬け汁でつくる魚醤で魚介類や野菜を煮たてた鍋	(6)
	岩手	わんこそば	椀に次々に入れられる一口分のそばを食べるもの	(7)
		どんこなます	焼いたエゾアイナメと大根おろしの和え物	(8)
	山形	だし	きゅうり・なす・みょうがなどを細かく切って，昆布・調味料を合わせたもの	(9)
	宮城	ずんだ餅	ゆでた枝豆をすりつぶして塩や砂糖で味つけした餡をつきたての餅にからめたもの	(10)
		はっと汁	小麦粉に水を加えて練り，一口大にしたものを入れた汁	(11)
	福島	お平	ごぼう・やまいも・昆布・はや・舞茸煮の平椀盛り	(12)
関東	東京	深川めし	あさりのむき身を具とした炊き込みご飯	(13)
	茨城	ごさい漬	大根とさんまの漬け物	(14)
	栃木	しもつかれ	塩さけの頭や大豆，大根おろし，にんじん，昆布などの煮込み	(15)
	群馬	おっ切りこみ	幅広の麺を，季節の野菜とともに煮込む料理	(16)
	埼玉	つとっこ	煮あずき・米・もち米を栃の葉で包んだやわらか煮	(17)
	神奈川	へらへら団子	小麦粉や上新粉に水を加えて平たく練り上げ，ゆでたあん菓子	(18)
中部	新潟	のっぺ	さといもでとろみをつける季節の煮込み料理	(19)
	石川	治部煮	小麦粉をまぶした鴨肉または鶏肉を煮て，すだれ麸などを取り合わせる	(20)
		べろべろ	溶き卵を寒天で固めて薄く切った料理	(21)
	山梨	ほうとう	生の幅広うどん，かぼちゃなど季節野菜のみそ味煮込み	(22)
	長野	五平もち	飯をつぶして串に平らにつけ，みそなどをぬってあぶったもの	(23)
	岐阜	へぼ飯	地蜂の幼成虫の煮付が入った混ぜご飯	(24)
	静岡	まご茶	下味をつけたあじなどのたたきでつくる茶漬け	(25)
近畿	京都	千枚漬け	聖護院かぶの薄切りと昆布でつくる，甘みのある漬け物	(26)
	滋賀	ふな寿司	ふなを飯に加え，発酵させたなれ寿司	(27)
中国・四国	鳥取	ののこ飯	油揚げに具の入った生米を詰めて炊いた料理	(28)
	島根	出雲そば	そばを何段か重ね，つゆを直接かけるそば	(29)
		めのは飯	火であぶったわかめを細かくつぶしてご飯にかけた料理	(30)
	広島	うずみ	種々の具材をご飯に埋めた料理	(31)
	徳島	ぞめき料理	ちくわ，すだち，わかめ，あゆなどをにぎやかに盛りつけた料理	(32)
	愛媛	いずみや	塩と酢でしめた魚とおからでつくるにぎり寿司	(33)
	高知	皿鉢料理	大皿に造り，寿司，煮物，揚げ物など，大人数分を盛り合わせる料理	(34)
九州・沖縄	佐賀	ごどうふ	豆乳と片栗粉などを練り合わせた寄せ物	(35)
	大分	びんた料理	魚の頭や内臓を湯引きし，野菜とともに食べる料理	(36)
	熊本	からしれんこん	れんこんの穴にからしみそを詰めた揚げ物	(37)
	宮崎	ねりくり	さつまいもと餅を練ったきな粉餅菓子	(38)
	沖縄	チャンプルー	豆腐と野菜の炒め物	(39)
		ソーキそば	豚肉が入った麺料理	(40)

注）（　）の番号は，p.333の料理名と対応している。

都道府県の郷土料理（一例）

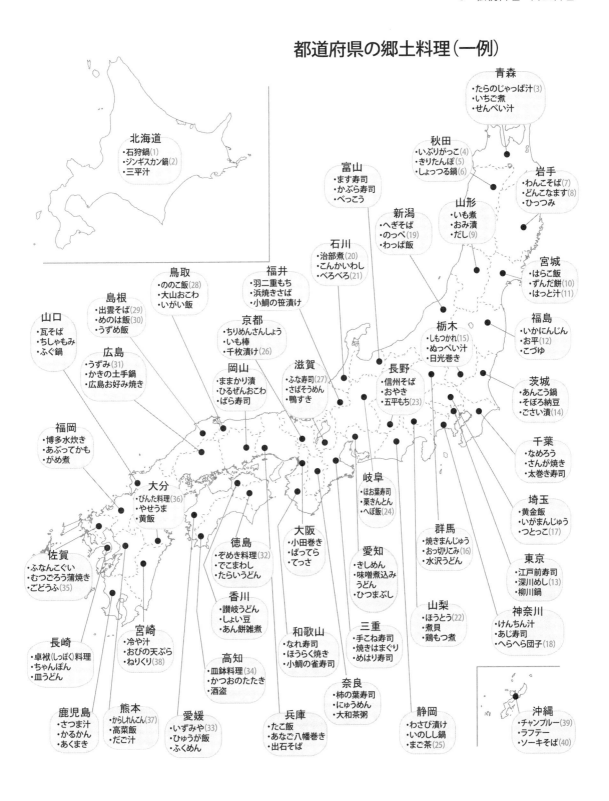

北海道
・石狩鍋(1)
・ジンギスカン鍋(2)
・三平汁

青森
・たらのじゃっぱ汁(3)
・いちご煮
・せんべい汁

秋田
・いぶりがっこ(4)
・きりたんぽ(5)
・しょっつる鍋(6)

岩手
・わんこそば(7)
・どんこなます(8)
・ひっつみ

山形
・いも煮
・おみ漬
・だし(9)

宮城
・はらこ飯
・ずんだ餅(10)
・はっと汁(11)

福島
・いかにんじん
・お平(12)
・こづゆ

富山
・ます寿司
・かぶら寿司
・べっこう

新潟
・へぎそば
・のっぺ(19)
・わっぱ飯

石川
・治部煮(20)
・こんかいわし
・べろべろ(21)

福井
・羽二重もち
・浜焼きさば
・小鯛の笹漬け

栃木
・しもつかれ(15)
・ぬっぺい汁
・日光巻き

茨城
・あんこう鍋
・そぼろ納豆
・ごさい漬(14)

千葉
・なめろう
・さんが焼き
・太巻き寿司

埼玉
・黄金飯
・いがまんじゅう
・つとっこ(17)

東京
・江戸前寿司
・深川めし(13)
・柳川鍋

神奈川
・けんちん汁
・あじ寿司
・へらへら団子(18)

山梨
・ほうとう(22)
・煮貝
・鶏もつ煮

長野
・信州そば
・おやき
・五平もち(23)

群馬
・焼きまんじゅう
・おっ切りこみ(16)
・水沢うどん

鳥取
・ののこ飯(28)
・大山おこわ
・いがい飯

島根
・出雲そば(29)
・めのは飯(30)
・うずめ飯

山口
・瓦そば
・ちしゃもみ
・ふぐ鍋

広島
・うずみ(31)
・かきの土手鍋
・広島お好み焼き

京都
・ちりめんさんしょう
・いも棒
・千枚漬け(26)

岡山
・ままかり漬
・ひるぜんおこわ
・ばら寿司

滋賀
・ふな寿司(27)
・さばそうめん
・鴨すき

岐阜
・ほお葉寿司
・栗きんとん
・へぼ飯(24)

愛知
・きしめん
・味噌煮込みうどん
・ひつまぶし

福岡
・博多水炊き
・あぶってかも
・がめ煮

大分
・ぴんた料理(36)
・やせうま
・黄飯

大阪
・小田巻き
・ばってら
・てっさ

三重
・手こね寿司
・焼きはまぐり
・めはり寿司

和歌山
・なれ寿司
・ほうらく焼き
・小鯛の雀寿司

静岡
・わさび漬け
・いのしし鍋
・まご茶(25)

佐賀
・ふなんこぐい
・むつごろう蒲焼き
・ごどうふ(35)

徳島
・ぞめき料理(32)
・でこまわし
・たらいうどん

香川
・讃岐うどん
・しょい豆
・あん餅雑煮

奈良
・柿の葉寿司
・にゅうめん
・大和茶粥

長崎
・卓袱(しっぽく)料理
・ちゃんぽん
・皿うどん

宮崎
・冷や汁
・おびの天ぷら
・ねりくり(38)

高知
・皿鉢料理(34)
・かつおのたたき
・酒盗

兵庫
・たこ飯
・あなご八幡巻き
・出石そば

鹿児島
・さつま汁
・かるかん
・あくまき

熊本
・からしれんこん(37)
・高菜飯
・だご汁

愛媛
・いずみや(33)
・ひゅうが飯
・ふくめん

沖縄
・チャンプルー(39)
・ラフテー
・ソーキそば

世界の食文化と料理

❶ 世界各地の調理の発生と発展

　地球上には，風土の異なるさまざまな地域があり，それぞれに多様な食文化がある。それらは，大きく東洋系と西洋系に分けられる。同じ東洋系でも，インド，東南アジア，中国大陸，朝鮮半島，そして日本列島というように，地域によって明確な差があり，西洋系も，地中海沿岸，ヨーロッパ内陸部（特にフランス），北欧，アメリカ大陸など，それぞれ独自の調理法が発達している。

　大部分の人々が，生まれ育った国や土地の一定範囲に居住して，移動は，徒歩や馬，ラクダなどに頼っていた時代には，たとえ航海で海を越えて遠い地域の産物を運んでも，その量は限られていた。したがって，居住地域で入手できる食物の利用法が，その地の食文化を形成していた。しかし，長い年月の間には，世界の何カ所かを原産とした栽培作物が，河川の流域に沿って広く伝わり，そのルートに従って世界に分布した結果，各地に伝統的食文化圏が成立した。これらは，文化人類学的な調査で，いくつかの食文化地図として描かれている。ただし，15世紀のルネッサンスや新大陸発見以後は，西洋文化の影響で食文化にも交流や変容が起こり，明確な分布を示さない。

　料理のおいしさの追求には，その地域の風土や，民族の時代ごとの生活文化，各自で異なる食文化が存在することを知っておかなければならない。

❷ 西洋料理の歴史

　現在，西洋料理といわれるのは，ヨーロッパ，南北アメリカ，オーストラリア，ニュージーランド料理の総称である。しかし広義には，かつてヨーロッパが支配していた中近東，インド，アフリカ，東南アジア，ミクロネシア，ポリネシアの料理

世界の食文化分布と日本

　国立民族学博物館の吉田集而を中心に作成された「世界の食文化地図」12種は，15世紀ごろの伝統的食事様式の比較である。これには，穀類，根栽植物（いも類），主食の調理法，食用豆，野菜の原産地，食用・乳用家畜，調味・香辛料などについて，世界における分布状態が地図に示されている（吉田集而「講座食の文化」第1巻，1998）。

　これによると，日本は穀類が稲作地帯，いもはタロ（さといも）・ヤム（やまいも）系，主食の調理法はジャポニカ種の米の炊き干し法による炊飯，食用油脂はごま，調味・香辛料は豆醬（みそ・しょうゆ），酒は麹酒，嗜好飲料は非発酵茶（緑茶）地域に属していたことがわかる。

までも含まれる。このように，西洋料理の範囲は広いので，風土によって，産物に
も料理そのものにも地域差があり，それぞれ特徴のある料理，調理法が発達してい
る。それらに共通の特色は，獣鳥肉，乳製品，油脂，香辛料を多用すること，小麦
粉など穀粉からつくったパンを常食することである。各国の西洋料理のおよその特
徴を【表10】に示した。

　ここでは主に，フランス料理を取り上げ，その変遷を略述する。

1　古代

　紀元前600〜500年の古代ヨーロッパは，植物食を主としていたローマ人が小麦
をつぶして粉にした粥を主食として，あぶる，ゆでる，煮込むといった調理法を用
いていた。また，すでにワインもつくられていた。料理は，大量のスパイスのほか，
ガルムという一種の魚醤（p.340，ワンポイント）をうま味として好んで用いた。

　ローマ帝国の時代になると，植物食は次第に肉食に移り，野生の豚や獣の飼育も
始まった。西ローマ帝国時代の美食家アピキウス（Apicius）は，1世紀ごろ，料理
学校を開いたり，料理書を著したといわれる。

　古代ガリア人（ケルト族）は遊牧民だったが，ローマの支配下に入ってからは西
欧に定住して農耕を始め，中世になると狩猟の傍ら，山羊，羊，豚を飼育するよう
になった。ハムやベーコンの原形といえる，豚の燻製肉をローマの市場で売ってい
た。また，大麦，小麦，燕麦を耕作し，ビールの二酸化炭素の泡で粉を膨張させて
パンをつくり，蜂蜜酒，ビール，りんご酒を飲用した。

2　中世

　料理は，少しずつ近代のものに近づいてはきたが，中世末期（14世紀）のフラ
ンスでも，まだ個人用の皿はなく，共用の鉢などが使用された。ナイフ，スプーン
はあったがフォークはなく，指を使って食べ，その指はテーブルクロスでふいた。

　また，中世料理界の巨匠といわれたフランス宮廷のグラン・シェフ，タイユヴァ

表10　西洋料理の特徴と食材・料理

料　理	特　徴	食材・料理
フランス料理	洗練性，豪華，高級宴会料理	●カエル，エスカルゴ，フォアグラ，ビスク，パテ，キッシュ
イギリス料理	保守的，合理的，実質的	●ローストビーフ，キドニーパイ，プディング，紅茶とビスケット（スコーン），フィッシュアンドチップス
イタリア料理	温暖，素材の季節性，地域性	●パスタ類，トマト，オリーブ油，魚介・野菜料理
スペイン料理	地域ごとの郷土料理，東洋風	●ガスパチョ，パエリア，ガーリック，サングリア
ドイツ料理	素朴，貯蔵性，栄養，実質的	●じゃがいも，ソーセージ類，ザウアークラウト
北欧料理	燻製，マリネ，魚介の加工品	●さけ，にしん，スモーガスボード（バイキング料理）
ロシア料理	実質的，農・水産・肉類の貯蔵品	●ボルシチ，ピロシキ，キャビア
アメリカ料理	移民による各地域混合型	●ビーフステーキ，ハンバーガー，シリアル加工品

共通点…食品：獣鳥肉，パン，ケーキ，バター，香辛料・ハーブ，生野菜
　　　　特徴：多様なソースを用いる，乳製品は間接加熱が多い，食器は皿が中心，デザートが発達，供食は並列でなく継時的

ン（Taillevent，本名Guillaume Tirel）は，古代ローマのアピキウスの流れを継いで，1380年ごろに執筆した著書『食物譜（Le Viandier）』のなかで，それまで口伝で継承されてきた王室や貴族の料理技術を伝え，特にソースと香辛料の重視を強調した。この書は，料理人のための初めての料理書だったが，当時，印刷技術はなく，著者の没後，活版印刷が発明された1490年ごろに出版された。

3 近世

　近世に入り，1533年にフィレンツェの貴族メディチ家の娘カトリーヌがフランスのアンリ2世と結婚した。この際，イタリアから菓子職人を連れてきたため，フランスの菓子類が本格的に進歩した。また，食事のサービスやマナーにも影響を与え，皿やグラスなど，個人用食器とフォークが導入され，現在のフランス料理の形にさらに近づいた。

　15世紀になると，アメリカから各種の新しい野菜や七面鳥が伝来し，とうもろこし，ひまわり，トマト，唐辛子，いんげん豆，じゃがいも，さらにコーヒーとチョコレートが入ってきた。これらは主にフランスで栽培され，利用された。

　17世紀末には，カフェが登場し，コーヒー，紅茶，チョコレート，菓子を提供した。

　18世紀になると，フランス革命で貴族の雇い主を失った料理人が，裕福な（ブルジョア）家庭に転職したり，海外に亡命したり，あるいは街でレストランを開くなど，調理技術を生かして転身したため，本格的なフランス料理が広く一般に普及した。

4 近代

　19世紀になると，フランス料理は絶頂期を迎えた。料理以外の周辺技術，例えば，製氷器，缶詰，粉末スープなどが出現し，さらに調理に欠かせないかまどが，それまでの煙突がなく，まきの燃えかすや炭火を使ううれんが造りから，菓子やグラタンも焼ける煙突やオーブンのついた新しいかまどに変わり，石油も使えるようになった。また，最初のガス台もつくられた。

　1825年に，フランスの生理学者ブリヤ・サバランは，『味覚の生理学』を出版，豊富な科学知識に基づいて食物の役割を述べ，食を文化とみる立場から美食の生理的効用を強調した。当時のフランスの代表的な料理観がおさめられたこの書籍は，世界で広く読まれ，日本にも邦訳『美味礼讃』（関根金次郎訳）がある。

　20世紀には，フランスに偉大な料理人，オーギュスト・エスコフィエ（A. Escoffier）が現れて，1903年に出版した書籍『料理の指針（Le Guide Culinaire）』のなかで，5,000種以上の料理を分類し，理論に基づき古典料理の再構成を果たした。エスコフィエは，1934年にも家庭向けの料理書『私の料理（Ma Cuisine）』上下2巻を出版しており，いずれも邦訳がある。

　1900年に刊行されたガイドブック『ギド・ミシュラン』が，1930年代からフランス料理店の格づけを始めた。もともとギド・ミシュランは，フランスのタイヤ会社ミシュランが顧客サービスのために作成した有名レストランの案内書で，特筆すべき料理やサービスのある店に星印がつけられ，その数は今もレストランの質の高さの象徴とされる。レストランは3つ星，ホテルは5つ星が最高級である。現在は，

フランス国外版も展開され，2007年には東京版が出版された。

5　現代

　20世紀後半（1970年代），フランスで**ヌーベル・キュイジーヌ**（新しい料理）の運動が起き，日本にもポール・ボキューズ派の調理人によって紹介された。肉，魚のだしをベースにした軽いソースを用い，素材の味を生かす短時間加熱という方法でダイエットブームに乗って，ヘルシーで簡素な現代風料理として人気を集めたが，その後，少しずつ元の美食追求に回帰しつつ今日にいたっている。しかし，このときに生まれた個人別の盛りつけなどの新しい合理的なサービス方法は現在にも生きている。

❸ 中国料理の歴史

　中国料理は，医薬や道教思想と結びついた世界でも独特の料理である。古来，中国人の食物への関心は高く，紀元前1世紀ごろ，前漢の歴史家司馬遷は『史記』のなかで，「以食為天（食をもって天となす）」と述べている。

　紀元前12世紀ごろ，黄河流域に発生した漢民族の古代文明は，新石器時代から殷王朝の青銅器時代を経て，中国の食文化の源流を形成した。古代伝説上の人身牛頭の帝王，神農（炎帝）が耕作，医薬，交易を人民に教えるなかで，草木を味わって薬効を調べ，『神農本草』を編纂したという。

　殷王朝の基礎をかためた伊尹は，この本草学（医薬用動植物の研究）と医療技術，調理技術を一体と考え，医師を筆頭に**食医**を置いた。殷に続く紀元前3世紀までの周代の官制（周礼）でも，医師を**食医・疾医・瘍医・獣医**の4段階に分け，食医はまず料理人として優れていること，調味と薬効を両立させることが求められた。「食」と「医」は，やがて分かれたが，この思想は現代にも**医食同源**などの形で受け継がれている。ただし，**薬膳料理**という言葉は中国古来のものではない。1980年代に中国で始まった，薬効をもつ食材を組み合わせた新しい献立で，健康ブームの日本でも流行している。

日本料理，西洋料理，中国料理の「香り」と文化

　香りや匂いは，文化圏により大きく異なる。料理に風味をつける主な香辛料，発酵食品，油脂類を表に示す。

	日本料理	西洋料理	中国料理
香辛料（香味植物）	わさび，山椒，ゆず，みょうが，しそ	こしょう，マスタード，パセリ，ロリエ，タイム，セージ	しょうが，八角，山椒，ねぎ，にんにく
発酵食品	みそ，しょうゆ，納豆，漬け物	チーズ，ヨーグルト，ピクルス	豆板醤，甜麺醤，豆鼓，ザーサイ，豆腐乳
油脂類	菜種油，大豆油，ごま油	バター，ヘット（牛脂），オリーブ油	ラード（豚脂），ごま油，ラー油

『神農本草』は，6世紀に『神農本草経集注』となり，皇帝の命により蘇敬らが編纂した『新修本草』を経て，16世紀末の明代に李時珍編集による『本草綱目』（1590年）が完成した。全52巻に及ぶ漢方の薬物大辞典で，1,892種の本草と8,160の処方がおさめられている。この書は，1606（慶長14）年，わが国にも渡来，1637（寛永14）年に第1版が翻刻され，以後，これに触発された貝原益軒の『大和本草』，『養生訓』など，翻案物や啓発版が多数出版された。

三国時代の呉（221年）から，南北朝（六朝）時代を経て，隋（581年）に変わるまでの約360年間に，『食経』と呼ばれる料理書が40種近く出ているが，1種も現存していない。しかし，その内容の一部は幸いにも，六朝末期に出た『齊民要術』に引用されたり，日本の遣隋使，遣唐使がもち帰った食経が，日本初の分類体漢和字典『倭名類聚抄』（931〜938年）や，その他の医書などに引用されて，現在まで残っている。『齊民要術』は540年ごろ，中国山東の大守賈思勰によって書かれ，完全な形で現存する世界最古の農業書の1種である。中国唐代まで，料理書としてもきわめて価値が高かった。

農業にとどまらず，牧畜，漁業にまで及ぶ全10巻の内容のうち，第7〜9巻が料理と食品加工，第10巻が南方植物である。現在も用いられるいろいろな食材や加工・調理法が具体的に記述され，それまでに出た中国の農業食料関係書籍のほとんどが引用された，きわめて貴重な資料である。わが国でも1988年にこの新しい全訳書が出版された。

7〜10世紀の唐代約300年は，六朝以来の貴族社会の最終段階に位置し，大唐時代といわれる国力の充実した時期であった。日本が中国の影響を最も受けた時期で，唐菓子もこの時期に伝わった。大唐文化といわれる文化も発達したが，食物，料理に関して原形は確立したものの，貴族の間にとどまり革新的な発展はみられなかった。近代中国料理の原型といえる，内容の明らかな中国料理が完成し，一般にも普及したのは，次の宋代（北宋960〜1126年，南宋1127〜1279年）以後である。食通として知られた宋の詩人蘇東坡は，有名な豚肉の煮込み料理，東坡肉をこの時期に創案した。中国料理を代表する4つの地域の特徴を【表11】に示した。

その後，16世紀までの明の時代を経て，清朝（1616〜1912年）の第6代高宗乾隆帝は，南方視察の際，蘇州，杭州の料理人を北京に連れ帰った。西太后とともに贅を尽くした山海の珍味を3日3晩食べ続けたといわれており，これが満州族と漢民族の融和を図って清朝宮廷で盛大に行われたという宴会料理，満漢全席の発祥となったとされる。

清朝の崩壊後，宮廷料理人は各地に分散し，庶民にもこれらの料理が次第に普及して，その集大成が今日中国料理として世界に広められた。18世紀の清の詩人袁枚（1716〜1797年）の著書『隋園食単』には，多くの料理の材料や調理法の記録（食単）が記載され，現代でも中国料理の指針となっている。この書籍にも邦訳がある。

❹ エスニック料理の起源

エスニック料理という言葉は，1960年代後半のアメリカで使われ始めた。エスニックとは「民族の」という意味で，共通の先祖をもち，言語，衣食住，宗教などの文化を共有し，他の集団との差異を共感できる人間の集団意識である。すなわち，

表11 中国料理の4つの系統とその特徴

地域	地帯	代表料理	主な特徴	料理例
東方	揚子江下流地帯	上海，江蘇料理	四季温暖，素材が豊富，米食，魚介類	上海蟹，東坡肉，紅焼肉，小籠包，上海炒麺など
西方	揚子江上流地帯	四川，雲南料理	冬季厳寒，肉，蔬菜，淡水魚，唐辛子	麻婆豆腐，搾菜，棒棒鶏，担担麺，青椒肉絲など
南方	亜熱帯海岸地帯	広東，福建料理	季節性豊か，素材・調理法ともに多彩	飲茶点心，酢豚，八宝菜，油淋鶏，芝麻球（ごま団子）など
北方	黄河流域地帯	北京，山東料理	小麦粉，油，羊，にんにく，味は濃厚	北京烤鴨（北京ダック），炸醤麺，涮羊肉（羊のしゃぶしゃぶ），餃子，饅頭など

注）共通の特徴：薬食一如の思想，油脂と短時間加熱，調理器具の種類が少なく合理的，主材料に乾物を利用，味つけを重視，食材の徹底的有効利用，料理は大皿盛り，円卓を囲み団らんの食事，多様な発酵食品の利用
　　4つの系統の料理例には諸説ある

表12 日本におけるエスニック料理の例

国	料理例
タイ	トムヤムクン（えび入りスープ），グリーンカレー（青唐辛子入りのカレー）
ベトナム	ゴイクン（生春巻き），フォー（米粉の麺）
インドネシア	ナシゴレン（焼きめし），サテアヤム（鶏肉の串焼き）
インド	タンドリーチキン（鶏肉の壺釜焼き），ナン（壺釜で焼いたパン）
エジプト	ターメイヤ（そらまめのコロッケ），コフタ（羊のひき肉料理）
イラン	ゲイメゲ（羊肉と豆のトマト煮込み），マーストヒヤール（きゅうりとヨーグルトのサラダ）
トルコ	ドネルケバブ（薄切り肉の串焼き。そぎ落として食べる），ドンドゥルマ（伸びるアイス）
メキシコ	トルティーヤ（薄焼きパン），タコス（トルティーヤに肉や野菜，サルサを挟んだもの）
ブラジル	シュラスコ（かたまり肉の串焼き。そぎ落として食べる），フェイジョアーダ（肉と黒豆の煮込み）

エスニック料理とは，移住した人々がつくった自国料理を食べられる料理店にその起源があり，移民料理ともいえる。

　日本では主に，東南アジア一帯（タイ，ベトナムなど），中近東（エジプト，イランなど），中南米（メキシコ，ブラジルなど）の料理の総称としていわれることが多い。多彩な香辛料，豊富な野菜，魚介類，魚醤（p.340，ワンポイント参照）を中心とする調味料が特徴である。トムヤンクン（タイ），生春巻きやフォー（ベトナム），トルティーヤ（メキシコ）などが知られている【表12】。

　今や日本にすっかり定着したカレーも，その起源はインドにあり，広い意味ではエスニック料理であった。しかし，カレーの場合は明治期に西洋料理として日本に伝わり，日本の食文化の一要素として溶け込んでおり，エスニック料理とはいわない。あくまでも，異文化圏の料理と認識されることがエスニック料理の特性である。

魚醤

　魚醤は，魚介類からつくられるしょうゆである。わが国では，代表的なものに，秋田県のしょっつる，石川県のいしる（いしり），香川県や千葉県のいかなご（こうなご）醤油などがある。

　東南アジアではベトナムのニョクマム（ヌクマム），タイのナンプラー，フィリピンのパティスや，中国の魚露（ユイルー）などがある。

　日本では隠し味や臭みのマスキングなどに利用されるが，東南アジアでは，食生活に欠かせない調味料となっている。

5 食料生産

① 食料生産と消費のバランス

　食文化を考えるためには，まず食料の生産と消費について正しい知識が必要である。第二次世界大戦後，わが国の食生活は，飢餓（きが）に近い状態から高度経済成長期を経て，現在では世界でも有数の豊かな食生活を享受（きょうじゅ）するようになった。

　現代の食生活は飽食の時代と呼ばれているが，同時に，家庭・外食の残食や食料品店の店頭廃棄などの食品ロス（食べられるのに捨ててしまう食品）も問題視されている【表13】。令和元年5月には「食品ロスの削減の推進に関する法律」（食品ロス削減推進法）が公布，10月1日より施行され，食品ロス削減に努めている（p.16）。

　食品ロスには3つあり，❶過剰除去（野菜の皮を厚くむく，肉の脂身などを調理せずに捨てるなど，食べられる部分を捨てること），❷食べ残し，❸直接廃棄（冷蔵庫などに入れたまま調理せず，食卓にのせることなく廃棄すること）である。毎日，国民1人当たり約114 g（茶碗約1杯）の食物が捨てられている計算になる。また，食品ロスの約半分は，家庭から出ている。

　現代の飽食を支える食料自給率は，世界的水準からみてもきわめて低く，供給熱量自給率は40%を割っている。米を除くほとんどの食品を輸入に頼っている。鶏卵（らん）の自給率は100%に近いが，飼料の大部分は輸入に頼っており，真の自給率はとうてい100%というわけにはいかない。ここ55年間のわが国における食料自給率の推移を【表14】に示した。

　米の摂取量は，1960（昭和35）年をピークに減少を続けている。国民健康・栄養調査によると，2019（令和元）年の1人1日当たりの米類の摂取量は301.4gである（平成13年調査より，調理を加味した数量となっており，それ以前の結果とは直接比較することはできない）。

　代わって，油脂類や動物性食品，特に肉類，牛乳・乳製品の摂取量の伸びが著しく，米，麦，雑穀など主食に偏っていた食生活が，次第に多様な広がりをもつようになったことを示している。これにともなって，食事の総摂取エネルギー中に占める炭水化物（糖質）の比率が年々減少して，その分，脂肪のエネルギー摂取比率が上昇しており，生活習慣病の要因となりやすいことが問題視されている。

　総務省の家計調査による，食料費支出の推移の一部を【表15】に示した。1世帯当たりの年間食料費支出のうち，米類の減少傾向と調理食品，特に弁当類を中心とする主食的調理食品の伸びが著しい。これからの調理師は，食文化を支える日本の食料事情を認識し，食料需給の問題やフードマイレージ，地産地消をも考慮した食料資源やエネルギーの有効利用について，あるいは環境汚染の問題も含めて真剣に取り組むことが必要であろう。

表13 **食品ロス（推計）の経年変化**

	2016年	2017年	2018年	2019年	2020年	2021年
食品ロス（年間）	643万トン	612万トン	600万トン	570万トン	522万トン	523万トン*
国民1人当たり	51kg	48kg	47kg	45kg	41kg	42kg

注）*内訳：事業系279万トン，家庭系244万トン
資料）農林水産省：食品ロス量（令和2年度推計値），消費者庁：食品ロス削減関係参考資料（令和3年，令和5年），総務省人口推計（2019年10月1日），令和元年度食料需給表（指定値）

表14 **食料自給率の推移**　　（%）

品　目	1965年度	1975年度	1985年度	1995年度	2005年度	2010年度	2015年度	2020年度	2022年度（概算）
米	95	110	107	104	95	97	98	97	99
小　麦	28	4	14	7	14	9	15	15	15
豆　類	25	9	8	5	7	8	9	8	7
うち大豆	11	4	5	2	5	6	7	6	6
野　菜	100	99	95	85	79	81	80	80	79
果　実	90	84	77	49	41	38	41	38	39
肉　類	90	77	81	57	54	56	54	53	53
うち牛肉	95	81	72	39	43	42	40	36	39
鶏　卵	100	97	98	96	94	96	96	97	97
牛乳・乳製品	86	81	85	72	68	67	62	61	62
魚介類	100	99	93	57	51	55	55	55	54
砂糖類	31	15	33	31	34	26	33	36	34
油脂類	31	23	32	15	13	13	12	13	14
供給熱量自給率	73	54	53	43	40	39	39	37	38

資料）農林水産省：食料需給表

表15 **食料費支出の推移**　　（円／年）

年	食料費支出計	米	パ　ン	主食的調理食品	うち弁当類*	外　食
1980	867,393	70,043	20,789	9,366	7,243	119,984
1985	957,528	75,302	23,499	13,766	10,579	144,387
1990	1,030,125	62,554	26,122	22,949	16,305	168,630
1995	1,024,518	52,852	27,898	31,660	21,280	176,175
2000	973,680	40,256	27,512	38,220	26,646	173,430
2005	902,023	32,896	26,253	40,754	28,310	161,312
2010	884,768	28,610	28,177	40,954	28,167	160,230
2015	937,712	22,981	30,507	46,959	30,889	169,626
2020	962,373	23,920	31,456	55,424	34,299	129,726
2022	982,661	19,825	32,497	62,042	37,789	138,066

注）1995年以前は，農林漁家世帯を除く。*弁当類：「弁当」，「すし（弁当）」，「おにぎり・その他」。
資料）総務省：家計調査年報（二人以上の世帯。品目分類）

❷ これからの食文化

　新しい食物が出現すると，嗜好がすでに固定化した成人は一般にその味を拒否する。しかし，若い年齢層は比較的抵抗なく新しい味を受け入れ，やがてその人々が成長すると社会全体の嗜好傾向が変化し，それが次代に受け継がれていく。このような食文化の変容は，移り変わりの速さに違いはあっても，世界のどの地域でも例外なく起こっている。また，新しい加工食品が世界中に普及すると，社会的な嗜好傾向は世界的に平均化する方向をたどる。食生活の歴史は，過去何年もゆるやかに，時には急速に，このような変動を繰り返してきた。この変動が食文化の変容と直結していることはいうまでもない。

　調理を追究するには，まず食事の目的と性格に合った食事計画や調理法が選択されなければならない。それには，民族，地域の伝統的な食生活文化の変容について，理解と認識をもつことが不可欠である。また，マイクロ波，加圧調理など，調理操作の新技術やクックチルシステム，真空調理法などに代表される保存・流通法の変化に基づいた新調理システムの開発も進んでいる。これらは現代に発生した新しい食文化として，次代に受け継がれていくであろう。

索　引

URL **https://daiichi-shuppan.co.jp**

上記の弊社ホームページにアクセスしてください。

＊訂正・正誤等の追加情報をご覧いただけます。

＊書籍の内容、お気づきの点、出版案内等に関するお問い合わせは、「ご意見・お問い合わせ」専用フォームよりご送信ください。

＊書籍のご注文も承ります。

＊書籍のデザイン、価格等は、予告なく変更される場合がございます。ご了承ください。

2024年版　**調理師読本**

平成8（1996）年4月1日	初版第1刷発行
令和6（2024）年3月1日	第29版第1刷発行

編　者　公益社団法人日本栄養士会

発行者　井上　由香

発行所　第一出版株式会社
　　　　〒105-0004
　　　　東京都港区新橋5-13-5 新橋MCVビル7階
　　　　電話（03）5473-3100　FAX（03）5473-3166

印刷　加藤文明社

製本　松島製本

※著者の了解により検印は省略
定価は表紙に表示してあります。乱丁・落丁本は、お取替えいたします。

© The Japan Dietetic Association, 2024

JCOPY 〈（一社）出版者著作権管理機構 委託出版物〉

本書の無断複写は著作権法上での例外を除き禁じられています。複写される場合は、そのつど事前に、（一社）出版者著作権管理機構（電話 03-5244-5088、FAX 03-5244-5089、e-mail : info@jcopy.or.jp）の許諾を得てください。

ISBN978-4-8041-1472-9　C1077